MW01711698

RAFFAELLO MARTINELLI

50+3 ARGOMENTI DI ATTUALITÀ

Frammenti di verità cattolica

CATECHESI DIALOGICA

LIBRERIA EDITRICE VATICANA
2010

V Edizione

IMPRIMATUR
29 APR. 2008
Dal Vicariato di Roma ....
+ Luigi Moretti
Arcivescovo tit. di Mopta
Vicegerente

© Copyright 2008 - Libreria Editrice Vaticana
00120 Città del Vaticano
Tel. (06) 698.85003 - Fax (06) 698.84716

ISBN 978-88-209-8457-1

www.libreriaeditricevaticana.com

TIPOGRAFIA VATICANA

PRESENTAZIONE

Come è nato il progetto di questo libro?

Da circa tre anni, ho collocato nella Basilica di S. Carlo al Corso, di cui sono Primicerio, alcune schede catechistiche su argomenti di attualità, a disposizione di quanti entrano nella suddetta Basilica. E ho notato, con non poca meraviglia, che ben più di 2.500.000 di schede sono state prese da chi passa in Basilica. Accogliendo pertanto l'invito di molte persone, ho deciso di raccogliere in un unico volume, dal formato tascabile, le suddette schede. Tale volumetto è ora alla 5ª edizione e comprende 53 schede.

Con quale criterio sono stati scelti gli argomenti?

Con il criterio dell'attualità. Ho scelto di esporre sinteticamente che cosa la Fede cattolica afferma circa alcuni rilevanti argomenti, che oggi sono posti all'attenzione della gente per vari motivi. In alcuni casi ho cercato di scegliere anche argomenti che da molti cristiani sono oggi talvolta un po' dimenticati o perfino da alcuni contestati.

Su quali documenti è stata fondata la trattazione degli argomenti?

Principalmente su documenti della S. Sede, e questo sia per far conoscere maggiormente anche a un pubblico un pò più vasto la ricchezza, la completezza e la bellezza di tali documenti che difficilmente sono conosciuti dalla gente, sia per offrire i contenuti essenziali e fondamentali, professati non da un singolo cattolico, ma dalla Chiesa Cattolica attraverso il Magistero del Papa e dei Vescovi. Proprio tale Magistero è stato voluto da Cristo stesso per confermare nella Fede i singoli credenti in Lui, così che, lungo i secoli e nelle diverse parti del mondo, tutti abbiano a professare la stessa unica Fede cattolica.

Perché gli argomenti sono presentati in forma dialogica?

Da un punto di vista redazionale, gli argomenti vengono presentati in forma dialogica, e cioè con domande, a ciascuna delle quali segue una sintetica risposta.

Tale forma dialogica, mentre invita maggiormente alla lettura, riprende e continua una costante e lunga tradizione catechistica nella storia della Chiesa. Molti catechismi che hanno formato intere generazioni hanno utilizzato, e molto fruttuosamente, questo sistema didattico di domanda/risposta.

Non va inoltre dimenticato che la stessa Fede cristiana, dono speciale di Dio, è un dialogo continuo di Dio con l'uomo e dell'uomo con Dio.

Penso anche che ciò risponda alle esigenze del mondo odierno, in cui si privilegiano le interviste di tipo giornalistico, nonchè le formulazioni sintetiche, e questo anche a causa del poco tempo che molte persone, che pur si dicono cattoliche, mettono oggi a disposizione per l'approfondimento catechistico della propria Fede. E questa carenza di tempo conduce purtroppo all'ignoranza religiosa, la quale a sua volta porta a un diffuso relativismo, a un arbitrario soggettivismo e, non ultimo, anche a un impressionante vuoto mnemonico riguardo ai contenuti della Fede, che contraddistingue non solo i bambini e i ragazzi nel loro cammino catechistico, ma anche gli adulti nelle loro varie e impegnative attività.

Perché è stato aggiunto al titolo « FRAMMENTI DI VERITÀ CATTOLICA »?

Come sotto-titolo ho scelto la parola *Frammenti*, per evidenziare che in questo tascabile sono presentati solo alcuni dei contenuti che compongono il ricco e misterioso panorama della Fede cattolica, come pure solo alcune delle problematiche che attanagliano il mondo attuale. Nello stesso tempo desidero sottolineare che nel trattare il singolo argomento non intendo presentare tutti i suoi aspetti e contenuti, e che pertanto non voglio dare di ogni argomento una trattazione esauriente e completa, e questo per carenza di spazio e di tempo, ma offrire soltanto alcuni spunti, frammenti di riflessione.

Quale finalità si propone tale libro?

Può aiutare a conoscere meglio la bellezza e l'importanza della risposta che la Fede cristiana offre a tutti, circa alcuni argomenti che anche oggi caratterizzano la nostra società.

Si rivolge pertanto sia ai cristiani, ai quali può dare l'occasione di conoscere e di approfondire meglio alcuni contenuti della propria Fede, sia a chiunque voglia conoscere ciò che la Chiesa cattolica, attraverso alcuni suoi documenti ufficiali, crede e vive, con l'aiuto Divino.

S.Ecc. Mons. Raffaello Martinelli
Vescovo di Frascati

Frascati, 12 settembre 2010
I anniversario della mia Ordinazione Episcopale

ABBREVIAZIONI BIBLICHE

(ordine alfabetico)

Ap	Apocalisse di Giovanni
At	Atti degli Apostoli
Col	Lettera ai Colossesi
1 Cor	Prima lettera ai Corinzi
2 Cor	Seconda lettera ai Corinzi
1 Cr	Primo libro delle Cronache
Dt	Deuteronomio
Eb	Lettera agli Ebrei
Ef	Lettera agli Efesini
Es	Esodo
Ez	Ezechiele
Fil	Lettera ai Filippesi
Gal	Lettera ai Galati
Gb	Giobbe
Gc	Lettera di Giacomo
Gd	Giuda
Ge	Geremia
Gl	Gioele
Gn	Genesi
Gv	Vangelo secondo Giovanni
1 Gv	Prima lettera di Giovanni
Is	Isaia
Lam	Lamentazioni
Lc	Vangelo secondo Luca
Lv	Levitico
2 Mac	Secondo libro dei Maccabei
Mc	Vangelo secondo Marco
Mi	Michea
Ml	Malachia

Mt	Vangelo secondo Matteo
Ne	Neemia
Pr	Proverbi
1 Pt	Prima lettera di Pietro
2 Pt	Seconda lettera di Pietro
1 Re	Primo libro dei Re
Rm	Lettera ai Romani
Qo	Qoelet
Sal	Salmi
1 Sam	Primo Samuele
2 Sam	Secondo Samuele
Sap	Sapienza
Sir	Siracide
1 Tm	Prima lettera a Timoteo
2 Tm	Seconda lettera a Timoteo
1 Ts	Prima lettera ai Tessalonicesi
2 Ts	Seconda lettera ai Tessalonicesi
Tt	Lettera a Tito

ALTRE ABBREVIAZIONI

Can.	Canone
cap.	capitolo
CCC	Catechismo della Chiesa Cattolica
CEI	Conferenza Episcopale Italiana
CIC	Codice di Diritto Canonico
cfr.	confronta
Compendio del CCC	Compendio del Catechismo della Chiesa Cattolica
ed.	curatore / curatori
es.	esempio
ibid.	ibidem: stessa opera
s. d.	senza data
sec.	secolo

I
ANNUNCIARE GESÙ CRISTO:
PERCHÉ È NECESSARIO?

È necessario annunciare Gesù Cristo perché lo chiedono: Dio Padre, Gesù Cristo, lo Spirito Santo, il Vangelo, la persona umana, il cristiano, la Chiesa, la società d'oggi.

■ **Dio Padre** chiede che l'annuncio del Suo Figlio Gesù Cristo sia fatto a tutti.

Per quale motivo?

Perché Dio «vuole che tutti gli uomini siano salvati e arrivino alla conoscenza della verità» (*1 Tim* 2,4).

Per questo:

• Egli invia il Suo Figlio Gesù Cristo, che è la Sua Parola definitiva e perfetta e il nostro Salvatore;

• e dona lo Spirito Santo, grazie al quale crediamo in Cristo e invochiamo Dio come Padre.

In quale modo Dio vuol far conoscere a tutti il Suo Figlio?

Dio ha inscritto nel cuore dell'uomo il desiderio di conoscerLo e amarLo, e non cessa di attirare ogni persona a Sé, per mezzo del Suo Figlio nello Spirito Santo.

Nello stesso tempo affida a degli uomini, da Lui

convocati nella Chiesa Suo Popolo, la missione di far conoscere il Suo Figlio e di comunicare la salvezza da Lui attuata.

■ **Gesù Cristo** è venuto in questo mondo perché «tutti abbiano la vita e l'abbiano in abbondanza» (*Gv* 10,10).

Come Gesù Cristo attua tale missione?

Egli:

• annuncia la 'Buona Novella' a tutti e offre la sua vita, morendo in croce, «per voi e per tutti, in remissione dei peccati» (cfr. *Mt* 26,28);

• prima di tornare dal Padre, ha dato quest'ordine ai Suoi discepoli: «Andate e ammaestrate tutte le nazioni, battezzandole nel nome del Padre, del Figlio e dello Spirito Santo» (*Mt* 28,19);

• si presenta come diverso dagli altri, come Unico!

Perché Gesù Cristo è Unico?

In quanto Egli è l'Unico Figlio di Dio, consostanziale a Dio Suo Padre: «Io e il Padre siamo una cosa sola» (*Gv* 10,30). In Lui, Dio Padre ci ha detto tutto e ci ha dato tutto.

Per questo, Lui, e solo Lui:

• ci fa conoscere in maniera piena, perfetta e definitiva Dio Padre: «Chi vede me, vede il Padre» (*Gv* 14,9);

• ci dona, con la Sua Morte e la Sua Risurrezione, la vera e la piena salvezza: « In nessun altro c'è salvezza; non vi è altro nome dato agli uomini sotto il cielo nel quale sia stabilito che possiamo essere salvati » (*At* 4,12). È « uno solo il mediatore fra Dio e gli uomini, l'uomo Cristo Gesù, che ha dato se stesso in riscatto per tutti » (*1 Tim* 2, 5-6).

Gesù Cristo toglie qualcosa all'uomo?

Gesù Cristo non toglie nulla all'uomo, anzi Lui:

• dona la vita nuova divina di figli di Dio;

• porta a compimento, dopo averlo purificato, quanto di vero-buono-bello c'è in ogni persona e in ogni religione;

• realizza pienamente le autentiche aspirazioni dell'uomo;

• « rivela pienamente l'uomo a se stesso e gli rende chiara la sua altissima vocazione » (*GS* 22).

• apre all'uomo orizzonti nuovi, gli indica la strada e gli dona la grazia per realizzarli;

• non diminuisce, ma esalta la libertà umana e la sollecita verso il suo compimento, nell'incontro gioioso con Dio e nell'amore gratuito e premuroso per il bene di tutti gli uomini.

■ **Lo Spirito Santo** effuso in noi da Dio Padre, per mezzo di Cristo morto-risorto, ci spinge ad essere annunciatori, affinché tutti « conoscano te, l'unico vero Dio e colui che tu hai mandato, Gesù Cristo» (*Gv* 17,3).

Con la sua luce e la sua grazia, l'umanità può, in Cristo, «trovare, in una pienezza insospettabile, tutto ciò che essa cerca su Dio, sull'uomo e sul suo destino, sulla vita e sulla morte, sulla verità», come ricorda GIOVANNI PAOLO II, nella Enciclica *Redemptoris missio* (n. 8).

■ **Il Vangelo** va annunciato a tutti. *Perché?*

• In quanto esso è capace di:

– Entusiasmare la persona di qualunque età, cultura, lingua...

– Permeare ogni forma di vita che a priori non la esclude. E questo perché la Parola di Cristo non è legata «in modo esclusivo ed indissolubile con nessuna nazione o stirpe, con nessun particolare modo di vivere, con nessuna consuetudine antica o recente» (CONC. VAT. II, *GS* 58). Il Vangelo è per tutte le culture, e queste possono tutte essere «fermentate» dal Vangelo: come il seme che cade sul terreno, e là dove è possibile germina e fruttifica; oppure come il lievito che fermenta la massa, o il sale che dà sapore al cibo, o la rugiada e la pioggia che permette ad ogni vegetazione di crescere.

• «Il Vangelo di Cristo rinnova continuamente la vita e la cultura dell'uomo decaduto, combatte e rimuove gli errori e i mali derivanti dalla sempre minacciosa seduzione del peccato. Continuamente purifica ed eleva la moralità dei popoli, restaura in Cristo le qualità spirituali e le doti di ciascun popolo» (*GS* 58).

• Il messaggio cristiano non è soltanto un messaggio informativo, ma *performativo*. Ciò significa che da sempre la fede cristiana non può essere rinchiusa nel mondo astratto delle teorie, ma deve essere calata in un'esperienza storica concreta, che raggiunga l'uomo nella verità più profonda della sua esistenza (cfr. *Spe salvi* n. 2).

■ **La persona umana**, proprio in quanto capace di dialogo con il suo Creatore, ha il diritto e il dovere di:

• ascoltare la Verità, nella maniera più autentica, integra, completa che sia possibile: la «Buona Novella» di Dio che si rivela e si dona in Cristo. In tal modo la persona realizza in pienezza la sua propria vocazione;

• annunciare la Verità, per condividere con gli altri la propria Fede: è proprio dell'uomo il desiderio e l'impegno concreto per far partecipare gli altri ai propri beni, che ha ricevuto in dono e che apprezza;

• vivere in pienezza la propria vita: «Non di solo pane vive l'uomo, ma di ogni Parola che esce dalla bocca di Dio» (*Mt* 4,4).

Perché la persona ha bisogno dell'annuncio di Cristo?

In quanto Cristo:

• libera l'uomo dal peccato e lo fa diventare figlio di Dio;

• svela all'uomo la propria integrale e originale identità;

• offre la salvezza a ogni uomo e a tutto l'uomo;

• annuncia valori irrinunciabili, che sono a servizio del bene di tutti;

• purifica e libera, eleva e matura, perfeziona e completa (*purificat, roborat et elevat*: *LG* 13);

• ha anche sull'uomo di oggi una straordinaria forza di attrazione e di convincimento. Per questo è necessario annunciare a tutti, in modo sereno e positivo la Verità cristiana nella sua integrità, nella sua completezza, nella sua armonia, e, perché no?, anche nella sua bellezza, che tanto affascina l'uomo d'oggi. Sarà così possibile per la persona conoscere e accogliere quello '*splendor veritatis*' che è Cristo stesso.

■ **Il cristiano**, ogni cristiano in quanto tale, ha il diritto e dovere di annunciare Gesù Cristo.

Qual è il fondamento di tale diritto/dovere?

Tale diritto/dovere:

• si fonda sulla libertà religiosa, diritto naturale di ogni uomo, elemento fondante di tutte le libertà e criterio ultimo di salvaguardia delle stesse;

• è un'esigenza profonda della vita di Dio in lui. La necessità di annunciare il Vangelo a tutti nasce nel cristiano dall'esigenza di condividere con gli altri quanto di originale, di specifico, di unico egli ha ricevuto da Dio, e cioè la Fede, la quale, sebbene intensamente ed essenzialmente personale, non è però mai privata, non può essere rinchiusa tra le pareti domestiche;

• si fonda sul comando di Cristo: « Andate in tutto il mondo e predicate il Vangelo ad ogni creatura. Chi crederà e sarà battezzato sarà salvo, ma chi non crederà, sarà condannato » (*Mc* 16,15-16);

• è indispensabile perché gli altri possano conoscere e accogliere Cristo per ottenere la salvezza. Infatti per credere in Lui, occorre sentir parlare di Lui, necessita uno che, dopo averLo conosciuto, Lo annunzi agli altri. Infatti: « Come potranno invocarLo senza aver prima creduto in Lui? E come potranno credere, senza averne sentito parlare? E come potranno sentirne parlare senza uno che Lo annunzi? » (*Rm* 10, 14).

■ **La Chiesa Cattolica**, sempre e dappertutto, ha annunciato Cristo.

Perché e in che modo?

• La Chiesa esiste non per annunciare se stessa, o una nuova o altra religione, ma annunciare e comunicare Cristo. La Chiesa non può e non vuole cambiare nulla di quanto Cristo ha annunziato ed è contenuto nella Sacra Scrittura e nella Tradizione.

• Il primo e principale impegno di tutta la Chiesa nella sua tradizione bimillenaria è stato ed è: La 'Traditio Evangelii' (la comunicazione del Vangelo, l'evangelizzazione). E «non c'è vera evangelizzazione se il nome, l'insegnamento, la vita, le promesse, il Regno, il mistero di Gesù di Nazareth, Figlio di Dio, non siano proclamati» (*Evangelii nuntiandi*, n. 22).

• È diritto e dovere della Chiesa, di tutta la Chiesa, di annunciare tutto il Vangelo a tutto l'uomo e a ogni uomo, nel modo più fedele possibile, evitando riduzionismi e ambiguità, e riservando a tale annuncio il primo posto nelle sue preoccupazioni e attività.

• La Chiesa non può e non vuole cambiare nulla di quanto Cristo ha annunziato ed è contenuto nella Sacra Scrittura e nella Sacra Tradizione. Il suo compito è quello di annunciare e interpretare tale *depositum fidei,* svilupparlo, approfondirlo ed esporlo più ampiamente: «Altra è la sostanza del *depositum fidei*, o le verità che sono contenute nella nostra veneranda dottrina, ed altro è il modo in cui vengono enunciate, sempre tuttavia con lo stesso senso e significato» (Beato Giovanni XXIII, *Allocuzione* dell'11 ottobre 1962). «Ciò che Cristo volle, vogliamo pure noi. Ciò che era, resta. Ciò che la Chiesa per secoli insegnò, noi insegnamo parimenti. Soltanto ciò che era semplicemente vissuto, ora è espresso; ciò che era incerto, è chiarito, ciò che era meditato, discusso, e in parte controverso, ora giunge a serena formulazione» (Paolo VI, *Allocuzione* del 21 novembre 1964).

• Gli Apostoli stessi, all'inizio della vita della Chiesa, hanno dato il primo posto all'annunzio di

Cristo: «Non è giusto che noi trascuriamo la Parola di Dio per il servizio delle mense. Cercate dunque, fratelli, tra di voi sette uomini di buona reputazione, pieni di spirito e di saggezza, ai quali affideremo quest'incarico. Noi, invece, ci dedicheremo alla preghiera e al ministero della Parola» (*At* 6, 2-4).

• Dopo gli Apostoli, tanti altri hanno fatto proprie queste parole di S. Paolo: «Non è infatti per me un vanto predicare il Vangelo; è un dovere per me: guai a me se non predicassi il Vangelo!» (*1 Cor* 9,16). È onere e onore la predicazione del Vangelo!

• Ogni attività della Chiesa (anche se assistenziale, di difesa dei diritti umani, della pace ecc.) deve essere inseparabile dall'impegno di aiutare tutti a incontrare Cristo nella Fede. Questa norma di condotta è stata valida lungo tutta la storia della Chiesa e continuerà ad esserlo sempre. Lungo la storia, le iniziative per diffondere il Vangelo sono innumerevoli e caratterizzano profondamente tutta la vita del Popolo di Dio: esse conducono all'incontro con Cristo.

• L'azione evangelizzatrice della Chiesa non può mai venire meno, perché mai verrà a mancare la presenza del Signore con la forza dello Spirito Santo, secondo la sua promessa: «Io sono con voi tutti i giorni, fino alla fine del mondo» (*Mt* 28,20).

• La Chiesa, annunciando Cristo Verità e Salvezza dell'uomo, va incontro al bisogno di quanti cercano sinceramente tale Verità e Salvezza, stabilendo con loro un dialogo motivato, finalizzato, incentrato sull'amore della Verità. Evangelizzare è uno squisito atto di carità verso la persona.

• Ciascuno è chiamato alla santità nella Chiesa. Ora la santità è seguire le orme di Cristo che è venuto ad annunciare a tutti la salvezza e ha affidato tale missione di annunciatore a ciascun cristiano e alla Chiesa.

• La Chiesa annuncia Cristo anche con la testimonianza coraggiosa dei suoi fedeli che accettano addirittura il martirio, pur di non rinunciare alla propria Fede. Scrisse LANSPERGO il monaco Certosino (1489-1539): «La morte preziosa dei suoi martiri e dei suoi santi ha fatto nascere una grande moltitudine di cristiani. Infatti, la religione cristiana non è mai stata annientata dalla persecuzione dei tiranni e nemmeno dall'omicidio ingiustificabile degli innocenti: Piuttosto essa ne ha tratto ogni volta un grande accrescimento».

■ **La società di oggi** ha bisogno dell'annuncio del Vangelo.

Come si manifesta tale bisogno?

• L'odierno contesto culturale, contrassegnato sia da un diffuso relativismo come dalla tentazione di un facile pragmatismo, esige più che mai l'annuncio coraggioso della Verità che salva l'uomo e la società. Non bisogna dimenticare che spesso dietro a tanti fenomeni del nostro tempo, apparentemente molto lontani dalla Fede e dal Cristo, c'è una domanda, un'attesa, un desiderio, ai quali l'unica vera, definitiva, esauriente risposta è Cristo.

• L'ordine etico sociale ha bisogno di essere illuminato dall'annuncio di Cristo. E questo perché, come giustamente ha affermato PAPA GIOVANNI XXIII nell'Enciclica *Mater et Magistra* (n. 193), «l'ordine etico religioso incide più di ogni valore materiale sugli indirizzi e le soluzioni da dare ai problemi della vita individuale e associata, nell'interno della comunità nazionale e nei rapporti tra essi».

• L'annuncio del Vangelo aiuta a comprendere il patrimonio storico-culturale di molti popoli e nazioni. Infatti i principi del Vangelo sono parte costitutiva di tale patrimonio: la storia, la cultura, la civiltà di molte generazioni, lungo i secoli, sono impregnati di cristianesimo e intimamente intrecciati al cammino della Chiesa. Testimoniano ciò non solo le innumerevoli opere d'arte, che hanno impreziosito i diversi luoghi del mondo, ma anche le tradizioni, gli usi, le abitudini, che caratterizzano il pensare e l'agire dei diversi popoli.

• Il mondo d'oggi, mentre facilita la comunicazione, dubita della capacità della persona di conoscere la verità, o addirittura nega la possibilità dell'esistenza di un unica Verità e tuttavia nello stesso tempo manifesta in svariati modi un bisogno di Assoluto, una sete insaziabile di Verità e di Certezza. L'annuncio evangelico viene incontro a tali esigenze ed è in grado di dar loro piena soddisfazione. La beata Teresa di Calcutta affermava: «La prima povertà dei popoli è di non conoscere Cristo. La gente ha fame di Dio. La gente è assetata di amore».

• L'annuncio del Vangelo, afferma GIOVANNI PAOLO II nell'Enciclica *Slavorum Apostoli* (n.18), «non porta all'impoverimento o allo spegnimento di ciò che ogni uomo, popolo e nazione, ogni cultura durante la storia riconoscono ed attuano come bene, verità e bellezza. Piuttosto, esso spinge ad assimilare e a sviluppare tutti questi valori: a viverli con magnanimità e gioia, e a completarli con la misteriosa ed esaltante luce della Rivelazione di Cristo».

Per i suddetti motivi e per altri ancora, è assolutamente necessario annunciare Gesù Cristo che è morto e risorto per la salvezza di tutti.

NB: Per approfondire l'argomento, ecco alcuni documenti pontifici:

GIOVANNI PAOLO II, *Redemptoris missio*; *Slavorum Apostoli*;

CATECHISMO DELLA CHIESA CATTOLICA (*CCC*), nn. 422-682;

Compendio del CCC, nn. 79-135;

CONGREGAZIONE PER LA DOTTRINA DELLA FEDE, *Dominus Iesus*, 2000;

CONCILIO VATICANO II, Cost. past. *Gaudium et spes*;

PAOLO VI, Cost. dogm. *Lumen gentium*.

II
EVANGELIZZARE:
PERCHÉ E COME?

Che cosa significa Evangelizzare?

■ Significa annunciare il Signore Gesù con parole ed azioni, cioè farsi strumento della Sua presenza e azione nel mondo.

Il primario obiettivo dell'Evangelizzazione è dunque aiutare tutti a incontrare Cristo nella Fede. « Il fatto sociale e il Vangelo sono semplicemente inscindibili tra loro. Dove portiamo agli uomini soltanto conoscenze, abilità, capacità tecniche e strumenti, là portiamo troppo poco » (BENEDETTO XVI, *Omelia durante la Santa Messa nella spianata della Neue Messe*, 10 settembre 2006).

■ Questo incontro con Cristo coinvolge tutta la persona (intelligenza, volontà, sentimenti, attività e progetti) e ogni persona: destinataria dell'Evangelizzazione è tutta l'umanità.

Perché Evangelizzare?

Per vari e complementari motivi:

■ Per adempiere il comando di Cristo, che disse: « Andate in tutto il mondo e predicate il Vangelo ad ogni creatura. Chi crederà e sarà battezzato sarà salvo, ma chi non crederà sarà condannato» (*Mc* 16, 15-16). «Come il Padre ha mandato me, anch'io mando voi» (*Gv* 20, 21; cfr. 17, 18). Questo comando di Cristo trova il suo fondamento e la sua giustificazione nel suo infinito amore per la salvezza eterna degli uomini.

■ Per seguire l'esempio degli Apostoli, i quali «mossi dallo Spirito, invitavano tutti a cambiare vita, a convertirsi e a ricevere il battesimo» (Giovanni Paolo II, Lett. Enc. *Redemptoris missio*, n. 47);

■ Per attuare un triplice amore: alla Parola di Dio, alla Chiesa e al mondo.

■ Per soddisfare il diritto di ogni persona: «Ogni persona ha il diritto di udire la «buona novella» di Dio che si rivela e si dona in Cristo, per attuare in pienezza la sua propria vocazione» (Giovanni Paolo II, Lett. Enc. *Redemptoris missio*, n. 46). Si tratta di un diritto conferito dal Signore a ogni persona, per cui ogni uomo e ogni donna può veramente dire con San Paolo: Gesù Cristo «mi ha amato e ha dato se stesso per me» (*Gal* 2, 20). Il cuore di ogni uomo anela, attende l'incontro con Cristo. A questo diritto corrisponde il dovere di evangelizzare: «Non è infatti per me un vanto predicare il Vangelo; è un dovere per me: guai a me se non predicassi il Vangelo!» (*1 Cor* 9, 16; cfr. *Rm* 10, 14). «*Caritas Christi urget nos* – l'amore del Cristo ci spinge» (*2 Cor* 5, 14) ad annunciare il Vangelo a tutti;

- per condividere con gli altri, nel rispetto e nel dialogo, i propri beni: «L'accoglienza della Buona Novella nella Fede, spinge di per sé a tale comunicazione. La Verità, che salva la vita, accende il cuore di chi la riceve con un amore verso il prossimo, che muove la libertà a ridonare ciò che si è gratuitamente ricevuto (...) Di questi beni la Chiesa vuole fare partecipi tutti, affinché abbiano così la pienezza della verità e dei mezzi di salvezza, «per entrare nella libertà della gloria dei figli di Dio» (*Rm* 8, 21) (...). Tale condivisione, caratteristica della vera amicizia, è un'occasione preziosa per la testimonianza e per l'annuncio cristiano» (*Nota*, 7- 8);

- per attuare una forma originale e indispensabile di servizio alla persona: «L'annuncio e la testimonianza del Vangelo sono il primo servizio che i cristiani possono rendere a ogni persona e all'intero genere umano, chiamati come sono a comunicare a tutti l'amore di Dio, che si è manifestato in pienezza nell'unico Redentore del mondo, Gesù Cristo» (BENEDETTO XVI, *Discorso ai partecipanti del Convegno internazionale in occasione del 40° anniversario del Decreto conciliare «Ad gentes»*, 11 marzo 2006);

- per aiutare le persone in particolare ad uscire dalle varie forme di deserto in cui vivono: proprio per aiutare tali persone che si trovano nel «deserto dell'oscurità di Dio, dello svuotamento delle anime senza più coscienza della dignità e del cammino dell'uomo, (...) la Chiesa nel suo insieme, ed i Pastori in essa, come Cristo, devono mettersi in cammino, per condurre gli uomini fuori dal deserto, verso il luogo della vita, verso l'amicizia con il Figlio di Dio, verso Colui che ci dona la vita, la vita in pienezza» (BENEDETTO XVI, *Omelia durante la Santa Messa per l'inizio del Pontificato,* 24 aprile 2005).

■ Evangelizzare non è solo un dovere ma è anche un diritto irrinunciabile, espressione propria della libertà religiosa della persona, nonché del diritto della persona di ricercare la piena felicità. Paolo VI era solito ripetere: «Il cristianesimo non è facile, ma felice».

■ Si legga a questo riguardo anche la scheda: Perché è necessario annunciare Gesù Cristo?

Quali obiezioni si muovono all'Evangelizzazione?

1. L'Evangelizzazione è un attentato alla libertà della persona?

■ Occorre qui anzitutto ricordare che la libertà della persona:

- è in stretto rapporto con la verità:

– la libertà non è indifferenza, ma tensione alla verità, al bene (*bonum et verum convertuntur*: il bene e il vero coincidono). Il separare la libertà dalla verità è una delle espressioni «di quel relativismo che, non riconoscendo nulla come definitivo, lascia come ultima misura solo il proprio io con le sue voglie, e sotto l'apparenza della libertà diventa per ciascuno una prigione» (Benedetto XVI, *Discorso ai partecipanti del Convegno Ecclesiale della Diocesi di Roma* su «Famiglia e Comunità cristiana: formazione della persona e trasmissione della Fede», 2005);

– il negare che esista la possibilità di conoscere la verità, e/o che la verità non abbia un «carattere esclusivo, partendo dal presupposto che essa si manifesta in modo uguale in dottrine diverse, persino contraddittorie tra di loro» (Giovanni Paolo II, Lett. Enc. *Fides et ratio*, n. 5) fa perdere all'uomo «ciò che in modo unico può avvincere la sua intelligenza ed affascinare il suo cuore» (*Nota*, 4);

• Ha bisogno, nella ricerca della verità, dell'aiuto di altri:

– L'uomo «fin dalla nascita, si trova immerso in varie tradizioni, dalle quali riceve non soltanto il linguaggio e la formazione culturale, ma molteplici verità a cui, quasi istintivamente, crede. [...] Nella vita di un uomo, le verità semplicemente credute rimangono più numerose di quelle che egli acquisisce mediante la personale verifica» (Giovanni Paolo II, Lett. Enc. *Fides et ratio*, n. 31);

– la verità viene raggiunta anche affidandosi a coloro che possono garantire la certezza e l'autenticità della verità stessa: «La capacità e la scelta di affidare se stessi e la propria vita a un'altra persona costituiscono certamente uno degli atti antropologicamente più significativi ed espressivi» (op. cit., n. 33).

■ Il Concilio Vaticano II, dopo aver affermato il dovere e il diritto di ogni uomo di cercare la verità in materia religiosa, aggiunge: «La verità poi va cercata in modo rispondente alla dignità della persona umana, e alla sua natura sociale, cioè con una ricerca libera, con l'aiuto del Magistero o dell'insegnamento, della comunicazione e del dialogo, con cui, allo scopo di aiutarsi vicendevolmente nella ricerca della verità, gli uni espongono agli altri la verità che hanno scoperta o che ritengono di avere scoperta». In ogni caso, la verità «non si impone che in forza della stessa verità» (CONCILIO VATICANO II, Dich. *Dignitatis humanae,* 3 e 1).

■ «Perciò, sollecitare onestamente l'intelligenza e la libertà di una persona all'incontro con Cristo e con il suo Vangelo non è una indebita intromissione nei suoi confronti, bensì una legittima offerta ed un servizio che può rendere più fecondi i rapporti fra gli uomini (...). La piena adesione a Cristo, che è la Verità, e l'ingresso nella sua Chiesa non diminuiscono, ma esaltano la libertà umana e la protendono verso il suo compimento, in un amore gratuito e colmo di premura per il bene di tutti gli uomini» (*Nota*, 5-7).

2. Poiché il non-cristiano si puo' salvare, l'Evangelizzazione è allora inutile?

«Sebbene i non-cristiani possano salvarsi mediante la grazia che Dio dona attraverso «vie a Lui note» (*Ad gentes*, 7), la Chiesa non può non tener conto del fatto che ad essi manca un grandissimo bene in questo mondo: conoscere il vero volto di Dio e l'amicizia con Gesù Cristo, il Dio-con-noi. Infatti, « non vi è niente di più bello che essere raggiunti, sorpresi dal Vangelo, da Cristo. Non vi è niente di più bello che conoscere Lui e comunicare agli altri l'amicizia con Lui » (BENEDETTO XVI, *Omelia durante la Santa Messa per l'inizio del Pontificato*, 24 aprile 2005). Per ogni uomo è un grande bene la rivelazione delle verità fondamentali su Dio, su se stesso e sul mondo; mentre vivere nell'oscurità, senza la verità circa le ultime questioni, è un male, spesso all'origine di sofferenze e di schiavitù talvolta drammatiche. Ecco perché San Paolo non esita a descrivere la conversione alla Fede cristiana come una liberazione « dal regno delle tenebre » ed un ingresso « nel regno del Figlio prediletto, nel quale abbiamo la redenzione e la remissione dei peccati » (*Col* 1, 13-14) » (*Nota*, 7).

3. Evangelizzare esprime intolleranza? È forse un pericolo per la pace?

« Chi ragiona così, ignora che la pienezza del dono di verità che Dio fa, rivelandosi all'uomo, rispetta quella libertà che Egli stesso crea come tratto indelebile della natura umana: una libertà che non è indifferenza, ma tensione al bene. Tale rispetto è un'esigenza della stessa Fede cattolica e della carità di Cristo, un costitutivo dell'Evangelizzazione e, quindi, un bene da promuovere in modo inseparabile dall'impegno a far conoscere e abbracciare liberamente la pienezza di salvezza che Dio offre all'uomo nella Chiesa» (*Nota*, 10).

Come avviene l'Evangelizzazione?

L'Evangelizzazione avviene:

- Nel rispetto della libertà della persona: «La Chiesa proibisce severamente di costringere o di indurre e attirare qualcuno con inopportuni raggiri ad abbracciare la Fede, allo stesso modo che rivendica energicamente il diritto che nessuno con ingiuste vessazioni sia distolto dalla Fede stessa» (*Ad gentes*, 13). «Fin dagli inizi della Chiesa, i discepoli di Cristo si sono adoperati per convertire gli uomini a confessare Cristo Signore, non con una azione coercitiva né con artifizi indegni del Vangelo, ma anzitutto con la forza della Parola di Dio» (*Dignitatis humanae*, 11);
- Mediante la predicazione privata e pubblica del Vangelo, e anche mediante la realizzazione di opere di pubblica rilevanza;
- Per mezzo della parola e della testimonianza di vita, le quali vanno insieme. «Affinché la luce della verità sia irradiata a tutti gli uomini, è necessaria anzitutto la testimonianza della santità. Se la parola è smentita dalla condotta, difficilmente viene accolta. Ma neppure basta la sola testimonianza, perché «anche la più bella testimonianza si rivelerà a lungo impotente, se non è illuminata, giustificata – ciò che

Pietro chiamava « dare le ragioni della propria speranza » (*1 Pt* 3, 15) – ed esplicitata da un annuncio chiaro e inequivocabile del Signore Gesù » (*Evangelii nuntiandi*, 22);

- Con la fiducia nella potenza dello Spirito Santo e della stessa verità proclamata;

- Nel dono di sé fino al martirio: « Proprio il martirio dà credibilità ai testimoni, che non cercano potere o guadagno, ma donano la propria vita per Cristo. Essi manifestano al mondo la forza inerme e colma di amore per gli uomini che viene donata a chi segue Cristo fino al dono totale della sua esistenza. Così, i cristiani, dagli albori del cristianesimo fino ai nostri giorni, hanno subito persecuzioni a motivo del Vangelo, come Gesù aveva preannunziato: « Se hanno perseguitato me, perseguiteranno anche voi » (*Gv* 15, 20) » (*Nota,* 8).

A chi tocca Evangelizzare?

Ad ogni cristiano. « Le parole di Gesù, « andate dunque e ammaestrate tutte le nazioni, battezzandole nel nome del Padre e del Figlio e dello Spirito Santo, insegnando loro ad osservare tutto ciò che vi ho comandato » (*Mt* 28, 19-20), interpellano tutti nella Chiesa, ciascuno secondo la propria vocazione (…) Chi annuncia il Vangelo partecipa alla carità di Cristo, che ci ha amati e ha donato se stesso per noi (cfr. *Ef* 5, 2), è suo ambasciatore e supplica in nome di Cristo: lasciatevi riconciliare con Dio! (cfr. *2 Cor*

5, 20). Una carità che è espressione di quella gratitudine che si effonde dal cuore umano quando si apre all'amore donato da Gesù Cristo» (*Nota*, 10-11).

In quale modo l'Evangelizzazione arricchisce la stessa Chiesa?

■ Annunciando Gesù Cristo a ogni persona situata nel proprio contesto socio-culturale, la Chiesa:

• assume in Cristo le innumerevoli ricchezze degli uomini di tutti i tempi e luoghi della storia umana (cfr. GIOVANNI PAOLO II, Lett. Enc. *Slavorum apostoli*, n. 18);

• «si arricchisce di espressioni e valori nei vari settori della vita cristiana;

• conosce ed esprime ancor meglio il mistero di Cristo, mentre viene stimolata a un continuo rinnovamento» (GIOVANNI PAOLO II, Lett. Enc. *Redemptoris missio*, n. 52);

• scopre ed esplicita meglio potenzialità del Vangelo, poco conosciute ed esplicitate in precedenza; e in tal modo la «tradizione, che viene dagli Apostoli, progredisce nella Chiesa con l'assistenza dello Spirito Santo» (CONCILIO VATICANO II, Cost. dogm. *Dei Verbum*, n. 8).

■ «Prosegue così nella storia, nell'unità di una medesima ed unica Fede, l'evento della Pentecoste, che si arricchisce attraverso la diversità dei linguaggi e delle culture» (*Nota*, 6).

■ «L'incorporazione di nuovi membri alla Chiesa non è l'estensione di un gruppo di potere, ma l'ingresso nella rete di amicizia con Cristo, che collega cielo e terra, continenti ed epoche diverse» (*Nota*, 9).

L'Evangelizzazione va rivolta anche ai cristiani non-cattolici?

■ Una tale Evangelizzazione (che è chiamata Ecumenismo), da parte di ogni cristiano-cattolico, comporta:

• un vero rispetto nei confronti del fratello separato, in particolare verso la sua libertà, la sua tradizione e la sua ricchezza spirituale;

• preghiera, penitenza, studio;

• testimonianza e annuncio pieno della propria Fede;

• un sincero spirito di cooperazione, nel campo tecnico e sociale, come in quello religioso e culturale;

• «un dialogo rispettoso della carità e della verità: un dialogo che non è soltanto uno scambio di idee ma di doni, affinché si possa offrire loro la pienezza dei mezzi di salvezza» (*Nota*, 12). Un ecumenismo dunque della verità e della carità: le due sono intimamente unite. (Si veda a questo riguardo anche l'altra scheda: Ecumenismo).

■ «Va notato che se un cristiano non cattolico, per ragioni di coscienza e convinto della verità cattolica, chiede di entrare nella piena comunione della Chiesa cattolica, ciò va rispettato come opera dello Spirito Santo e come espressione della libertà di coscienza e di religione. In questo caso non si tratta di proselitismo, nel senso negativo attribuito a questo termine» (*Nota*, 12).

NB: Per approfondire l'argomento, si leggano i seguenti documenti pontifici:

CONCILIO VATICANO II, Cost. dogm. *Dei Verbum*; Dich. *Dignitatis humanae*; Decr. *Ad gentes*; Cost. past. *Gaudium et spes*; Decr. *Unitatis redintegratio*;

PAOLO VI, Es. Ap. *Evangelii nuntiandi* (8 dicembre 1975);

GIOVANNI PAOLO II, Lett. Enc. *Slavorum apostoli* (2 giugno 1985); Lett. Enc. *Redemptoris missio* (7 dicembre 1990); Lett. Enc. *Ut unum sint* (25 maggio 1995);

BENEDETTO XVI, *Omelia durante la Santa Messa per l'inizio del Pontificato* (24 aprile 2005); Lett. Enc. *Deus caritas est* (25 dicembre 2005);

CONGREGAZIONE PER LA DOTTRINA DELLA FEDE (CDF): Dich. *Dominus Iesus* (6 agosto 2000); *Nota dottrinale su alcuni aspetti dell'Evangelizzazione* (3 dicembre 2007) (abbr. *Nota*).

III
I QUATTRO VANGELI:
PERCHÉ SONO IL CUORE DELLA FEDE CRISTIANA?

Che cosa significa la parola Vangelo?

■ « Vangelo » è una parola d'origine greca, *ευαγγελιον* (*euangelion*), che arriva all'italiano attraverso il latino *evangelium* e significa letteralmente *lieto annuncio, buona notizia*. Tale *lieto annuncio* riguarda la vita e la predicazione di Gesù Cristo, il Figlio Unigenito di Dio fatto uomo.

■ « Il termine *vangelo*, ai tempi di Gesù, era usato dagli imperatori romani per i loro proclami. Indipendentemente dal contenuto, essi erano definiti 'buone novelle', cioè annunci di salvezza, perché l'imperatore era considerato come il signore del mondo ed ogni suo editto come foriero di bene. Applicare questa parola alla predicazione di Gesù ebbe dunque un senso fortemente critico, come dire: Dio, non l'imperatore, è il Signore del mondo, e il vero Vangelo è quello di Gesù Cristo » (BENEDETTO XVI, *Angelus*, 27-1-08).

Quanti e quali sono i Vangeli?

Sono 4: Vangelo di Matteo (*Mt*), Marco (*Mc*), Luca (*Lc*), Giovanni (*Gv*). Essi fanno parte della Sacra Scrittura, e in particolare del Nuovo Testamento. Appartengono pertanto al *cànone* delle Scritture, che «è l'elenco completo degli scritti sacri, che la Tradizione Apostolica ha fatto discernere alla Chiesa. Tale *cànone* comprende 46 scritti dell'Antico Testamento e 27 del Nuovo» (*Compendio*, 20). La Chiesa è criterio saldo e stabile della canonicità della Sacra Scrittura. La Chiesa Cattolica, guidata dallo Spirito di verità, è custode autentica del deposito rivelato e regola della fede. Essa infatti «ha stabilito quali sono i libri da ritenersi autentici nel canone della Bibbia» (DUNS SCOTO, Ordinatio I d.5 n. 26, ed. Vat. IV 25).

Quando sono stati scritti?

I 4 Vangeli sono stati scritti tra il 60 e il 100 d. C.

Perché sono solo quattro?

■ Sono soltanto 4, in quanto è stata la *Tradizione Apostolica* a far discernere alla Chiesa che questi quattro e solo questi quattro vangeli dovessero essere compresi nell'elenco dei Libri Sacri.

■ Sant'Ireneo, Vescovo di Lione e martire, afferma, alla fine del II secolo, in un celebre passo che «poiché il mondo ha quattro regioni e quattro sono i venti principali [...] il Verbo creatore di ogni cosa [...] rivelandosi agli uomini, ci ha dato un Vangelo quadruplice, ma unificato da un unico Spirito» (*Contro le eresie* III 11, 8).

Che cos'è la Tradizione Apostolica?

«La Tradizione Apostolica è la trasmissione del messaggio di Cristo compiuta, sin dalle origini del cristianesimo, mediante la predicazione, la testimonianza, le istituzioni, il culto, gli scritti ispirati. Gli Apostoli hanno trasmesso ai loro successori, i Vescovi, e, attraverso questi, a tutte le generazioni fino alla fine dei tempi, quanto hanno ricevuto da Cristo e appreso dallo Spirito Santo.

In quali modi si realizza la Tradizione Apostolica?

La Tradizione Apostolica si realizza in due modi: con la trasmissione viva della Parola di Dio (detta anche semplicemente la Tradizione), e con la Sacra Scrittura, che è lo stesso annuncio della salvezza messo per iscritto.

Quale rapporto esiste fra la Tradizione e la Sacra Scrittura?

La Tradizione e la Sacra Scrittura sono tra loro strettamente congiunte e comunicanti. Ambedue rendono presente e fecondo nella Chiesa il mistero di Cristo e scaturiscono dalla stessa sorgente divina: costituiscono un solo sacro deposito della Fede, da cui la Chiesa attinge la propria certezza su tutte le verità rivelate. «Perciò l'una e l'altra devono esser accettate e venerate con pari sentimento di pietà e di riverenza» *(Dei Verbum,* 9).

Quale relazione esiste tra Scrittura, Tradizione e Magistero*?*

Essi sono tra loro così strettamente uniti, che nessuno di loro esiste senza gli altri. Insieme contribuiscono efficacemente, ciascuno secondo il proprio modo, sotto l'azione dello Spirito Santo, alla salvezza degli uomini» (*Compendio*, 12-14.17).

Che cosa sappiamo circa gli autori dei quattro Vangeli?

Secondo la tradizione, circa gli autori dei quattro Vangeli sappiamo che:

Marco: viene spesso identificato col «giovinetto vestito di un lenzuolo» che tentò di seguire Gesù dopo il suo arresto (*Mc* 14, 51-52). Successivamente fu discepolo di San Pietro; seguì anche San Paolo in uno dei suoi viaggi missionari;

Matteo: chiamato anche Levi, fu uno degli apostoli. Era pubblicano, cioè esattore delle tasse: Gesù lo chiamò mentre sedeva al banco delle imposte;

Luca: discepolo di San Paolo, lo seguì in alcuni dei suoi viaggi. È ritenuto anche l'autore degli Atti degli Apostoli. Era medico, probabilmente di Antiochia. Secondo la tradizione, dipinse anche un ritratto della Madonna;

Giovanni: fu uno degli Apostoli più vicini a Gesù. Nel suo Vangelo spesso indica se stesso con l'espressione «il discepolo che Gesù amava». È ritenuto anche l'autore di tre Lettere Apostoliche e dell'Apocalisse.

Quale importanza hanno i Vangeli per i cristiani?

■ «I quattro Vangeli di Matteo, Marco, Luca e Giovanni, essendo la principale testimonianza sulla vita e sulla dottrina di Gesù, costituiscono il cuore di tutte le Scritture e occupano un posto unico nella Chiesa» (*Compendio*, 22).

■ Nello stesso tempo va ricordato che:

• la Parola di Dio non si identifica con la Sacra Scrittura, la quale è sì la testimone privilegiata della Parola di Dio, ma questa trascende persino la sua incarnazione biblica. Infatti la Parola di Dio è una Persona: Gesù Cristo, il quale è pertanto l'incarnazione perfetta e definitiva della Parola di Dio;

• il cristianesimo non può essere di per sé definito una «religione del libro», anche se la testimonianza biblica su Gesù è importante e anzi indispensabile. Il cristianesimo è più precisamente la «religione della persona»: la persona di Gesù Cristo, per mezzo del quale si rivela e si comunica Dio Padre, nello Spirito Santo.

Come si sono formati i Vangeli?

■ Nella formazione dei Vangeli si possono distinguere tre tappe:

1. ***La vita e l'insegnamento di Gesù*****:** Gesù non ha lasciato nulla di scritto. Egli ha predicato e insegnato, si è scelto e formato dei discepoli, in particolare i Dodici Apostoli. Questi hanno ascoltato per tre anni la sua parola. C'è da rilevare a questo riguardo che l'esigenza di predicare e insegnare a memoria era una abitudine costante del tempo, e nasce dal fatto che la scrittura era impraticabile in condizioni normali.

2. ***La tradizione orale*****:** «Gli Apostoli poi, dopo l'ascensione del Signore, trasmisero ai loro ascoltatori ciò che egli aveva detto e fatto, con quella più completa intelligenza di cui essi, ammaestrati dagli eventi gloriosi di Cristo e illuminati dalla luce dello Spirito di verità, godevano» (CONCILIO VATICANO II, *Dei Verbum,* n. 19). Gli Apostoli hanno attuato pertanto quanto Gesù aveva loro ordinato: «Andate e ammaestrate tutte le nazioni, battezzandole nel nome del Padre, del Figlio e dello Spirito Santo» (*Mt* 28,19). Dunque, essi, adempiendo a tale comando di Cristo, hanno annunciato a viva voce gli episodi di cui erano stati testimoni durante la loro vita con Gesù, ripetendo, in particolare a chi non l'aveva conosciuto, le sue parole e i suoi insegnamenti. Così lentamente i ricordi ed i racconti su Gesù, come pure le sue parole e i suoi miracoli, tramandati in modo costante e fedele, assunsero una forma letteraria ben precisa. Ad esempio, già subito dopo la Morte e la Risurrezione di Gesù, quindi intorno agli anni 40 d.C., la Chiesa così cantava nel famoso inno contenuto nella lettera di San Paolo ai Filippesi»: «Cristo Gesù, pur essendo di natura divina, non considerò un tesoro geloso la sua uguaglianza con Dio» (*Fil* 2,6).

Circa tale predicazione, va rilevato che:

• la comunità cristiana *non crea* il *contenuto* della predicazione, ma ne elabora la forma letteraria;

• tale contenuto si basa sulla testimonianza autorevole dei testimoni oculari;

• ed è strettamente controllato dalla comunità apostolica di Gerusalemme, la quale ha la preoccupazione e la convinzione di essere fedele alla memoria di Gesù.

3. *I Vangeli scritti.* Gli insegnamenti apostolici su Gesù non rimasero puro insegnamento orale, ma ben presto, gradualmente, furono messi per iscritto. E questo avvenne tra il 60 e il 100 d.C. «Gli autori sacri scrissero i quattro Vangeli, scegliendo alcune cose tra le molte tramandate a voce o già per iscritto, redigendo una sintesi delle altre o spiegandole con riguardo alla situazione delle Chiese, conservando infine il carattere di predicazione, sempre però in modo tale da riferire su Gesù cose vere e sincere» (CONCILIO VATICANO II, *Dei Verbum,* n. 19). Il motivo di questo mettere per iscritto quanto annunciavano oralmente va cercato in alcune *esigenze* delle prime comunità cristiane:

• la celebrazione della *liturgia*: per celebrare occorrono testi da leggere;

• la *catechesi*, la formazione dei credenti: i catechisti avevano bisogno di testi di riferimento sui quali basare il proprio insegnamento;

• l'*attività missionaria* di annuncio ai non credenti, per la quale era necessario avere tra le mani perlomeno dei *promemoria* contenenti gli insegnamenti e le parole significative dette da Gesù;

• la determinazione del *comportamento morale, pratico* dei cristiani nell'incontro con culture e stili di vita diversi;

• la *difesa contro accuse, calunnie e fraintendimenti*, a cui le comunità erano soggette, sia da parte ebraica che pagana.

■ Esiste una continuità tra la predicazione di Gesù, la predicazione apostolica e la loro redazione evangelica.

■ Nella narrazione dei Vangeli esiste un legame molto stretto con gli avvenimenti realmente accaduti: «Per la Fede biblica – spiega il card. RATZINGER – è fondamentale il riferimento a eventi storici reali. Essa non racconta la storia come un insieme di simboli di verità storiche, ma si fonda sulla storia che è accaduta sulla superficie di questa terra (...). L'attività di Gesù non è da considerare inserita in un mitico prima-o-poi, che può significare insieme sempre e mai; è un avvenimento storico precisamente databile con tutta la serietà della storia umana realmente accaduta» (*Gesù di Nazaret*, 2007).

■ Il tutto avvenne sotto la guida dello Spirito Santo, come aveva assicurato Gesù stesso durante la sua vita terrena: « Queste cose vi ho detto quando ero ancora tra voi. Ma il Consolatore, lo Spirito Santo che il Padre manderà nel mio nome, egli v'insegnerà ogni cosa e vi ricorderà tutto ciò che io vi ho detto » *(Gv* 14, 25-26*)*. « Egli mi glorificherà, perché prenderà del mio e ve l'annunzierà » (*Gv* 16,14).

Come vengono trasmessi i Vangeli lungo i secoli?

■ C'è anzitutto la trasmissione manoscritta (dal 60 d.C.) in greco biblico (un tipo di lingua greca popolare, comune in quel tempo). I più antichi manoscritti dei Vangeli, come pure di tutto il Nuovo Testamento, ci sono pervenuti in greco. Il papiro Bodmer XIV-XV (P 75), datato tra il 175 e il 225, risulta essere il manoscritto più antico, a noi pervenuto, dei Vangeli di Luca e di Giovanni. In seguito nel II- III secolo i Vangeli vengono tradotti dal greco in latino (la *vetus latina*): il Codice b (*Vaticano greco* 1209) è il più antico codice integrale della Bibbia, del IV secolo, a noi pervenuto. Successivamente con l'invenzione della stampa (dal 1516) si passò dalla trasmissione manoscritta a quella stampata.

■ Già nella seconda metà del II sec. San Giustino nello scrivere nel 160 la sua *Apologia* afferma che le memorie degli Apostoli vengono chiamate Vangeli. È la prima testimonianza in cui si passa dal Vangelo come annuncio predicato al Vangelo come testo scritto.

I Vangeli sono di origine apostolica?

La Chiesa afferma come dato di Fede che i Vangeli derivano dagli Apostoli. « La Chiesa ha sempre e in ogni luogo ritenuto e ritiene che i quattro Vangeli sono di origine apostolica. Infatti, ciò che gli Apostoli per mandato di Cristo predicarono, dopo, per ispirazione dello Spirito Santo, fu dagli stessi e da uomini della loro cerchia tramandato in scritti, come fondamento della Fede » (CONCILIO VATICANO II, *Dei Verbum,* n. 18).

In che senso i Vangeli sono storici?

- I Vangeli sono storici, in quanto riportano Fedelmente le opere e le parole di Gesù, alla luce della sua Morte e Risurrezione sotto l'influsso dello Spirito Santo. « La Santa Madre Chiesa ha ritenuto e ritiene con fermezza e costanza massima, che i quattro suindicati Vangeli, di cui afferma senza alcuna esitanza la storicità, trasmettono Fedelmente quanto Gesù Figlio di Dio, durante la sua vita tra gli uomini, effettivamente operò e insegnò per la loro eterna salvezza, fino al giorno in cui fu assunto in cielo » (CONCILIO VATICANO II, *Dei Verbum*, n. 19).

- Occorre tener presente che i Vangeli sono stati scritti in un periodo storico (il I secolo d.C.), in cui:

- gli Apostoli e molte persone, che avevano conosciuto, ascoltato e vissuto con Gesù;
- come pure persone che avevano conosciuto e vissuto con gli Apostoli erano ancora viventi, e perciò erano in grado di verificare se quanto veniva predicato e scritto corrispondeva a verità oppure no. E non va neppure dimenticato a tale riguardo che molte di queste persone hanno accettato il martirio piuttosto che rinnegare la loro fedeltà a Cristo (cfr. ad esempio la persecuzione subita da molti cristiani nell'anno 64 d.C. a causa di Nerone).

■ Per garantire la storicità dei fatti come tali, esistono anche vari criteri complementari (come il criterio della molteplice attestazione, della non-contraddizione, della continuità e della discontinuità, della conformità, ecc.), che possono fornire una certezza morale di storicità per la maggior parte dei fatti narrati nei Vangeli.

Quali sono i criteri dell'autenticità dei Vangeli?

■ Criterio fondamentale: il riconoscimento della Chiesa divinamente assistita dallo Spirito Santo. Tale riconoscimento è stato anzitutto dato dalla prima Comunità ecclesiale nel I secolo d. C., ed è stato sempre riconfermato dalla Chiesa nei secoli successivi fino ad oggi.

■ Criteri oggettivi:

- la loro origine apostolica;
- l'assoluta fedeltà a quanto Gesù ha detto e fatto;
- la testimonianza di coloro che furono testimoni oculari.

In che senso i Vangeli sono libri ispirati?

«Le verità divinamente rivelate, che sono contenute ed espresse nei libri della Sacra Scrittura, furono scritte per ispirazione dello Spirito Santo. La santa madre Chiesa, per Fede apostolica, ritiene sacri e canonici tutti interi i libri sia del Vecchio che del Nuovo Testamento, con tutte le loro parti, perché scritti per ispirazione dello Spirito Santo (cfr. *Gv* 20,31; 2 *Tm* 3,16); hanno Dio per autore e come tali sono stati consegnati alla Chiesa per la composizione dei libri sacri. Dio scelse e si servì di uomini nel possesso delle loro facoltà e capacità, affinché, agendo Egli in essi e per loro mezzo, scrivessero come veri autori, tutte e soltanto quelle cose che Egli voleva fossero scritte» (CONCILIO VATICANO II, *Dei Verbum*, n. 11).

Perché i Vangeli insegnano la verità?

Perché Dio stesso è il loro autore. Perciò insegnano senza errore quelle verità, che sono necessarie alla nostra salvezza. «Poiché dunque tutto ciò che gli autori ispirati o agiografi asseriscono è da ritenersi asserito dallo Spirito Santo, bisogna ritenere, per conseguenza, che i libri della Scrittura insegnano con certezza, Fedelmente e senza errore la verità che Dio, per la nostra salvezza, volle fosse consegnata nelle Sacre Scritture. Pertanto ogni Scrittura divinamente ispirata è anche utile per insegnare, per convincere, per correggere, per educare alla giustizia, affinché l'uomo di Dio sia perfetto, addestrato ad ogni opera buona» (CONCILIO VATICANO II, *Dei Verbum*, n. 11).

Quali sono alcune delle caratteristiche dei singoli Vangeli?

■ Vangelo secondo Marco: è ritenuto il più antico dei quattro Vangeli: risale all'anno 64 d.C., ovvero 34 anni dopo la data probabile della morte di Gesù.

Ha un tono più narrativo: ricco di particolari, dipinge efficacemente la Palestina dell'epoca di Gesù. I destinatari dell'opera erano i cristiani non ebrei, probabilmente quelli di Roma. L'autore è il Marco conosciuto da Pietro, che più tardi ha accompagnato Paolo e Barnaba. Il vangelo di Marco è contrassegnato dalla 'via': il viaggio di Gesù verso Gerusalemme, verso l'adempimento del mistero pasquale.

■ Vangelo secondo Matteo: era destinato ad un pubblico di origine ebraica. Lo si evince dalla frequenza con cui sono riportate le citazioni dall'Antico Testamento. Secondo la tradizione cristiana, l'autore sarebbe uno dei dodici Apostoli, in certi passi chiamato Matteo (l'esattore delle tasse), in altri, Le-

vi. Questo Vangelo, ricco di parabole e di 5 grandi discorsi di Gesù, tra cui il celeberrimo discorso della montagna (5,1-7,29), è generalmente considerato come il testo più ricco di valore morale e che per secoli ha ispirato genti di ogni cultura e religione.

■ Vangelo secondo Luca: è un tutt'uno con gli Atti degli Apostoli. Scritti dallo stesso autore, presentano il medesimo stile e hanno lo stesso destinatario, un certo Teòfilo, del quale non si hanno ulteriori notizie (il nome, in greco, significa *Amico di Dio*). Secondo la tradizione, l'autore è Luca, compagno di San Paolo in alcuni dei suoi viaggi. Il cuore dell'opera è l'attività di Gesù a Gerusalemme, la predicazione dell'inizio di una nuova era, il riscatto degli uomini e l'amore per i poveri.

■ Vangelo secondo Giovanni: è molto diverso, anche stilisticamente, rispetto agli altri. Ci sono molte meno parabole, meno miracoli, non vi è accenno all'istituzione dell'Eucaristia, al Padre nostro, alle beatitudini. Compaiono invece nuove espressioni per indicare Gesù (ad es. Verbo di Dio). Secondo la tradizione l'autore è l'Apostolo Giovanni, quello prediletto da Gesù, autore anche dell'Apocalisse. Un grande scrittore cristiano del III secolo, Origene, definiva così il quarto Vangelo: «il fiore di tutta la Sacra Scrittura è il Vangelo e il fiore del Vangelo è quello trasmesso a noi da Giovanni, il cui senso profondo e riposto nessuno mai potrà pienamente cogliere».

Quali caratteristiche presentano i Vangeli nel loro insieme?

■ Circa le FONTI, occorre rilevare:

• l'accurata ricerca di fatti storici. Così si esprime al riguardo Luca all'inizio del suo Vangelo: «Poiché molti han posto mano a stendere un racconto degli avvenimenti successi tra di noi, come ce li hanno trasmessi coloro che ne furono testimoni fin da principio e divennero ministri della parola, così ho deciso anch'io di fare ricerche accurate su ogni circostanza fin dagli inizi e di scriverne per te un resoconto ordinato, illustre Teòfilo, perché ti possa rendere conto della solidità degli insegnamenti che hai ricevuto» (1,1-4);

• la testimonianza oculare e l'esperienza sorprendente, nuova, di alcune persone che hanno vissuto con Gesù.

■ Circa il CONTENUTO:

• I Vangeli si completano a vicenda, evidenziando ciascuno alcuni aspetti particolari dell'insegnamento e dell'operato di Cristo. Le differenziazioni che ci sono tra un Vangelo e l'altro non intaccano la sostanziale storicità della persona di Gesù, di quanto Egli ha detto e fatto.

• Non solo contengono la Parola di Dio, ma sono essi stessi Parola di Dio: Parola di Dio in parola umana. «Le parole di Dio infatti, espresse con lingue umane, si sono fatte simili al linguaggio degli uomini, come già il Verbo dell'eterno Padre, avendo assunto le debolezze dell'umana natura, si fece simile agli uomini» *(Dei Verbum,* 13). In quanto opera umana, i Vangeli vanno studiati con criteri scientifici (di critica letteraria e storica), ma in quanto Parola di Dio, vanno letti anche e soprattutto con criteri di Fede.

• Gesù Cristo è il contenuto centrale, il dato primordiale e permanente, il centro stabile che unifica, dà solidità ai Vangeli, i quali sono l'eco fedele di quanto Gesù ha detto e fatto. I Vangeli sono un libro solo e quest'unico libro è Cristo. Egli è il rivelatore definitivo del Padre con il suo stesso essere, con le parole e le opere, con i miracoli, con la sua Morte e Risurrezione, con il dono dello Spirito Santo.

• La Fede cristiana non è «una religione del Libro», ma della Parola di Dio, che non è «una parola scritta e muta, ma il Verbo incarnato e vivente» (SAN BERNARDO DI CHIARAVALLE).

• C'è un contenuto comune nel presentare i fatti principali della vita di Gesù: Gesù vien presentato nei suoi lineamenti principali, nelle costanti del suo insegnamento e comportamento, nei momenti fondamentali della sua vita pubblica, nella sua assoluta novità e originalità: «Il Verbo si fece carne e venne ad abitare in mezzo a noi; e noi vedemmo la sua gloria, gloria come di unigenito dal Padre, pieno di grazia e di verità» (*Gv* 1,14).

■ Circa l'INTERPRETAZIONE degli eventi: essa viene fatta alla luce della Risurrezione di Gesù e messa a servizio della vita dei credenti e della Chiesa. I Vangeli furono scritti nella certezza che Gesù morto sulla croce è risorto, quindi è sempre vivo e presente nella Chiesa. Ora per conoscere il Risorto occorre rivolgersi alla vita e all'insegnamento passati di Gesù, ma non semplicemente in quanto passati, ma per illuminare con questo passato Cristo attualmente vivo.

■ Circa la FINALITÀ, i Vangeli:

• non si prefiggono di offrirci una biografia di Gesù. Gli autori sacri, come già la tradizione prima di essi, non hanno interesse a conoscere in dettaglio la descrizione degli eventi della vita di Gesù. I dettagli presenti nel testo non servono alla descrizione cronistica del fatto;

• neppure offrono risposte a problemi di storia o di scienza: la verità che Gesù comunica è per la nostra salvezza. I Vangeli riportano fatti e detti di Gesù, ritenuti importanti per il loro significato salvifico;

• si propongono invece di esprimere e suscitare la Fede nel Signore Gesù. Essendo trasmessa da credenti per suscitare e nutrire la Fede, la tradizione evangelica porta l'attenzione al significato che hanno per la Fede questi eventi. Quindi la verità di un racconto non sta nell'esatto resoconto di un fatto, ma nel cogliere il senso, il valore, la lezione contenuta nel fatto.

Quale unità esiste fra Antico e Nuovo Testamento?

« La Scrittura è una, in quanto unica è la Parola di Dio, unico il progetto salvifico di Dio, unica l'ispirazione divina di entrambi i Testamenti. L'Antico Testamento prepara il Nuovo e il Nuovo dà compimento all'Antico: i due si illuminano a vicenda.

Quale funzione ha la Sacra Scrittura nella vita della chiesa?

La Sacra Scrittura dona sostegno e vigore alla vita della Chiesa. È, per i suoi figli, saldezza della Fede, cibo e sorgente di vita spirituale. È l'anima della teologia e della predicazione pastorale. Dice il Salmista: essa è « lampada per i miei passi, luce sul mio cammino » (*Sal* 119,105). La Chiesa esorta perciò alla frequente lettura della Sacra Scrittura, perché « l'ignoranza delle Scritture è ignoranza di Cristo » (san Girolamo) » (*Compendio*, 23-24).

« La Chiesa ha sempre venerato le divine Scritture come ha fatto per il Corpo stesso di Cristo, non mancando mai, soprattutto nella sacra liturgia, di nutrirsi del pane di vita dalla mensa sia della Parola di Dio che del Corpo di Cristo, e di porgerlo ai fedeli. Insieme con la sacra Tradizione, ha sempre considerato e considera le divine Scritture come la regola suprema della propria fede » (CONCILIO VATICANO II, *Dei Verbum*, n. 21).

Che cosa sono i vangeli apocrifi

■ Dal II secolo in avanti (quindi a distanza di tempo dagli eventi narrati) nascono altri vangeli, detti apocrifi (come il Vangelo di Tommaso, di Filippo, di Pietro, il Protovangelo di Giacomo…). Essi:

• nascono (ad es. i vangeli gnostici) nel contesto di correnti teologiche giudicate eretiche dalla Chiesa del tempo;

• alcuni contengono delle verità, altri presentano amplificazioni fantasiose rispetto ai Vangeli canonici e un gusto teatrale proprio di un cristianesimo popolare;

• in molti casi, si prefiggono di colmare i silenzi dei 4 Vangeli su certi periodi della vita di Gesù (in particolare dei suoi primi trent'anni), dando largo spazio alla fantasia e all'invenzione;

• mostrano un interesse particolare per gli aspetti strepitosi dei miracoli, per l'infanzia di Gesù, per le vicende degli Apostoli non menzionati nel libro degli *Atti degli Apostoli*;

• alcuni di essi addirittura non parlano della Morte e Risurrezione di Cristo.

■ Per questi motivi, a differenza dei quattro vangeli canonici, non sono stati riconosciuti come ispirati dalla Chiesa, la quale, appena furono scritti, li ha rifiutati giudicandoli come inattendibili e anzi dannosi.

■ Ciò nonostante, hanno avuto una certa influenza nella tradizione e nell'iconografia: ad esempio la presenza del bue e dell'asinello nella grotta della Natività e il nome dei genitori di Maria (Gioacchino e Anna) ci giungono proprio dal protovangelo di Giacomo, il più famoso. Altri testi apocrifi sono venuti recentemente alla luce, come il vangelo di Didimo Giuda Tommaso.

■ È necessario ricordare che i 4 Vangeli autentici sono precedenti ai vangeli apocrifi. Il Vangelo di Giovanni, che è l'ultimo dei quattro, fu composto verso il 90-95, molti decenni prima che alcuni autori scrivessero i vangeli apocrifi.

Esistono testimonianze extrabibliche che avvalorano il contenuto dei Vangeli?

Ne esistono varie:

1. La prima è quella di Plinio il Giovane, che fu proconsole della Bitinia negli anni 111-113 d.C., e che in una delle epistole inviate all'imperatore Traiano scrive che i cristiani erano « soliti riunirsi prima dell'alba e intonare a cori alterni un inno a Cristo come se fosse un dio ». Quindi, afferma che erano convinti della divinità del Cristo.

2. Svetonio (120 d. C. circa), invece, nella sua opera « Vita dei dodici Cesari », riferendo un fatto accaduto intorno al 50 d.C., afferma che Claudio « espulse da Roma i Giudei che per istigazione di Cresto erano continua causa di disordine » (*Vita Claudii* XXIII, 4). Svetonio scrisse « Chrestus » in

luogo di «Christus», non conoscendo la differenza tra giudei e cristiani, e per la somiglianza tra Chrestòs, che era un nome greco molto comune, e Christòs che voleva dire l'«unto», il «Messia». Quindi esistevano a Roma giudeo cristiani e – direi – ebrei non convertiti che disputavano fra di loro su Cristo e che potevano apparire agli occhi dell'autorità romana come causa di disordine pubblico.

3. C'è poi la testimonianza dello storico romano Tacito (117 d.C. circa), che negli *Annali* narra dell'incendio scoppiato a Roma nel 64 d.C., di cui fu accusato l'imperatore Nerone, il quale fece di tutto «per far cessare tale diceria», e per questo «si inventò dei colpevoli e sottomise a pene raffinatissime coloro che la plebaglia, detestandoli a causa delle loro nefandezze, denominava cristiani». Tacito afferma inoltre che l'«origine di questo nome era Cristo, il quale sotto l'impero di Tiberio era stato condannato al supplizio dal procuratore Ponzio Pilato; e, momentaneamente sopita, questa esiziale superstizione di nuovo si diffondeva, non solo per la Giudea, focolare di quel morbo, ma anche a Roma, dove da ogni parte confluisce e viene tenuto in onore tutto ciò che vi è di turpe e di vergognoso» (*Ann.* XV, 44).

4. Tra le fonti giudaiche, sono da ricordare in particolare quelle di: Giuseppe Flavio (I sec. d. C.), Mishnah (II sec. d. C.), Talmud (V sec. d. C.).

Quali sono i criteri di lettura dei Vangeli?

■ Ecco alcuni criteri:

1. Occorre anzitutto « ricercare con attenzione che cosa gli agiografi hanno veramente voluto affermare e che cosa è piaciuto a Dio manifestare con le loro parole. Per comprendere *l'intenzione degli autori sacri,* si deve tener conto delle condizioni del loro tempo e della loro cultura, dei « generi letterari » allora in uso, dei modi di intendere, di esprimersi, di raccontare, consueti nella loro epoca » (*CCC*, 109-110).

2. Essendo i Vangeli ispirati, c'è un altro principio di retta interpretazione, non meno importante del precedente, senza il quale la Scrittura resterebbe « lettera morta »: « La Sacra Scrittura [deve] essere letta e interpretata con l'aiuto dello stesso Spirito mediante il quale è stata scritta » (CONCILIO VATICANO II, *Dei Verbum*, n.12). Il Concilio Vaticano II indica *tre criteri* per una interpretazione della Scrittura conforme allo Spirito che l'ha ispirata: 1 - attenzione al contenuto e all'unità di tutta la Scrittura; 2 - lettura della Scrittura nella Tradizione viva della Chiesa; 3 - rispetto dell'analogia della Fede, cioè della coesione delle verità della Fede tra di loro.

3. I Vangeli vanno interpretati sotto la guida del Magistero della Chiesa, al quale spetta interpretare autenticamente il deposito della Fede. « La Sacra Scrittura è scritta nel cuore della Chiesa prima che su strumenti materiali » (ORIGENE, *Homiliae in Leviticum,* 5, 5.). « Tutto quello che concerne il modo di

interpretare la Scrittura è sottoposto in ultima istanza al giudizio della Chiesa, la quale adempie il divino mandato e ministero di conservare e interpretare la Parola di Dio» *(Dei Verbum,* 12). «L'interpretazione autentica di tale deposito compete al solo Magistero vivente della Chiesa, e cioè al Successore di Pietro, il Vescovo di Roma, e ai Vescovi in comunione con lui. Al Magistero, che nel servire la Parola di Dio gode del carisma certo della verità, spetta anche definire i dogmi, che sono formulazioni delle verità contenute nella Rivelazione divina. Tale autorità si estende anche alle verità necessariamente collegate con la Rivelazione» (*Compendio*, 16).

4. I Vangeli vanno letti tenendo presente l'unità globale del progetto divino, che si attua nella storia (in termini di continuità, discontininuità e progressione) e che Dio ha rivelato in maniera piena e definitiva nel Suo Figlio Unigenito Gesù Cristo. «Tutta la divina Scrittura è un libro solo e quest'unico libro è Cristo» (UGO DI SAN VITTORE, *De arca Noe*, II, 8).

■ «La Sacra Scrittura è Parola di Dio in parole umane. Questo comporta che ogni testo debba essere letto e interpretato tenendo presenti l'unità di tutta la Scrittura, la viva tradizione della Chiesa e la luce della fede. Se è vero che la Bibbia è anche un'opera letteraria, anzi, il grande codice della cultura universale, è anche vero che essa non va spogliata dell'elemento divino, ma deve essere letta nello stesso Spirito in cui è stata composta. Esegesi scientifica e lectio divina sono dunque entrambe necessarie e complementari per ricercare, attraverso il significato letterale, quello spirituale, che Dio vuole comunicare a noi oggi» (BENEDETTO XVI, *Angelus*, 26-10-08).

In quale modo leggere i Vangeli?

■ Anzitutto una citazione evangelica va letta così: *Mt* 3,1-4 significa: libro di Matteo, capitolo 3, dal versetto 1 al versetto 4.

■ La lettura dei Vangeli può essere compiuta in modo individuale o comunitario, di uno o più passi, di una o più pagine. Tale lettura va fatta con attenzione, senza sorvolare ciò che sembra secondario, interpretando correttamente il senso del testo biblico. E si sviluppa, grazie all'aiuto dello Spirito, in meditazione, contemplazione e preghiera.

• Meditazione (*Meditatio*): ciò che è stato letto va confrontato con i passi biblici paralleli e applicato alla vita personale, prendendo un impegno concreto

• Contemplazione (*Contemplatio*): è il momento della riflessione, del silenzio e dell'adorazione, fino ad avvertire la viva presenza di Dio

• Preghiera (*Oratio*): è il momento della lode e dell'intercessione. Il discepolo condivide con altri fratelli la sua Fede e prega secondo quanto l'incontro con Dio in quel brano della Scrittura gli ha suggerito. Tutto questo può avvenire anche in un contesto di una sobria celebrazione comunitaria. « La lettura della Sacra Scrittura dev'essere accompagnata dalla preghiera, affinché possa svolgersi il colloquio tra Dio e l'uomo » (CONCILIO VATICANO II, *Dei Verbum*, n. 25).

È necessario anche tener presenti alcune esigenze per leggere bene i Vangeli:

- conoscenza del linguaggio evangelico e attenzione al senso letterale, individuando anche lo scopo, l'argomento e la disposizione del testo. A tal fine è necessario ricorrere agli strumenti di una corretta esegesi, per non cadere in interpretazioni arbitrarie;
- lettura e rilettura incessante del testo evangelico per acquisire una certa familiarità con il suo orizzonte complessivo. A tal fine è utile confrontare un brano con altri testi della Bibbia. L'unità della S. Scrittura, che rappresenta l'unità del disegno salvifico, chiede che un singolo brano sia letto nel contesto di altri, confrontato con altri; che l'Antico Testamento sia letto alla luce del Nuovo, ma anche il Nuovo Testamento sia letto alla luce dell'Antico per riconoscere la « pedagogia di Dio », in quanto esso non può essere compreso al di fuori di una stretta relazione con l'Antico Testamento e con la tradizione ebraica che lo trasmetteva;
- lettura attualizzante: è necessario attualizzare il testo biblico nel nostro tempo. Attraverso la lettura del passato, lo Spirito ci aiuta a discernere il senso che egli stesso va donando ai problemi e avvenimenti del nostro tempo, abilitandoci a leggere la Bibbia con la vita e la vita con la Bibbia;

• attenzione ai sensi della S. Scrittura, e quindi dei Vangeli.

Quali sono i sensi della Sacra Scrittura?

« Secondo un'antica tradizione, si possono distinguere due *sensi* della Scrittura: il senso letterale e quello spirituale, suddiviso quest'ultimo in senso allegorico, morale e anagogico. La piena concordanza dei quattro sensi assicura alla lettura viva della Scrittura nella Chiesa tutta la sua ricchezza.

■ Il *senso letterale*. È quello significato dalle parole della Scrittura e trovato attraverso l'esegesi che segue le regole della retta interpretazione. «*Omnes [Sacrae Scripturae] sensus fundentur super unum, scilicet litteralem* – Tutti i sensi della Sacra Scrittura si basano su quello letterale ».

■ Il *senso spirituale*. Data l'unità del disegno di Dio, non soltanto il testo della Scrittura, ma anche le realtà e gli avvenimenti di cui parla possono essere dei segni. Esso comprende:

1. Il senso *allegorico*. Possiamo giungere ad una comprensione più profonda degli avvenimenti se riconosciamo il loro significato in Cristo; così, la traversata del Mar Rosso è un segno della vittoria di Cristo, e quindi del Battesimo.

2. Il senso *morale*. Gli avvenimenti narrati nella Scrittura possono condurci ad agire rettamente. Sono stati scritti « per ammonimento nostro » (*1 Cor* 10,11).

3. Il senso *anagogico*. Possiamo vedere certe realtà e certi avvenimenti nel loro significato eterno, che ci conduce verso la nostra Patria. Così la Chiesa sulla terra è segno della Gerusalemme celeste.

Un distico medievale riassume bene il significato dei quattro sensi: La lettera insegna i fatti, l'allegoria che cosa credere, il senso morale che cosa fare, e l'anagogia dove tendere (*Littera gesta docet, quid credas allegoria. Moralis quid agas, quo tendas anagogia*)» (*CCC*, 115-118).

NB: Per approfondire l'argomento, si leggano i seguenti documenti pontifici:

CONCILIO VATICANO II, *Dei Verbum;*
CATECHISMO DELLA CHIESA CATTOLICA (*CCC*), nn. 74-141;
Compendio del CCC, nn. 11-24.

IV
GESÙ CRISTO:
COME È VERO DIO E VERO UOMO?

In che modo Gesù Cristo è vero Dio e vero Uomo?

Lo è in modo unico e singolare.

■ La Fede Cattolica sottolinea con forza la particolarità dell'ammirabile unione della natura divina e della natura umana nell'unica Persona divina del Verbo: « L'evento unico e del tutto singolare dell'incarnazione del Figlio di Dio non significa che Gesù Cristo sia in parte Dio e in parte uomo, né che sia il risultato di una confusa mescolanza di divino e di umano. Egli si è fatto veramente uomo, rimanendo veramente Dio. Gesù Cristo è vero Dio e vero uomo. La Chiesa nel corso dei primi secoli ha dovuto difendere e chiarire questa verità di Fede contro eresie che la falsificavano » (*CCC*, 464).

■ Ecco come il Concilio di Calcedonia (anno 451) esprime questa verità: Gesù Cristo è « un solo e medesimo Figlio, il Signore nostro Gesù Cristo, perfetto nella sua divinità e perfetto nella sua umanità; vero Dio e vero uomo, composto di anima razionale e di corpo; consostanziale al Padre per la divinità, consostanziale a noi per l'umanità, « simile in tutto a noi, fuorché nel peccato » (*Eb* 4,15); generato dal Padre prima dei secoli secondo la divinità e, in questi ultimi tempi, per noi e per la nostra salvezza, nato da Maria Vergine e Madre di Dio, secondo l'umanità ».

Gli stessi appellativi con cui viene indicato Gesù Cristo evidenziano la sua dimensione divina-umana:

- Gesù significa « Dio salva » l'uomo e l'universo;
- Cristo = l'unto, il Messia che « Dio ha consacrato in Spirito Santo e potenza » (*At* 10,38) e « colui che deve venire » (*Lc* 7,14) nel mondo;
- Figlio di Dio esprime la relazione filiale, tipica, unica ed eterna di Cristo con Dio suo Padre;
- Signore indica la sua signoria, sovranità divina sull'uomo e sull'universo (cfr. *CCC*, 430-455).

Come avviene questa misteriosa unione nell'incarnazione natalizia?

« La natura umana di Cristo appartiene in proprio alla Persona divina del Figlio di Dio che l'ha assunta. Tutto ciò che egli è e ciò che egli fa in essa deriva da « uno della Trinità ». Il Figlio di Dio, quindi, comunica alla sua umanità il suo modo personale d'esistere nella Trinità. Pertanto, nella sua anima come nel suo corpo, Cristo esprime umanamente i comportamenti divini della Trinità » (*CCC*, 470).

Il suo corpo stesso pertanto è un vero corpo umano, attraverso il quale il « Verbo invisibile apparve visibilmente nella nostra carne » (*Prefazio di Natale*,

II: Messale Romano). « Il Figlio di Dio [...] ha lavorato con mani d'uomo, ha pensato con mente d'uomo, ha agito con volontà d'uomo, ha amato con cuore d'uomo. Nascendo da Maria Vergine, egli si è fatto veramente uno di noi, in tutto simile a noi fuorché nel peccato » (*GS* 22).

Come si attuano la conoscenza e la volontà in Gesù Cristo Uomo-Dio?

« La conoscenza veramente umana del Figlio di Dio esprimeva la vita divina della sua persona » (*CCC*, 473). « Il Figlio di Dio conosceva ogni cosa; e ciò per il tramite dello stesso uomo che egli aveva assunto; non per la natura (umana), ma per il fatto che essa stessa era unita al Verbo » (San MASSIMO IL CONFESSORE, *Quaestiones et dubia*, Q. I, 67). Parallelamente « Gesù ha una volontà divina e una volontà umana. Nella sua vita terrena, il Figlio di Dio ha umanamente voluto ciò che ha divinamente deciso con il Padre e lo Spirito Santo per la nostra salvezza. La volontà umana di Cristo segue, senza opposizione o riluttanza, la volontà divina, o, meglio, è ad essa sottoposta » (*Compendio* del *CCC*, 91).

Anche la maternità della Vergine Maria è un segno di questa mirabile unione divino-umana di Cristo?

Certamente.

«Colui che Maria ha concepito come uomo per opera dello Spirito Santo e che è diventato veramente suo Figlio secondo la carne, è il Figlio eterno del Padre, la seconda Persona della Santissima Trinità. La Chiesa confessa che Maria è veramente Madre di Dio» (*CCC*, 495).

È questo anche il significato della concezione verginale di Gesù nel grembo della Madonna: «Gesù è stato concepito nel grembo della Vergine per la sola potenza dello Spirito Santo, senza intervento dell'uomo. Egli è Figlio del Padre celeste secondo la natura divina e Figlio di Maria secondo la natura umana, ma propriamente Figlio di Dio nelle due nature, essendoci in lui una sola Persona, quella divina» (*Compendio* del *CCC*, 98).

Come il mistero pasquale di Cristo evidenzia la mirabile unità del suo essere vero Dio e vero Uomo?

■ Se il Figlio di Dio ha potuto soffrire, essere crocifisso, morire, essere sepolto… è perché Egli è vero uomo.

D'altro canto, se la sua Morte ha potuto avere un valore redentivo, salvifico, giustificativo per tutti gli uomini e se soprattutto la sua Risurrezione ha potuto realizzarsi, è perché Egli è veramente Figlio di Dio.

■ La stessa accusa, che alcuni capi d'Israele rivolgono a Gesù e per cui lo consegnano a Pilato perché venga condannato a Morte è che Egli, un uomo come gli altri, ha osato proclamarsi Figlio Dio, si è rivolto a Dio come a suo Padre, si è attribuito prerogative proprie soltanto di Dio. «Gesù ha suscitato scandalo soprattutto per aver identificato il proprio comportamento misericordioso verso i peccatori con l'atteggiamento di Dio stesso a loro riguardo. È arrivato a lasciar intendere che, sedendo a mensa con i peccatori, li ammetteva al banchetto messianico. Ma è soprattutto perdonando i peccati, che Gesù ha messo le autorità religiose di Israele di fronte a un dilemma. Costoro non erano nel giusto quando, costernati, dicevano: «Chi può rimettere i peccati se non Dio solo?» (*Mc* 2,7). Perdonando i peccati, Gesù o bestemmia perché è un uomo che si fa uguale a Dio, oppure dice il vero e la sua persona rende presente e rivela il nome di Dio» (*CCC*, 589).

■ «La sua sofferenza e la sua Morte manifestano come la sua umanità sia lo strumento libero e perfetto dell'Amore divino che vuole la salvezza di tutti gli uomini (...) La volontà umana del Figlio di Dio aderisce alla volontà del Padre: per salvarci, Gesù accetta di portare i nostri peccati nel suo corpo «facendosi ubbidiente fino alla Morte» (*Fil* 2,8) (...). Gesù ha liberamente offerto la sua vita in sacrificio espiatorio, cioè ha riparato le nostre colpe con la piena obbedienza del suo amore fino alla Morte. Questo «amore fino alla fine» (*Gv* 13,1) del Figlio di Dio riconcilia con il Padre tutta l'umanità. Il sacrificio pasquale di Cristo riscatta quindi gli uomini in modo unico, perfetto e definitivo, e apre loro la comunione con Dio» (*Compendio* del *CCC*, 119.121.122).

■ La Risurrezione di Cristo, in ben quattro aspetti, evidenzia il suo essere Uomo-Dio:

a) «La Risurrezione, in quanto entrata dell'umanità di Cristo nella gloria di Dio, trascende e supera la storia, come mistero della Fede»;

b) «Il suo corpo risuscitato è quello che è stato crocifisso e porta i segni della sua Passione, ma è ormai partecipe della vita divina con le proprietà di un corpo glorioso»;

c) «La Risurrezione di Cristo è un'opera trascendente di Dio. Le tre Persone agiscono insieme secondo ciò che è loro proprio: il Padre manifesta la sua potenza; il Figlio «riprende» la vita che ha liberamente offerto (*Gv* 10,17) riunendo la sua anima e il suo corpo, che lo Spirito vivifica e glorifica»;

d) «La Risurrezione è il culmine dell'Incarnazione. Essa conferma la divinità di Cristo, come pure tutto ciò che Egli ha fatto e insegnato, e realizza tutte le promesse divine in nostro favore» (*Compendio* del *CCC*, 128-131).

Pertanto, «la verità della divinità di Gesù è confermata dalla sua Risurrezione. Egli aveva detto:

«Quando avrete innalzato il Figlio dell'uomo, allora saprete che Io Sono» (*Gv* 8,28). La Risurrezione del Crocifisso dimostrò che egli era veramente «Io Sono», il Figlio di Dio e Dio egli stesso. San Paolo ha potuto dichiarare ai Giudei: «La promessa fatta ai nostri padri si è compiuta, poiché Dio l'ha attuata per noi, loro figli, risuscitando Gesù, come anche sta scritto nel salmo secondo: Mio Figlio sei tu, oggi ti ho generato» (*At* 13, 32-33)» (*CCC*, 653).

■ La sua stessa Ascensione al cielo «rimane strettamente unita alla prima, cioè alla discesa dal cielo realizzata nell'incarnazione. Solo colui che è «uscito dal Padre» può far ritorno al Padre: Cristo. «Nessuno è mai salito al cielo fuorché il Figlio dell'uomo che è disceso dal cielo» (*Gv* 3,13). Lasciata alle sue forze naturali, l'umanità non ha accesso alla «casa del Padre», alla vita e alla felicità di Dio. Soltanto Cristo ha potuto aprire all'uomo questo accesso «per darci la serena fiducia che dove è lui, Capo e Primogenito, saremo anche noi, sue membra, uniti nella stessa gloria» (*CCC*, 661).

In che senso la Chiesa, nel suo essere insieme visibile e spirituale, trova la sua giustificazione nell'essere il suo fondatore vero Dio e vero Uomo?

■ «Cristo, unico mediatore, ha costituito sulla terra la sua Chiesa santa, comunità di Fede, di speranza e di carità, come un organismo visibile; incessantemente la sostenta e per essa diffonde su tutti la verità e la grazia. La Chiesa è ad un tempo:

- « la società costituita di organi gerarchici e il corpo mistico di Cristo »;
- « l'assemblea visibile e la comunità spirituale »;
- « la Chiesa della terra e la Chiesa ormai in possesso dei beni celesti ».

Queste dimensioni « formano una sola complessa realtà risultante di un elemento umano e di un elemento divino ».

■ La Chiesa « ha la caratteristica di essere nello stesso tempo umana e divina, visibile ma dotata di realtà invisibili, fervente nell'azione e dedita alla contemplazione, presente nel mondo e, tuttavia, pellegrina; tutto questo in modo che quanto in lei è umano sia ordinato e subordinato al divino, il visibile all'invisibile, l'azione alla contemplazione, la realtà presente alla città futura verso la quale siamo incamminati » (*CCC*, 771).

In che modo la mirabile unione della natura divina e umana di Cristo fonda tutta l'economia sacramentale della Chiesa?

■ « Assiso alla destra del Padre » da dove effonde lo Spirito Santo nel suo corpo che è la Chiesa, Cristo agisce ora attraverso i sacramenti, da lui istituiti per comunicare la sua grazia. I sacramenti sono segni sensibili (parole e azioni), accessibili alla nostra attuale umanità» (*CCC*, 1084). E giustamente il *Compendio* del *CCC* riporta la bella citazione di San Leone Magno: «Ciò che era visibile nel nostro Salvatore è passato nei suoi sacramenti».

■ «Una celebrazione sacramentale è intessuta di segni e di simboli. Secondo la pedagogia divina della salvezza, il loro significato si radica nell'opera della creazione e nella cultura umana, si precisa negli eventi materiali dell'Antica Alleanza e si rivela pienamente nella persona e nell'opera di Cristo» (*CCC*, 1145).

■ Circa i segni sacramentali: «Alcuni provengono dal creato (luce, acqua, fuoco, pane, vino, olio); altri dalla vita sociale (lavare, ungere, spezzare il pane); altri dalla storia della salvezza nell'Antica Alleanza (i riti della Pasqua, i sacrifici, l'imposizione delle mani, le consacrazioni). Questi segni, alcuni dei quali sono normativi e immutabili, assunti da Cristo, diventano portatori dell'azione di salvezza e di santificazione» (*Compendio* del *CCC*, 237).

■ Anche le immagini sacre, che trascrivono il messaggio che la Sacra Scrittura trasmette attraverso la parola, sono riferite a Cristo. Infatti «l'immagine di Cristo è l'icona liturgica per eccellenza. Le altre, che rappresentano la Madonna e i Santi, significano

Cristo, che in loro è glorificato» (*Compendio del CCC*, 240).

■ «La catechesi liturgica mira a introdurre nel mistero di Cristo (essa è infatti mistagogica), in quanto procede dal visibile all'invisibile, dal significante a ciò che è significato, dai «sacramenti» ai «misteri»» (*CCC*, 1075).

Come la vita morale del cristiano è vita in Cristo, Uomo-Dio?

Il *CCC* evidenzia tale verità in vari modi.

■ Ad esempio introduce la terza parte, riportando la bella testimonianza di San Giovanni Eudes: «Vi prego di considerare che [...] Gesù Cristo nostro Signore è il vostro vero Capo e che voi siete una delle sue membra. [...] Egli sta a voi come il capo alle membra; tutto ciò che è suo è vostro, il suo Spirito, il suo cuore, il suo corpo, la sua anima e tutte le sue facoltà, [...] e voi dovete usarne come se fossero cose vostre, per servire, lodare, amare e glorificare Dio. Voi appartenete a lui, come le membra al loro capo. Allo stesso modo egli desidera ardentemente usare tutto ciò che è in voi, al servizio e per la gloria del Padre, come se fossero cose che gli appartengono» (*Le Cœur admirable de la Très Sacrée Mère de Dieu,* 1, 5: Oeuvres completes, v. 6 (Paris 1908) pp. 113-114).

■ Nel presentare poi l'uomo come immagine di Dio, lo mette subito in relazione con Cristo, secondo l'indicazione della GS: « Cristo [...], proprio rivelando il mistero del Padre e del suo amore, svela anche pienamente l'uomo all'uomo e gli fa nota la sua altissima vocazione ». È in Cristo, « immagine del Dio invisibile » (*Col* 1,15), che l'uomo è stato creato ad « immagine e somiglianza » del Creatore. È in Cristo, Redentore e Salvatore, che l'immagine divina, deformata nell'uomo dal primo peccato, è stata restaurata nella sua bellezza originale e nobilitata dalla grazia di Dio » (*CCC*, 1701). E pochi paragrafi dopo, si afferma: « Chi crede in Cristo diventa figlio di Dio. Questa adozione filiale lo trasforma dandogli la capacità di seguire l'esempio di Cristo. Lo rende capace di agire rettamente e di compiere il bene. Nell'unione con il suo Salvatore, il discepolo raggiunge la perfezione della carità, cioè la santità. La vita morale, maturata nella grazia, sboccia in vita eterna, nella gloria del cielo » (*CCC*, 1709).

■ Le stesse beatitudini, che indicano all'uomo la strada per dare la piena e vera risposta al suo desiderio innato di felicità, « dipingono il volto di Gesù Cristo e ne descrivono la carità; esse esprimono la vocazione dei fedeli associati alla gloria della sua Passione e della sua Risurrezione » (*CCC*, 1717).

■ E anche nel presentare il Decalogo che costituisce l'ossatura della seconda sezione della terza parte del Catechismo, questi la colloca direttamente in relazione a Gesù Cristo: « Seguire Gesù implica l'osservanza dei Comandamenti. La Legge non è abolita, ma l'uomo è invitato a ritrovarla nella persona del divino Maestro, che la realizza perfettamente in se stesso, ne rivela il pieno significato e ne attesta la perennità » (*Compendio* del *CCC*, 434).

Cristo è dunque colui che, durante la sua vita terrena come uomo fra gli altri uomini, ha potuto, proprio in virtù della speciale e unica autorità che gli derivava dal suo essere Figlio di Dio, sia confermare la Legge Antica, sia darne la giusta e piena interpretazione e attuazione.

La stessa preghiera del cristiano trova il suo fondamento nell'essere Gesù Cristo Uomo-Dio?

Certamente. Infatti:

■ La preghiera cristiana è anzitutto « una relazione di alleanza tra Dio e l'uomo in Cristo. È azione di Dio e dell'uomo; sgorga dallo Spirito Santo e da noi, interamente rivolta al Padre, in unione con la volontà umana del Figlio di Dio fatto uomo » (*CCC*, 2564).

Anzi, « l'evento della preghiera ci viene pienamente rivelato nel Verbo che si è fatto carne e dimora in mezzo a noi. Cercare di comprendere la sua preghiera, attraverso ciò che i suoi testimoni ci dicono di essa nel Vangelo, è avvicinarci al santo Signore Gesù come al roveto ardente: dapprima contemplarlo mentre prega, poi ascoltare come ci insegna a pregare, infine conoscere come egli esaudisce la nostra preghiera » (*CCC*, 2598).

■ La preghiera cristiana è in tal modo pienamente rivelata e attuata in Gesù, il quale « secondo il suo cuore di uomo, ha imparato a pregare da sua Madre e dalla tradizione ebraica. Ma la sua preghiera sgorga da una sorgente più segreta, poiché è il Figlio eterno di Dio che, nella sua santa umanità, rivolge a suo Padre la preghiera filiale perfetta » (*Compendio* del *CCC*, 541).

■ La stessa preghiera per eccellenza della Chiesa, che è il Padre nostro, la preghiera del Signore, è così chiamata perché ci è stata insegnata dallo stesso Signore Gesù.

« Questa preghiera che ci viene da Gesù è veramente unica: è « del Signore ». Da una parte, infatti, con le parole di questa preghiera, il Figlio unigenito ci dà le parole che il Padre ha dato a lui: è il maestro della nostra preghiera. Dall'altra, Verbo incarnato, egli conosce nel suo cuore di uomo i bisogni dei suoi fratelli e delle sue sorelle in umanità, e ce li manifesta: è il modello della nostra preghiera» (*CCC*, 2765).

NB: Per approfondire l'argomento, si leggano:

CONCILIO VATICANO II, *Lumen gentium*; *Gaudium et spes* (*GS*);
CATECHISMO DELLA CHIESA CATTOLICA (*CCC*);
Compendio del CCC.

V

LA RISURREZIONE DI CRISTO: PERCHÉ È L'EVENTO CULMINANTE DELLA FEDE CRISTIANA?

Qual è l'importanza della Risurrezione di Cristo?

La Risurrezione di Cristo è l'evento straordinario, originale, irripetibile, unico nella storia umana. È il dato centrale del cristianesimo e della testimonianza cristiana, dall'inizio e sino alla fine dei tempi. È la fonte e la sintesi di tutta la predicazione cristiana e della speranza cristiana; conferisce senso a tutta la liturgia, alle nostre Eucaristie, fonte e culmine di tutta la vita della Chiesa.

La Pasqua è la festa principale, più importante di tutto l'anno, «il fondamento e il nucleo di tutto l'anno liturgico» (CONCILIO VAT. II, *Sacrosanctum Concilium*, 106).

Cerchiamo di illustrare sinteticamente questa straordinaria importanza della Risurrezione di Cristo, partendo anzitutto dalla sua storicità.

A. Storicità della Risurrezione di Cristo

In che senso la Risurrezione di Cristo è un avvenimento storico?

■ Non lo è nel senso che qualcuno abbia potuto assistere direttamente, fotografare l'avvenimento nel suo realizzarsi; « O notte beata – canta l'« *Exultet* » di Pasqua –, tu solo hai meritato di conoscere il tempo e l'ora in cui Cristo è risorto dagli inferi ».

« Nessuno è stato testimone oculare dell'avvenimento stesso della Risurrezione e nessun Evangelista lo descrive. Nessuno ha potuto dire come essa sia avvenuta fisicamente. Ancor meno fu percettibile ai sensi la sua essenza più intima, il passaggio ad un'altra vita » (*CCC*, 647).

■ Tuttavia, la Risurrezione di Cristo è un avvenimento storico nel senso che è realmente avvenuta nella storia, e ha avuto segni e testimonianze storicamente attestate.

■ Nello stesso tempo è anche un avvenimento misterioso, che trascende e supera la stessa storia, in quanto è un mistero di Fede, e, come tale, richiede la Fede, dono di Dio, grazie alla quale si può esclamare con San Tommaso di fronte al Cristo risorto: « Mio Signore e mio Dio » (*Gv* 20,28).

■ Pertanto, la Risurrezione di Cristo « non è una teoria, ma una realtà storica rivelata dall'Uomo Gesù Cristo mediante la sua 'pasqua'... Non è un mito né un sogno, non è una visione né un'utopia, non è una favola, ma un evento unico ed irripetibile » (BENEDETTO XVI, *Messaggio di Pasqua 2009*).

■ San Paolo dice che Cristo « è risorto il terzo giorno secondo le Scritture » (*1 Cor* 15,4). « Non pochi esegeti intravedono nell'espressione: « è risorto il terzo giorno secondo le Scritture» un significativo richiamo di quanto leggiamo nel salmo 16, dove il salmista proclama: «Non abbandonerai la mia vita negli inferi, né lascerai che il tuo fedele veda la corruzione» (v. 10). È questo uno dei testi dell'Antico Testamento, citati spesso nel cristianesimo primitivo, per provare il carattere messianico di Gesù. Poiché secondo l'interpretazione giudaica la corruzione cominciava dopo il terzo giorno, la parola della Scrittura si adempie in Gesù che risorge il terzo giorno, prima cioè che cominci la corruzione» (BENEDETTO XVI, *Catechesi del mercoledì*, 15-4-09).

Quali sono i segni, le prove che attestano la Risurrezione di Cristo?

■ Sono due in particolare:
- Il sepolcro vuoto;
- le apparizioni di Cristo risorto.

■ Grazie a tali prove, la verità storica della Risurrezione di Cristo «è ampiamente documentata, anche se oggi, come in passato, non manca chi in modi diversi la pone in dubbio o addirittura la nega» (BENEDETTO XVI, *Catechesi del mercoledì*, 26 marzo 2008).

Quale valore ha il sepolcro vuoto?

«Nel quadro degli avvenimenti di Pasqua, il primo elemento che si incontra è il sepolcro vuoto. Non è in sé una prova diretta. L'assenza del corpo di Cristo nella tomba potrebbe spiegarsi altrimenti. Malgrado ciò, il sepolcro vuoto ha costituito per tutti un segno essenziale. La sua scoperta da parte dei discepoli è stato il primo passo verso il riconoscimento dell'evento della Risurrezione. Dapprima è il caso delle pie donne, poi di Pietro. Il discepolo « che Gesù amava » (*Gv* 20,2) afferma che, entrando nella tomba vuota e scorgendo « le bende per terra » (*Gv* 20,6), vide e credette. Ciò suppone che egli abbia constatato, dallo stato in cui si trovava il sepolcro vuoto, che l'assenza del corpo di Gesù non poteva essere opera umana e che Gesù non era semplicemente ritornato ad una vita terrena come era avvenuto per Lazzaro » (*CCC*, 640).

Quali caratteristiche hanno le apparizioni di Cristo Risorto?

■ Tali apparizioni:

• Sono documentate in maniera rigorosa nel Nuovo Testamento (Vangeli, Atti e Lettere degli Apostoli sono concordi nel descriverle);

• sono numerose: alle due Marie (*Mt* 28, 1-8); a Maria Maddalena (*Gv* 20, 11-18); ai discepli nel Cenacolo (*Gv* 20, 19-23); ai viandanti di Emmaus (*Lc* 24, 13-35; *Mc* 16,12-13); a Tommaso (*Gv* 20, 24-29); ai discepoli sulle acque del lago (*Gv* 21,1-14); ad altri (*Gv* 20,30-31); a Paolo e ai 500 fratelli (*1 Cor* 15, 3-9; 20-21);

• manifestano un dato fondamentale: l'iniziativa non è dei discepoli, ma è di Lui, il Cristo, il Vivente, come anche attesta il Libro degli Atti: «Egli si mostrò ad essi vivo» (1, 3). Dunque non un qualcosa che parte dai discepoli, ma da Cristo stesso;

• permettono di constatare che il corpo risuscitato di Gesù è il medesimo che è stato martoriato e crocifisso, poiché porta ancora i segni della passione (cfr. *Gv* 20,20.27);

• attestano la nuova dimensione del Risorto, il suo modo di essere «secondo lo Spirito», che è nuovo e diverso rispetto al modo di esistere anteriore, «secondo la carne»;

• consentono a Gesù risorto di affidare agli Apostoli e ai discepoli la missione di annunciare ad altri la sua Risurrezione e il suo Vangelo: «Andate dunque e fate miei discepoli tutti i popoli, battezzandoli nel nome del Padre e del Figlio e dello Spirito Santo» (*Mt* 28,19); «E disse loro: "Andate per tutto il mondo, predicate il Vangelo a ogni creatura"» (*Mc* 16,15).

■ Gesù risorto appare prima di tutto a delle donne, le quali pertanto furono le prime ad incontrare Gesù risorto e a darne l'annuncio agli Apostoli:

• donne incredule, che ricevono per questo, il mattino di Pasqua, anche il rimprovero dell'angelo: «Perché cercate tra i morti colui che è vivo?» (*Lc* 24, 5);

• donne non attendibili: in quel tempo, nel contesto ebreo, la testimonianza delle donne non aveva alcun valore ufficiale, giuridico.

Ora il fatto che Gesù si sia manifestato anzitutto a delle donne è un ulteriore prova per credere alla verità storica della sua Risurrezione e alla veridicità di quanto scritto dagli Evangelisti. Infatti, se ciò non fosse realmente avvenuto, perché affidare l'importante testimonianza della Risurrezione di Cristo anzitutto a delle donne, la cui parola non aveva alcun valore giuridico?

Quale valore ha la testimonianza degli Apostoli?

■ Il valore della testimonianza degli Apostoli appare dalle caratteristiche che tale testimonianza presenta:

- Il nucleo centrale della testimonianza di persone diverse, in situazioni e luoghi diversi, è concorde in tutte le apparizioni e attesta che il Signore è risorto e si è manifestato vivo;
- è una testimonianza molto antica. La più antica testimonianza della Risurrezione è quella data da San Paolo Apostolo: « Vi ho trasmesso dunque, anzitutto, quello che anch'io ho ricevuto: che cioè Cristo morì per i nostri peccati secondo le Scritture, fu sepolto ed è risuscitato il terzo giorno secondo le Scritture, e che apparve a Cefa e quindi ai Dodici. In seguito apparve a più di cinquecento fratelli in una sola volta: la maggior parte di essi vive ancora, mentre alcuni sono morti. Inoltre apparve a Giacomo, e quindi a tutti gli Apostoli. Ultimo fra tutti apparve anche a me come a un aborto » (*1 Cor* 15, 3-8).

La data in cui furono scritte queste parole è il 56, o il 57 d.C. Ma san Paolo afferma di aver ricevuto da altri, dopo la sua conversione, il nucleo centrale di tale testimonianza (cfr. *Atti* 9, 3-18). E pertanto si può far risalire tale testo a circa il 35 d.C., cioè a cinque, sei anni dopo la morte di Cristo. Questa testimonianza dunque è di grande valore storico, per la sua antichità;

• gli Apostoli appaiono come testimoni e non inventori di tale testimonianza. Infatti la Risurrezione appariva ad essi come cosa impossibile, al di fuori dell'immaginabile. Lo stesso Gesù deve vincere la loro resistenza, la loro incredulità: « O tardi di cuore a credere! » (*Lc* 24, 25); « Perché siete sconvolti? Guardate le mie mani e i miei piedi, ché sono proprio io. Toccatemi e guardate, poiché uno spirito non ha carne e ossa, come vedete che ho io! » (*Lc* 24, 38).

■ Dalla loro testimonianza, appare che la Risurrezione di Cristo è un evento che:

• supera loro stessi, che pure ne sono i testimoni. A questo riguardo, non dimentichiamo che quando Gesù fu catturato e crocifisso, i discepoli fuggirono e pensarono concluso il caso di Gesù, non nutrendo alcuna attesa di una Risurrezione. Al posto dell'entusiasmo, dopo la morte di Cristo, c'era negli Apostoli solo sconforto e delusione. E pertanto la Risurrezione era al di fuori e al di sopra dei loro pensieri e delle loro attese;

• precede dunque, anzi rovescia il modo di pensare e di volere degli Apostoli, i quali perciò non avrebbero potuto inventarsi un simile fatto;

• cambia la loro vita: li rende tanto coraggiosi da affrontare perfino il martirio. È questo un ulteriore motivo a favore della storicità della Risurrezione di Cristo, in quanto nessuno muore per una menzogna.

B. Importanza della Risurrezione di Cristo

Che importanza ha avuto per Cristo la sua Risurrezione?

La Risurrezione di Cristo

■ non è:

• un avvenimento che investe Cristo da un punto di vista puramente spirituale, mentale o psicologico;

• un ritorno alla nostra vita terrena, e neppure la semplice rianimazione di un cadavere, «come lo fu per le risurrezioni che egli aveva compiute prima della Pasqua: quelle della figlia di Giairo, del giovane di Naim, di Lazzaro. Questi fatti erano avvenimenti miracolosi, ma le persone miracolate ritrovavano, per il potere di Gesù, una vita terrena «ordinaria». Ad un certo momento esse sarebbero morte di nuovo. La Risurrezione di Cristo è essenzialmente diversa. Nel suo corpo risuscitato egli passa dallo stato di morte ad un'altra vita al di là del tempo e dello spazio. Il corpo di Gesù è, nella Risurrezione, colmato della potenza dello Spirito Santo; partecipa alla vita divina nello stato della sua gloria, sì che san Paolo può dire di Cristo che egli è l'uomo celeste» (*CCC*, 646);

■ ma è:

• il culmine della sua Incarnazione;

• la trasformazione del corpo di Cristo, che viene glorificato ed entra in un ordine radicalmente diverso. La sua corporeità è diversa da quella di prima. È libero dalle leggi fisiche; non è più condizionato dallo spazio e dal tempo. Per questo entra ed esce a porte chiuse; compare e scompare dove, come e quando vuole. « Il suo corpo risuscitato è quello che è stato crocifisso e porta i segni della sua Passione, ma è ormai partecipe della vita divina con le proprietà di un corpo glorioso. Per questa ragione Gesù risorto è sovranamente libero di apparire ai suoi discepoli come e dove vuole e sotto aspetti diversi» (*Compendio*, 129);

• l'opera di tutte e tre le Persone Trinitarie: «Il Padre manifesta la sua potenza; il Figlio riprende la vita che ha liberamente offerto, riunendo la sua anima e il suo corpo, che lo Spirito vivifica e glorifica» (*Compendio*, 130);

• il «sì» di Dio a Gesù che gli uomini hanno condannato e ucciso: è il sigillo che Dio appone alle parole e alle opere di Gesù. È il vertice, la pienezza, la sintesi di tutto il disegno che il Padre ha sul Figlio. Il libro degli *Atti* attesta: «Dio ha dato a tutti gli uomini una prova sicura su Gesù risuscitandolo da morte» (17, 31);

• la prova definitiva e decisiva della sua divinità. Egli aveva detto: «Quando avrete innalzato il Figlio dell'uomo, allora saprete che Io Sono» (*Gv* 8,28). La Morte di Cristo è il compimento della consumazione della vittima, la testimonianza suprema della sua carità, mentre la sua Risurrezione è la prova della sua verità quale Figlio di Dio e Dio egli stesso. «La novità della risurrezione consiste nel fatto che Gesù, Figlio di Dio da sempre, elevato dall'umiltà della sua esistenza terrena, viene costituito Figlio di Dio *con potenza* (...). La risurrezione svela quindi definitivamente qual è l'autentica identità e la straordinaria statura del Crocifisso. Una dignità incomparabile e altissima: *Gesù è Dio*! Per san Paolo la segreta identità di Gesù, più ancora che nell'incarnazione, si rivela nel mistero della risurrezione» (BENEDETTO XVI, *Catechesi del mercoledì*, 5-11-08);

• la conferma di tutto quello che:

– l'Antico Testamento aveva preannunciato (cfr. *Lc* 24,26-27.44-48);

– Gesù stesso ha detto, promesso (cfr. *Mt* 28,6; *Mc* 16,7; *Lc* 24,6-7) e fatto;

• la vittoria sul peccato e sulla morte;

• la glorificazione, l'esaltazione, l'innalzamento di Gesù alla destra del Padre. In tal modo «Egli è il Signore che regna ormai con la sua umanità nella gloria eterna di Figlio di Dio e intercede incessantemente in nostro favore presso il Padre. Ci manda il suo Spirito e ci dà la speranza di raggiungerlo un giorno, avendoci preparato un posto» (*Compendio*, 132).

Quale importanza ha la Risurrezione di Cristo per noi?

■ La Risurrezione di Cristo non riguarda soltanto la persona e l'opera di Gesù. Essa è un fatto di portata universale, che investe l'intera storia umana e il destino di ogni uomo, raggiunge e ed è in grado di cambiare intimamente l'esistenza umana.

■ La Risurrezione di Cristo infatti:

- è il fondamento, il centro, la sintesi, il culmine della Fede cristiana: «Se Cristo non è risuscitato – afferma san Paolo – allora è vana la nostra predicazione ed è vana anche la nostra Fede» (*1 Cor* 15,14). Non è infatti una novità credere che Gesù è morto: questo lo credono anche i pagani, tutti lo credono. Ma la cosa veramente nuova, originale, strepitosa è credere che Egli è risorto;
- è la vittoria sul peccato e sulla morte, perché Gesù morendo ha distrutto la morte e risorgendo ha ridato agli uomini la vita. «Egli ci ha fatto passare dalla schiavitù alla libertà, dalla tristezza alla gioia, dal lutto alla festa, dalle tenebre alla luce, dalla schiavitù alla redenzione. Perciò diciamo davanti a

Lui: Alleluja! » (MELITONE DI SARDI – santo del II secolo – *Omelia Pasquale*);

• « essa compie l'adozione filiale poiché gli uomini diventano fratelli di Cristo, come Gesù stesso chiama i suoi discepoli dopo la sua Risurrezione: « Andate ad annunziare ai miei fratelli » (*Mt* 28,10). Fratelli non per natura, ma per dono della grazia, perché questa filiazione adottiva procura una reale partecipazione alla vita del Figlio unico, la quale si è pienamente rivelata nella sua Risurrezione » (*CCC*, 654);

• la vera fonte del servizio d'amore della Chiesa, che cerca di alleviare le sofferenze dei poveri e dei deboli, essendosi rivelato l'amore più forte della morte, più forte del male. « Per la Pasqua fiorisce l'albero della Fede, il fonte battesimale diventa fecondo, la notte splende di nuova luce, scende il dono del cielo e il sacramento dà il suo nutrimento celeste. Per la Pasqua la Chiesa accoglie nel suo seno tutti gli uomini e ne fa un unico popolo e un'unica famiglia » (ANTICO AUTORE SCONOSCIUTO, Dall'*Omelia sulla Pasqua*, Disc. 35, 6-9);

• è avvenuta di domenica – « il primo giorno della settimana » (*Mc* 16,2) –, e questo è il motivo per cui il giorno di domenica è per i cristiani:

– il giorno festivo della settimana (*dies Domini*)

– e il giorno principale della celebrazione comunitaria dell'Eucarestia (precetto festivo). Nella S. Messa infatti si celebra il *Memoriale* della Pasqua del Signore;

• fa sì che la domenica di Pasqua sia la festa più importante di tutto l'anno: da essa scaturiscono tutte le altre festività;

• diventa la nostra risurrezione, in una triplice dimensione:

Battesimale: «Con lui infatti siete stati sepolti insieme nel battesimo, in lui anche siete stati insieme risuscitati per la Fede nella potenza di Dio, che lo ha risuscitato dai morti» (*Col* 2,12);

Morale: ogni giorno dobbiamo morire al peccato e risorgere a vita nuova: «Se dunque siete risorti con Cristo, cercate le cose di lassù, dove si trova Cristo assiso alla destra di Dio; pensate alle cose di lassù, non a quelle della terra» (*Col* 3,1-2);

Escatologica: «Colui che ha risuscitato Cristo dai morti darà la vita anche ai vostri corpi mortali, per mezzo del suo Spirito che abita in voi» (*Rm* 8,11).

• Sostiene il nostro gemere qui sulla terra: come tutta la creazione geme e soffre quasi le doglie del parto, così anche noi gemiamo nell'attesa della redenzione del nostro corpo, della nostra redenzione e risurrezione (cfr. *Rm* 8, 18-23).

Quale relazione c'è tra la Risurrezione di Cristo e la risurrezione dei nostri corpi?

■ La Risurrezione di Cristo è causa efficiente (fonte) ed esemplare (modello) della nostra giustificazione e risurrezione, principio e sorgente della risurrezione futura dei nostri corpi che avverrà alla fine di questo mondo: « Cristo è risuscitato dai morti, primizia di coloro che sono morti [...]; e come tutti muoiono in Adamo, così tutti riceveranno la vita in Cristo » (*1 Cor* 15,20-22). Il nostro corpo pertanto alla fine dei tempi:

- risorgerà trasformato: « Comprendere come avverrà la risurrezione supera le possibilità della nostra immaginazione e del nostro intelletto » (*Compendio*, 205);
- riceverà la stessa retribuzione che l'anima ha avuto dal giudizio di Dio al momento della morte del corpo: « Quanti fecero il bene per una risurrezione di vita e quanti fecero il male per una risurrezione di condanna » (*Gv* 5,29).

■ La risurrezione dei nostri corpi sarà accompagnata dalla trasformazione di tutto il creato e dell'universo, il quale « liberato dalla schiavitù della corruzione, parteciperà alla gloria di Cristo con l'inaugurazione dei « nuovi cieli » e di una « terra nuova » (*2 Pt* 3,13). Sarà così raggiunta la pienezza del Regno di Dio, ossia la realizzazione definitiva del disegno salvifico di Dio di « ricapitolare in Cristo tutte le cose, quelle del cielo come quelle della terra » (*Ef* 1,10). Dio allora sarà « tutto in tutti » (*1 Cor* 15,28), nella vita eterna » (*Compendio*, 216).

In quale giorno si celebra la Pasqua?

Esiste al riguardo una differenza tra i cristiani d'Occidente e quelli d'Oriente.

Tale differenza dipende dall'uso, nel computo del giorno di Pasqua, di due diversi calendari: rispettivamente quello gregoriano e quello giuliano.

È auspicabile che tutti i cristiani giungano un giorno a celebrare la Pasqua nella stessa data, anche per offrire una migliore testimonianza al mondo.

NB: Per approfondire l'argomento, si leggano:

CATECHISMO DELLA CHIESA CATTOLICA (*CCC*), nn. 638-658; 900-1060;

Compendio del CCC, nn. 126-131; 202-216.

VI
CRISTO SÍ, CHIESA NO?

Si può separare Cristo dalla Chiesa, o la Chiesa da Cristo?

■ No, assolutamente. Nulla c'è di più assurdo che separare la Chiesa da Cristo. Fra Cristo e la Chiesa non c'è alcuna divisione né contrapposizione. E questo per diversi motivi:

• la Chiesa è fondata sugli Apostoli, scelti direttamente da Cristo. Essi « sono così il segno più evidente della volontà di Gesù riguardo all'esistenza e alla missione della sua Chiesa, la garanzia che fra Cristo e la Chiesa non c'è alcuna contrapposizione » (BENEDETTO XVI, *Catechesi del mercoledì*, 15/3/06): « Salì poi sul monte, chiamò a sé quelli che egli volle ed essi andarono da lui. Ne costituì dodici che stessero con lui e anche per mandarli a predicare e perché avessero il potere di scacciare i demòni. Costituì dunque i dodici...» (*Mc* 3,13-16; cfr. *Mt* 10,1-4; *Lc* 6,12-16).

Per mezzo degli Apostoli, risaliamo dunque a Gesù stesso;

• la Chiesa è il Corpo di Cristo, che ne è il Capo (cfr. *Ef* 5,3). Non si può separare il Capo dal Corpo né viceversa: si avrebbero due realtà snaturate, decapitate. Cristo «è il Capo del Corpo, cioè della Chiesa» (*Col* 1,18). Cristo e Chiesa formano il « Cristo totale – *Christus totus* (...). Pienezza di Cristo: il Capo e le membra. Qual è la Testa, e quali sono le membra? Cristo e la Chiesa» (Sant'AGOSTINO, *In Iohannis evangelium tractatus*, 21, 8); «Capo e membra sono, per così dire, una sola persona mistica» (SAN TOMMASO D'AQUINO, *Summa theologiae*, III, q. 48, a. 2, ad 1). «Come il capo e il corpo formano un unico uomo, così il Figlio della Vergine e le sue membra elette costituiscono un solo uomo e l'unico Figlio dell'uomo. Secondo la Scrittura il Cristo totale e integrale è Capo e Corpo, vale a dire tutte le membra assieme sono un unico Corpo, il quale con il suo Capo è l'unico Figlio dell'uomo, con il Figlio di Dio è l'unico Figlio di Dio, con Dio è lui stesso un solo Dio. Quindi tutto il Corpo con il Capo è Figlio dell'uomo, Figlio di Dio, Dio. Perciò si legge nel Vangelo: Voglio, o Padre, che come io e tu siamo una cosa sola, così anch'essi siano una cosa sola con noi (cfr. *Gv* 17, 21). Secondo questo famoso testo della Scrittura né il Corpo è senza Capo né il Capo senza Corpo, né il Cristo totale, Capo e Corpo, è senza Dio» (BEATO ISACCO, – monaco cistercense, vissuto nel XII sec. –, *Discorso* 42);

• se si separasse Cristo dalla Chiesa:

– si avrebbe una falsificazione della realtà e della missione di Cristo stesso: si avrebbe «un Gesù di fantasia. Non possiamo avere Gesù senza la realtà che egli ha creato e nella quale si comunica. Tra il Figlio di Dio fatto carne e la sua Chiesa v'è una profonda, inscindibile e misteriosa continuità, in forza della quale Cristo è presente oggi nel suo popolo» (BENEDETTO XVI, *Catechesi del mercoledì*, 15/3/06);

– si snaturerebbe sostanzialmente anche la natura stessa della Chiesa, la quale, separata dal Suo fondatore e dal Suo Capo, non sarebbe più la stessa realtà. La Chiesa è di Cristo, è nata dalla Sua volontà, dal Suo cuore, dalla Sua Morte e Risurrezione, dalla effusione del Suo Spirito. «La Chiesa non ha altra luce che quella di Cristo. Secondo un'immagine cara ai Padri della Chiesa, essa è simile alla luna, la cui luce è tutta riflesso del sole» (*CCC*, 748). La Chiesa pertanto non vive di se stessa e per se stessa, ma di Cristo, con Lui, per Lui e per la missione da Lui affidatale: annunciare il Suo Vangelo e comunicare agli uomini la Salvezza operata da Cristo;

• siamo membra della Chiesa, fratelli gli uni degli altri, proprio e solo in quanto siamo fratelli di Cristo. Formiamo la Chiesa, in quanto Cristo ci unisce intimamente a Sé. È Lui che ci fa essere una cosa sola tra noi. Più siamo uniti a Lui e più siamo uniti tra noi. Ciò si realizza in particolare mediante il sacramento del Battesimo, in virtù del quale siamo uniti alla Morte e alla Risurrezione di Cristo, e mediante il sacramento dell'Eucaristia, grazie alla quale «partecipando realmente al Corpo del Signore, siamo elevati alla comunione con Lui e tra di noi» (*LG* 7);

• «Se non si ha la Chiesa per madre, non si può avere Dio per Padre» (SAN CIPRIANO – inizio del III secolo –, *De Ecclesiae catholicae unitate*, 6);

• « Dov'è la Chiesa, è anche lo Spirito di Dio; e dov'è lo Spirito di Dio, è la Chiesa e ogni grazia»

(SANT'IRENEO DI LIONE, *Contro le eresie* III, 24, 1-2);

• la Chiesa è criterio saldo e stabile della canonicità della Sacra Scrittura;

• «Il Figlio di Dio ha assunto la natura umana con una unione così intima da essere l'unico ed identico Cristo non soltanto in colui, che è il primogenito di ogni creatura, ma anche in tutti i suoi santi. E come non si può separare il Capo dalle membra, così le membra non si possono separare dal Capo» (PAPA LEONE MAGNO, *Disc. 12 sulla passione*, 3, 6, 7).

■ Lo slogan: «Gesù sì, Chiesa no» è pertanto del tutto inaccettabile e inconciliabile con la volontà di Cristo e con la natura stessa della Chiesa. «Guardati bene dal separare il capo dal corpo; non impedire a Cristo di esistere interamente (...) «Quello che Dio ha congiunto l'uomo non lo separi. Questo mistero è grande, lo dico in riferimento a Cristo e alla Chiesa» (*Mt* 19, 6; *Ef* 5, 32). Non voler dunque smembrare il capo dal corpo. Il Cristo non sarebbe più tutto intero. Cristo infatti non è mai intero senza la Chiesa, come la Chiesa non è mai intera senza Cristo. Infatti il Cristo totale ed integro è capo e corpo ad un tempo» (BEATO ISACCO, *Omelia* 13; *Discorso* 11).

Tra Cristo e la Chiesa c'è forse identificazione?

■ No. Non c'è identificazione, in quanto:

• ciò che Cristo «è per natura, le membra lo sono per partecipazione; ciò che Egli è, lo è in pienezza, esse lo sono solo parzialmente. Infine ciò che il Figlio di Dio è per generazione, le sue membra lo sono per adozione, come sta scritto: « Avete ricevuto uno spirito di figli adottivi per mezzo del quale gridiamo: Abba, Padre » (*Rm* 8, 15) » (BEATO ISACCO, *Discorso* 42);

- la Chiesa è stata istituita da Cristo, suo fondatore. C'è tra i due quindi la differenza che c'è tra Creatore e creatura;
- la Chiesa è fatta di peccatori, e Cristo invece è senza peccato. « Nel Simbolo degli Apostoli professiamo di credere la santa Chiesa (« *Credo [...] Ecclesiam* »), e non nella Chiesa, per non confondere Dio con le sue opere e per attribuire chiaramente alla bontà di Dio tutti i doni che egli ha riversato nella sua Chiesa » (*CCC*, 750).

■ Tra Cristo e la Chiesa, non c'è dunque alcuna separazione, contrapposizione e neppure identificazione. C'è « la distinzione dei due in una relazione personale » (*CCC*, 796). È questa particolare relazione con Cristo, che identifica e caratterizza la natura e la missione della Chiesa.

Che cosa significa il termine Chiesa?

« Designa il popolo che Dio convoca e raduna da tutti i confini della terra, per costituire l'assemblea di quanti, per la Fede e il Battesimo, diventano figli di Dio, membra di Cristo e tempio dello Spirito Santo.

Ci sono altri nomi e immagini con cui la Bibbia indica la Chiesa?

Nella Sacra Scrittura troviamo molte immagini, che evidenziano aspetti complementari del mistero della Chiesa. L'Antico Testamento privilegia immagini legate al popolo di Dio; il Nuovo Testamento quelle legate a Cristo come Capo di questo popolo, che è il suo Corpo, e quelle tratte dalla vita pastorale (ovile, gregge, pecore), agricola (campo, olivo, vigna), abitativa (dimora, pietra, tempio), familiare (sposa, madre, famiglia).

Quali sono l'origine e il compimento della Chiesa?

La Chiesa trova origine e compimento nel disegno eterno di Dio. Fu preparata nell'Antica Alleanza con l'elezione d'Israele, segno della riunione futura di tutte le nazioni. Fondata dalle parole e dalle azioni di Gesù Cristo, fu realizzata soprattutto mediante la sua Morte redentrice e la sua Risurrezione. Fu poi manifestata come mistero di salvezza mediante l'effusione dello Spirito Santo a Pentecoste. Avrà il suo compimento alla fine dei tempi come assemblea celeste di tutti i redenti.

Qual è la missione della Chiesa?

La missione della Chiesa è di annunziare e instaurare in mezzo a tutte le genti il Regno di Dio inaugurato da Gesù Cristo. Essa qui sulla terra costituisce il germe e l'inizio di questo Regno salvifico.

In che senso la Chiesa è Mistero?

La Chiesa è Mistero in quanto nella sua realtà visibile è presente e operante una realtà spirituale, divina, che si scorge unicamente con gli occhi della Fede.

La Chiesa « ha la caratteristica di essere nello stesso tempo umana e divina, visibile ma dotata di realtà invisibili, fervente nell'azione e dedita alla contemplazione, presente nel mondo e, tuttavia, pellegrina; tutto questo in modo che quanto in lei è umano sia ordinato e subordinato al divino, il visibile all'invisibile, l'azione alla contemplazione, la realtà presente alla città futura verso la quale siamo incamminati » (*SC* 2).

Che cosa significa che la Chiesa è Sacramento universale di salvezza?

Significa che è segno e strumento della riconciliazione e della comunione di tutta l'umanità con Dio e dell'unità di tutto il genere umano.

Perché la Chiesa è il Popolo di Dio?

La Chiesa è il Popolo di Dio perché a lui piacque santificare e salvare gli uomini non isolatamente, ma costituendoli in un solo popolo, adunato dall'unità del Padre e del Figlio e dello Spirito Santo.

Quali sono le caratteristiche del Popolo di Dio?

Questo Popolo, di cui si diviene membri mediante la Fede in Cristo e il Battesimo, ha per origine Dio Padre, per capo Gesù Cristo, per condizione la dignità e la libertà dei figli di Dio, per legge il comandamento nuovo dell'amore, per missione quella di essere il sale della terra e la luce del mondo, per fine il Regno di Dio, già iniziato in terra.

Perché la Chiesa è detta la sposa di Cristo?

Perché il Signore stesso si è definito come lo « Sposo » (*Mc* 2,19), che ha amato la Chiesa, unendola a sé con un'Alleanza eterna. Egli ha dato se stesso per lei, per purificarla con il suo sangue e « renderla santa » (*Ef* 5,26) e madre feconda di tutti i figli di Dio. Mentre il termine « corpo » evidenzia l'unità del « capo » con le membra, il termine « sposa » mette in risalto la distinzione dei due in relazione personale.

Perché la Chiesa è detta tempio dello Spirito Santo?

Perché lo Spirito Santo risiede nel corpo che è la Chiesa: nel suo Capo e nelle sue membra; egli inoltre edifica la Chiesa nella carità con la Parola di Dio, i Sacramenti, le Virtù e i carismi » (*Compendio*, 147-154; 158-159).

Quali sono le note caratterizzanti la Chiesa?

■ La Chiesa è:

• **una**, «perché ha come origine e modello l'unità di un solo Dio nella Trinità delle Persone; come fondatore e capo Gesù Cristo, che ristabilisce l'unità di tutti i popoli in un solo corpo; come anima lo Spirito Santo, che unisce tutti i fedeli nella Comunione in Cristo. Essa ha una sola Fede, una sola vita sacramentale, un'unica successione apostolica, una comune speranza e la stessa carità» (*Compendio*, 161);

• **santa**, «in quanto Dio Santissimo è il suo autore; Cristo ha dato se stesso per lei, per santificarla e renderla santificante; lo Spirito Santo la vivifica con la carità. In essa si trova la pienezza dei mezzi di salvezza. La santità è la vocazione di ogni suo membro e il fine di ogni sua attività. La Chiesa annovera al suo interno la Vergine Maria e innumerevoli Santi, quali modelli e intercessori. La santità della Chiesa è la sorgente della santificazione dei suoi figli, i quali, qui sulla terra, si riconoscono tutti peccatori, sempre bisognosi di conversione e di purificazione» (Compendio, 165);

• **cattolica**, «cioè universale, in quanto in essa è presente Cristo: «Là dove è Cristo Gesù, ivi è la Chiesa cattolica» (SANT'IGNAZIO DI ANTIOCHIA. Essa annunzia la totalità e l'integrità della Fede; porta e amministra la pienezza dei mezzi di salvezza; è inviata in missione a tutti i popoli in ogni tempo e a qualsiasi cultura appartengano» (*Compendio*, 166);

• **apostolica** « per la sua origine, essendo costruita sul « fondamento degli Apostoli » (*Ef* 2,20); per il suo insegnamento, che è quello stesso degli Apostoli; per la sua struttura, in quanto istruita, santificata e governata, fino al ritorno di Cristo, dagli Apostoli, grazie ai loro successori, i Vescovi, in comunione col successore di Pietro » (*Compendio*, 174).

■ « Questi quattro attributi, legati inseparabilmente tra di loro, indicano tratti essenziali della Chiesa e della sua missione. La Chiesa non se li conferisce da se stessa; è Cristo che, per mezzo dello Spirito Santo, concede alla sua Chiesa di essere una, santa, cattolica e apostolica, ed è ancora lui che la chiama a realizzare ciascuna di queste caratteristiche.

Soltanto la Fede può riconoscere che la Chiesa trae tali caratteristiche dalla sua origine divina. Tuttavia le loro manifestazioni storiche sono segni che parlano chiaramente alla ragione umana » (*CCC*, 811-812). « La Chiesa – ricorda il Concilio Vaticano I –, a causa della sua eminente santità [...], della sua cattolica unità, della sua incrollabile stabilità, è per se stessa un grande e perenne motivo di credibilità e una inoppugnabile testimonianza della sua missione divina » (*Dei Filius*, 3).

Perché la Chiesa è sempre bisognosa di purificazione?

Perché è formata da peccatori. Tutti i membri della Chiesa pellegrinante qui sulla terra, compresi i suoi ministri, sono peccatori, devono riconoscersi come tali, accogliere umilmente il perdono Divino e debellare sempre più, in se stessi e negli altri, il peccato. «Mentre Cristo santo, innocente, immacolato, non conobbe il peccato, ma venne allo scopo di espiare i soli peccati del popolo, la Chiesa che comprende nel suo seno i peccatori, santa e insieme sempre bisognosa di purificazione – *simul sancta et semper purificanda* – incessantemente si applica alla penitenza e al suo rinnovamento» (*LG* 8).

Chi appartiene alla Chiesa cattolica?

«Tutti gli uomini in vario modo appartengono o sono ordinati alla cattolica unità del popolo di Dio. È pienamente incorporato alla Chiesa cattolica chi, avendo lo Spirito di Cristo, è unito ad essa dai vincoli della professione di Fede, dei sacramenti, del governo ecclesiastico e della comunione. I battezzati, che non realizzano pienamente tale cattolica unità, sono in una certa comunione, sebbene imperfetta, con la Chiesa Cattolica» (*Compendio*, 168).

Perché Cristo ha istituito la gerarchia ecclesiastica?

■ «Cristo ha istituito la gerarchia ecclesiastica con la missione di pascere il popolo di Dio nel suo nome, e per questo le ha dato autorità. Essa è formata dai ministri sacri: Vescovi, presbiteri, diaconi» (*Compendio*, 179), ai quali Cristo ha affidato la missione di insegnare, santificare e governare. Essi esercitano tale missione come 'servi di Cristo» (*Rm* 1,1), imitando Cristo stesso, «il quale, pur essendo di natura divina, non considerò un tesoro geloso la sua uguaglianza con Dio; ma spogliò se stesso, assumendo la condizione di servo e divenendo simile agli uomini; apparso in forma umana, umiliò se stesso, facendosi obbediente fino alla morte e alla morte di croce» (*Fil* 2,6-8).

■ «Si dice che il significato della parola gerarchia sarebbe «sacro dominio», ma il vero significato non è questo, ma è «sacra origine», cioè: questa autorità non viene dall'uomo stesso, ma ha origine nel sacro, nel Sacramento; sottomette quindi la persona alla vocazione, al mistero di Cristo; fa del singolo un servitore di Cristo e solo in quanto servo di Cristo questi può governare, guidare per Cristo e con Cristo. Perciò chi entra nel sacro ordine del sacramento, la «gerarchia», non è un autocrate, ma entra in un legame nuovo di obbedienza a Cristo: è legato a lui in comunione con gli altri membri del sacro ordine, del sacerdozio. E anche il papa – punto di riferimento di tutti gli altri pastori e della comunione della Chiesa – non può fare quello che vuole; al contrario, il papa è custode dell'obbedienza a Cristo, alla sua parola riassunta nella «regula fidei», nel Credo della Chiesa, e deve precedere nell'obbedienza a Cristo e alla sua Chiesa. Gerarchia implica quindi un triplice legame:

- quello, innanzitutto, con Cristo e l'ordine dato dal Signore alla sua Chiesa;

• poi il legame con gli altri pastori nell'unica comunione della Chiesa;

• e, infine, il legame con i fedeli affidati al singolo, nell'ordine della Chiesa. Quindi, si capisce che comunione e gerarchia non sono contrarie l'una all'altra, ma si condizionano. Sono insieme una cosa sola (comunione gerarchica)» (BENEDETTO XVI, *Catechesi del mercoledì*, 26-5-2010).

Che cosa significa l'affermazione: «Fuori della Chiesa non c'è salvezza»?

«Essa significa che ogni salvezza viene da Cristo-Capo per mezzo della Chiesa, che è il suo Corpo. Pertanto non possono essere salvati quanti, conoscendo la Chiesa come fondata da Cristo e necessaria alla salvezza, non vi entrassero e non vi perseverassero. Nello stesso tempo, grazie a Cristo e alla sua Chiesa, possono conseguire la salvezza eterna quanti, senza loro colpa, ignorano il Vangelo di Cristo e la sua Chiesa, ma cercano sinceramente Dio e, sotto l'influsso della grazia, si sforzano di compiere la sua volontà conosciuta attraverso il dettame della coscienza» (*Compendio*, 171).

Perché la Chiesa deve annunciare il Vangelo a tutto il mondo?

«Perché Cristo ha ordinato: «Andate dunque e ammaestrate tutte le nazioni, battezzandole nel nome del Padre, del Figlio e dello Spirito Santo» (*Mt*

28,19). Questo mandato missionario del Signore ha la sua sorgente nell'amore eterno di Dio, che ha inviato il suo Figlio e il suo Spirito perché « vuole che tutti gli uomini siano salvati e giungano alla conoscenza della verità » (*1 Tm* 2,4) » (*Compendio*, 172).

Come guardare alla Chiesa?

Dovremmo guardare alla Chiesa come ce lo ha indicato BENEDETTO XVI, il quale nella cattedrale di New York, prendendo spunto dalle sue vetrate neogotiche, ha detto nell'omelia:

« Viste da fuori, tali finestre appaiono scure, pesanti, addirittura tetre. Ma quando si entra nella chiesa, esse all'improvviso prendono vita. Riflettendo la luce che le attraversa rivelano tutto il loro splendore. Molti scrittori – qui in America possiamo pensare a Nathaniel Hawthorne – hanno usato l'immagine dei vetri istoriati per illustrare il mistero della Chiesa stessa » (19-4-08).

In che modo Maria SS.ma ci invita ad amare la Chiesa?

■ Ella ci invita ad amare la Chiesa perché Ella è:
- madre di Cristo, fondatore e sposo della Chiesa
- madre e modello della Chiesa

■ Esiste inoltre una stratta e intima relazione fra Maria SS.ma e la Chiesa:

«Come infatti Capo e membra sono insieme un solo figlio e molti figli, così Maria e la Chiesa sono una sola e molte madri, una sola e molte vergini. Ambedue madri, ambedue vergini, ambedue concepiscono per opera dello Spirito santo senza concupiscenza, ambedue danno al Padre figli senza peccato. Maria senza alcun peccato ha generato al corpo il Capo, la Chiesa nella remissione di tutti i peccati ha partorito al Capo il corpo. Entrambe sono madri di Cristo, ma nessuna delle due genera il tutto senza l'altra.

Perciò giustamente nelle Scritture divinamente ispirate quel ch'è detto in generale della vergine madre Chiesa, s'intende singolarmente della vergine madre Maria; e quel che si dice in modo speciale della vergine madre Maria, va riferito in generale alla vergine madre Chiesa; e quanto si dice d'una delle due, può essere inteso indifferentemente dell'una e dell'altra» (BEATO ISACCO DELLA STELLA, abate, Disc. 51).

NB: Per approfondire l'argomento, ecco *alcuni* documenti pontifici:

CONCILIO VATICANO II, *Lumen gentium* (*LG*); *Sacrosanctum Concilium* (*SC*);

CATECHISMO DELLA CHIESA CATTOLICA (*CCC*), nn. 748-945; *Compendio del CCC*, nn. 147-193.

VII
PRIMATO A PIETRO: QUANDO E COME CRISTO GLIELO AFFIDA?

Su quale base si fonda il primato di Pietro, e quindi del Papa?

Si fonda sulla volontà di Cristo stesso.

Dove appare tale volontà di Cristo?

Nelle pagine del Vangelo e in parte degli Atti degli Apostoli sono presenti « numerosi indizi » che manifestano la volontà di Cristo di attribuire a Pietro uno speciale rilievo all'interno del Collegio degli Apostoli. Ad esempio:

- Egli è l'unico apostolo al quale Gesù assegna un nuovo nome, Cefa, che vuol dire « Pietra ». L'evangelista Giovanni così scrive al riguardo: « Fissando lo sguardo su di lui, disse: Tu sei Simone, il figlio di Giovanni; ti chiamerai *Kefa* (che vuol dire Pietro) » (*Gv* 1,42).

Gesù non era solito cambiare il nome ai suoi discepoli. Se si eccettua l'appellativo di « figli del tuono », rivolto in una precisa circostanza ai figli di Zebedeo (cfr. *Mc* 3,17) e non più usato in seguito, Egli non ha mai attribuito un nuovo nome ad un suo discepolo.

Lo ha fatto invece con Simone, chiamandolo *Kefa*, nome che fu poi tradotto in greco *Petros*, in latino *Petrus*. E fu tradotto proprio perché non era solo un nome; era un «mandato» che *Petrus* riceveva in quel modo dal Signore. Non bisogna dimenticare che nell'Antico Testamento, il cambiamento del nome preludeva in genere all'affidamento di una missione (cfr. *Gn* 17,5; 32,28 ss. ecc.). Il nuovo nome *Petrus* ritornerà più volte nei Vangeli e finirà per soppiantare il nome originario Simone.

■ Altri indizi sono:

• dopo Gesù, Pietro è il personaggio più noto e citato negli scritti neotestamentari: viene menzionato 154 volte con il soprannome di Pètros, «pietra», «roccia»;

• i Vangeli ci informano che Pietro è tra i primi quattro discepoli del Nazareno (cfr. *Lc* 5, 1-11);

• a Cafarnao il Maestro va ad alloggiare nella casa di Pietro (cfr. *Mc* 1,29);

• quando la folla gli si accalca intorno sulla riva del lago di Genesaret, tra le due barche lì ormeggiate, Gesù sceglie quella di Simone (cfr. *Lc* 5,3), e così la barca di Pietro diventa la cattedra di Gesù;

• quando in circostanze particolari Gesù si fa accompagnare da tre discepoli soltanto, Pietro è sempre ricordato come primo del gruppo: così nella risurrezione della figlia di Giairo (cfr. *Mc* 5,37; *Lc* 8,51), nella Trasfigurazione (cfr. *Mc* 9,2; *Mt* 17,1; *Lc* 9,28), e infine durante l'agonia nell'Orto del Getsemani (cfr. *Mc* 14,33; *Mt* 16,37);

- a Pietro si rivolgono gli esattori della tassa per il Tempio ed il Maestro paga per sé e per lui soltanto (cfr. *Mt* 17, 24-27);
- a Pietro per primo Egli lava i piedi nell'ultima Cena (cfr. *Gv* 13,6);
- è per lui soltanto che prega affinché non venga meno nella Fede e possa confermare poi in essa gli altri discepoli (cfr. *Lc* 22, 30-31).

Pietro è consapevole di questa sua posizione particolare?

■ Sì. Infatti:

- è lui che spesso, a nome anche degli altri, parla chiedendo la spiegazione di una parabola difficile (cfr. *Mt* 15,15), o il senso esatto di un precetto (cfr. *Mt* 18,21) o la promessa formale di una ricompensa (cfr. *Mt* 19,27);
- è lui che risolve l'imbarazzo di certe situazioni, intervenendo a nome di tutti. Così quando Gesù, addolorato per l'incomprensione della folla dopo il discorso sul « pane di vita », domanda: « Volete andarvene anche voi? », la risposta di Pietro è perentoria: « Signore, da chi andremo? Tu hai parole di vita eterna » (cfr. *Gv* 6, 67-69);
- ugualmente decisa è la professione di Fede che, ancora a nome dei Dodici, egli fa nei pressi di Cesarea di Filippo. A Gesù che chiede: « Voi chi dite che io sia? », Pietro risponde: « Tu sei il Cristo, il Figlio del Dio vivente » (*Mt* 16, 15-16).

■ Pietro ha seguito Gesù con slancio, ha superato la prova della Fede, abbandonandosi a Lui. Viene tuttavia il momento in cui anche lui cede alla paura e cade: tradisce il Maestro (cfr. *Mc* 14,66-72). Pietro che aveva promesso fedeltà assoluta, conosce l'amarezza e l'umiliazione del rinnegamento. Ma si pente, riconoscendo il suo grave peccato: scoppia in un liberatorio pianto di pentimento.

■ Ed è proprio a lui, Pietro, che Gesù affida una missione speciale, che viene descritta dall'evangelista Giovanni in quel famoso dialogo che ha luogo tra Gesù e Pietro (cfr. *Gv* 21, 15-18). In tale dialogo si rileva un gioco di verbi molto significativo. In greco il verbo «*filéo*» esprime l'amore di amicizia, tenero ma non totalizzante, mentre il verbo «*agapáo*» (*agapé*) significa l'amore senza riserve, totale ed incondizionato. Gesù domanda a Pietro la prima volta: «Simone… mi ami tu?» (*agapâs-me*) con questo amore totale e incondizionato (cfr. *Gv* 21,15). Prima dell'esperienza del tradimento l'Apostolo avrebbe certamente detto: «Ti amo (*agapô-se*) incondizionatamente». Ora che ha conosciuto l'amara tristezza dell'infedeltà, il dramma della propria debolezza, dice con umiltà: «Signore, ti voglio bene (*filô-se*)», cioè «ti amo del mio povero amore umano». Il Cristo insiste: «Simone, mi ami tu con questo amore totale che io voglio?». E Pietro ripete la risposta del suo umile amore umano: «Kyrie, filô-se», «Signore, ti voglio bene come so voler bene». Alla terza volta Gesù dice a Simone soltanto: «*Fileîs-me*?», «mi vuoi bene?». Simone comprende che a Gesù basta il suo povero amore, l'unico di cui è capace, e tuttavia è rattristato che il Signore gli abbia dovuto dire così. Gli risponde perciò: «Signore, tu sai tutto, tu sai che ti voglio bene (*filô-se*)».

Qual è la dichiarazione solenne che definisce, una volta per tutte, il ruolo di Pietro nella Chiesa?

■ È quando Gesù afferma: «E io ti dico: Tu sei Pietro e su questa pietra edificherò la mia Chiesa... A te darò le chiavi del regno dei cieli, e tutto ciò che legherai sulla terra sarà legato nei cieli e tutto ciò che scioglierai sulla terra sarà sciolto nei cieli» (*Mt* 16, 18-19).

■ In tale affermazione, sono molto chiare le tre metafore a cui Gesù ricorre:

- Pietro sarà il fondamento roccioso su cui poggerà l'edificio della Chiesa;
- egli avrà le chiavi del Regno dei cieli per aprire o chiudere a chi gli sembrerà giusto;
- infine, egli potrà legare o sciogliere nel senso che potrà stabilire o proibire ciò che riterrà necessario per la vita della Chiesa, che è e resta di Cristo. È sempre Chiesa di Cristo e non di Pietro.

• È così descritto, con immagini di plastica evidenza, quello che la riflessione successiva qualificherà con il termine di «primato di giurisdizione».

Questa posizione di preminenza, che Gesù ha inteso conferire a Pietro, si riscontra anche dopo la Risurrezione di Cristo?

■ Certamente. Infatti:

• Gesù incarica le donne di portarne l'annunzio a Pietro, distintamente dagli altri Apostoli (cfr. *Mc* 16,7);

• da lui e da Giovanni corre la Maddalena per informare della pietra ribaltata dall'ingresso del sepolcro (cfr. *Gv* 20,2), e Giovanni cederà a lui il passo quando i due arriveranno davanti alla tomba vuota (cfr. *Gv* 20,4-6);

• sarà poi Pietro, tra gli Apostoli, il primo testimone di un'apparizione del Risorto (cfr. *Lc* 24,34; *1 Cor* 15,5).

■ Questo suo ruolo, sottolineato con decisione (cfr. *Gv* 20,3-10), segna la continuità fra la preminenza avuta nel gruppo apostolico e la preminenza che continuerà ad avere nella comunità nata con gli eventi pasquali, come attesta il Libro degli Atti (cfr. *At* 1,15-26; 2,14-40; 3,12-26; 4,8-12; 5,1-11.29; 8,14-17; 10; ecc.).

■ Il suo comportamento è considerato così decisivo, da essere al centro di osservazioni ed anche di critiche (cfr. *At* 11,1-18; *Gal* 2,11-14).

■ Al cosiddetto Concilio di Gerusalemme, Pietro svolge una funzione direttiva (cfr. *At* 15 e *Gal* 2,1-10), e proprio per questo suo essere il testimone della Fede autentica Paolo stesso riconoscerà in lui una certa qualità di « primo » (cfr. *1 Cor* 15,5; *Gal* 1,18; 2,7s.; ecc.).

■ Il fatto, poi, che diversi dei testi chiave riferiti a Pietro possano essere ricondotti al contesto dell'Ultima Cena, in cui Cristo conferisce a Pietro il ministero di confermare i fratelli (cfr. *Lc* 22,31 s.), mostra come la Chiesa che nasce dal memoriale pasquale, celebrato nell'Eucaristia, abbia nel ministero affidato a Pietro uno dei suoi elementi costitutivi.

Qual è il senso ultimo del primato di Pietro?

■ Questa contestualizzazione del Primato di Pietro nell'Ultima Cena, nel momento istitutivo dell'Eucaristia, Pasqua del Signore, indica anche il senso ultimo di questo Primato:

• Pietro, per tutti i tempi, dev'essere il custode della comunione con Cristo; deve guidare alla comunione con Cristo;

• deve preoccuparsi che la rete non si rompa e possa così perdurare la comunione universale. Solo insieme a Pietro, possiamo essere con Cristo, che è il Signore di tutti.

■ Responsabilità di Pietro è di garantire così la comunione con Cristo con la carità di Cristo, guidando alla realizzazione di questa carità nella vita di ogni giorno. « Il primato petrino ha questo mandato di rendere visibile e concreta l'unità, nella molteplicità storica, concreta, nell'unità di presente, passato, futuro e dell'eterno » (BENEDETTO XVI, *Discorso*, 30-7-2010).

■ Il ruolo di Pietro ha delle priorità. « La prima priorità per il Successore di Pietro è stata fissata dal Signore nel Cenacolo in modo inequivocabile: « Tu ... conferma i tuoi fratelli » (*Lc* 22, 32). Pietro stesso ha formulato in modo nuovo questa priorità nella sua prima Lettera: « Siate sempre pronti a rispondere a chiunque vi domandi ragione della speranza che è in voi » (*1 Pt* 3, 15) » (BENEDETTO XVI, *Lettera ai Vescovi*, 12-3-09).

In quale modo il primato di Pietro è legato a Roma?

■ Pietro si recò a Roma, centro dell'Impero, simbolo dell'« *Orbis* » – l'« *Urbs* » che esprime l'« *Orbis* » la terra – dove conclude con il martirio la sua corsa al servizio del Vangelo. Per questo la sede di Roma, che aveva ricevuto il maggior onore, raccolse anche l'onere affidato da Cristo a Pietro: di essere al servizio di tutte le Chiese particolari per l'edificazione e l'unità dell'intero Popolo di Dio.

■ La sede di Roma venne così riconosciuta come quella del successore di Pietro, e la « cattedra » del suo vescovo rappresentò quella dell'Apostolo incaricato da Cristo di pascere tutto il suo gregge.

Lo attestano i più antichi Padri della Chiesa, come ad esempio:

• Sant'IRENEO (vescovo di Lione fino al 202, ma veniva dall'Asia Minore), il quale nel suo trattato *Contro le eresie,* nel 180 d. C., descrive la Chiesa di Roma come «più grande e più antica, conosciuta da tutti; ... fondata e costituita a Roma dai due gloriosissimi Apostoli Pietro e Paolo»; e aggiunge: «Con questa Chiesa, per la sua esimia superiorità, deve accordarsi la Chiesa universale, cioè i fedeli che sono ovunque» (III, 3, 2-3);

• TERTULLIANO, poco più tardi (nel 200 d. C.), da parte sua, afferma: «Questa Chiesa di Roma, quanto è beata! Furono gli Apostoli stessi a versare a lei, col loro sangue, la dottrina tutta quanta» (*La prescrizione degli eretici*, 36);

• e così scrive SAN GIROLAMO (che nacque verso il 340 a Stridone, ai confini con la Pannonia): «Ho deciso di consultare la cattedra di Pietro, dove si trova quella Fede che la bocca di un Apostolo ha esaltato; vengo ora a chiedere un nutrimento per la mia anima lì, dove un tempo ricevetti il vestito di Cristo. Io non seguo altro primato se non quello di Cristo; per questo mi metto in comunione con la tua beatitudine, cioè con la cattedra di Pietro. So che su questa pietra è edificata la Chiesa» (*Le lettere* I, 15,1-2);

• esiste inoltre l'importante lettera che San Clemente (il terzo successore di Pietro) ha inviato, nel 96, alla

Chiesa di Corinto. Tale lettera costituisce un primo esercizio del Primato romano dopo la morte di san Pietro. A riguardo di tale lettera, sant'Ireneo (Vescovo di Lione fino al 202) scrive: « Sotto Clemente, essendo sorto un contrasto non piccolo tra i fratelli di Corinto, la Chiesa di Roma inviò ai Corinti una lettera importantissima per riconciliarli nella pace, rinnovare la loro Fede e annunciare la tradizione, che da poco tempo essa aveva ricevuto dagli Apostoli » (*Adv. haer* 3,3,3).

■ Quanto al rapporto tra Pietro e i suoi successori, occorre dire che « molte prerogative erano esclusive della sua persona e, d'altro canto, niente è stato trasmesso ai successori che non si trovasse già in lui » (San Leone Magno, Papa, *Discorso* 4,1-2).

Che cosa possiamo fare noi per il Papa?

Possiamo e dobbiamo pregare perché il Primato di Pietro, affidato a povere persone umane, possa sempre essere esercitato in questo senso originario voluto dal Signore e possa così essere sempre più riconosciuto nel suo vero significato dai fratelli ancora non in piena comunione con la Chiesa Cattolica.

NB: Per approfondire l'argomento si legga:

Benedetto XVI, *Catechesi del mercoledì*, 17-24 maggio e 7 giugno 2006.

VIII
ECUMENISMO:
QUALE RELAZIONE HA LA CHIESA CATTOLICA CON LE CHIESE ORTODOSSE E CON LE COMUNITÀ CRISTIANE NON-CATTOLICHE?

Che cos'è l'Ecumenismo?

■ È il movimento che tende all'unità dei cristiani e che comprende « attività e iniziative che, a seconda delle varie necessità della Chiesa e opportunità dei tempi, sono suscitate e ordinate a promuovere l'unità dei Cristiani » (*UR* 4).

La ricerca dell'unità dei cristiani è un compito sempre più urgente della Chiesa cattolica. L'ecumenismo – da distinguere dal dialogo interreligioso – trova il suo fondamento nel testamento lasciatoci da Gesù stesso la vigilia della sua morte: « *Ut unum sint* » (*Gv* 17,21). Il Concilio Vaticano II ha descritto l'impegno a favore dell'unità dei cristiani come uno dei suoi principali intenti (*UR* 1) e come un impulso dello Spirito Santo (*UR* 1, 4). Papa Giovanni Paolo II ha più volte sottolineato l'« irreversibilità della scelta ecumenica » (*Ut unum sint*, 3). E il Santo Padre Benedetto XVI, fin dai primi giorni del suo

Pontificato, ha assicurato di impegnarsi a fondo per la ricostituzione della piena e visibile unità di tutti i seguaci di Cristo. In questo compito, il criterio prioritario è l'unità della Fede.

Il punto di partenza dell'ecumenismo è il Battesimo, quello di arrivo è la celebrazione comune dell'Eucaristia.

■ Il dialogo ecumenico è basato sul diritto-dovere di esprimere ciascuno, con serenità ed obbiettività, la propria identità, evidenziando ciò che si è, ciò che unisce e ciò che divide. Esporre con chiarezza le proprie posizioni non limita il dialogo ecumenico ma lo favorisce.

Perché esiste l'Ecumenismo?

Perché esistono, fra i cristiani, divisioni, che sono contrarie alla volontà di Cristo, il quale ha pregato «perché tutti siano una sola cosa» (*Gv* 17,21), così da giungere all'unità di tutti i cristiani in «un solo gregge e un solo pastore» (*Gv* 10, 16), affinché «il popolo di Dio pervenga nella gioia a tutta la pienezza della gloria eterna nella celeste Gerusalemme» (*UR* 3).

Benedetto XVI afferma che i cristiani aggravano oggi le loro divisioni in particolare per due motivi:

1) a causa di «cosiddette *azioni profetiche* fondate su un'ermeneutica non sempre in consonanza con il dato della Scrittura e della Tradizione. Di conseguen-

za le comunità rinunciano ad agire come un corpo unito, e preferiscono invece operare secondo il principio delle *opzioni locali*. In tale processo, si smarrisce da qualche parte il bisogno di una *koinonia* diacronica – la comunione con la Chiesa di tutti i tempi – proprio nel momento il cui il mondo ha smarrito l'orientamento ed ha bisogno di testimonianze comuni e convincenti del potere salvifico del Vangelo»;

2) molti cristiani ritengono che si deve «seguire la propria coscienza e scegliere quella comunità che meglio incontra i propri gusti personali. Il risultato è riscontrabile nella continua proliferazione di comunità che sovente evitano strutture istituzionali e minimizzano l'importanza per la vita cristiana del contenuto dottrinale. Anche all'interno del movimento ecumenico i cristiani possono mostrarsi riluttanti ad asserire il ruolo della dottrina per timore che esso possa soltanto esacerbare piuttosto che curare le ferite della divisione» (*Discorso*, incontro ecumenico a New York nella chiesa di Saint Joseph, 18 aprile 2008).

Che tipo di male causano le divisioni tra i cristiani?

■ Causano vari tipi di male, sia all'interno della Chiesa sia al suo esterno. Infatti:

• Sono uno scandalo, che indebolisce la voce del Vangelo.

• «Le divisioni dei cristiani impediscono che la Chiesa stessa attui la pienezza della cattolicità ad essa propria in quei figli, che le sono bensì uniti col Battesimo, ma sono separati dalla sua piena comunione. Anzi, alla Chiesa stessa diventa più difficile esprimere sotto ogni aspetto la pienezza della cattolicità proprio nella realtà della vita» (*UR* 4).

• «L'universalità propria della Chiesa, governata dal Successore di Pietro e dai Vescovi in comunione con lui, a causa della divisione dei cristiani, trova un ostacolo per la sua piena realizzazione nella storia» (CDF, Lett. *Communionis notio*, 17.3).

■ Questa non-unità fra i cristiani reca grave danno anche alla testimonianza, che i cristiani sono impegnati a proporre ai non-cristiani: costituisce una contro-testimonianza. «È doloroso che in questa situazione i cristiani perdano parte della loro spinta missionaria ed evangelizzatrice a causa delle divisioni che minano la loro vita interna e riducono la loro credibilità apostolica» (PONT. CONSIGLIO UNITÀ DEI CRISTIANI, *Direttorio per l'applicazione dei principi e delle norme sull'ecumenismo, Presentazione*).

Perché bisogna distinguere tra unità della Chiesa e unità dei cristiani?

■ Perché l'unità della Chiesa esiste già. L'unità, «che Cristo ha donato alla sua Chiesa fin dall'inizio, [...] noi crediamo che sussista, senza possibilità di essere perduta, nella Chiesa cattolica e speriamo che crescerà ogni giorno di più sino alla fine dei secoli» (*UR* 4). Per questo noi nel Credo proclamiamo: «Credo la Chiesa una...», e questa Chiesa una sussiste nella Chiesa cattolica (cfr. *LG* 8).

■ Quella che manca è l'unità dei cristiani. Di fatto, «in questa Chiesa di Dio una e unica sono sorte fino dai primissimi tempi alcune scissioni, che l'Apostolo riprova con gravi parole come degne di condanna; ma nei secoli posteriori sono nati dissensi più ampi e comunità non piccole si sono staccate dalla piena comunione della Chiesa cattolica, talora non senza colpa di uomini d'entrambe le parti» (*UR* 3).

■ «L'unità dell'unica Chiesa, che già esiste nella Chiesa cattolica senza possibilità di essere perduta, ci garantisce che un giorno anche l'unità di tutti i cristiani diventerà realtà» (GIOVANNI PAOLO II, *Discorso*, 13 novembre 2004).

■ E tuttavia i cristiani separati dalla piena comunione con la Chiesa cattolica hanno con essa, già fin d'ora, molti elementi in comune.

Quali sono gli elementi che le Chiese e le Comunità cristiane non-cattoliche hanno in comune con la Chiesa cattolica?

■ I membri di queste Chiese e comunità cristiane non-cattoliche:

• « giustificati nel Battesimo dalla Fede, sono incorporati a Cristo e perciò sono a ragione insigniti del nome di cristiani e dai figli della Chiesa cattolica sono giustamente riconosciuti come fratelli nel Signore » (*UR* 3);

• hanno « parecchi elementi di santificazione e di verità, come la Parola di Dio scritta, la vita della grazia, la Fede, la speranza e la carità, e altri doni interiori dello Spirito Santo ed elementi visibili » (UR 3).

■ « Lo Spirito di Cristo si serve di queste Chiese e comunità ecclesiali come di strumenti di salvezza, la cui forza deriva dalla pienezza di grazia e di verità che Cristo ha dato alla Chiesa cattolica. Tutti questi beni provengono da Cristo e a lui conducono » (*UR* 3); e « spingono verso l'unità cattolica » (*LG* 8).

■ « Con coloro che, battezzati, sono sì insigniti del nome cristiano, ma non professano la Fede integrale o non conservano l'unità della comunione sotto il Successore di Pietro, la Chiesa sa di essere per più ragioni unita » (*LG* 15).

■ Nello stesso tempo la Chiesa cattolica riconosce che le Chiese ortodosse sono a lei più vicine rispetto alle comunità cristiane non-cattoliche, in quanto esiste non poca differenza tra quest'ultime e le Chiese Ortodosse.

Qual è la differenza tra le Chiese ortodosse e le Comunità ecclesiali non-cattoliche?

■ Le Chiese ortodosse, nate a partire dall'anno 1054:

• «hanno veri sacramenti e soprattutto, in forza della successione apostolica, il Sacerdozio e l'Eucaristia, per mezzo dei quali restano ancora uniti con noi da strettissimi vincoli» (*UR* 15.3);

• quindi «una certa comunicazione nelle cose sacre, presentandosi opportune circostanze e con l'approvazione dell'autorità ecclesiastica, non solo è possibile, ma anche consigliabile» (*UR* 15);

• meritano il titolo di «Chiese particolari o locali», e sono chiamate «Chiese sorelle delle Chiese particolari cattoliche» (*UR* 14.1);

• per la celebrazione dell'Eucaristia del Signore in queste singole Chiese, la Chiesa di Dio è edificata e cresce;

• hanno una comunione con la Chiesa cattolica, così profonda «che le manca ben poco per raggiungere la pienezza che autorizzi una celebrazione comune della Eucaristia del Signore» (PAOLO VI, *Discorso nella Cappella Sistina nella ricorrenza del decimo anniversario della mutua cancellazione delle scomuniche fra le Chiese di Roma e di Costantinopoli*, 14 dicembre 1975);

• non sono tuttavia in piena comunione con la Chiesa cattolica, in quanto esse non sono in comunione con il capo visibile dell'unica Chiesa cattolica che è il Papa, successore di Pietro. E questo non è un fatto accessorio, ma uno dei principi costitutivi interni di ogni Chiesa particolare. Pertanto, siccome « la comunione con la Chiesa cattolica, il cui Capo visibile è il Vescovo di Roma e Successore di Pietro, non è un qualche complemento esterno alla Chiesa particolare, ma uno dei suoi principi costitutivi interni, la condizione di Chiesa particolare, di cui godono quelle venerabili Comunità cristiane, risente tuttavia di una carenza » (CDF, *Responsa ad quaestiones*, 4).

■ Le Comunità ecclesiali non-cattoliche:

• sono soprattutto quelle nate dalla riforma del 16° secolo: protestanti (ispirate al pensiero e all'opera di Martin Lutero:1483-1546), anglicana (nata con *l'Atto di Supremazia* del re inglese Enrico VIII del 1534)... Oltre a queste, esiste anche una moltiplicazione di sempre nuove denominazioni cristiane, che sono nate e nascono in continuazione;

• non hanno la successione apostolica nel sacramento dell'Ordine, e perciò sono prive di un elemento costitutivo essenziale dell'essere Chiesa;

• specialmente a causa della mancanza del sacerdozio ministeriale, non hanno conservato la genuina e integra sostanza del Mistero eucaristico (cfr. *UR* 22.3);

• « per questo motivo, non è possibile, per la Chiesa cattolica, l'intercomunione eucaristica con queste comunità » (*CCC* 1400);

• tuttavia, « mentre nella santa Cena fanno memoria della morte e della risurrezione del Signore, professano che nella Comunione di Cristo è significata la vita e aspettano la sua venuta gloriosa » (*UR* 22);

• non possono, secondo la dottrina cattolica, essere chiamate « Chiese » in senso proprio (cfr. CDF, *Dominus Iesus*, 17.2), in quanto mancano dei sacramenti dell'Ordine e dell'Eucaristia;

• in esse si trovano tuttavia « numerosi elementi di santificazione e di verità », « che in quanto doni propri della Chiesa di Cristo spingono all'unità cattolica » (*LG* 8), come ad esempio la Sacra Scrittura, il Battesimo, la carità....

Quale principio è importante nel dialogo ecumenico?

Nel dialogo ecumenico « vale sempre il principio dell'amore fraterno e della ricerca di comprensione e di avvicinamenti reciproci; ma anche la difesa della Fede del nostro popolo, confermandolo nella gioiosa certezza che l'« unica Christi Ecclesia... *subsistit in Ecclesia catholica, a successore Petri et Episcopis in eius communione gubernata»* (« l'unica Chiesa di Cristo... sussiste nella Chiesa cattolica, governata dal successore di Pietro e dai Vescovi in comunione con lui » (*LG* 8) » (Benedetto XVI, *Omelia,* 12-5-07).

Come deve essere intesa l'affermazione secondo cui la Chiesa di Cristo sussiste nella Chiesa cattolica?

«Cristo ha costituito sulla terra un'unica Chiesa e l'ha istituita come comunità visibile e spirituale, che fin dalla sua origine e nel corso della storia sempre esiste ed esisterà, e nella quale soltanto sono rimasti e rimarranno tutti gli elementi da Cristo stesso istituiti. Questa è l'unica Chiesa di Cristo, che nel Simbolo professiamo una, santa, cattolica e apostolica [...]. Questa Chiesa, in questo mondo costituita e organizzata come società, sussiste nella Chiesa cattolica, governata dal Successore di Pietro e dai Vescovi in comunione con lui.

Nella Costituzione dogmatica (*LG* 8) la sussistenza è questa perenne continuità storica e la permanenza di tutti gli elementi istituiti da Cristo nella Chiesa cattolica, nella quale concretamente si trova la Chiesa di Cristo su questa terra» (CDF, *Responsa ad quaestiones*, 2).

*Perché viene usata dal Concilio Vaticano II (LG) l'espressione **subsistit in** e non il verbo **est**?*

■ Con la parola *subsistit* (sussiste), il Concilio:

• indica la piena identità della Chiesa di Cristo con la Chiesa cattolica. Poiché la Chiesa così voluta da Cristo di fatto continua ad esistere *(subsistit in)* nella Chiesa cattolica, la continuità di sussistenza comporta una sostanziale identità di essenza tra Chiesa di Cristo e Chiesa cattolica. Il Concilio ha voluto pertanto insegnare che la Chiesa di Gesù Cristo come soggetto concreto in questo mondo può essere incontrata nella Chiesa cattolica;

- afferma che tale parola sussiste «può essere attribuita esclusivamente alla sola Chiesa cattolica, poiché si riferisce appunto alla nota dell'unità professata nei simboli della Fede (Credo…la Chiesa una)» (CDF, *Responsa ad quaestiones*, 2);
- esprime la singolarità e la non moltiplicabilità della Chiesa di Cristo: la Chiesa di Cristo è soltanto una e sussiste, nella realtà storica, in un unico soggetto, che è la Chiesa cattolica;
- salvaguarda così l'unità e l'unicità della Chiesa, che verrebbero meno se si ammettesse che vi possano essere più sussistenze della Chiesa fondata da Cristo;
- fa evitare di immaginare la Chiesa di Cristo come «la somma – differenziata e in qualche modo unitaria insieme – delle Chiese e Comunità ecclesiali» o di «pensare che la Chiesa di Cristo oggi non esista più in alcun luogo e che, perciò, debba essere soltanto oggetto di ricerca da parte di tutte le Chiese e comunità» (CDF, *Mysterium Ecclesiae*, 1). Se così fosse, l'unica Chiesa di Cristo non esisterebbe più come «una» nella storia o esisterebbe solo in modo ideale ossia in fieri in una futura convergenza o riunificazione delle diverse Chiese sorelle, auspicata e promossa dal dialogo;

• esprime più chiaramente come fuori della compagine visibile della Chiesa Cattolica si trovino «numerosi elementi di santificazione e di verità», «che in quanto doni propri della Chiesa di Cristo spingono all'unità cattolica» (*LG* 8). Riconosce pertanto la presenza, nelle Comunità cristiane non cattoliche in quanto tali, di elementi ecclesiali propri della Chiesa di Cristo. «Perciò le stesse Chiese e Comunità separate, quantunque crediamo che hanno delle carenze, nel mistero della salvezza non sono affatto spoglie di significato e di peso. Infatti lo Spirito di Cristo non ricusa di servirsi di esse come di strumenti di salvezza, il cui valore deriva dalla stessa pienezza della grazia e della verità, che è stata affidata alla Chiesa cattolica» (*UR* 3.4);

• consente una maggiore apertura della Chiesa cattolica alla particolare richiesta dell'ecumenismo di riconoscere carattere e dimensione realmente ecclesiali alle Comunità cristiane non in piena comunione con la Chiesa cattolica, a motivo dei «plura elementa sanctificationis et veritatis» (molteplici elementi di santificazione e di verità) presenti in esse.

■ L'espressione *subsistit* armonizza pertanto due affermazioni dottrinali: da un lato, che la Chiesa di Cristo, malgrado le divisioni dei cristiani, continua ad esistere pienamente soltanto nella Chiesa cattolica, e, dall'altro lato, l'esistenza di numerosi elementi di santificazione e di verità al di fuori della sua compagine, ovvero nelle Chiese e Comunità ecclesiali che non sono ancora in piena comunione con la Chiesa cattolica (cfr. CDF, *Responsa ad quaestiones*, 3 e articolo di commento).

Cosa fare per l'unità dei cristiani?

■ « Sono necessari:

• un rinnovamento permanente della Chiesa in una accresciuta fedeltà alla sua vocazione. Tale rinnovamento è la forza del movimento verso l'unità;

• la conversione del cuore per « condurre una vita più conforme al Vangelo », poiché è l'infedeltà delle membra al dono di Cristo a causare le divisioni;

• la preghiera in comune; infatti la « conversione del cuore » e la « santità della vita, insieme con le preghiere private e pubbliche per l'unità dei cristiani, si devono ritenere come l'anima di tutto il movimento ecumenico e si possono giustamente chiamare ecumenismo spirituale »;

• la reciproca conoscenza fraterna;

• la formazione ecumenica dei fedeli e specialmente dei sacerdoti;

• il dialogo tra i teologi e gli incontri tra i cristiani delle differenti Chiese e comunità;

• la cooperazione tra cristiani nei diversi ambiti del servizio agli uomini » (*CCC* 821).

■ « Ecumenismo vero non c'è senza interiore conversione e purificazione della memoria, senza santità di vita in conformità con il Vangelo, e soprattutto senza un'intensa ed assidua preghiera che faccia eco alla preghiera di Gesù » (GIOVANNI PAOLO II, *Discorso*,13 novembre 2004).

■ « L'unione con Cristo è allo stesso tempo unione con tutti gli altri ai quali Egli si dona. Io non posso avere Cristo solo per me; posso appartenergli soltanto in unione con tutti quelli che sono diventati o diventeranno suoi. La comunione mi tira fuori da me stesso verso di Lui, e così anche verso l'unità con tutti i cristiani » (BENEDETTO XVI, *Deus caritas est*, n.14).

NB: Per approfondire l'argomento, si leggano i seguenti documenti pontifici:

CONCILIO VATICANO II, *Lumen gentium (LG); Unitatis redintegratio (UR);*

PONTIFICIO CONSIGLIO UNITÀ DEI CRISTIANI, *Direttorio per l'applicazione dei principi e delle norme sull'ecumenismo,* 1993;

CATECHISMO DELLA CHIESA CATTOLICA (*CCC*);

CONGREGAZIONE PER LA DOTTRINA DELLA FEDE (CDF), *Responsa ad quaestiones de aliquibus sententiis ad doctrinam de Ecclesia pertinentibus*, 29 giugno 2007.

IX
LE RELIGIONI NON CRISTIANE:
COME LA CHIESA CATTOLICA LE CONSIDERA ?

La Chiesa Cattolica ha anzitutto una visione positiva nei confronti delle religioni non-cristiane.

Dove si fonda tale visione positiva?

■ Tale visione positiva è così espressa e motivata dal Concilio Vaticano II:

• « Avendo esse una sola origine: Dio, e avendo anche un solo fine: Dio, le religioni non-cristiane contengono raggi di bontà, "elementi di verità e di grazia come per una segreta presenza di Dio"» (*AG* 9).

• In quanto espressioni della rivelazione che Dio ha fatto attraverso il cosmo e l'umanità, tali religioni possono in un certo qual modo mettere in rapporto con Dio, coloro che le professano e le vivono con cuore retto e sincero.

• Le religioni non cristiane inoltre testimoniano (in un modo insufficiente e incompleto sì, ma pur sempre vero), la presenza e l'azione di Dio, o almeno del sacro, nel mondo, e Dio solo sa quanto ce ne sia bisogno soprattutto oggi che viviamo in un mondo che tende a cancellare e a estirpare ogni segno e gesto del divino.

• Esse sono altresì l'espressione della ricerca da parte dell'uomo di una risposta ai suoi interrogativi fondamentali. Come dice il Concilio, gli uomini attendono dalle varie religioni «la risposta agli oscuri enigmi della condizione umana che, ieri come oggi, turbano profondamente il cuore dell'uomo: la natura dell'uomo, il senso e il fine della nostra vita, il bene e il peccato, l'origine e il fine del dolore, la via per raggiungere la vera felicità, la morte, il giudizio e la sanzione dopo la morte, infine l'ultimo e ineffabile mistero che circonda la nostra esistenza dal quale noi traiamo la nostra origine e verso cui tendiamo» (*NA* 1).

• «La Chiesa Cattolica nulla rigetta di ciò che è vero e santo in queste religioni. Essa considera con sincero rispetto quei modi di vivere e di agire, quei precetti e quelle dottrine, che, quantunque in molti punti differiscono da quanto essa stessa crede e propone, tuttavia non raramente riflettono un raggio della verità che illumina tutti gli uomini» (*NA* 2).

• La Chiesa Cattolica pertanto riconosce che nelle tradizioni religiose non cristiane esistono «cose vere e buone» (*OT* 16), «cose preziose, religiose e umane» (*GS* 92), «germi di contemplazione» (*AG* 11, 15), «raggi della verità che illumina tutti gli uomini» (*NA* 2). «Quanto lo Spirito opera nel cuore degli uomini e nella storia dei popoli, nelle culture e religioni, assume un ruolo di preparazione evangelica» (Lett. Enc. *Redemptoris missio*, 29).

• Se è vero che lo Spirito Santo attua la salvezza nei non cristiani anche mediante quegli elementi di verità e di bontà presenti nelle varie religioni, è altrettanto vero che anche quanti non appartengono attualmente alla Chiesa visibile, sono oggettivamente « orientati » verso di essa, fanno parte di quella Chiesa più ampia, conosciuta solo da Dio.

■ Le religioni non cristiane meritano perciò l'attenzione e la stima dei cristiani e il loro patrimonio spirituale è un efficace invito al dialogo non solo su elementi convergenti, ma anche su quelli che divergono. Ogni religione ha infatti la sua specificità, originalità, che non va pertanto dimenticata né sottaciuta.

Quali sono le principali caratteristiche positive, comuni alle varie religioni?

■ Le religioni sono espressioni delle culture dei popoli, e conservano le loro ricchezze spirituali.

■ Esse hanno trasmesso e trasmettono tesori di saggezza e religiosità, e così hanno potuto sostenere il cammino umano e spirituale di tante generazioni.

■ Attraverso di esse ognuno ha potuto stabilire un rapporto con Dio, col Trascendente, trovare risorse per l'impegno morale e nutrire una speranza per l'aldilà.

■ Nelle religioni si realizza e si sviluppa quel desiderio naturale di vedere Dio, che è comune a ogni uomo e costituisce la base di ogni atteggiamento religioso: una verità questa che la teologia cattolica ha sempre affermato, e che San Tommaso d'Aquino ha esposto molto bene nelle prime pagine della *Summa Theologica*.

■ «Le religioni possono e devono offrire preziose risorse per costruire un'umanità pacifica, perché parlano di pace al cuore dell'uomo» (BENEDETTO XVI, *Discorso*, Napoli 21-10-07).

■ La Chiesa Cattolica non afferma che «tutte le religioni sono sullo stresso piano, sono più o meno la stessa cosa», ma sostiene che «tutti i ricercatori di Dio hanno la stessa dignità e la stessa libertà». E questo non perché la loro religione è vera o falsa, ma semplicemente perché sono persone umane.

■ «La libertà religiosa, che permette ad ognuno di vivere il suo credo da solo o con gli altri, in privato o in pubblico, comporta anche la possibilità per la persona di cambiare religione se la sua coscienza lo richiede» (BENEDETTO XVI, *Discorso*, 18–12-2008).

La Chiesa Cattolica rileva anche delle negatività nelle religioni non cristiane?

■ Non bisogna peraltro dimenticare né sottacere che le religioni non cristiane contengono anche elementi falsi, errori teorici e pratici, malformazioni, deformazioni, distorsioni, visioni riduttive...

«Nel loro comportamento religioso, gli uomini mostrano anche limiti ed errori che sfigurano l'immagine di Dio» (CCC, 844). «Molto spesso gli uomini, ingannati dal Maligno, hanno vaneggiato nei loro ragionamenti e hanno scambiato la verità divina con la menzogna, servendo la creatura piuttosto che il Creatore, oppure vivendo e morendo senza Dio in questo mondo, sono esposti alla disperazione finale» (CONC. VAT. II, *Lumen gentium*, 16).

■ Pertanto è del tutto contrario alla dottrina cattolica «ritenere queste religioni, considerate come tali, vie di salvezza, anche perché in esse sono presenti lacune, insufficienze ed errori, che riguardano le verità fondamentali su Dio, l'uomo e il mondo» (CDF, Notificazione a proposito del libro di J. Dupuis: «*Verso una teologia cristiana del pluralismo religioso*», 8).

Quali sono le cause di tali negatività?

■ Queste negatività, presenti nelle religioni noncristiane, dipendono non tanto e non solo dal modo come tali religioni vengono professate o incarnate dalle diverse persone o dai diversi popoli, nei vari tempi e culture.

Questo succede anche nella Fede cristiana.

■ Ma queste negatività, questi elementi non autentici sono dovuti in gran parte anche alla stessa natura delle religioni non cristiane.

Infatti tali religioni (fatta eccezione per la religione ebraica), sono per lo più frutto ed effetto di sforzi e tentativi compiuti dall'uomo per giungere a Dio e per mettersi in contatto con Lui, anche se non si esclude che, in alcuni casi, i fondatori di esse abbiano potuto ricevere qual*c*he dono particolare dall'alto.

■ Ora, proprio per questa loro origine umana, è facile che esse contengano elementi deformati, erronei, incompleti, molte volte dovuti al fatto che le divinità rispecchiano l'uomo, sono ad immagine e somiglianza degli stessi limiti e difetti dell'uomo. La storia delle religioni attesta che in molti casi l'uomo si è fatto, si è immaginato e costruito divinità a propria immagine e somiglianza. Al contrario la Bibbia, fin dal libro della Genesi, ci ricorda che è Dio ad aver fatto l'uomo a propria immagine e somiglianza e che chiama l'uomo a condividere la sua vita, donandogli anche la capacità e la forza per realizzare tale obiettivo.

■ Il rischio di far nascere e accrescere tali negatività è ancora maggiore se si considera che l'uomo è peccatore, e vive sotto l'influsso del peccato personale e del mondo, e del «principe del male»: il diavolo.

■ A causa di tali negatività, «non si devono vedere automaticamente, in tutte le religioni, vie di Dio verso l'uomo e dell'uomo verso Dio» (Card. RATZINGER).

Nei confronti del positivo e del negativo presente nelle religioni non cristiane, cosa fa la Chiesa Cattolica?

■ La Chiesa Cattolica:

• rispetta e 'assume' tutto ciò che di buono e di positivo c'è nelle diverse religioni;

• nello stesso tempo individua-purifica-libera, alla luce del Vangelo, dalle scorie e da elementi spurii, ciò che viene assunto, denunciando francamente quanto c'è di disvalore, di disumanizzante, di non-evangelico in esso;

• coltiva un dialogo sereno e sincero con tutte le religioni, non solo su ciò che le unisce ma anche sulle differenze: «Nel nostro tentativo di scoprire i punti di comunanza, forse abbiamo evitato la responsabilità di discutere le nostre differenze con calma e chiarezza (...). Il più importante obiettivo del dialogo interreligioso richiede una chiara esposizione delle nostre rispettive dottrine religiose» (BENEDETTO XVI, *Discorso ai rappresentanti di varie religioni*, Washington, 18 aprile 2008). Il vero dialogo interreligioso, comporta pertanto:

– non solo interessarsi ai punti comuni

– ma presentare anche le rispettive differenze, e questo non ai fini di un'opposizione reciproca, ma di una feconda crescita di tutti

– non solo proclamare la verità, ma anche denunciare gli errori;

• afferma l'assoluta novità e originalità della Fede cristiana, che consiste nel fatto che nel cristianesimo non è l'uomo che si accosta a Dio, ma è Dio che si avvicina all'uomo, e che soprattutto si fa uomo in Gesù Cristo, il quale, proprio con la sua Morte in croce e la sua Risurrezione, vuole salvare ogni uomo, donandogli lo Spirito Santo che fa dell'uomo il figlio di Dio.

■ In tal senso la Fede cristiana non dice che gli uomini si riconciliano con Dio, ma che « Dio in Cristo ha riconciliato a sè il mondo » (*2 Cor* 5, 19).

È dunque legittimo sostenere che lo Spirito Santo opera la salvezza nei non cristiani anche mediante quegli elementi di verità e di bontà presenti nelle varie religioni; ma è del tutto erroneo e contrario alla dottrina cattolica « ritenere queste religioni, considerate come tali, vie di salvezza, anche perché in esse sono presenti lacune, insufficienze ed errori, che riguardano le verità fondamentali su Dio, l'uomo e il mondo » (Congregazione per la Dottrina della Fede, Notificazione a proposito del libro di J. Dupuis: « *Verso una teologia cristiana del pluralismo religioso* », 8).

Che cosa fare per favorire il dialogo interreligioso fra le varie religioni?

■ Varie e complementari sono le iniziative che possono essere attuate a questo riguardo:

• « Aprire i nostri cuori al perdono reciproco ed alla riconciliazione per una convivenza pacifica e fruttuosa;

• riconoscere, come base di una cultura del dialogo, ciò che abbiamo in comune e ciò che ci differenzia;

• riconoscere e rispettare la dignità e i diritti di ogni essere umano, senza nessuna distinzione basata sull'appartenenza etnica o religiosa;

• necessità di promulgare leggi giuste che garantiscano l'uguaglianza fondamentale fra tutti;

• importanza della formazione al rispetto, al dialogo e alla fratellanza nei vari spazi educativi: a casa, a scuola, nelle chiese e nelle moschee. In tal modo saremo in grado di contrastare la violenza tra fedeli di religioni diverse e promuovere la pace e l'armonia tra le varie comunità religiose.

■ L'insegnamento dei capi religiosi, ma anche i testi scolastici che siano attenti a presentare le religioni in maniera oggettiva, rivestono, come l'insegnamento nel suo insieme, un'importanza decisiva nell'educazione e nella formazione dei giovani» (PONTIFICIO CONSIGLIO PER IL DIALOGO INTERRELIGIOSO, *Cristiani e Musulmani:insieme per vincere la violenza tra fedeli di religioni diverse,* 27-8-2010).

Come si potrebbe sintetizzare quanto sopra detto?

Le religioni non-cristiane e le tradizioni religiose in generale:

■ Che cosa esprimono?
- L'inquietudine del cuore umano;
- l'anelito verso l'Assoluto;
- la risposta ai grandi interrogativi dell'esistenza.

■ Che rapporto hanno con il cristianesimo?

• Sono vie verso la Verità;

• contengono i *semina Verbi* (germi del Verbo di Dio: Gesù Cristo).

■ Sono avvolte:

• dalla paternità misteriosa di Dio Padre verso tutti;

• dall'efficacia universale di Cristo, Salvatore unico e definitivo;

• dalla presenza attiva dello Spirito Santo, che riempie tutto e tutti.

■ Il positivo religioso presente in esse:

• procede da Dio;

• è dono di Cristo, raggio e riflesso della sua verità;

• fa parte di quanto opera lo Spirito nel cuore degli uomini e nella storia dei popoli, nelle culture e nelle religioni;

• può assumere un ruolo di preparazione evangelica, in quanto occasione o pedagogia in cui i cuori degli uomini sono stimolati ad aprirsi all'azione di Dio.

■ Per questo, tale positivo, presente nelle altre religioni, va da parte dei cristiani:

• conosciuto;

• rispettato;

• valorizzato.

■ E tuttavia tale positivo è:

• in attesa di purificazione / compimento / pienezza in Cristo;

- in situazione oggettiva deficitaria;
- mescolato a negatività;
- non efficace *ex opere operato* (l'azione, il segno non realizza, per se stesso e da se stesso, quanto significa).

Quali sono le principali caratteristiche della Chiesa Cattolica?

■ La Chiesa Cattolica:

- annuncia e comunica Cristo che è l'unico Salvatore di tutti;
- afferma che:

■ «Cristo ha costituito sulla terra un'unica Chiesa e l'ha istituita come comunità visibile e spirituale, che fin dalla sua origine e nel corso della storia sempre esiste ed esisterà, e nella quale soltanto sono rimasti e rimarranno tutti gli elementi da Cristo stesso istituiti. Questa è l'unica Chiesa di Cristo, che nel Simbolo professiamo una, santa, cattolica e apostolica. Questa Chiesa, in questo mondo costituita e organizzata come società, *sussiste* nella Chiesa cattolica, governata dal Successore di Pietro e dai Vescovi in comunione con lui. Nella *LG* (n.8) la sussistenza è la perenne continuità storica e la permanenza di tutti gli elementi istituiti da Cristo nella Chiesa cattolica, nella quale si trova la Chiesa di Cristo su questa terra;

■ la Chiesa di Cristo è presente e operante nelle Chiese e nelle Comunità ecclesiali non ancora in piena comunione con la Chiesa Cattolica grazie agli elementi di santificazione e di verità che sono presenti in esse;

- la parola *sussiste* può essere attribuita esclusivamente alla sola Chiesa cattolica, poiché si riferisce appunto alla nota dell'unità professata nei simboli della Fede (Credo...la Chiesa "una"); e questa Chiesa *una* sussiste nella Chiesa cattolica» (CDF, *Risposte a quesiti*, n. 2, 29 giugno 2007);
- le comunità ecclesiali che, «specialmente a causa della mancanza di sacerdozio ministeriale, non hanno conservato la genuina e integra sostanza del mistero eucaristico» (*Unitatis redintegratio*, 22.3) non possono essere chiamate «Chiese» in senso proprio;

• offre all'uomo, di ogni tempo, età, cultura, nazione... la possibilità di realizzare pienamente e autenticamente quella pienezza di verità e di felicità alla quale aspira senza posa;

• è segno e strumento di salvezza per tutti gli uomini. «Deve essere fermamente creduto che "la Chiesa pellegrina è necessaria alla salvezza. Infatti solo Cristo è mediatore e la via della salvezza; egli si rende presente a noi nel suo Corpo che è la Chiesa" (*LG* 14)» (CDF, *Dominus Iesus*, 20). La Chiesa è «sacramento universale di salvezza» (*LG* 48). Pertanto anche i seguaci delle altre religioni sono ordinati alla Chiesa cattolica e sono tutti chiamati a far parte di essa, in quanto al di fuori della sua compagine si trovano «numerosi elementi di santificazione e di verità», «che in quanto doni propri della Chiesa di Cristo spingono all'unità cattolica» (*LG* 8).

■ La Fede cristiana ha pertanto in se stessa un oggettivo «*di più*» rispetto alle altre religioni (anche se purtroppo i cristiani non sempre rispecchiano, nel loro pensare e agire, questo *'di più'*, rendendo in tal modo giustificata l'affermazione: «ammiro il cristianesimo, ma non i cristiani').

■ La religione cristiana non può perciò essere collocata sullo stesso piano delle altre religioni, a tal punto che 'una religione vale l'altra'. Ciò costituirebbe tra l'altro un'offesa alle varie religioni per quanto di specifico e differenziante ciascuna ha, e soprattutto recherebbe una grave offesa a Gesù Cristo, rendendo inutili:

- la volontà di Dio, suo e nostro Padre, che «vuole che tutti gli uomini siano salvati e arrivino alla conoscenza della verità» (*1 Tim* 2,4);
- la sua venuta tra noi, realizzata perché «tutti abbiano la vita e l'abbiano in abbondanza» (*Gv* 10,10);
- la sua Morte-Risurrezione, che ha un'efficacia salvifica universale;
- il suo comando: «Andate in tutto il mondo e predicate il Vangelo ad ogni creatura. Chi crederà e sarà battezzato sarà salvo, ma chi non crederà sarà condannato» (*Mc* 16, 15-16).

Come si salvano quelli che appartengono alle religioni non cristiane?

«Quelli che senza colpa ignorano il Vangelo di Cristo e la sua Chiesa, e tuttavia cercano sinceramente Dio, e sotto l'influsso della grazia si sforzano di compiere con le opere la volontà di Dio, conosciuta attraverso il dettame della coscienza, possono conseguire la salvezza eterna» (*LG* 16).

Quelli che si salvano, si salvano sempre grazie a Cristo e alla sua Chiesa?

Certamente, anche se non lo sanno.

Infatti ogni salvezza viene da Cristo-Capo, unico Salvatore, per mezzo della Chiesa che è il suo Corpo. È compito dunque della Chiesa di annunciare a tutto il mondo che Gesù Cristo che è l'unico Salvatore di tutti.

Perché Gesù Cristo è l'unico Salvatore?

■ In quanto:

• per volontà di Dio Padre, «in nessun altro c'è salvezza; non vi è altro nome dato agli uomini sotto il Cielo nel quale sia stabilito che possiamo essere salvati» (*At* 4,12);

• nessuno può conoscere, entrare in comunione con Dio-Trinità se non per mezzo di Gesù Cristo (cfr. *Gv* 16,6);

• Dio ha detto e ha donato tutto se stesso nel suo Figlio Unigenito Gesù Cristo. Per questo non c'è da aspettare nessuna altra nuova rivelazione o dono: sarebbe un'offesa nei riguardi di Cristo;

• Cristo è il pieno e definitivo Rivelatore del Padre e Salvatore degli uomini: è il Mediatore e l'unica Via della salvezza;

• Egli è Colui che, in quanto Figlio Unigenito di Dio Padre, può dare compimento alla fame e sete di Verità e Felicità del cuore dell'uomo.

■ Gesù Cristo è « irradiazione della gloria » dell'unico Dio Padre. Egli è il Figlio in senso pieno di Dio Padre ed è, quindi, Colui che ci fa conoscere perfettamente Dio, lo rende presente in mezzo all'umanità. Egli è Luce e Vita, come proclama San Giovanni, nel prologo del suo Vangelo: « In Lui era la vita e la vita era la luce degli uomini » (*Gv* 1,4).

NB: Per approfondire l'argomento, si leggano (oltre alla scheda: «*Perché è necessario annunciare Gesù Cristo?*») i seguenti documenti pontifici:

CONCILIO VATICANO II:
- *Lumen gentium* (*LG*);
- *Ad gentes* (*AG*);
- *Nostra aetate* (*NA*);
- *Optatam totius* (*OT*);

GIOVANNI PAOLO II, *Redemptoris missio*, 1991;

CONGREGAZIONE PER LA DOTTRINA DELLA FEDE (CDF):
- *Mysterium ecclesiae*, 1973;
- *Dominus Iesus*, 2000;
- *Risposte a quesiti riguardanti alcuni aspetti circa la dottrina sulla Chiesa*, 29 giugno 2007;

CATECHISMO DELLA CHIESA CATTOLICA (*CCC*), nn. 836-856;
Compendio del CCC, nn. 168-173.

X

SONO AD IMMAGINE DI DIO: CHE COSA SIGNIFICA E COMPORTA?

Dove si fonda l'affermazione che «sono creato ad immagine di Dio (Imago Dei)»?

Si fonda sulla Bibbia. Proprio nelle prime sue pagine infatti leggiamo: «Dio creò l'uomo a sua immagine; a immagine di Dio lo creò; maschio e femmina li creò» (*Gn* 1,27).

Quando l'uomo inizia ad essere immagine di Dio?

Inizia dal primo momento della sua fecondazione. Tale dignità è dunque presente in ogni fase della vita umana, la quale è un bene inalienabile e indisponibile. La Chiesa annuncia questa verità non soltanto con l'autorità del Vangelo, ma anche con la forza derivante dalla ragione, e proprio per questo sente il dovere di fare appello ad ogni uomo di buona volontà, nella certezza che l'accoglienza di questa verità non può che giovare ai singoli ed alla società.

Da dove viene all'uomo l'essere immagine di Dio?

■ Viene da Dio. È Dio stesso che fa questo dono speciale all'uomo. L'uomo lo riceve gratuitamente. Non è dunque una conquista umana o un'opera dell'uomo.

■ All'uomo spetta:

• riconoscere tale dono;

• ringraziare il Donatore, Dio;

• manifestare e far crescere nella sua vita i frutti di tale dono;

• testimoniare con coraggio, nel proprio agire quotidiano, l'essere a immagine di Dio.

Che cosa significa: Dio ci ha creati a sua immagine*?*

■ «Dire che Dio ci ha creati a sua immagine, significa che:

• Egli ha voluto che ciascuno di noi manifesti un aspetto del suo splendore infinito;

• Egli ha un progetto su ciascuno di noi;

• ciascuno di noi è destinato a entrare, per un itinerario che gli è proprio, nell'eternità beata. Immagine di Dio la creatura è quindi proprio per il fatto che partecipa dell'immortalità, non per sua natura, ma come dono del Creatore.

L'orientamento alla vita eterna è ciò che fa diventare l'uomo il corrispondente creato di Dio.

■ La dignità dell'uomo non è qualcosa che si impone ai nostri occhi, non è misurabile né qualificabile, essa sfugge ai parametri della ragione scientifica o tecnica; ma la nostra civiltà, il nostro umanesimo, non hanno fatto progressi se non nella misura in cui questa dignità è stata più universalmente e più pienamente riconosciuta a sempre più persone» (Card.

JOSEPH RATZINGER, *Discorso al Pontificio Consiglio per la Pastorale della Salute*, 28 novembre 1996).

■ « Se dici: Fammi vedere il tuo Dio, io ti dirò: Fammi vedere l'uomo che è in te, e io ti mostrerò il mio Dio » (San TEOFILO di Antiochia, *Libro ad Autolico*).

In che senso l'uomo è creato a «immagine di Dio»?

■ « L'uomo è creato a immagine di Dio nel senso che è capace di conoscere e di amare, nella libertà, il proprio Creatore. È la sola creatura, su questa terra, che Dio ha voluto per se stessa e che ha chiamato a condividere, nella conoscenza e nell'amore, la sua vita divina. Egli, in quanto creato a immagine di Dio, ha la dignità di persona: non è qualcosa, ma qualcuno, capace di conoscersi, di donarsi liberamente e di entrare in comunione con Dio e con le altre persone » (*Compendio* del *CCC*, n. 66).

■ « Volendo specificare, l'uomo è *immagine* di Dio a causa di almeno sei caratteristiche:

1. la razionalità, cioè la capacità e l'obbligo di conoscere e di comprendere il mondo creato;
2. la libertà, che implica la capacità e il dovere di decidere e la responsabilità per le decisioni prese (cfr. *Gn* 2);
3. una posizione di guida, però in nessun modo assoluta, bensì sotto il dominio di Dio;

4. la capacità di agire in conformità con colui di cui la persona umana è l'immagine, o di imitare Dio;

5. la dignità di essere una persona, un essere 'relazionale', capace di avere rapporti personali con Dio e con gli altri esseri umani (cfr. *Gn* 2);

6. la santità della vita umana» (PONTIFICIA COMMISSIONE BIBLICA, *Bibbia e morale*, LEV, 2008, pp. 17-18).

■ «La prova più forte che siamo fatti ad immagine della Trinità è questa: solo l'amore ci rende felici, perché viviamo per amare ed essere amati (...). Usando un'analogia suggerita dalla biologia, diremmo che l'essere umano porta nel proprio *genoma* la traccia profonda della Trinità, di Dio-Amore» (BENEDETTO XVI, *Angelus*, 7-6-09).

Quali dimensioni della persona coinvolge l'essere creato ad immagine di Dio?

■ Coinvolge tutto l'uomo e ogni uomo

■ In particolare:
- la sua dignità;
- la sua unità di corpo e anima;
- il suo essere uomo o donna;
- la sua relazione con Dio, con se stesso, con le altre persone, con il mondo.

■ È pertanto l'uomo nella sua interezza ad essere creato a immagine di Dio. «La creatura senza il

Creatore svanisce» (GS 36). La Bibbia presenta una visione dell'essere umano nella quale la dimensione spirituale è vista insieme alla dimensione fisica, sociale e storica dell'uomo.

In che modo l'essere ad immagine di Dio coinvolge la dignità dell'uomo?

■ Coinvolge la sua dignità in quanto ne costituisce il fondamento.

L'uomo, proprio nel suo essere creato ad immagine di Dio, trova il fondamento ultimo della propria dignità.

■ La dignità dell'uomo infatti:

• non si identifica con i geni del suo DNA;

• non dipende dal suo avere o dalla sua capacità di fare, tanto meno dalla sua appartenenza a una razza o cultura o nazione;

• non diminuisce a causa dell'eventuale presenza di diversità fisiche o di difetti genetici.

■ Il fondamento dell'autentica e piena dignità, insita in ogni uomo, sta nel suo essere creato ad immagine e somiglianza di Dio. «La dignità della persona umana si radica nella creazione ad immagine e somiglianza di Dio. Dotata di un'anima spirituale e immortale, d'intelligenza e di libera volontà la persona umana è ordinata a Dio e chiamata, con la sua anima e il suo corpo, alla beatitudine eterna» (*Compendio* del *CCC*, n. 358).

■ Tale dignità così fondata, distingue l'uomo essenzialmente da tutti gli altri esseri creati (per questo si parla di differenza ontologica – sul piano dell'essere e non solo sul piano funzionale dell'agire – tra gli esseri umani e il resto del mondo). La Bibbia evidenzia questa differenza già nelle prime pagine, allorquando afferma che Dio, dopo aver creato le cose di questo mondo, dice: « E Dio vide che era cosa buona » (*Gn* 1,26), ma, dopo aver creato l'uomo, esclama: « Dio vide quanto aveva fatto, ed ecco, era cosa molto buona » (*Gn* 1,31).

Nell'uomo, in che rapporto sta l'essere immagine di Dio con la sua comunione con Dio?

■ L'essere creato a immagine di Dio è il fondamento dell'orientamento dell'uomo verso Dio. È proprio su questa somiglianza radicale al Dio Uno e Trino che si fonda la possibilità della comunione dell'uomo con la Santissima Trinità.

Così ha voluto Dio stesso. Il Dio Uno e Trino ha voluto infatti condividere la sua comunione trinitaria con persone create a sua immagine. Anzi, è per questa comunione trinitaria che l'uomo è stato creato a immagine di Dio. Fine dell'uomo è pertanto conoscere, amare e servire Lui in questa vita e goderLo poi nell'altra vita, e amare il prossimo come Dio lo ama.

■ « Creato a immagine di Dio, l'uomo esprime la verità del suo rapporto con Dio Creatore anche mediante la bellezza delle proprie opere artistiche» (*CCC*, 2501).

Anche il corpo partecipa di tale immagine di Dio?

■ Sì, il corpo stesso, come parte intrinseca della persona, partecipa alla sua creazione a immagine di Dio.

■ Nella Fede cristiana:

- è l'anima ad essere creata ad immagine di Dio;
- ma, poiché l'anima è la *forma substantialis* del corpo, la persona umana nel suo insieme è portatrice dell'immagine divina in una dimensione tanto spirituale quanto corporea;
- l'uomo non ha il suo corpo, ma è anche il suo corpo;
- è escluso quindi il dualismo corpo-anima;
- l'uomo è considerato nella sua interezza, nella sua unità: è spirito incarnato, cioè anima che si esprime nel corpo e corpo informato da uno spirito immortale;
- la corporeità è quindi essenziale all'identità personale;
- l'affermazione della risurrezione del corpo, alla fine del mondo, fa comprendere come l'uomo esista anche nell'eternità, dopo la morte, come persona fisica e spirituale completa.

■ La Fede cristiana afferma pertanto chiaramente l'unità dell'uomo e comprende la corporeità come essenziale all'identità personale sia in questa vita che nell'altra.

Perché l'immagine di Dio si manifesta anche nella differenza dei sessi?

■ Perché l'essere umano esiste soltanto come maschile o femminile, e questa differenza sessuale, lungi dall'essere un aspetto accidentale o secondario della personalità, è un elemento costitutivo dell'identità personale. Dunque anche la dimensione sessuale appartiene all'essere immagine di Dio. Uomo e donna sono ugualmente creati a immagine di Dio, anche se ciascuno lo è in maniera propria e peculiare. Per questo la Fede cristiana parla di reciprocità e complementarietà fra i sessi.

■ Creati a immagine di Dio, gli esseri umani sono chiamati all'amore e alla comunione. Poiché questa vocazione si realizza in modo peculiare nell'unione unitivo-procreativa tra marito e moglie, la differenza tra uomo e donna è un elemento essenziale nella costituzione degli esseri umani fatti a immagine di Dio. « Dio creò l'uomo a sua immagine; a immagine di Dio lo creò; maschio e femmina li creò » (*Gn* 1,27; cfr. *Gn* 5,1-2). Secondo la Scrittura, quindi, l'*Imago Dei* si manifesta, sin dall'inizio, anche nella differenza tra i sessi.

■ « La sessualità esercita un'influenza su tutti gli aspetti della persona umana, nell'unità del suo corpo e della sua anima. Essa concerne particolarmente l'affettività, la capacità di amare e di procreare, e, in modo più generale, l'attitudine a intrecciare rapporti di comunione con altri » (*CCC*, 2332).

■ I ruoli attribuiti all'uno o all'altro sesso possono variare nel tempo e nello spazio, ma l'identità sessuale della persona non è una costruzione culturale o sociale. Appartiene al modo specifico in cui esiste l'*Imago Dei*.

■ Questa specificità sessuale è rafforzata dall'Incarnazione del Verbo. Egli ha assunto la condizione umana nella sua totalità, assumendo un sesso, ma diventando uomo in entrambi i sensi del termine: come membro della comunità umana, e come essere di sesso maschile (cfr. CTI, 34).

■ Inoltre l'incarnazione del Figlio di Dio e la risurrezione dei corpi alla fine dei tempi estendono anche all'eternità l'identità sessuale originaria dell'*Imago Dei*.

Perché l'essere immagine di Dio coinvolge anche il nostro rapporto con le altre persone?

■ Proprio perché Dio è Trinità, comunione cioè di Tre persone nell'unica natura divina, anche la persona, creata ad immagine di Dio, è quindi capace di relazione con le altre persone, è un essere che:

- ha un orientamento fondamentale verso le altre persone;
- è chiamato a formare con loro una comunità.

■ «L'essere umano è pertanto veramente umano nella misura in cui attualizza l'elemento essenzialmente sociale nella sua costituzione, in quanto persona all'interno di gruppi familiari, religiosi, civili, professionali e di altro genere, che insieme formano la società circostante alla quale appartiene» (CTI, 42).

■ Il matrimonio costituisce una forma elevata di comunione tra le persone umane e una delle migliori analogie della vita trinitaria. Anzi «il primo esempio di questa comunione è l'unione procreativa dell'uomo e della donna, che rispecchia la comunione creativa dell'amore trinitario» (CTI, 56). Quando un uomo e una donna uniscono il loro corpo e il loro spirito in un atteggiamento di totale apertura e donazione di sé, formano una nuova immagine di Dio. La loro unione in una sola carne non risponde semplicemente a una necessità biologica, ma all'intenzione del Creatore che li conduce a condividere la felicità di essere fatti a sua immagine (cfr. *CCC*, 2331).

■ L'umanità stessa, nella sua unità originaria (di cui è simbolo Adamo), è fatta a immagine della divina Trinità.

«Tutti gli uomini formano l'unità del genere umano, per la comune origine che hanno da Dio. Dio, inoltre, ha creato «da uno solo tutte le nazioni degli uomini» (*At* 17,26). Tutti, poi, hanno un unico Salvatore e sono chiamati a condividere l'eterna felicità di Dio» (*Compendio* del *CCC*, n. 68).

Come l'essere a immagine di Dio coinvolge anche la nostra relazione verso le cose create?

L'essere creati ad immagine di Dio è il fondamento:

• della nostra relazione alle cose create;

• della nostra superiorità sul mondo visibile: l'uomo è il vertice della creazione visibile, in quanto è l'unico ad essere creato a immagine e somiglianza di Dio;

• della nostra partecipazione al governo divino della creazione.

In che modo l'uomo partecipa della signoria di Dio sul mondo?

■ Il partecipare della signoria di Dio sul mondo significa che l'uomo:

• esercita tale signoria sulla creazione visibile soltanto in virtù del privilegio conferitogli da Dio;

• riconosce in Dio il creatore di tutto, rende lode e grazie a Lui per il dono della creazione, glorificando il nome di Dio;

• non è il signore principale sul mondo. Dio, il creatore del mondo, è il Signore per eccellenza sul mondo. L'uomo è un signore subordinato (signoria ministeriale e subordinata);

• è designato da Dio ad essere come suo collaboratore, usufruttuario, amministratore. L'uomo è chiamato da Dio a esercitare, in nome di Dio stesso, un'amministrazione responsabile sul mondo creato. Tale amministrazione «deve misurarsi con la sollecitudine per la qualità della vita del prossimo, compresa quella delle generazioni future, ed esige un religioso rispetto dell'integrità della creazione» (*CCC*, 2415);

• in quanto amministratore, deve rendere conto della sua gestione, e Dio giudicherà le sue azioni.

■ Tale signoria si attua nel rispetto verso il creato: l'uomo, come immagine di Dio, non è un dominatore sul mondo. L'amministrazione umana del mondo creato è proprio un servizio svolto attraverso la partecipazione al governo divino. «Gli esseri umani svolgono tale servizio acquistando una conoscenza scientifica dell'universo, occupandosi responsabilmente del mondo naturale (inclusi gli animali e l'ambiente) e salvaguardando la loro stessa integrità biologica» (CTI, 61).

■ Lo stesso lavoro umano «proviene immediatamente da persone create a immagine di Dio e chiamate a prolungare, le une con le altre e per le altre, l'opera della creazione» (*CCC*, 2427), collaborando con Dio Creatore.

Qual è il rapporto tra l'essere a immagine di Dio e la legge naturale?

Creando l'uomo a sua immagine, Dio ha posto nell'intimità della coscienza umana una legge, che «la tradizione chiama legge naturale. Tale legge è di origine divina, e la consapevolezza che l'uomo ne ha, è essa stessa partecipazione alla legge divina» (CTI, 60).

La legge naturale è la luce della ragione infusa dal Creatore nel cuore dell'uomo: essa è dunque una legge interiore all'uomo, scolpita nella sua anima e conosciuta con la ragione, che tutti possono conoscere. Di carattere universale, essa precede e unisce tutti i diritti e i doveri essendo un denominatore comune a tutti gli uomini e a tutti i popoli. E il *Compendio* del *CCC* afferma al riguardo: « La legge naturale, iscritta dal Creatore nel cuore di ogni uomo, consiste in una partecipazione alla sapienza e alla bontà di Dio ed esprime il senso morale originario, che permette all'uomo di discernere, per mezzo della ragione, il bene e il male. Essa è universale e immutabile e pone la base dei doveri e dei diritti fondamentali della persona, nonché della comunità umana e della stessa legge civile » (n. 416). Essa « costituisce la vera garanzia offerta ad ognuno per vivere libero e rispettato nella sua dignità di persona, e per sentirsi difeso da qualsivoglia manipolazione ideologica e da ogni sopruso perpetrato in base alla legge del più forte » (BENEDETTO XVI, *Discorso alla CTI*, 5-12-08).

È percepita da tutti tale legge?

« A causa del peccato, la legge naturale non sempre e non da tutti viene percepita con uguale chiarezza e immediatezza » (*Compendio*, 417).

Per questo Dio « ha scritto sulle tavole della Legge quanto gli uomini non riuscivano a leggere nei loro cuori » (SANT'AGOSTINO).

Quali conseguenze ha provocato e provoca il peccato sull'essere dell'uomo a immagine di Dio?

■ Il peccato non distrugge, non annulla l'immagine di Dio nell'uomo. L'uomo è immagine di Dio in quanto uomo. E finché egli è uomo, è un essere umano a immagine di Dio. L'immagine divina è connessa con l'essenza umana in quanto tale, e non è in potere dell'uomo distruggerla completamente.

■ Il peccato, a secondo della sua gravità oggettiva e della responsabilità soggettiva dell'uomo, deturpa l'immagine di Dio nell'uomo, la ferisce, la offusca. E proprio perché il peccato è come una ferita dell'immagine di Dio nell'uomo, ferisce, offusca l'uomo:

- nella sua dignità, provocando una divisione al suo interno tra corpo e spirito, conoscenza e volontà, ragione e emozioni;
- nella sua relazione con Dio, con se stesso, con gli altri, con il creato.

■ Ferito dal peccato, l'uomo è bisognoso di salvezza. E Dio infinitamente buono, gli offre tale salvezza nientemeno che nel Suo Figlio Unigenito Gesù Cristo, il quale libera, risana la ferita dell'uomo mediante la Sua Morte e Risurrezione.

■ Il deturpamento dell'*Imago Dei* da parte del peccato, con le sue inevitabili conseguenze negative sulla vita personale e interpersonale, è pertanto vinto dalla Passione, Morte e Risurrezione di Cristo.

Quale modello ha l'uomo nell'attuare il suo essere a immagine di Dio?

■ Anzitutto l'uomo comprende pienamente se stesso, e soprattutto il suo essere immagine di Dio, solo nella luce di Cristo. « In realtà solamente nel mistero del Verbo incarnato trova vera luce il mistero dell'uomo. Adamo, infatti, il primo uomo era figura di quello futuro e cioè di Cristo Signore. Cristo, che è il nuovo Adamo, proprio rivelando il mistero del Padre e del suo amore, svela anche pienamente l'uomo all'uomo e gli fa noto la sua altissima vocazione » (CONCILIO VATICANO II, *Gaudium et spes*, n. 22).

■ Il mistero dell'uomo si chiarisce pertanto solo alla luce di Cristo, che è immagine perfetta « del Dio invisibile, generato prima di ogni creatura » (*Col* 1,15) e che ci introduce, attraverso lo Spirito Santo, a una partecipazione al mistero di Dio Uno e Trino. « Che cosa significhi essere creati a *Imago Dei* ci viene quindi pienamente svelato soltanto nell'*Imago Christi*» (CTI, 53).

■ « Dio Padre ci chiama ad essere « conformi all'immagine del Figlio suo » (*Rm* 8,29), mediante l'opera dello Spirito Santo, il quale agisce in modo misterioso in tutti gli esseri umani di buona volontà, nelle società e nel cosmo, per trasfigurare e divinizzare gli esseri umani. Inoltre lo Spirito Santo opera attraverso i Sacramenti, in particolare attraverso l'Eucaristia « (CTI, 54).

■ Grazie allo Spirito Santo, «la grazia salvifica della partecipazione al mistero pasquale di Cristo riconfigura l'*Imago Dei* secondo il modello dell'*Imago Christi* [...]. In tal senso l'esistenza quotidiana dell'uomo è definita come uno sforzo di sempre più piena conformazione all'immagine di Cristo, cercando di dedicare la propria vita al combattimento per arrivare alla vittoria finale di Cristo nel mondo» (CTI, 56). Dunque noi diventiamo pienamente immagine di Dio per mezzo della partecipazione alla vita divina in Cristo.

In che modo Cristo è il modello di ogni uomo nel vivere ad immagine di Dio?

Cristo è il modello per l'uomo nel vivere ad immagine di Dio, nel senso che:

■ l'immagine originaria dell'uomo, che a sua volta ripresenta l'immagine di Dio, è Cristo, e l'uomo è creato a partire dalla immagine di Cristo, su sua immagine. La creatura umana è allo stesso tempo progetto preliminare in vista di Cristo, ovvero: Cristo è l'immagine perfetta e fondamentale del Creatore, e Dio forma l'uomo proprio in vista di Lui, del Suo Figlio;

■ le possibilità che Cristo apre all'uomo non significano la soppressione della realtà dell'uomo in quanto creatura, ma la sua trasformazione e realizzazione secondo l'immagine perfetta del Figlio;

- nello stesso tempo, esiste una tensione fra nascondimento e futura manifestazione dell'immagine di Dio: possiamo applicare qui la parola della prima Lettera di Giovanni: « Noi fin d'ora siamo figli di Dio, ma ciò che saremo non è stato ancora rivelato » (*1 Gv* 3,2).

Tutti gli esseri umani già fin d'ora sono immagine di Dio – ad immagine di Cristo, anche se non è ancora manifesto ciò che essi diverranno soprattutto alla fine dei tempi, allorquando il Signore Gesù verrà sulle nubi del cielo, perché Dio « sia tutto in tutti » (*1 Cor* 15,28). L'*Imago Dei* può essere quindi considerata, in un senso reale, ancora in divenire: suo carattere dinamico;

- la nostra conformazione all'immagine di Cristo si compie pertanto perfettamente solo nella nostra risurrezione alla fine dei tempi, nella quale Cristo ci ha preceduto e ha già associato a sé Sua Madre, Maria SS.ma.

In che senso si può anche dire che Dio è a nostra immagine?

In un duplice senso:

« Noi siamo immagine tua, e tu immagine nostra per l'unione che hai stabilito fra te e l'uomo, velando la divinità eterna con la povera nube dell'umanità corrotta di Adamo. Quale il motivo? Certo l'amore » (Santa Caterina da Siena, *Dialogo della Divina Provvidenza,* cap. 13);

- il Figlio di Dio, consostanziale al Padre per la divinità, facendosi uomo, ha assunto la nostra natura umana, è divenuto consostanziale a noi per l'umanità, «simile in tutto a noi, fuorché nel peccato» (*Eb* 4,15).

NB: Per approfondire l'argomento si leggano:

Commissione Teologica Internazionale (abbr. CTI), *Comunione e Servizio*, Libreria Editrice Vaticana, 2005;

Card. Joseph Ratzinger, Conferenza al Pontificio Consiglio per la Pastorale della Salute, sul tema: *«A immagine e somiglianza di Dio: Sempre? Il disagio della mente umana»* (28 novembre 1996);

Catechismo della Chiesa Cattolica (*CCC*), nn. 355-420;

Compendio del CCC, nn. 66-78.

XI
DIRITTI-DOVERI UMANI: QUALI IL LORO FONDAMENTO E LE LORO CARATTERISTICHE?

Quali sono le Convenzioni internazionali dei diritti umani?

Ecco le principali Convenzioni internazionali:

■ *la Dichiarazione Universale dei Diritti dell'Uomo*, proclamata dalle Nazioni Unite il 10 dicembre 1948:

• Giovanni Paolo II l'ha definita « una vera pietra miliare sulla via del progresso morale dell'umanità » (GIOVANNI PAOLO II, *Discorso all'Assemblea Generale delle Nazioni Unite*, 2 ottobre 1979); punto di arrivo, ma anche punto di partenza;

• precursore e ispiratore di tale Dichiarazione, fu un frate domenicano, il filosofo e teologo spagnolo Francisco de Vitoria (1483-1546), il quale contribuì grandemente alla preparazione della *Carta dei diritti degli Indios*: questa aveva lo scopo di salvaguardare i diritti delle genti indigene in occasione della conquista delle Americhe;

• i diritti dell'uomo, proclamati nella suddetta Dichiarazione, sono espressione dell'eminente e inviolabile dignità di ogni persona umana, manifestando la sua vocazione unica e irripetibile, al di là di qualsiasi differenza e ogni possibile discriminazione.

■ la *Dichiarazione dei Diritti del Fanciullo* (1959), in cui si proclama che «il fanciullo, per lo sviluppo armonioso della sua personalità, ha bisogno di amore e di comprensione. Egli deve, per quanto è possibile, crescere sotto le cure e la responsabilità dei genitori»;

■ la *Convenzione sull'eliminazione di ogni discriminazione razziale* (1965), in cui si condanna ogni teoria e pratica razzista e si impegnano gli Stati a lottare contro i pregiudizi che conducono alla discriminazione razziale;

■ il *Patto sui Diritti Economici Sociali e Culturali* (1966), in cui tra l'altro si afferma che «la famiglia è il nucleo naturale e fondamentale della società»; ad essa dev'essere assicurata «la protezione e l'assistenza più ampia che sia possibile, in particolare per la sua costituzione e fin quando essa abbia la responsabilità del mantenimento e dell'educazione dei figli a suo carico» (art. 10).

Quali sono i diritti umani fondamentali?

■ Nella *Dichiarazione Universale dei Diritti Umani* vengono indicati, in particolare, i seguenti:

Tutti gli esseri umani nascono liberi ed uguali (art. 1); hanno diritto alla vita, alla libertà ed alla sicurezza (art. 3); nessun individuo potrà essere tenuto in stato di schiavitù (art. 4); nemmeno potrà essere sottoposto a tortura o a trattamento o a punizione crudele ed inumana (art. 5); ognuno ha diritto al riconoscimento della propria personalità giuridica (art. 6); tutti sono uguali di fronte alla legge (art. 7); nessun individuo potrà essere arbitrariamente arrestato, detenuto o esiliato (art. 9); ogni individuo accusato è presumibilmente innocente sino a che la sua colpevolezza non sia stata provata (art. 11); ognuno ha diritto alla libertà di movimento e di residenza (art. 13), a una cittadinanza (art. 15); uomini e donne hanno eguali diritti riguardo al matrimonio (art. 16); ogni persona ha diritto alla proprietà personale (art. 17), alla libertà di pensiero, di coscienza e di religione (art. 18), di opinione e di espressione (art. 19), alla sicurezza sociale (art. 20); a partecipare al governo del proprio paese (art. 21).

■ GIOVANNI PAOLO II ne ha tracciato un elenco nell'enciclica *Centesimus annus,* ove si afferma che ogni essere umano ha diritto:

- «alla vita, di cui è parte integrante il diritto a crescere sotto il cuore della madre dopo essere stati generati;
- a vivere in una famiglia unita e in un ambiente morale, favorevole allo sviluppo della propria personalità;
- a maturare la propria intelligenza e la propria libertà nella ricerca e nella conoscenza della verità;
- a partecipare al lavoro per valorizzare i beni della terra e a ricavare da esso il sostentamento proprio e dei propri cari;

• a fondare liberamente una famiglia e ad accogliere ed educare i figli, esercitando responsabilmente la propria sessualità;

• alla libertà religiosa, la quale è la fonte e la sintesi di tutti questi diritti» (n. 47), nonché elemento fondante di tutte le libertà, criterio ultimo di salvaguardia delle stesse, garanzia di autentico pluralismo e vera democrazia.

Qual è l'ambito della libertà religiosa?

La libertà religiosa va intesa, promossa e difesa «in tutte le sue dimensioni, inclusa quella rituale, di culto, di educazione, di diffusione di informazioni, come pure la libertà di professare o di scegliere una religione. È perciò inconcepibile che dei credenti debbano sopprimere una parte di se stessi – la loro Fede – per essere cittadini attivi; non dovrebbe mai essere necessario rinnegare Dio per poter godere dei propri diritti (...). Non si può limitare la piena garanzia della libertà religiosa al libero esercizio del culto; al contrario, deve esser tenuta in giusta considerazione la dimensione pubblica della religione e quindi la possibilità dei credenti di fare la loro parte nella costruzione dell'ordine sociale (...). Il diritto di libertà religiosa, compreso come espressione di una dimensione che è al tempo stesso individuale e comunitaria, (...) manifesta l'unità della persona, pur distinguendo chiaramente fra la dimensione di cittadino e quella di credente» (BENEDETTO XVI,

Discorso all'Assemblea Generale delle Nazioni Unite, 18 aprile 2008).

Qual è il fondamento dei diritti umani?

■ I diritti umani non hanno il loro fondamento:

• Nella pura volontà degli esseri umani: volontà che è mutevole nella stessa persona e si differenzia da persona a persona. Quand'anche poi le volontà umane trovassero un accordo su un terreno comune, su un sostrato etico condiviso, questo risulterebbe minimale nei contenuti, incerto nelle sue applicazioni e debole nei suoi effetti;

• nella realtà e nelle leggi dello Stato: « L'affidare in maniera esclusiva ai singoli Stati, con le loro leggi ed istituzioni, la responsabilità ultima di venire incontro alle aspirazioni di persone, comunità e popoli interi può talvolta avere delle conseguenze che escludono la possibilità di un ordine sociale rispettoso della dignità e dei diritti della persona » (BENEDETTO XVI, *Discorso all'Assemblea Generale delle Nazioni Unite*, 18 aprile 2008);

• nei poteri pubblici: « Quando vengono presentati semplicemente in termini di legalità, i diritti rischiano di diventare deboli proposizioni staccate dalla dimensione etica e razionale, che è il loro fondamento e scopo » (*op.cit*).

■ La fonte ultima dei diritti umani sta nella dignità trascendente della persona umana, in quanto creata ad immagine di Dio, e quindi in ultima analisi, nel Dio suo Creatore. Se si prescinde da questa solida base etica, i diritti umani rimangono fragili perché privi di solido fondamento.

La persona infatti, essendo creata a immagine e somiglianza di Dio, è:

- il punto più alto del disegno creatore di Dio per il mondo e per la storia, il vertice della creazione visibile;
- « la sola creatura, su questa terra, che Dio ha voluto per se stessa e che ha chiamato a condividere, nella conoscenza e nell'amore, la sua vita divina (...): non è qualcosa, ma qualcuno, capace di conoscersi, di donarsi liberamente e di entrare in comunione con Dio e con le altre persone » (*Compendio* del *CCC*, 66);
- il soggetto, il fondamento e l'obiettivo di tali diritti;
- al cuore delle istituzioni, delle leggi e degli interventi della società.

« In senso stretto, questi diritti umani non sono verità di fede, sebbene si possano scoprire, e di fatto acquistano piena luce, nel messaggio di Cristo che « rivela l'uomo all'uomo stesso » (*Gaudium et spes*, n. 22). Essi ricevono ulteriore conferma dalla fede. Tuttavia non si può negare che, vivendo e agendo nel mondo fisico come esseri spirituali, uomini e donne constatano la presenza pervasiva di un *logos* che permette loro di distinguere non solo fra vero e falso, ma anche fra buono e cattivo, migliore e peggiore, giustizia e ingiustizia» (BENEDETTO XVI, *Discorso alla Pontificia Accademia delle Scienze Sociali*, 4 maggio 2009).

■ «Tali diritti sono basati sulla legge naturale iscritta nel cuore dell'uomo e presente nelle diverse culture e civiltà. Rimuovere i diritti umani da questo contesto significherebbe restringere il loro ambito e cedere ad una concezione relativistica, secondo la quale il significato e l'interpretazione dei diritti potrebbero variare e la loro universalità verrebbe negata in nome di contesti culturali, politici, sociali e persino religiosi differenti» (BENEDETTO XVI, *Discorso all'Assemblea Generale delle Nazioni Unite*, 18 aprile 2008).

Che cos'è la legge naturale?

«La legge naturale, iscritta dal Creatore nel cuore di ogni uomo, consiste in una partecipazione alla sapienza e alla bontà di Dio ed esprime il senso morale originario, che permette all'uomo di discernere, per mezzo della ragione, il bene e il male. Essa è universale e immutabile e pone la base dei doveri e dei diritti fondamentali della persona, nonché della comunità umana e della stessa legge civile» (*Compendio* del *CCC*, 416).

«La legge naturale altro non è che la luce dell'intelligenza infusa in noi da Dio. Grazie ad essa conosciamo ciò che si deve compiere e ciò che si deve evitare. Questa luce o questa legge Dio l'ha donata alla creazione e consiste nella partecipazione alla Sua legge eterna, la quale s'identifica con Dio stesso. Questa legge è chiamata naturale perché la ragione che la promulga è propria della natura umana. Essa è universale, si estende a tutti gli uomini in quanto stabilita dalla ragione. Nei suoi precetti principali, la legge divina e naturale è esposta nel Decalogo ed indica le norme prime ed essenziali che regolano la vita morale. Essa ha come perno l'aspirazione e la sottomissione a Dio, fonte e giudice di ogni bene, e altresì il senso dell'altro come uguale a noi stessi. La legge naturale esprime la dignità della persona e pone la base dei suoi diritti e dei suoi doveri fondamentali» (CDS, 140).

La legge naturale non è altro che una partecipazione alla legge eterna: «*Unde... lex universalis nihil aliud est quam participatio legis aeternae in rationali creatura*» (San Tommaso D'Aquino, *ST* I-II, 91, 2).

Quali caratteristiche hanno i diritti umani?

Tali diritti sono:

- «**Universali**, perché sono presenti in tutti gli esseri umani, senza eccezione alcuna di tempo, di luogo e di soggetti;
- **Inviolabili**, in quanto inerenti alla persona umana e alla sua dignità e perché sarebbe vano proclamare i diritti, se al tempo stesso non si compisse ogni sforzo affinché sia doverosamente assicurato il loro rispetto da parte di tutti, ovunque e nei confronti di chiunque;

© Sacro Speco - SUBIACO (RM)
S. Scolastica - Scuola Umbra - sec. XV

■ **Inalienabili**, in quanto nessuno può legittimamente privare di questi diritti un suo simile, chiunque egli sia, perché ciò significherebbe fare violenza alla sua natura» (CDS,153);

■ **Indivisibili**: Essi sono un tutt'uno, come un unico diritto, «*simul stabunt, simul cadent*»; ognuno rispecchia gli altri, è complementare e insostituibile. «Essi formano un insieme unitario, orientato decisamente alla promozione di ogni aspetto del bene della persona e della società (...). La promozione integrale di tutte le categorie dei diritti umani è la vera garanzia del pieno rispetto di ogni singolo diritto» (GIOVANNI PAOLO II, *Messaggio per la Giornata Mondiale della Pace* 1999, 3).

I diritti umani sono connessi alla giustizia?

Certamente. «Dato che i diritti e i conseguenti doveri seguono naturalmente dall'interazione umana, è facile dimenticare che essi sono il frutto di un comune senso della giustizia, basato primariamente sulla solidarietà fra i membri della società e perciò validi per tutti i tempi e per tutti i popoli. Questa intuizione fu espressa sin dal quinto secolo da Agostino di Ippona, uno dei maestri della nostra eredità intellettuale, il quale ebbe a dire riguardo al: Non fare agli altri ciò che non vorresti fosse fatto a te, che tale massima «non può in alcun modo variare a seconda delle diverse comprensioni presenti nel mondo» (*De doctrina christiana*, III, 14). Perciò, i diritti umani debbono esser rispettati quali espressione di giustizia e non semplicemente perché possono essere fatti rispettare mediante la volontà dei legislatori» (BENEDETTO XVI, *Discorso all'Assemblea Generale delle Nazioni Unite*, 18 aprile 2008).

Quale relazione esiste tra diritti e doveri?

■ Esiste una profonda correlazione, una reciproca complementarità, una correlativa responsabilità fra diritti e doveri.

Diritti e doveri sono indissolubilmente congiunti, in primo luogo nella persona umana che ne è il soggetto titolare. Tale legame presenta anche una dimensione sociale: «Nella convivenza umana ogni diritto naturale in una persona comporta un rispettivo dovere in tutte le altre persone: il dovere di riconoscere e rispettare quel diritto (...). Coloro pertanto che, mentre rivendicano i propri diritti, dimenticano o non mettono nel debito rilievo i rispettivi doveri, corrono il pericolo di costruire con una mano e distruggere con l'altra» (Beato GIOVANNI XXIII, *Pacem in terris*,15).

■ Occorre pertanto:

• insistere adeguatamente sui doveri, che derivano dagli stessi diritti. In realtà, è il dovere che stabilisce come i diritti debbano contenersi, perché non si trasformino in arbitrio. Il limite per il diritto viene dal dovere. «Il Gange dei diritti scaturisce dall'Ymalaja dei doveri», affermava GANDI;

• passare da un'epoca in cui si tende a privilegiare i diritti, a una nuova fase storica in cui si tengano nel dovuto conto anche i doveri;

• evitare di camuffare come diritti, le proprie o altrui pretese egoistiche e soggettive, come pure di inventarsi artificialmente un dovere come motivazione di un nuovo diritto: ciò creerebbe una babele di diritti, la quale alla fine si traduce in una prevalenza quasi esclusiva del diritto del più forte.

Esistono i diritti delle Nazioni?

«I diritti delle Nazioni non sono altro che i diritti umani colti a questo specifico livello della vita comunitaria. La Nazione ha un fondamentale diritto all'esistenza; alla propria lingua e cultura, mediante le quali un popolo esprime e promuove la sua sovranità spirituale; a modellare la propria vita secondo le proprie tradizioni, escludendo, naturalmente, ogni violazione dei diritti umani fondamentali e, in particolare, l'oppressione delle minoranze; a costruire il proprio futuro provvedendo alle generazioni più giovani un'appropriata educazione. L'assetto internazionale richiede un equilibrio tra particolarità ed universalità, alla cui realizzazione sono chiamate tutte le Nazioni, per le quali il primo dovere è quello di vivere in atteggiamento di pace, di rispetto e di solidarietà con le altre Nazioni» (CDS, 157).

C'è distanza tra lettera e spirito nei diritti umani?

Esiste purtroppo una distanza tra lettera e spirito dei diritti dell'uomo, ai quali è tributato spesso un rispetto puramente formale. Esiste infatti una stridente contraddizione tra la solenne proclamazione dei diritti dell'uomo e la loro attuazione, applicazione pratica. Tutti possono constatare che esiste una dolorosa realtà di violazioni, di ogni tipo e in numerosissimi luoghi.

A chi spetta difendere e promuovere tali diritti?

« Ogni Stato ha il dovere primario di proteggere la propria popolazione da violazioni gravi e continue dei diritti umani, come pure dalle conseguenze delle crisi umanitarie, provocate sia dalla natura che dall'uomo. Se gli Stati non sono in grado di garantire simile protezione, la comunità internazionale deve intervenire con i mezzi giuridici previsti dalla Carta delle Nazioni Unite e da altri strumenti internazionali. L'azione della comunità internazionale e delle sue istituzioni, supposto il rispetto dei principi che sono alla base dell'ordine internazionale, non deve mai essere interpretata come un'imposizione indesiderata e una limitazione di sovranità. Al contrario, è l'indifferenza o la mancanza di intervento che recano danno reale (...). La promozione dei diritti umani rimane la strategia più efficace per eliminare le disuguaglianze fra Paesi e gruppi sociali, come pure per un aumento della sicurezza » (BENE-

DETTO XVI, *Discorso all'Assemblea Generale delle Nazioni Unite*, 18 aprile 2008).

Qual è il compito della Chiesa nei confronti dei diritti umani?

■ La Chiesa, nella sua missione che è e resta di natura essenzialmente religiosa:

• include la difesa e la promozione dei diritti fondamentali dell'uomo;

• « apprezza assai il dinamismo dei tempi moderni, con il quale tali diritti vengono ovunque promossi » (GS 41);

• s'impegna a rispettare al suo stesso interno la giustizia e i diritti dell'uomo;

• annuncia il fondamento cristiano dei diritti dell'uomo;

• denuncia le violazioni di tali diritti;

• confida soprattutto nell'aiuto del Signore e del Suo Spirito, nel promuovere tali diritti;

• è aperta alla collaborazione con tutte le religioni, con gli uomini di ogni razza e cultura, con tutti gli organismi, governativi e non governativi, a livello nazionale e internazionale, impegnati nel promuovere, difendere tali diritti.

■ « Promuovere la giustizia e la pace, penetrare con la luce e il fermento evangelico tutti i campi dell'esistenza sociale, è sempre stato un costante impegno della Chiesa in nome del mandato che essa ha ricevuto dal Signore» (PAOLO VI, Motu proprio *Iustitiam et Pacem,* 1976).

■ Anche se «un lungo cammino è stato già percorso, ne resta ancora un lungo tratto da completare», perché «centinaia di milioni di nostri fratelli e sorelle vedono tuttora minacciati i loro diritti alla vita, alla libertà, alla sicurezza; non sempre è rispettata l'uguaglianza tra tutti né la dignità di ciascuno, mentre nuove barriere sono innalzate per motivi legati alla razza, alla religione, alle opinioni politiche o ad altre convinzioni» (BENEDETTO XVI, *Discorso nel 60° anniversario della Dichiarazione Universale dei Diritti dell'Uomo,* 10-12-2008).

NB: Per approfondire l'argomento, si leggano i seguenti documenti pontifici:

BEATO GIOVANNI XXIII, Lett. enc. *Pacem in terris*, 1963.

PAOLO VI:

- *Discorso all'Assemblea Generale delle Nazioni Unite*, 4 ottobre 1965;
- *Messaggio alla Conferenza internazionale sui diritti dell'uomo*, 15 aprile 1968;
- Lett. ap. *Octogesima adveniens*, 1971;

CONCILIO VATICANO II:

- Cost. past. *Gaudium et spes;*
- Dich. *Dignitatis humanae*;

• GIOVANNI PAOLO II:

- *Discorso all'Assemblea Generale delle Nazioni Unite:*

– 2 ottobre 1979;
– 5 ottobre 1995;
• *Sollicitudo rei socialis*, 1988;
• *Centesimus annus*, 1991;
• *Veritatis splendor*, 1993;
• *Evangelium vitae*, 1995;

CATECHISMO DELLA CHIESA CATTOLICA, nn. 337-361; 2104-2109;

Compendio del CCC, nn. 62-68; 444;

PONTIFICIO CONSIGLIO PER LA GIUSTIZIA E LA PACE, *Compendio della dottrina sociale della Chiesa* (CDS), 2004;

BENEDETTO XVI, *Discorso all'Assemblea Generale delle Nazioni Unite*, 18 aprile 2008.

XII
COME ESSERE SANTI?

Che cosa significa essere santi?

Significa essere uniti, in Cristo, a Dio, perfetto e Santo.

« Siate dunque perfetti come è perfetto il vostro Padre celeste » (*Mt* 5,48), ci ordina Gesù Cristo, Figlio di Dio. « Sì, ciò che Dio vuole è la vostra santificazione » (*1 Ts* 4,3).

Perché Dio vuole la nostra santità?

Perché Dio ci ha creati « a sua immagine e somiglianza » (*Gen* 1,26), e dunque: « Siate santi, perché Io sono santo » (*Lv* 11,44), ci dice Dio. « Ad immagine del Santo che vi ha chiamati, diventate santi anche voi in tutta la vostra condotta » (*1 Pt* 1,15).

La santità di Dio è il principio, la fonte, il modello di ogni santità.

E per di più nel Battesimo, Egli ci fa partecipi della natura divina, adottandoci come figli suoi. E pertanto vuole che i suoi figli siano santi come è santo Lui.

Siamo tutti chiamati alla santitá cristiana?

« La santità non è un lusso, non è un privilegio per pochi, un traguardo impossibile per un uomo normale; essa, in realtà, è il destino comune di tutti gli uomini chiamati ad essere figli di Dio, la vocazione universale di tutti i battezzati. La santità è offerta a tutti» (Benedetto XVI, *Catechesi del mercoledì*, 20-8-08). Ogni uomo è chiamato alla santità, che «è pienezza della vita cristiana e perfezione della carità, e si attua nell'unione intima con Cristo, e, in lui, con la Santissima Trinità. Il cammino di santificazione del cristiano, dopo essere passato attraverso la Croce, avrà il suo compimento nella Risurrezione finale dei giusti, nella quale Dio sarà tutto in tutte le cose» (*Compendio*, n. 428).

Come è possibile diventare santi?

■ Il cristiano è già santo, in virtù del Battesimo: la santità è inscindibilmente legata alla dignità battesimale di ogni cristiano. Nell'acqua del Battesimo infatti siamo stati «lavati [...], santificati [...], giustificati nel nome del Signore Gesù Cristo e nello Spirito del nostro Dio» (*1 Cor* 6,11); siamo stati fatti veramente figli di Dio e compartecipi della natura divina, e perciò realmente santi.

■ E proprio perché siamo santi sacramentalmente (ontologicamente: sul piano cioè del nostro essere cristiani), è necessario che diventiamo santi anche moralmente, e cioè nel nostro pensare, parlare e agire durante ogni giorno, ogni momento della nostra vita. Ci ammonisce l'Apostolo Paolo a vivere « come si conviene ai santi » (*Ef* 5,3), a rivestirci « come si conviene a eletti di Dio, santi e prediletti, di sentimenti di misericordia, di bontà, di umiltà, di dolcezza e di pazienza » (*Col* 3,12).

Dobbiamo con l'aiuto di Dio, mantenere, manifestare e perfezionare con la nostra vita la santità che abbiamo ricevuto nel Battesimo: *Diventa ciò che sei*, ecco l'impegno di ciascuno.

■ Questo impegno lo si può realizzare, imitando Gesù Cristo: via, verità e vita; modello, autore e perfezionatore di ogni santità. Lui è la via della santità. Siamo dunque sollecitati a seguire il Suo esempio e diventare conformi alla Sua immagine, in tutto obbedienti, come Lui, alla volontà del Padre; ad avere gli stessi sentimenti che furono in Cristo Gesù, il quale « spogliò se stesso, prendendo la natura di un servo [...] facendosi obbediente fino alla morte » (*Fil* 2,7-8), e per noi « da ricco che era si fece povero » (*2 Cor* 8,9).

■ L'imitazione di Cristo, e quindi il diventare santi, sono resi possibili dalla presenza in noi dello Spirito Santo, che è l'anima della multiforme santità della Chiesa e di ogni cristiano. È infatti lo Spirito Santo, che ci muove internamente ad amare Dio con tutto il cuore, con tutta l'anima, con tutta la mente, con tutte le forze (cfr. *Mc* 12,30), e ad amarci a vicenda come Cristo ci ha amato (cfr. *Gv* 13,34).

Quali sono i mezzi per la nostra santificazione?

Il mezzo primo e più necessario è l'Amore, che Dio ha diffuso nei nostri cuori per mezzo dello Spirito Santo, che ci fu dato (cfr. *Rm* 5,5) e con il quale amiamo Dio sopra ogni cosa e il prossimo per amore di Lui. Ma perché l'amore, « come buon seme, cresca e nidifichi, ogni fedele deve ascoltare volentieri la Parola di Dio e con l'aiuto della sua grazia compiere con le opere la sua volontà, partecipare frequentemente ai Sacramenti, soprattutto all'Eucaristia, e alle azioni liturgiche; applicarsi costantemente alla preghiera, all'abnegazione di se stesso, all'attivo servizio dei fratelli e all'esercizio di tutte le virtù. La carità infatti, quale vincolo della perfezione e compimento della legge (cfr. *Col* 3,14; *Rm* 13,10), regola tutti i mezzi di santificazione, dà loro forma e li conduce al loro fine » (*LG* 42).

Ogni fedele è aiutato nel suo cammino di santità dalla grazia sacramentale, donata da Cristo e propria di ciascun Sacramento.

Esistono vari modi e forme di santità?

Certamente. Ognuno può e deve diventare santo secondo i propri doni e uffici, nelle condizioni, nei doveri o circostanze che sono quelle della propria vita.

Le vie della santità sono pertanto molteplici, e adatte alla vocazione di ciascuno. Tanti cristiani, e tra loro molti laici, si sono santificati nelle condizioni più ordinarie della vita.

Perché la Chiesa è santa?

La Chiesa è santa, perché:

- Dio Santissimo è il suo autore;
- in essa è presente Cristo, capo della Chiesa, il quale ha dato se stesso per lei, per santificarla e renderla santificante;
- è animata dallo Spirito Santo, che la vivifica con la Carità e l'arricchisce con i suoi carismi;
- in essa è custodita fedelmente la Parola di Dio;
- si trova in essa la pienezza dei mezzi di salvezza: essa è strumento di santificazione degli uomini mediante l'annuncio della Parola di Dio, la celebrazione dei Sacramenti, l'esercizio della Carità nella ricerca costante del volto di Cristo in ogni fratello. La Chiesa è casa della santità e la Carità di Cristo, effusa dallo Spirito Santo, ne costituisce l'anima;
- la santità è la vocazione di ogni suo membro, la sorgente segreta, la misura infallibile e il fine di ogni sua attività apostolica e del suo slancio missionario;
- la santità della Chiesa è la sorgente della santificazione dei suoi figli. Per questo giustamente la Chiesa è chiamata anche la madre dei santi, colei che genera santità con feconda e magnanima sovrabbondanza;

- essa annovera al suo interno la Vergine Maria: in Lei la Chiesa è già tutta santa. La Chiesa ha già raggiunto nella beatissima Vergine la perfezione che la rende senza macchia e senza ruga;
- nella Chiesa, durante tutti i secoli della sua storia, è fiorita in maniera incredibilmente straordinaria la santità cristiana, sia eroica sia ordinaria, e così si sono avuti innumerevoli Santi;
- ha suscitato, lungo tutta la sua storia, infinite opere di carità.

■ «La santità della Chiesa è favorita in modo speciale dai molteplici consigli (povertà, castità, obbedienza), che il Signore nel Vangelo propone all'osservanza dei suoi discepoli. Tra essi eccelle il prezioso dono della grazia divina, dato dal Padre ad alcuni (cfr. *Mt* 19,11), di consacrarsi, più facilmente e senza divisione del cuore (cfr. *1 Cor* 7,7), a Dio solo, nella verginità o nel celibato. Questa perfetta continenza per il Regno dei Cieli è sempre stata tenuta in singolare onore dalla Chiesa, quale segno e stimolo della carità e speciale sorgente di fecondità spirituale nel mondo» (*LG* 42).

■ La santità della Chiesa è:
- essenziale per la Chiesa;
- la pienezza della vita cristiana, vissuta in rapporto con Dio;
- ciò a cui mira tutto il resto;
- la vera gloria di Dio;

• la prova più efficace della credibilità della Chiesa.

■ La Chiesa è santa sì, ma nello stesso tempo è insieme sempre bisognosa di purificazione. Infatti tutti i suoi membri, qui sulla terra, si riconoscono tutti peccatori, sempre bisognosi di conversione e di purificazione. La Chiesa comprende nel suo seno uomini fragili, che si riconoscono peccatori, e quindi bisognosi di chiedere e di ricevere il perdono da Dio per i propri peccati.

Perciò la Chiesa soffre e fa penitenza per tali peccati, da cui peraltro ha il potere di guarire i suoi figli, con il Sangue di Cristo e il dono dello Spirito.

Perché la Chiesa proclama Santi alcuni suoi figli?

«Canonizzando alcuni fedeli, ossia proclamando solennemente che tali fedeli hanno praticato in modo eroico le virtù e sono vissuti nella fedeltà alla grazia di Dio, la Chiesa riconosce la potenza dello Spirito di santità che è in lei, e sostiene la speranza dei fedeli offrendo loro i Santi quali modelli e intercessori» (*CCC*, 828).

La Chiesa, fin dagli inizi, ha sempre creduto che gli Apostoli e i Martiri siano con noi strettamente uniti in Cristo, li ha celebrati con particolare venerazione insieme con la Beata Vergine Maria e i Santi Angeli, e ha implorato piamente l'aiuto della loro intercessione. E lungo i secoli, ha sempre offerto all'imitazione dei fedeli, alla venerazione e all'invocazione alcuni uomini e donne, insigni per lo splendore della carità e di tutte le altre virtù evangeliche.

Quali obiezioni si muovono contro i Santi?

Qualcuno insinua esservi una strategia espansionistica della Chiesa Cattolica. Per altri, la proposta di nuovi Beati e Santi, così diversificati per categorie, nazionalità e culture, sarebbe solo un'operazione di marketing della santità con scopi di leadership del Papato nella società civile attuale. C'è, infine, chi vede nelle canonizzazioni e nel culto dei santi un residuo anacronistico di trionfalismo religioso, estraneo o persino contrario allo spirito e al dettato del Concilio Vaticano II, che tanto ha evidenziato la vocazione alla santità di tutti i cristiani.

Chi muove tali obiezioni non tiene in debito conto il grande ruolo e la vera importanza dei Santi nella Chiesa.

Chi sono i Santi, per la Chiesa?

■ I Santi sono:

• coloro che contemplano già chiaramente Dio Uno e Trino. Cittadini della Gerusalemme celeste, cantano senza fine la gloria e la misericordia di Dio, essendosi già compiuto in loro il passaggio pasquale da questo mondo al Padre;

• «i colori dello spettro in rapporto alla luce» (così li descriveva lo scrittore francese Jean Guitton), perché con tonalità e accentuazioni proprie ognuno di loro riflette la luce della santità di Dio;

• discepoli insigni del Signore. ORIGENE lo afferma con decisione: «I Santi sono immagine dell'immagine, essendo il Figlio immagine» (*La preghiera*, 22, 4). Sono riflesso della luce di Cristo Risorto. Al pari del volto di un bambino, nel quale i tratti somatici di un genitore sono particolarmente accentuati, in quello del Santo i lineamenti del volto di Cristo hanno trovato una nuova modalità di espressione;

• modelli di vita evangelica, per i quali la Chiesa ha riconosciuto l'eroicità delle loro virtù e quindi li propone alla nostra imitazione. Sono un'attualizzazione del Vangelo nel quotidiano e quindi rappresentano per noi una reale via di accesso a Gesù. Essi «sono sempre stati sorgente e origine di rinnovamento nei momenti più difficili della storia della Chiesa» (GIOVANNI PAOLO II, *Christifideles laici*, 16). «Essi salvano la Chiesa dalla mediocrità, la riformano dal di dentro, la sollecitano ad essere ciò che deve essere la sposa di Cristo senza macchia né ruga» (cfr. *Ef* 5, 27), (GIOVANNI PAOLO II, *Discorso ai giovani di Lucca*, 23 settembre 1989). E il Card. JOSEPH RATZINGER ha giustamente affermato che: «Non sono le maggioranze occasionali che si formano qui o là nella Chiesa a decidere il suo e nostro cammino. Essi, i santi, sono la vera, determinante maggioranza secondo la quale noi ci orientiamo. Ad essa noi ci atteniamo! Essi traducono il divino nell'umano, l'eterno nel tempo »;

• testimoni storici della vocazione universale alla santità. Frutto eminente della redenzione di Cristo, sono prova e documento che Dio, in tutti i tempi e presso tutti i popoli, nelle più svariate condizioni socio-culturali e nei vari stati di vita, chiama i suoi figli a raggiungere la perfetta statura di Cristo (cfr. *Ef* 4,13; *Col* 1,28). Essi mostrano che la santità è accessibile alle moltitudini, anzi ad ogni persona, e che pertanto la santità è imitabile. Con la loro concretezza personale e storica fanno sperimentare che il Vangelo e la vita nuova in Cristo non sono un'utopia o un mero sistema di valori, ma sono « lievito » e « sale » capaci di far vivere la Fede cristiana all'interno e dall'interno delle diverse culture, aree geografiche ed epoche storiche;

• espressione della cattolicità o universalità della Fede cristiana e della Chiesa che quella Fede vive, custodisce e diffonde. I santi, espressione dello stesso Spirito – come dice il Vangelo – che « spira dove vuole », hanno vissuto la stessa Fede. Tale internazionalismo conferma che la santità non ha confini e che essa non è morta nella Chiesa e, anzi, continua ad essere di viva attualità. Il mondo cambia, ma i Santi, pur cambiando essi stessi con il mondo che cambia, ripresentano sempre il medesimo volto vivo di Cristo. Essi fanno risplendere nel mondo un riflesso della luce di Dio, sono i testimoni visibili della santità misteriosa e universale della Chiesa;

- una autentica e costante forma di evangelizzazione e di Magistero. La Chiesa vuole accompagnare la predicazione delle verità e dei valori evangelici con la presentazione di Santi che hanno vissuto quelle verità e quei valori in modo esemplare;
- mentre onorano l'uomo, rendono gloria a Dio, perché « gloria di Dio è l'uomo vivente » (SANT'IRENEO DI LIONE);
- sono un segno della capacità di inculturazione della Fede cristiana e della Chiesa nella vita dei vari popoli e culture;
- intercessori ed amici dei fedeli ancora pellegrini sulla terra, perché i Santi, pur immersi nella beatitudine di Dio, conoscono gli affanni dei loro fratelli e sorelle e accompagnano il loro cammino con la preghiera e il patrocinio;
- innovatori di cultura. I Santi hanno permesso che si creassero dei nuovi modelli culturali, nuove risposte ai problemi e alle grandi sfide dei popoli, nuovi sviluppi di umanità nel cammino della storia. I Santi sono come dei fari: hanno indicato agli uomini le possibilità di cui l'essere umano dispone. Per questo sono interessanti anche culturalmente. Un grande filosofo francese del XX secolo, HENRY BERGSON, ha osservato che « i più grandi personaggi della storia non sono i conquistatori, ma i Santi ».

■ Tutto ciò la Chiesa confessa allorché, riconoscente a Dio Padre, proclama: «Nella vita dei Santi ci offri un esempio, nell'intercessione un aiuto, nella comunione di grazia un vincolo di amore fraterno» (*Prefazio della Messa*).

■ «Visitando un vivaio botanico, si rimane stupefatti dinanzi alla varietà di piante e di fiori, e viene spontaneo pensare alla fantasia del Creatore che ha reso la terra un meraviglioso giardino. Analogo sentimento ci coglie quando consideriamo lo spettacolo della santità: il mondo ci appare come un *giardino*, dove lo Spirito di Dio ha suscitato con mirabile fantasia una moltitudine di santi e sante, di ogni età e condizione sociale, di ogni lingua, popolo e cultura. Ognuno è diverso dall'altro, con la singolarità della propria personalità umana e del proprio carisma spirituale. Tutti però recano impresso il *sigillo* di Gesù (cfr. *Ap* 7, 3), cioè l'impronta del suo amore, testimoniato attraverso la Croce. Sono tutti nella gioia, in una festa senza fine, ma, come Gesù, questo traguardo l'hanno conquistato passando attraverso la fatica e la prova (cfr. *Ap* 7, 14), affrontando ciascuno la propria parte di sacrificio per partecipare alla gloria della risurrezione» (BENEDETTO XVI, *Angelus*, 1-11-08).

Che differenza esiste tra Beati e Santi?

■ Quanto alla certezza che sia gli uni sia gli altri siano in Paradiso, non c'è tra loro alcuna differenza.

■ Quanto alla procedura: normalmente prima un cristiano viene proclamato beato (beatificazione), e poi, successivamente ed eventualmente, viene proclamato santo (canonizzazione).

■ Quanto all'autorità impegnata nel dichiarare uno beato oppure santo: è sempre il Papa che, con un atto specifico pontificio, dichiara uno beato o santo.

■ Quanto al culto:

• le beatificazioni hanno un culto permissivo e non prescrittivo, limitato a una Chiesa (Diocesi) o Congregazione particolare. Senza un permesso della Santa Sede, i beati non possono essere eletti patroni, né essere titolari di una chiesa o cappella, né ad essi si può consacrare un altare, né la loro festa può essere inclusa nel calendario della Diocesi o della Nazione. Possono essere dipinti con aureola, ma non con il diadema proprio dei santi;

• le canonizzazioni hanno un culto esteso a tutta la Chiesa, prescrittivo, con una sentenza definitiva. Ad essi si possono dedicare chiese e altari, possono essere eletti come Patroni, le loro reliquie possono essere venerate in tutte le chiese.

I Beati e i Santi sono troppi?

GIOVANNI PAOLO II ha risposto a tale obiezione in questo modo: « Si dice talora che oggi ci sono troppe beatificazioni. Ma questo, oltre a rispecchiare la realtà, che per grazia di Dio è quella che è, corrisponde anche al desiderio espresso dal Concilio. Il Vangelo si è talmente diffuso nel mondo e il suo messaggio ha messo così profonde radici, che proprio il grande numero di beatificazioni rispecchia vividamente l'azione dello Spirito Santo e la vitalità che da Lui scaturisce nel campo più essenziale per la Chiesa, quello della santità. È stato infatti il Concilio a mettere in particolare rilievo la chiamata universale alla santità » (*Discorso in apertura del Concistoro straordinario in preparazione al Giubileo del 2000*, 13-VI- 1994).

E ancora scrive: « Il più grande omaggio, che tutte le Chiese renderanno a Cristo alla soglia del terzo millennio, sarà la dimostrazione dell'onnipotente presenza del Redentore mediante i frutti di Fede, di speranza e di carità in uomini e donne di tante lingue e razze, che hanno seguito Cristo nelle varie forme della vocazione cristiana » (GIOVANNI PAOLO II, *Tertio millennio adveniente*, 37).

Esiste pertanto tutta una serie di ragioni, che possono essere così sintetizzate:

- i santi li fa Dio e se ci sono i santi la Chiesa non può che riconoscerli e proporli;

• il Concilio Vaticano II ha parlato della vocazione universale alla santità;

• la moltiplicazione delle Chiese locali comporta la moltiplicazione dei modelli di santità;

• la santità è la via più facile all'unità della Chiesa e quindi ha forti implicazioni ecumeniche;

• noi crediamo, ci ricorda il Simbolo apostolico che recitiamo in ogni messa, la «*Ecclesiam unam, sanctam…*».

Come la Chiesa giunge alla canonizzazione?

Il modo di procedere da parte della Chiesa, nelle cause di beatificazione e di canonizzazione, è stato sviluppato nel corso dei tempi da sempre nuove norme alla luce anche del progresso delle discipline storiche, al fine di avere l'agilità del modo di procedere, mantenendo tuttavia ferma la sicurezza delle investigazioni in una questione di tanta gravità e importanza.

Queste sono le varie tappe:

1. Fase diocesana:

■ Chiunque può richiedere al Vescovo della diocesi, dove è morto il Servo di Dio, di avviare una causa di canonizzazione. I Santi e la santità sono riconosciuti, pertanto, come un movimento dal basso verso l'alto. Ancor oggi, è il popolo cristiano stesso infatti che, riconoscendo per intuito della Fede la « fama di santità », segnala i candidati alla canonizzazione al proprio Vescovo, che successivamente invia le prove raccolte al Dicastero della Santa Sede competente, la Congregazione delle Cause dei Santi. Una causa non può essere iniziata se non consta, mediante prove inconfutabili, che il servo di Dio al quale si riferisce la causa in questione è in concetto di santità o di martirio presso una parte consistente dei fedeli.

■ Il Vescovo, su istanza del Postulatore e previo permesso della Santa Sede, avvia il procedimento, non prima, normalmente, di cinque anni dalla morte del fedele. Al Vescovo compete il diritto di raccogliere le prove circa la vita, le virtù o il martirio, i miracoli asseriti, e, se è il caso, l'antico culto del Servo di Dio, del quale viene chiesta la canonizzazione. Per fare questo, il Vescovo ricorre all'aiuto di vari esperti, i quali, dopo aver investigato scritti e documenti, e interrogato testimoni, esprimono un giudizio circa la loro autenticità e il loro valore, come pure circa la personalità del Servo di Dio.

Il Vescovo in particolare deve verificare che:

• questa *fama sanctitatis o de martirio* sia ben fondata, spontanea (non procurata artificiosamente, ad esempio dai mass media), stabile, continua, diffusa tra persone degne di Fede, estesa tra una parte significativa del popolo di Dio;

• le norme vigenti per l'istruzione diocesana di una causa di beatificazione e canonizzazione siano applicate con molta attenzione;

• nella raccolta delle prove nulla venga omesso di quanto in qualunque modo abbia attinenza con la causa, tenendo per certo che il felice esito della causa stessa dipende in gran parte dalla sua buona istruzione.

■ Se il Vescovo ritiene che la causa contiene elementi fondati, allora nomina un Tribunale (Giudice, Promotore di giustizia e Notaio), che interroga i testimoni e riceve da una Commissione storica tutta la documentazione riguardante la vita, le virtù e la fama di santità del Servo di Dio.

2. Fase pontificia:

■ Terminate le indagini a livello diocesano, si trasmettono tutti gli atti in duplice copia alla Santa Sede, e precisamente alla Congregazione dei Santi, che esamina gli atti stessi:

• sotto l'aspetto formale (per verificare se gli atti sono validi e autentici) e;

• sotto l'aspetto di merito (per accertare se le virtù sono provate).

■ Alla fine la suddetta Congregazione pronunzia la sua valutazione sia sulle virtù sia sui miracoli.

Come viene fatto l'esame circa le virtù?

La Congregazione dei Santi procede in questo modo:

- Viene preparata anzitutto la *Positio*, che è l'insieme degli atti processuali e degli atti documentali, la quale dovrà essere sottoposta all'esame dei Consultori esperti specifici della materia, perché esprimano il voto sul suo valore scientifico.

- La *Positio* (con i voti scritti dei Consultori storici e con gli ulteriori chiarimenti del Relatore, se saranno necessari) sarà esaminata dai Consultori teologi, i quali, insieme al *Promotor fidei*, esprimono il loro parere sull'eroicità delle virtù del Servo di Dio e preparano una propria relazione finale, da sottoporre, insieme alla *Positio*, al giudizio dei Cardinali e dei Vescovi, Membri della Congregazione dei Santi.

Come va considerata l'eroicità delle virtù?

Il concetto di eroicità delle virtù non implica, necessariamente, che le azioni compiute dalla persona virtuosa debbano essere eclatanti. «L'eroicità – ha spiegato il Card. José Saraiva Martins, Prefetto della Congregazione dei Santi – può benissimo consistere nel compiere in modo straordinariamente generoso e perfetto i propri doveri quotidiani verso Dio, verso il prossimo e verso se stessi. La vita ordinaria di ogni giorno è il luogo più comune per raggiungere le più alte vette della santità» (*Discorso*, 2003).

Serve anche un miracolo?

Per poter procedere alla beatificazione di un Servo di Dio, l'attuale legislazione canonica richiede anche un miracolo, realizzatosi per intercessione di quel Servo di Dio dopo la sua morte. Per la beatificazione di un Martire non si richiede il miracolo, in quanto lo stesso martirio, subìto per amore di Dio, è un segno non equivoco della vita virtuosa di un Servo di Dio.

Per la canonizzazione invece dei martiri e dei non-martiri occorre un nuovo miracolo, avvenuto dopo la beatificazione.

Perché sono necessari i miracoli?

■ C'è una ragione storica: da sempre la Chiesa ha chiesto dei 'segni' a conferma della vita virtuosa di un cristiano.

■ C'è soprattutto una ragione teologica: i miracoli sono necessari per:

• confermare la dottrina e la Fede del Servo di Dio;

• per garantire il giudizio sull'eroicità delle sue virtù;

• per provare che la vita di un non-martire non sia stata in segreto *laxior* (e cioè meno santa) rispetto a quanto risulta dalle testimonianze.

Come si procede nel caso dei miracoli?

■ Il miracolo, che San Tommaso descrive come «ciò che è fatto da Dio fuori dell'ordine della natura» viene studiato sotto due aspetti:

• *quello scientifico*: per provare che l'evento prodigioso (la guarigione), sulla base delle testimonianze e la documentazione medica, è inspiegabile, e cioè supera le capacità della natura o quanto alla sostanza del fatto o quanto al soggetto, o solo quanto al modo di prodursi;

• *quello teologico*: per verificare se l'evento prodigioso si connota di preternaturalità, cioè se è un vero e proprio miracolo e se esiste un nesso di causalità tra le preghiere al servo di Dio e il fatto prodigioso.

■ Spetta anzitutto al Vescovo, ove è avvenuto l'evento prodigioso, far studiare il miracolo da un Tribunale, che deve raccogliere le prove testimoniali e medico-cliniche.

■ Poi il Vescovo invia gli atti di detto Tribunale alla Congregazione delle Cause dei Santi, la quale li studia sia sotto il profilo procedurale (per accertare la validità di tali atti) sia soprattutto sul merito. A tal fine:

• gli atti vengono prima esaminati da due periti medici individualmente, e poi da un organo collegiale di cinque medici, i quali raccolgono le loro conclusioni (diagnosi, prognosi, terapia, modalità di guarigione inspiegabile da un punto di vista medico...) in una relazione;

• viene quindi preparata una *Positio* (con tutti gli atti diocesani e la relazione dei medici) che viene esaminata dai teologi, i quali emetteranno un parere sulla preternaturalità del fatto;

• infine la stessa *Positio*, la relazione dei medici e i pareri dei teologi vengono sottoposti al giudizio dei Padri (Cardinali e Vescovi) della Congregazione dei Santi, i quali valuteranno se il fatto prodigioso è un miracolo oppure no.

■ Il giudizio dei Padri Cardinali e Vescovi, sia sull'eroicità delle virtù sia sul miracolo, viene riferito, dal Card. Prefetto della Congregazione dei Santi, al Sommo Pontefice, al quale solo compete il diritto di dichiarare, con un solenne atto, che si può procedere alla beatificazione o alla canonizzazione di un cristiano e quindi al culto pubblico ecclesiastico, a lui dovuto.

Quale culto si deve ai Beati e ai Santi?

Ai Beati e ai Santi è dovuto il culto di venerazione, e non di adorazione, essendo questo riservato unicamente a Dio.

Non bisogna dimenticare che scopo ultimo della venerazione dei santi è la gloria di Dio e la santificazione dell'uomo attraverso una vita pienamente conforme alla volontà divina e l'imitazione delle virtù di coloro che furono eminenti discepoli del Signore.

NB: Per approfondire l'argomento, si leggano i seguenti documenti pontifici:

CONCILIO VATICANO II, *Lumen gentium*, Cap. V;

GIOVANNI PAOLO II, Costituzione Apostolica *Divinus perfectionis magister* circa la nuova legislazione per le Cause dei Santi, 1983;

CONGREGAZIONE PER I SANTI:

- *Norme da osservarsi nelle inchieste diocesane nelle Cause dei Santi*, 1983;
- Istruzione *Sanctorum Mater*, 2008;

CATECHISMO DELLA CHIESA CATTOLICA (*CCC*), Terza parte;

Compendio del CCC, Terza parte.

XIII
PERCHÉ BATTEZZO IL MIO BAMBINO?

Che cos'è il Battesimo?

■ Esso è:

- uno dei sette Sacramenti istituiti da Gesù Cristo;
- la fonte di tutta la vita cristiana;
- la porta che apre l'accesso agli altri Sacramenti;
- il fondamento della comunione tra tutti i cristiani.

■ Il rito essenziale del Battesimo consiste nell'immergere nell'acqua il candidato o nel versargli dell'acqua sul capo, mentre si pronuncia l'invocazione della Santissima Trinità, ossia del Padre e del Figlio e dello Spirito Santo.

Quali difficoltà vengono sollevate contro il Battesimo dei bambini (abbrev. BdB)?

Vengono sollevate varie difficoltà, ma non solo da oggi, riguardo al BdB. Esse sono state così egregiamente sintetizzate nell'Istruzione sul Battesimo dei bambini, della CONGREGAZIONE PER LA DOTTRINA DELLA FEDE:

■ «Molti genitori sono angosciati nel vedere i loro figli abbandonare la Fede e la pratica sacramentale, nonostante l'educazione cristiana che si sono sforzati di impartire loro, e alcuni curatori di anime si chiedono se non dovrebbero essere più esigenti prima di battezzare i bambini. Alcuni ritengono preferibile differire il Battesimo dei bambini fino al termine di un catecumenato (preparazione) di maggiore o minore durata; altri invece chiedono che venga riveduta la dottrina sulla necessità del Battesimo – almeno per quanto riguarda i bambini – e auspicano che la celebrazione del Battesimo sia rinviata ad una età nella quale sia possibile un impegno personale, o addirittura alle soglie dell'età adulta» (n. 2).

■ «Il Battesimo dei bambini sarebbe controindicato nelle odierne società pluralistiche, caratterizzate dall'instabilità dei valori e dai conflitti ideologici. In una situazione del genere, dicono, converrebbe differire il Battesimo, finché la personalità del candidato non sia sufficientemente maturata» (n. 23).

■ Il Battesimo dei bambini «...deriverebbe da una pastorale priva di slancio missionario, più preoccupata di amministrare un Sacramento, che di suscitare la Fede e di promuovere l'impegno evangelico. Nel conservarlo, la Chiesa cederebbe alla tentazione del numero e della 'istituzione'; essa incoraggerebbe il mantenimento di una 'concezione magica' dei Sacramenti, mentre il suo vero compito sarebbe di dedicarsi all'attività missionaria, di far maturare la Fede dei cristiani, di promuovere il loro impegno libero e cosciente, ammettendo, di conseguenza delle tappe nella sua pastorale sacramentale» (n. 25).

Quali sono i motivi a favore del BdB?

■ Molteplici sono i motivi che giustificano, tutt'oggi, la prassi di donare il Battesimo ai bambini. Tali motivi:

• sono da considerarsi non isolatamente, ma in modo complementare l'uno rispetto all'altro. In tal modo offrono, quali tasselli di un mosaico, una giustificazione articolata alla dottrina e alla prassi della Chiesa;

• appaiono intimamente connessi ed in profonda sintonia sia con contenuti fondamentali della Fede cristiana, sia con dimensioni (valori) essenziali della persona umana.

■ I principali motivi sono:

• la prassi antica della Chiesa;
• l'iniziativa gratuita di Dio;
• l'importanza della santità;
• la Fede come nascita-vita nuova (con le sue caratteristiche liberante e comunitaria);
• la dignità del bambino;
• il ruolo dei genitori;
• la missione della Chiesa.

La prassi di dare il Battesimo ai bambini è recente o antica?

■ Nella Chiesa è antica la prassi del Battesimo sia degli adulti sia dei bambini.

■ Il Battesimo donato ai bambini costituisce una prassi immemorabile sia in Oriente sia in Occidente:

• Origéne, e più tardi S. Agostino, la ritenevano una « tradizione ricevuta dagli Apostoli ».

• Il più antico rituale conosciuto, quello che all'inizio del II sec. descrive la Tradizione apostolica, afferma: « Battezzate in primo luogo i bambini: tutti coloro che possono parlare da soli, parlino per coloro invece che non possono parlare da soli, parlino i genitori o qualcuno della loro famiglia ».

• Tale prassi è stata ribadita, sostenuta, giustificata più volte da Romani Pontefici, Concili, Sinodi, fino a Paolo VI, il quale ha richiamato molto opportunamente l'insegnamento secolare su questo punto affermando che « il Battesimo deve essere amministrato anche ai bambini che non hanno ancora potuto rendersi colpevoli di alcun peccato personale, affinché essi, nati privi della grazia soprannaturale, rinascano dall'acqua e dallo Spirito Santo alla vita divina in Gesù Cristo ».

Quali caratteristiche ha l'azione di Dio nel BdB?

L'azione di Dio, nel Sacramento del Battesimo conferito ai bambini appena nati, è un'azione gratuita, preveniente, che non presuppone meriti umani.

■ Dio concede uno specialissimo dono al bambino, senza e prima che questi lo possa meritare in alcun modo. La pura gratuità del dono di Dio si manifesta in modo tutto particolare nel BdB.

■ Questo dono gratuito di Dio è una realtà molto ricca che comprende:

- la remissione del peccato originale e di tutti i peccati personali;
- la grazia santificante, che rende il battezzato capace di credere in Dio e di vivere sotto l'influsso dello Spirito Santo;
- la nascita alla vita nuova, mediante la quale l'uomo diventa figlio adottivo del Padre, membro di Cristo, tempio dello Spirito Santo;
- la partecipazione al sacerdozio di Cristo, grazie alla quale il battezzato offre la propria vita quale sacrificio spirituale « gradito a Dio » (*1 Pt* 2,5);
- l'incorporazione alla Chiesa, Corpo di Cristo, e la partecipazione alla sua missione di annunciare, celebrare e testimoniare Cristo Signore;
- l'elargizione delle Virtù Teologali (Fede, Speranza, Carità), e i doni dello Spirito Santo;
- il conferimento nell'anima di un segno spirituale indelebile, il carattere, il quale consacra il battezzato al culto della religione cristiana. A motivo del carattere che imprime, il Battesimo non può essere ripetuto.

■ « Nessuno può entrare nel Regno di Dio se non nasce da acqua e da Spirito » (*Gv* 3,5). Queste parole evangeliche manifestano l'amore preveniente di un Dio-Padre che invita tutti i suoi figli a partecipare alla sua vita: autodonazione di Dio per mezzo di Cristo nello Spirito.

- La vita battesimale diventa così « dossologia », lode e gloria della SS. Trinità, per la salvezza del mondo.

- I bambini battezzati ci ricordano che la fecondità missionaria della Chiesa ha la sua radice vivificante non nei mezzi umani, ma nel dono assolutamente gratuito di Dio.

- Lo stesso segno di Croce, che conclude il rito di accoglienza del Sacramento del Battesimo, indica tra l'altro una presa di possesso preveniente e gratuita da parte di Dio-Trinità, della persona, che viene consacrata a Cristo.

Come il BdB evidenzia l'importanza della Santità?

- La santità è componente essenziale e inseparabile della nuova vita battesimale e pertanto è un elemento costitutivo della dignità della persona.

- Il bambino battezzato testimonia il suo essere già santo, quale figlio di Dio (per dono gratuito di Dio) e, nello stesso tempo, la sua situazione di non essere ancora compiutamente santo (aspetto questo che richiede impegno conversione, penitenza, cammino quotidiano della persona).

■ In tal modo i bambini, resi santi mediante il Battesimo, diventano capaci di una particolare azione apostolica nella Chiesa; diventano soggetti attivi, testimoni e collaboratori autentici, nella comunione dei santi, della crescita della Chiesa nella santità.

■ Del resto, ai bambini il Signore Gesù dona il suo amore delicato e generoso, riservando ad essi la sua benedizione, assicurando loro il Regno dei Cieli (cfr. *Mt* 19,13-15; *Mc* 10,14), additandoli come modello (cfr. *Mt* 18,3-5: «chiunque diventerà piccolo come questo bambino, sarà il più grande nel Regno dei Cieli»).

■ Si riconosce in tal modo che anche nell'età dell'infanzia e della fanciullezza sono aperte preziose possibilità operative sia per l'edificazione della Chiesa sia per l'umanizzazione della società.

■ In tale contesto appare di grande importanza l'affermazione, quanto mai vera e attuale, che fa il CONCILIO VATICANO II, nella *Gaudium et spes*: «I figli, come membra vive della Chiesa, contribuiscono pure a loro modo alla santificazione dei genitori». Infatti, se è vero che i figli sono come li educano i genitori (i quali sono tali in virtù dell'esserci del figlio!), è altrettanto vero che i genitori durante tutto il tempo della loro azione educativa nei riguardi dei figli, si modificano, si formano, si modellano umanamente e soprannaturalmente, grazie all'azione educativa dei figli stessi.

■ L'invocazione dei Santi, nel rito del Battesimo, mentre sollecita la protezione di coloro che già hanno portato felicemente a compimento il loro cammino battesimale, nello stesso tempo esprime l'intima comunione che unisce tra loro i battezzati, che in ogni età fanno della santità il loro programma e modello di vita.

In che modo il BdB manifesta la Fede *come Nascita-Vita nuova?*

■ Esprime così questa realtà San Gregorio di Nissa: «La nuova prole viene concepita per mezzo della Fede, viene data alla luce attraverso la rigenerazione del Battesimo, ha come madre la Chiesa, succhia il latte della sua dottrina e delle sue istituzioni».

S. Agostino, da parte sua, sollecita con queste parole i battezzati:

«Rallegriamoci ed esultiamo... siamo diventati non solo cristiani, ma Cristo... Stupite e gioite: Cristo siamo diventati».

■ Il Battesimo è l'inizio di questa nascita – vita nuova, spirituale, soprannaturale del credente in Cristo; la Cresima ne è il rafforzamento e l'Eucaristia ne è il nutrimento.

■ «Poiché nascono con una natura umana decaduta e contaminata dal peccato originale, anche i bambini hanno bisogno della nuova nascita nel Battesimo per essere liberati dal potere delle tenebre e trasferiti nel regno della libertà dei figli di Dio, alla quale tutti gli uomini sono chiamati» (*CCC*, 1250).

■ Non bisogna altresì sottovalutare il dato antropologico, presente si può dire in tutte le religioni, di celebrare in qualche modo i momenti salienti ed emblematici dell'esistenza – nascita, passaggio all'età adulta, matrimonio, morte – con riti culturalmente e socialmente determinati, che rispondono sia ad un riferimento più o meno ben definito all'ambito del 'sacro', sia ad una istanza di integrazione sociale.

■ L'acqua stessa, materia del Sacramento del Battesimo, nei testi biblici appare:

• come materia prima, elemento primordiale e fondamentale della nascita-vita del mondo, principio di creazione, e perciò segno della nuova creazione fatta da Dio, per mezzo di Cristo nello Spirito;

• segno della nascita dei nuovi tempi messianici, attuatisi con Cristo;

• fonte della vita e della fecondità;

• simbolo di morte. Proprio per mezzo di questo simbolismo il Battesimo significa la comunione alla morte di Cristo; con lui il battezzato è sepolto e con lui risuscita: «Quanti siamo stati battezzati in Cristo Gesù, siamo stati battezzati nella sua morte. Per mezzo del Battesimo siamo dunque stati sepolti insieme a Lui nella morte, perché come Cristo fu risuscitato dai morti per mezzo della gloria del Padre, così anche noi possiamo camminare in una vita nuova» (*Rm* 6, 3-4).

Quale tipo di vita viene evidenziata nel BdB?

■ Una vita generata: infatti risulta evidente, nel BdB, la relazione fra generazione umana e generazione nella Fede. La Chiesa, come una madre, genera alla Fede e nella Fede. S. AGOSTINO scriveva a questo riguardo: «I bambini sono presentati per ricevere la grazia spirituale, non tanto da coloro che li portano sulle braccia (benché anche da essi, se sono buoni fedeli), quanto dalla società universale dei Santi e dei fedeli … È tutta la madre Chiesa dei santi che agisce, poiché essa tutta intera genera tutti e ciascuno».

■ Una vita in crescita:

• Proprio il fatto che il Battesimo è Sacramento dell'iniziazione cristiana, il primo e non l'unico, il quale insieme alla Confermazione e all'Eucaristia concorre a costituire il cristiano, evidenzia il carattere dinamico della vita cristiana, vita in crescita continua, verso la pienezza della maturità in Cristo. I tre Sacramenti dell'iniziazione cristiana sono cosi intimamente tra loro congiunti che portano i fedeli a quella maturità cristiana per cui possano compiere, nella Chiesa e nel mondo, la missione propria del popolo di Dio.

• Il Battesimo è allo stesso tempo un dinamico punto di partenza. Una volta battezzati, l'impegno costante è quello di conoscere e attuare sempre meglio la propria dignità battesimale, accogliendo il monito di S. LEONE MAGNO: « Agnosce, o christiane, dignitatem tuam » « Riconosci, o cristiano, la tua dignità », come pure l'invito di S. MASSIMO, Vescovo di Torino, che così si rivolge a chi ha ricevuto l'unzione battesimale: « Considerate l'onore che vi è fatto in questo Mistero ».

• Nella riscoperta del dono e della realtà battesimale, matura progressivamente quell'atteggiamento fondamentale del discepolato e della testimonianza, che « immerge » sempre di più in Cristo morto e risorto, e che si esprime nella completa professione di Fede e nella fratellanza sacramentale della Chiesa, così come Cristo ha voluto che fosse.

• « Perché la grazia battesimale possa svilupparsi è importante l'aiuto dei genitori. Questo è pure il ruolo del padrino o della madrina, che devono essere credenti solidi, capaci e pronti a sostenere nel cammino della vita cristiana il neo-battezzato, bambino o adulto. Il loro compito è una vera funzione ecclesiale (*officium*). L'intera comunità ecclesiale ha una parte di responsabilità nello sviluppo e nella conservazione della grazia ricevuta nel Battesimo » (*CCC*, 1255).

Quali dimensioni della Fede *appaiono nel BdB?*

Nel BdB vengono evidenziate le dimensioni liberante e comunitaria della Fede.

La dimensione liberante della Fede:

• Mediante il Battesimo, si offre alla persona la possibilità di essere liberata, fin dai primi giorni della sua vita, dal peccato originale, partecipando della vita filiale divina, in modo santo e immacolato.

• Il donare il Battesimo ai bambini, pertanto, conferma la Fede della Chiesa nella realtà del peccato originale, che investe la persona fin dalla sua nascita. Il CONCILIO DI CARTAGINE del 418 condanna « coloro che negano che si debbano battezzare i bambini appena usciti dal seno materno » e sottolinea che « anche i più piccoli, che non hanno ancora potuto commettere personalmente alcun peccato, sono veramente battezzati per la remissione dei peccati, perché mediante la rigenerazione sia purificato in essi ciò che hanno ricevuto dalla nascita ».

• « L'acqua è quella nella quale viene immersa la carne perché sia lavato ogni suo peccato. In essa è sepolta ogni vergogna » (S. AMBROGIO).

• Inizia pertanto, fin dalla nascita, quella « lotta contro il male, quel morire al peccato », che contraddistingue la vita del battezzato e che lo porterà alla condivisione della Risurrezione di Cristo.

La dimensione comunitaria della Fede:

• « Noi tutti siamo stati battezzati in un solo Spirito per formare un solo Corpo » (*1 Cor.* 12,13); « un solo corpo, un solo spirito [...] un solo Signore, una sola Fede, un solo Battesimo » (*Ef* 4,4-6).

• É nella Fede della Chiesa intera, resa presente nell'assemblea liturgica, che i bambini vengono battezzati. «Essi – leggiamo nei *Praenotanda* al rito battesimale dei bambini – vengono battezzati nella Fede della Chiesa, professata dai genitori, dai padrini e dagli altri presenti al rito: questi rappresentano sia la Chiesa locale sia la società universale dei Santi e dei fedeli, la Chiesa madre» (n.2). Il battesimo ai bambini è dato sulla fede della Chiesa e non semplicemente su quella dei genitori (cf *Pastoralis actio*, 14, in EV 7/600). La Chiesa nello stesso tempo esige saggiamente la garanzia che «una volta battezzato il bambino riceverà l'educazione cristiana richiesta dal sacramento; essa deve avere la fondata speranza che il battesimo porterà i suoi frutti» (ivi, n. 30).

• Da qui la raccomandazione dei *Praenotanda* di celebrare il Battesimo, «porta e fondamento della comunione nella Chiesa», normalmente nella Chiesa parrocchiale scegliendo il giorno domenicale e l'ora più adatta per avere la comunità, in modo che «...appaia chiaramente che il Battesimo è Sacramento della Fede della Chiesa e della incorporazione al popolo di Dio» (n.10).

• E pertanto il bambino battezzato va educato nella Fede e alla Fede della Chiesa e ciò per realizzare pienamente la realtà del Sacramento.

Quale dignità del bambino viene manifestata nel BdB?

Il Battesimo conferito ai bambini evidenzia la dignità dell'essere bambino, prima ancora e più ancora del suo ruolo.

■ La società attuale concentra la propria attenzione maggiormente sul fare, sull'operare, sui ruoli, sull'efficienza. Da qui il rischio non remoto né circoscritto di non apprezzare sufficientemente il bambino nella sua dignità personale. Tale dignità infatti richiede che la persona venga considerata non alla luce di quello che fa, ma prima di tutto e anzitutto per quello che è. Con il metro di misura del fare, il bambino rischia di essere ritenuto un essere inutile, incapace, in funzione solo degli altri (adulti, genitori), o tutt'al più viene apprezzato per le potenzialità che racchiude e che produrranno frutti in futuro.

■ Il Battesimo, dato a persone che sono tali « molto prima di essere in grado di manifestarlo mediante atti di coscienza e di libertà », evidenzia davanti ad una società utilitaristica ed efficientistica qual è la nostra, l'importanza e la dignità dell'essere persona del bambino.

■ « L'essere umano va rispettato e trattato come una persona fin dal suo concepimento e pertanto, da quello stesso momento gli si devono riconoscere i diritti della persona, tra i quali anzitutto il diritto inviolabile di ogni essere umano innocente alla vita» (CONGREGAZIONE PER LA DOTTRINA DELLA FEDE, *Istruzione sul rispetto della vita umana nascente e la dignità della procreazione*, LEV, 1987, p.13). Il testo qui parla della vita umana, certamente; ma perché non si può riferire tale diritto anche alla vita divina, che non diminuisce, né toglie nulla alla vita umana, anzi l'attua in pienezza e l'eleva con l'adozione filiale soprannaturale?

■ Tenendo conto che il vero «culto a Dio» consiste nell'offrire se stessi, la propria vita «come sacrificio vivente, santo, gradito a Dio» (cfr. *Rm* 12,1-2), si comprende come la vita stessa del bambino possa costituire realmente tale «culto a Dio».

■ L'imposizione del nome all'inizio del rito del Sacramento del Battesimo è espressione, segno di tale dignità originale ed irripetibile di ogni bambino, che è dovuta:

- al fatto che Dio conosce e ama ciascuno individualmente;
- al posto unico ed insostituibile che ogni cristiano ha da Dio nel piano salvifico della Chiesa e della storia dell'umanità;
- all'invito a rispondere con altrettanta disponibilità al dono di comunione intima filiale di un Dio che conosce ed ama individualmente.

■ Da qui l'importanza anche che il nome dato al bambino sia quello di un Santo, il quale potrà costituire per l'intera vita del battezzato, il suo modello, nonché il suo intercessore e protettore.

■ La stessa consegna della veste bianca, nel rito battesimale, è segno della nuova dignità acquisita dal battezzato, che, quale persona nuova, si è rivestita di Cristo, partecipando, in un qualche modo, già fin d'ora alla Sua gloria, anticipata nella Trasfigurazione (« le sue vesti divennero candide... ») ed attuata nella Risurrezione, ed acquisendo il diritto di partecipare con la richiesta veste nuziale, al banchetto dello sposo celeste (cfr. *Mt* 17,1s).

Qual è il ruolo dei genitori nel BdB?

Con il BdB risulta valorizzato, in modo fondamentale, il ruolo dei genitori, e più in generale della famiglia (nonché della parentela, attraverso i padrini). Infatti:

■ I genitori vengono coinvolti già nel periodo antecedente il Battesimo: essi infatti liberamente lo chiedono, si preparano alla celebrazione... Come pure è vivamente raccomandata la loro presenza e partecipazione attiva al momento della celebrazione. Per questo, si invita a celebrare il Battesimo non appena la mamma del battezzando possa anch'essa partecipare al rito.

■ Nel periodo poi post-battesimale appare indispensabile la loro opera educativa ai fini di una maturazione cristiana del figlio battezzato.

■ Nello stesso tempo la Chiesa, non ammettendo al Battesimo bambini senza il consenso dei genitori e senza un impegno esplicito di questi ad assicurare al bambino battezzato una seria educazione cristiana, mostra di riconoscere e rispettare sia i diritti naturali dei genitori, sia le esigenze di crescita della Fede del bambino.

■ Va pari tempo riconosciuto e proclamato il diritto-dovere dei genitori di donare ai propri figli tutto quello che essi ritengono buono, bene per loro; come pure è un loro diritto-dovere di educare come ritengono meglio i loro figli. É pertanto un'esigenza irrinunciabile dei genitori cristiani di condividere con i loro figli, non appena nati, quanto di originale e unico essi hanno ricevuto da Dio, e cioè la Fede, il Battesimo.

■ Questo diritto – dovere, precisato dal Concilio Vat. II nella Dichiarazione *Dignitatis humanae*, è stato affermato sul piano internazionale dalla Dichiarazione universale dei diritti dell'uomo (art. 26, n.3). Ora per genitori cristiani che si considerino veramente tali, che cosa c'è di più grande e di più sublime della partecipazione alla vita divina, da trasmettere quale preziosissimo dono ai loro figli?

■ Qualora poi i figli, crescendo, dovessero malauguratamente abbandonare la Fede cristiana, l'opera educativa cristiana dei genitori non appare inutile: quanto meno è servita a far conoscere (speriamo nei suoi contenuti genuini ed autentici) quella Fede, che ora i figli rifiutano, e quindi a rendere maggiormente consapevole e responsabile tale rifiuto.

Come si esprime la missione della Chiesa nel BdB?

Nel BdB si evidenzia in vario modo la missione della Chiesa.

■ La Fede del singolo ha bisogno della comunità dei credenti. È soltanto nella Fede della Chiesa che ogni fedele può credere.

■ Cristo ha dato alla sua Chiesa, da Lui stesso voluta e fondata, il comando: « Andate dunque e ammaestrate tutte le nazioni, battezzandole nel nome del Padre e del Figlio e dello Spirito Santo » (*Mt* 28,19). Quindi anche i bambini, che sono stati oggetto di amore privilegiato da parte di Cristo stesso (« Lasciate che i fanciulli vengano a me... » – *Mc* 10,14 –; « se non diventerete come bambini... » – *Mt* 18,3), sono i destinatari della missione della Chiesa.

■ Mediante la sua dottrina e la sua prassi, la Chiesa ha dimostrato di non conoscere altro mezzo, al di fuori del Battesimo, per assicurare ai bambini l'accesso alla Beatitudine eterna.

Chi può dare il Battesimo?

■ I ministri ordinari del Battesimo sono il Vescovo e il presbitero e, nella Chiesa latina, anche il diacono. In caso di necessità, chiunque può battezzare, a condizione che intenda fare ciò che fa la Chiesa, e che versi dell'acqua sul capo del candidato dicendo: « Io ti battezzo nel nome del Padre e del Figlio e dello Spirito Santo ».

La Chiesa trova la motivazione di questa possibilità data a tutti nella volontà salvifica universale di Dio e nella necessità del Battesimo per la salvezza.

In caso di pericolo di morte del battezzando, il Battesimo venga celebrato quanto prima: « la cosa è lecita, benché i genitori siano contrari, anche se si tratta di un figlio di genitori non cattolici « (Rito del Battesimo, *Praenotanda*, 8, &1).

■ È importante anche il cosiddetto Battesimo di desiderio: è il Battesimo che la madre cristiana, non appena consapevole di essere incinta, desidera per il figlio che porta in grembo. Tale Battesimo porta i frutti del Battesimo, anche prima e anche senza che venga celebrato il Sacramento.

E i bambini morti senza Battesimo?

■ Quanto ai bambini morti senza Battesimo, la liturgia della Chiesa ci invita ad affidarli alla misericordia di Dio.

■ La Chiesa nello stesso tempo afferma la speranza di salvezza per i bambini morti senza aver ricevuto il Battesimo. Essa fonda tale speranza su:

- la volontà salvifica universale di Dio;
- l'universalità della mediazione unica di Cristo;

- la tenerezza di Gesù verso i bambini, che gli ha fatto dire: « Lasciate che i bambini vengano a me e non glielo impedite » (*Mc* 10,14);
- il primato della grazia divina;
- la sacramentalità della Chiesa.

■ La Chiesa offre aiuto e consolazione a coloro che soffrono per la morte senza Battesimo di un bambino.

NB: Per approfondire tale argomento, si leggano i seguenti documenti pontifici:

CATECHISMO DELLA CHIESA CATTOLICA (*CCC*), nn. 1213-1284;

Compendio del CCC, nn. 252-264;

CONGREGAZIONE PER LA DOTTRINA DELLA FEDE, *Istruzione sul Battesimo dei bambini*, 1980;

COMMISSIONE TEOLOGICA INTERNAZIONALE, *La speranza della salvezza per i bambini che muoiono senza Battesimo*, 2007.

XIV
SANTA MESSA:
PERCHÉ CI VADO OGNI DOMENICA?

Che cos'è la S. Messa?

■ La S. Messa è:

• la celebrazione del Mistero-Sacrificio Pasquale (Passione, Morte, Risurrezione) di Cristo Signore, reso presente ed efficace all'interno della comunità cristiana: « Celebriamo la tua morte, Signore, proclamiamo la tua Risurrezione, nell'attesa della tua venuta »;

• la presenza vera, reale, sostanziale del Cristo con il suo Corpo, Sangue, Anima e Divinità: vero Dio e vero Uomo;

• il banchetto-comunione con Cristo e, grazie a Lui, con i fratelli: mediante il suo sacrificio, Cristo ci unisce mirabilmente a sè e tra noi, così da costituire una « cosa sola ».

■ Cristo nella S. Messa:

• rende lode e grazie a Dio Padre (Eucaristia);

• attualizza il suo Sacrificio Pasquale (Memoriale);

• si rende presente realmente con il suo Corpo e Sangue nel pane e nel vino consacrati nella potenza dello Spirito Santo (Transustanziazione);

• si fa nostro cibo e bevanda per la nostra salvezza eterna (Banchetto);

• realizza la nuova ed eterna Alleanza tra Dio e l'umanità nel sacrificio del Suo Corpo e del Suo Sangue, e non con il sangue di animali (cfr. A.T.).

Chi ha istituito la S. Messa?

Cristo Signore ha istituito la S. Messa il Giovedì Santo, la notte in cui veniva tradito. Ha così anticipato ed accettato il proprio sacrificio, che il giorno dopo avrebbe offerto sulla croce.

Che cosa significa che la S. Messa è il Memoriale del Sacrificio di Cristo?

La S. Messa è memoriale nel senso che rende presente ed efficace sull'altare, in modo incruento, il sacrificio che Cristo, in modo cruento, ha offerto al Padre sul Calvario per la salvezza di tutti gli uomini.

La S. Messa non è dunque soltanto il ricordo di avvenimenti passati, ma rende presente e attuale quell'unico e perfetto sacrificio di Cristo sulla croce.

Identici sono la vittima e l'offerente: Cristo. Identica la finalità: la salvezza di tutti. Diverso è il modo di offrirsi: cruento sulla croce del Calvario, incruento nella S. Messa.

Che cosa significa Transustanziazione?

■ Significa che nella S. Messa, grazie alla potenza dello Spirito Santo, il pane di grano e il vino di uva diventano, nella loro sostanza, il Corpo e il Sangue di Cristo.

■ La dottrina della transustanziazione è verità di fede evidente già nella Sacra Scrittura stessa e confermata poi dai Padri della Chiesa. « La Chiesa Cattolica non solo ha sempre insegnato, ma anche vissuto la fede nella presenza del corpo e del sangue di Cristo nella Eucaristia, adorando sempre con culto latreutico, che compete solo a Dio, un così grande Sacramento » (PAOLO VI, *Mysterium fidei*, n. 56).

■ « Che in questo sacramento sia presente il vero Corpo e il vero Sangue di Cristo non si può apprendere coi sensi, ma con la sola fede, la quale si appoggia all'autorità di Dio » (SAN TOMMASO D'AQUINO, *Summa theologiae*, III, 75, 1).

Qual è il rapporto tra la S. Messa e la Chiesa?

■ L'Eucaristia esprime e costruisce la Chiesa, come autentica comunione del popolo di Dio, nella sua ricca pluralità e nella sua intima unità. Lo stesso pane eucaristico, fatto di molti grani, e il vino, fatto con molti acini, significano l'unità e la pluralità del popolo cristiano che celebra l'Eucaristia.

■ L'Eucaristia fa la Chiesa, nel senso che l'Eucaristia la riunisce, la manifesta, la nutre, la fortifica, la fa crescere in qualità e la invia a tutta l'umanità.

■ E nello stesso tempo, la Chiesa fa l'Eucaristia, la celebra, la offre al Padre unita a Cristo nello Spirito Santo.

■ La Chiesa trova nell'Eucaristia la propria icona, il proprio modello. La Chiesa, nella sua vita quotidiana, deve farsi Eucaristia: sacrificio (offerta, che muore e risorge, gradita al Padre); presenza; comunione. La Chiesa pertanto non solo celebra e adora, ma anche imita l'Eucaristia.

■ L'Eucaristia è l'apice della liturgia. È il *Compendio* e la somma della nostra Fede. Contiene tutto il tesoro spirituale della Chiesa, cioè lo stesso Cristo, nostra Pasqua e nostro pane vivo. È il luogo privilegiato in cui la Chiesa confessa la sua Fede e la confessa nel modo più alto e completo.

Come la S. Messa coinvolge la vita quotidiana?

■ La S. Messa costituisce il centro, il cuore di tutta la vita cristiana per la comunità ecclesiale, universale e locale, e per i singoli fedeli.

Infatti, la S. Messa:

• è il culmine dell'azione con cui Dio santifica il mondo in Cristo, e del culto che gli uomini danno al Padre;

• è fonte e vertice di tutta la vita cristiana. Si pone al centro della vita ecclesiale. Essa unisce il cielo e la terra. Comprende e pervade tutto il creato;

• è il punto di arrivo e di partenza di ogni attività della comunità cristiana e di ogni fedele. È dalla S. Messa che si va verso il mondo, verso la propria attività quotidiana con l'impegno di vivere ciò che si è celebrato (Messa – mandato – missione nel mondo).

Ed è alla S. Messa che si fa ritorno, tutti ripieni del proprio lavoro (Eucaristia, offerta e lode per tutto ciò e di tutto ciò che si è fatto per mezzo di Cristo);

- è il centro, la norma, il modello e il più sublime momento di ogni preghiera della Chiesa e del singolo cristiano;
- è l'appuntamento d'amore, settimanale ma anche possibilmente quotidiano, con Colui che ha dato tutto se stesso per noi;
- è il Sacramento nel quale viene manifestato e attuato il mistero di Cristo, il mistero della Chiesa, il mistero stesso della persona umana, la quale esprime e realizza compiutamente se stessa nella S. Messa.

■ La S. Messa è alimento, luce e forza per il nostro pellegrinaggio terreno e suscita e alimenta il nostro desiderio della vita eterna: il Paradiso.

C'è una preghiera che sia uguale o superi la S. Messa?

Assolutamente no. La S. Messa supera la portata delle altre preghiere, ed anzi nessun'altra azione della Chiesa ne uguaglia l'efficacia allo stesso titolo e allo stesso grado. Essa è quanto di più prezioso la Chiesa possa avere nel suo cammino nella storia. In essa è racchiuso tutto il bene spirituale della Chiesa.

È obbligatorio partecipare alla S. Messa?

I cristiani hanno l'obbligo di partecipare alla S. Messa ogni domenica e nelle altre feste di precetto, a meno che non vi siano gravi motivi (malattia…). In assenza di tali gravi motivi, il cristiano, che non adempie tale obbligo, commette peccato mortale.

L'Eucaristia domenicale è « una questione di identità », anzi un bisogno, una necessità vitale, dalla quale non si può evadere.

Perché è obbligatorio proprio di domenica?

Perché Gesù Cristo è risorto « il primo giorno dopo il sabato » (*Lc* 24,1), il *dies solis* (il giorno del sole), poi chiamato *dies Domini*: il giorno di domenica (cfr. S. Giustino, *I Apologia*, cap. 65/67).

E la Risurrezione di Cristo è l'evento centrale di tutta la vita di Cristo e della nostra Fede cristiana.

« Se Cristo non è risuscitato, vana è la vostra Fede » ci dice S. Paolo (*1 Cor* 15,14).

Come si santifica la domenica?

- Partecipando alla S. Messa;
- e dedicandosi a quelle attività che consentono di:
  - rendere culto a Dio (maggior tempo dedicato alle preghiere personali e familiari, agli incontri e alle letture di approfondimento religioso, alle visite ai cimiteri …);
  - curare la propria vita coniugale, familiare, parentale;
  - assicurare il giusto e doveroso riposo del corpo e dello spirito;

• dedicarsi alle opere di carità soprattutto a servizio dei malati, degli anziani, dei poveri…

Quale deve essere il nostro atteggiamento nei confronti della S. Messa?

La S. Messa, per ciò che è, richiede da parte nostra:

■ una grande Fede (« Mistero della Fede ») che porta ad accogliere tutta la ricchezza del Mistero;

■ una continua disponibilità ad approfondire, mediante la catechesi, ciò che viene celebrato così che possa diventare Vita nella nostra vita;

■ una formazione adeguata, in vista di una piena, consapevole e attiva partecipazione alla Celebrazione Eucaristica;

■ una partecipazione gioiosa e comunitaria. Proprio perché la S. Messa ha carattere comunitario, grande rilievo assumono:

• i dialoghi fra il celebrante e l'assemblea;

• il canto: segno della gioia del cuore: « Prega due volte chi canta bene »;

• i gesti e gli atteggiamenti (stare in piedi, in ginocchio, seduti…), che esprimono e favoriscono l'intenzione e i sentimenti interiori di partecipazione, e che sono segno dell'unità di spirito di tutti i partecipanti;

■ una purezza di coscienza: solo chi è in pace con Dio e con i fratelli partecipa pienamente ed efficacemente alla S. Messa;

■ una partecipazione completa. Essa comporta:

• puntualità nell'arrivare in Chiesa per l'inizio della S. Messa;

• partecipazione attenta alla mensa della Parola di Dio;

• condivisione del banchetto del Corpo di Cristo («Prendete e mangiatene tutti...»).

Partecipando alla S. Messa, si deve fare la S. Comunione?

È cosa molto buona che i cattolici, ogni qual volta partecipano alla S. Messa, facciano anche la S. Comunione. E comunque non più di due volte al giorno.

Chi può fare la S. Comunione?

Può fare la S. Comunione ogni cattolico che sia in grazia di Dio, e cioè che, dopo aver esaminato attentamente la sua coscienza, abbia la consapevolezza di non essere in peccato mortale, perché in tal caso commetterebbe un sacrilegio: «Chiunque in modo indegno mangia il pane o beve il calice del Signore, sarà reo del Corpo e del Sangue del Signore... mangia e beve la propria condanna» (*1 Cor* 11, 27-29).

Come accostarsi alla S. Comunione?

■ Con rispetto: anche con l'atteggiamento del corpo (gesti, abiti dignitosi) si esprime il rispetto, la solennità, la gioia di questo incontro con il Signore;

- con il digiuno da almeno un'ora;
- dopo aver partecipato, dall'inizio, alla S. Messa, e impegnandosi a ringraziare il Signore per il grande Dono ricevuto, anche dopo la S. Messa e durante la giornata e la settimana.

Perché è importante rispettare le norme liturgiche nella S. Messa?

- Le norme liturgiche:
  - esprimono e tutelano la S. Messa, la quale, in quanto opera di Cristo Sacerdote e del suo Corpo che è la Chiesa, è azione sacra per eccellenza;
  - consentono di rispettare ed attuare l'intrinseco legame tra professione e celebrazione della Fede, tra la *lex orandi* e la *lex credendi*. La Sacra Liturgia, infatti, è intimamente collegata con i principi della dottrina e l'uso di testi e riti non approvati comporta, di conseguenza, che si affievolisca o si perda il nesso necessario tra la lex orandi e la lex credendi;
  - sono espressione dell'autentico senso ecclesiale. Attraverso di esse passa l'intero flusso della Fede e della tradizione della Chiesa.

La S. Messa non è mai proprietà privata di qualcuno, né del celebrante né della comunità nella quale si celebrano i Misteri. L'obbedienza alle norme liturgiche va riscoperta e valorizzata come riflesso e testimonianza della Chiesa una e universale, resa presente in ogni celebrazione dell'Eucaristia;

• garantiscono la validità, la dignità, il decoro dell'azione liturgica, e con essa anche il « rendersi presente » di Cristo;

• conducono alla conformità dei sentimenti nostri con quelli di Cristo, espressi nelle parole e nei riti della Liturgia;

• esprimono e garantiscono il « diritto » dei fedeli ad una celebrazione degna, e pertanto anche il loro diritto ad esigerla.

Qualora si verificassero inadempienze ed abusi, i fedeli le segnalino, nella verità e con carità, alla legittima autorità (al Vescovo o alla S. Sede).

■ « A nessuno è permesso cambiare, sostituire, togliere o aggiungere qualcosa di propria iniziativa. L'ordinario della messa in modo particolare deve essere rispettato » (*Liturgicae instaurationes,* 3; cf anche SC 22 § 3).

■ « Ogni Chiesa particolare deve concordare con la Chiesa universale, non solo quanto alla dottrina della Fede e ai segni sacramentali, ma anche quanto agli usi universalmente accettati dalla ininterrotta tradizione apostolica, che devono essere osservati non solo per evitare errori, ma anche per trasmettere l'integrità della Fede, perché la legge della preghiera della Chiesa corrisponde alla sua legge di Fede » (*Ordinamento generale del Messale Romano*, 3a ed., 2002, n. 397).

Quali danni causano gli abusi liturgici?

■ Gli abusi liturgici non solo deformano la celebrazione, ma provocano insicurezza dottrinale, perplessità e scandalo nel popolo di Dio. Non rispettare le norme liturgiche contribuisce ad oscurare la retta Fede e la dottrina cattolica su questo mirabile Sacramento. Gli abusi liturgici, più che espressione di libertà, manifestano una conoscenza superficiale o anche ignoranza della grande tradizione biblica ed ecclesiale relativa all'Eucaristia, espressa in tali norme.

■ Il Mistero affidato alle nostre mani è troppo grande perché qualcuno possa permettersi di trattarlo con arbitrio personale, che non ne rispetterebbe il carattere sacro e la dimensione universale.

Se non c'è la Santa Messa (per mancanza del sacerdote), come si adempie il precetto festivo?

Ecco quanto raccomanda la Chiesa a questo riguardo:

■ i fedeli possono recarsi in una delle chiese della Diocesi, in cui viene celebrato la Santa Messa, anche quando ciò richiede un certo sacrificio.

■ Ove grandi distanze rendono praticamente impossibile la partecipazione all'Eucaristia domenicale, è importante che le comunità cristiane si radunino ugualmente per lodare il Signore e fare memoria del Giorno a Lui dedicato.

In tal caso, occorre tener presente che:

• Esiste una grande differenza tra la Santa Messa e le assemblee domenicali in attesa di sacerdote;

• la liturgia della Parola, organizzata sotto la guida di un diacono o di un responsabile della comunità, al quale tale ministero sia stato regolarmente affidato dall'autorità competente, si compia secondo un rituale specifico elaborato dalle Conferenze episcopali e a tale scopo da esse approvato;

• spetta agli Ordinari concedere la facoltà di distribuire la comunione in tali liturgie, valutando attentamente la convenienza di una certa scelta;

• tali assemblee non devono:

– ingenerare confusione sul ruolo centrale del sacerdote e sulla componente sacramentale nella vita della Chiesa

– dare adito a visioni ecclesiologiche non aderenti alla verità del Vangelo e alla tradizione della Chiesa;

• siano occasioni privilegiate di preghiera a Dio perché mandi santi sacerdoti secondo il suo cuore;

■ I sacerdoti diano una fattiva e concreta disponibilità a visitare il più spesso possibile le comunità affidate alla loro cura pastorale, perché non rimangano troppo tempo senza la Celebrazione Eucaristica (cfr. BENEDETTO XVI, Esortazione apostolica postsinodale *Sacramentum caritatis*, n. 75).

Che cosa hanno detto alcuni Santi circa l'Eucaristia?

■ «Se voi siete il corpo di Cristo e le sue membra, allora il vostro stesso mistero giace sulla mensa eucaristica. Voi dovete essere ciò che vedete e dovete ricevere ciò che siete» (S. AGOSTINO).

■ «Soltanto la Chiesa può offrire al Creatore questa oblazione pura (l'Eucaristia), offrendogli con rendimento di grazie ciò che proviene dalla sua creazione» (S. IRENEO).

■ «La parola di Cristo, che potè creare dal nulla ciò che non esisteva, non può trasformare in una sostanza diversa ciò che esiste?» (S. AMBROGIO).

■ «L'Eucaristia è quasi il coronamento di tutta la vita spirituale e il fine al quale tendono tutti i Sacramenti» (S. TOMMASO).

NB: Per approfondire l'argomento, ecco alcuni documenti pontifici:

PAOLO VI, *Mysterium fidei*, 1965;
GIOVANNI PAOLO II:
- *Dominicae Cenae*, 1980
- *Ecclesia de Eucharistia*, 2003;

BENEDETTO XVI, Esortazione apostolica post-sinodale *Sacramentum caritatis*, 2007;
CATECHISMO DELLA CHIESA CATTOLICA (*CCC*), nn. 1322-1419;
Compendio del CCC, nn. 271-294;
CONGREGAZIONE PER IL CULTO DIVINO E I SACRAMENTI, *Redemptionis Sacramentum*, 2004;
CONCILIO VATICANO II, Cost. sulla sacra liturgia *Sacrosanctum Concilium*.

XV
LA DOMENICA:
COME LA SANTIFICO?

Perché è importante, per il cristiano, la domenica?

Perché di domenica Cristo è risorto. E infatti era proprio di domenica quando le donne che avevano assistito alla crocifissione di Cristo si recarono al sepolcro « di buon mattino, il primo giorno dopo il sabato » (*Mc* 16, 2), e lo trovarono vuoto.

Perché la Risurrezione di Cristo è così importante?

■ Perché la Risurrezione di Gesù è il dato fondamentale, centrale e originario su cui poggia la Fede cristiana: « Se Cristo non è risorto, allora è vana la nostra predicazione ed è vana anche la vostra Fede » (*1 Cor* 15,14).

■ La Risurrezione di Cristo è l'evento mirabile che non solo si distingue in modo assolutamente singolare nella storia degli uomini, ma si colloca al centro del mistero del tempo e della storia. A Cristo, appartengono il tempo e i secoli. Egli costituisce l'asse portante della storia, al quale si riconducono il mistero delle origini e quello del destino finale del mondo.

Con quali espressioni viene indicata la domenica?

La domenica è anche chiamata: il Giorno del Signore, della Chiesa, dell'uomo, del sole, il primo giorno della settimana, l'ottavo giorno.

Perché la domenica è chiamata:

■ Il giorno del Signore?

In quanto la domenica è il giorno della celebrazione della Pasqua (Passione-Morte-Risurrezione-Ascensione) del Signore per la salvezza del mondo. Di tale Pasqua l'Eucaristia, che di domenica viene celebrata, è memoriale (e cioè rende presente ed efficace nell'oggi la Pasqua del Signore, che Egli ha compiuto duemila anni fa). Per questo la domenica è chiamata anche la Pasqua settimanale. Allo stesso tempo il «giorno del Signore» è anche chiamato il «signore dei giorni», «festa primordiale» in quanto «tutto è stato fatto per mezzo di Lui e senza di Lui niente è stato fatto di tutto ciò che esiste» (*Gv* 1, 3).

■ Il giorno della Chiesa?

La domenica è anche chiamata giorno della Chiesa, in quanto, nella Celebrazione Eucaristica domenicale, la comunità cristiana ritrova la sua fonte e il suo culmine, la ragione della sua esistenza, l'origine del suo benessere, il suo vero e insostituibile principio di azione. È attorno all'Eucaristia della domenica che cresce e matura la comunità, la quale ha la missione di comunicare il Vangelo e di condividere l'esperienza intensa di comunione tra tutti i suoi membri.

Il giorno dell'uomo?

Come giorno dell'uomo, la domenica, con la sua dimensione della festa, coinvolge l'uomo nella sua identità personale, familiare e comunitaria nella logica di un modo di essere e di vivere trascendente. Nello stesso tempo, la domenica svela all'uomo il senso del suo essere e agire.

Il primo giorno della settimana?

La domenica è anche chiamata il primo giorno della settimana, perché nella concezione ebraica, il giorno di festa è il sabato, e la domenica dunque è il primo giorno della settimana.

Perché è importante tale denominazione?

Indicando la domenica come il primo giorno della settimana viene evidenziata la singolare connessione che esiste tra la Risurrezione e la creazione, tra « il primo giorno della settimana » in cui è avvenuta la Risurrezione di Cristo e il primo giorno della settimana cosmica in cui Dio ha creato il mondo (cfr. *Gn* 1, 1-2.4). Infatti la Risurrezione costituisce come l'inizio di una nuova creazione, della quale il Cristo, « generato prima di ogni creatura » (*Col* 1, 15), costituisce anche la primizia, « il primogenito di coloro che risuscitano dai morti » (*Col* 1, 18).

L'ottavo giorno?

La domenica è anche chiamata l'ottavo giorno, perché nella concezione ebraica il sabato risulta essere il settimo giorno della settimana, e dunque la domenica è anche l'ottavo giorno.

Che cosa evidenzia la domenica intesa come l'ottavo giorno?

L'ottavo giorno evidenzia il legame della domenica con l'eternità. Infatti la domenica, oltre che primo giorno, è anche « giorno ottavo », posto cioè, rispetto alla successione settenaria dei giorni, in una posizione unica e trascendente, evocatrice non solo dell'inizio del tempo, ma anche della sua fine nel « secolo futuro ». La domenica in tal senso:

- significa il giorno veramente nuovo, unico, che seguirà il tempo attuale, il giorno senza termine che non conoscerà né sera né mattino, il secolo imperituro che non potrà invecchiare;
- è il preannuncio incessante della vita senza fine, della vita eterna verso cui il cristiano viene proiettato;
- prefigura il giorno finale, quello della Parusía, già in qualche modo anticipata dalla gloria di Cristo nell'evento della Risurrezione. In effetti, tutto quanto avverrà, fino alla fine del mondo, non sarà che una espansione e una esplicitazione di ciò che è avvenuto nel giorno in cui il corpo martoriato del Crocifisso è risuscitato;

• è invito a guardare in avanti, è il giorno in cui la comunità cristiana grida a Cristo il suo « Maránatha: vieni, o Signore! » (*1 Cor* 16, 22). In questo grido di speranza e di attesa, essa si fa compagnia e sostegno della speranza degli uomini.

Il giorno del sole?

Questa espressione giorno del sole, attribuita alla domenica, viene da molto lontano.

All'inizio della storia del cristianesimo, un'accorta intuizione pastorale suggerì alla Chiesa di cristianizzare, per la domenica, la connotazione di giorno del sole, espressione con cui i romani denominavano questo giorno e che ancora emerge in alcune lingue contemporanee. In tal modo la Chiesa delle origini sottraeva i fedeli alle seduzioni di culti che divinizzavano il sole, e indirizzava la celebrazione di questo giorno a Cristo, vero « sole » dell'umanità, « sole che sorge per rischiarare quelli che stanno nelle tenebre e nell'ombra della morte » (*Lc* 1, 78-79), venuto come « luce per illuminare le genti » (*Lc* 2, 32), e che ritornerà alla fine dei tempi, per essere e trasfigurare con la Sua luce sfolgorante tutti e tutto.

In che senso la domenica rivela all'uomo il significato del tempo?

La domenica, sgorgando dalla Risurrezione di Cristo, fende i tempi dell'uomo (i giorni, i mesi, gli anni, i secoli) come una freccia direzionale che li collega sia al primo giorno della creazione sia all'ultimo giorno (l'ottavo) del mondo, nel quale il Signore Gesù verrà nella gloria e farà nuove tutte le cose.

Quale relazione esiste tra la domenica e l'anno liturgico?

La domenica è la festa primordiale, il fondamento e il nucleo di tutto l'anno liturgico, il naturale modello per comprendere e celebrare, nel corso dell'anno liturgico, tutto il mistero di Cristo, dall'Incarnazione e Natività fino all'Ascensione, al giorno di Pentecoste e all'attesa della beata speranza e del ritorno del Signore. La domenica, con la sua ordinaria « solennità », scandisce così, di anno in anno, il tempo del pellegrinaggio della Chiesa, fino alla domenica senza tramonto. Infatti la Chiesa, di domenica in domenica, illuminata da Cristo, cammina verso la domenica senza fine della Gerusalemme celeste, quando sarà compiuta in tutti i suoi lineamenti la mistica Città di Dio, che « non ha bisogno della luce del sole, né della luce della luna perché la gloria di Dio la illumina e la sua lampada è l'Agnello » (*Ap* 21, 23).

Perché la domenica è legata al nostro Battesimo?

La domenica, celebrazione della Morte e della Risurrezione di Cristo, ricorda, più degli altri giorni, che noi siamo, con Cristo e grazie a Lui, morti al peccato e risorti alla vita nuova dei figli di Dio, proprio nel giorno del nostro Battesimo. « Con Lui infatti siete stati sepolti insieme nel Battesimo, in Lui siete anche stati insieme risuscitati per la Fede nella potenza di Dio, che lo ha risuscitato dai morti » (*Col* 2, 12). La Chiesa sottolinea questa dimensione battesimale della domenica esortando a celebrare i battesimi, oltre che nella Veglia pasquale, anche in questo giorno settimanale, la domenica, in cui si commemora la Risurrezione del Signore.

Come si santifica la domenica?

■ Partecipando anzitutto alla Celebrazione Eucaristica, la quale è veramente, per ogni battezzato, il cuore della domenica. « Senza domenica non possiamo vivere »: così proclamarono nell'anno 304 alcuni cristiani di Abitene (nell'attuale Tunisia), che subirono il martirio sotto Diocleziano, proprio perché non vollero rinunciare a celebrare l'Eucaristia domenicale.

■ E anche mediante la preghiera, le opere di carità e l'astensione dal lavoro.

Come va vissuta la S. Messa domenicale?

■ La S. Messa domenicale è, per il cristiano, un impegno irrinunciabile, da vivere non solo per assolvere a un precetto, ma come bisogno di una vita cristiana veramente consapevole e coerente.

■ I fedeli di domenica si riuniscono in assemblea perché, ascoltando la Parola di Dio e partecipando all'Eucaristia, fanno memoria della Passione, della Risurrezione e della Gloria del Signore Gesù e rendono grazie a Dio che li ha rigenerati per una speranza viva per mezzo della Risurrezione di Gesù Cristo dai morti (cfr. *1 Pt* 1, 3). In ogni Santa Messa, benediciamo il Signore, Dio dell'universo, presentandogli il pane e il vino, frutti della terra e del lavoro dell'uomo.

■ Quando poi i genitori partecipano con i loro figli alla S. Messa, le famiglie cristiane vivono una delle espressioni più qualificate della loro identità e del loro « ministero » di *chiese domestiche*.

Quando il Cristiano è obbligato a partecipare alla S. Messa?

« La domenica e le altre feste di precetto, i fedeli sono tenuti all'obbligo di partecipare alla Messa » (can. 1247 del Codice di Diritto Canonico). Una tale legge implica un obbligo grave, e ben si comprende il motivo, se si considera la rilevanza che la domenica e l'Eucaristia hanno per la vita cristiana. Colui che deliberatamente non ottempera a tale obbligo commette un peccato mortale.

Chi può essere dispensato dal partecipare alla S. Messa domenicale?

Colui che è giustificato da un serio motivo (per esempio la malattia) o ne sia dispensato dal proprio parroco.

Come santificare la domenica pregando di più?

■ È quanto mai opportuno che il cristiano, oltre a partecipare alla S. Messa, santifichi la domenica dedicando maggior tempo alla preghiera: personale, familiare, comunitaria. Tali momenti particolari di preghiera preparano e completano nell'animo cristiano il dono proprio dell'Eucaristia.

■ Particolarmente raccomandata è la celebrazione solenne e comunitaria dei Vespri. Importanti sono anche espressioni antiche della religiosità, come il pellegrinaggio: spesso i fedeli approfittano del riposo domenicale per recarsi a Santuari dove vivere, magari con l'intera famiglia, qualche ora di più intensa esperienza di Fede, momenti di grazia.

■ Il tempo donato a Cristo non è mai tempo perduto, ma piuttosto tempo guadagnato per l'umanizzazione profonda dei nostri rapporti, della nostra vita e di quella del mondo.

Perché per la santificazione della domenica si richiede il riposo, l'astensione dal lavoro?

■ L'alternanza tra lavoro e riposo, inscritta nella natura umana, è voluta da Dio stesso, come si rileva dal brano della creazione nel Libro della Genesi (cfr. *Gn* 2, 2-3; *Es* 20, 8-11): il riposo è cosa « sacra », essendo per l'uomo la condizione per sottrarsi al ciclo, talvolta eccessivamente assorbente, degli impegni terreni e riprendere coscienza che tutto è opera di Dio. Se è esemplare per l'uomo, nella prima pagina della Genesi, il « lavoro » di Dio, altrettanto lo è il suo « riposo »: « Cessò nel settimo giorno da ogni suo lavoro » (*Gn* 2, 2).

■ L'interruzione del ritmo spesso opprimente delle occupazioni esprime, con la novità del riposo e il distacco dal lavoro, il riconoscimento della dipendenza propria e del cosmo da Dio. Tutto è di Dio! Il giorno del Signore torna continuamente ad affermare questo principio. Tanto più urgente è questo riconoscimento nella nostra epoca, nella quale la scienza e la tecnica hanno incredibilmente esteso il potere che l'uomo esercita attraverso il suo lavoro.

Quali sono i vantaggi del riposo domenicale?

Grazie al riposo domenicale:

• le preoccupazioni e i compiti quotidiani possono ritrovare la loro giusta dimensione;

• le cose materiali, per le quali ci si agita spesso, lasciano posto ai valori dello spirito;

• le persone con le quali viviamo riprendono, nell'incontro e nel dialogo più pacato, il loro vero volto. Il riposo e la distensione sono necessari alla nostra dignità di persone: le molteplici e complementari esigenze religiose, familiari, culturali, interpersonali difficilmente possono essere soddisfatte se non viene salvaguardato almeno un giorno settimanale in cui godere insieme della possibilità di riposare e di far festa;

• le stesse bellezze della natura – troppe volte sciupate da una logica di dominio che si ritorce contro l'uomo – possono essere riscoperte e profondamente gustate;

• si può ritrovare un pò di pace con Dio, con se stessi e con i propri simili; un tempo propizio per la riflessione, il silenzio, lo studio e la meditazione, che favoriscono la crescita della vita interiore e cristiana;

• si possono vivere preziosi momenti di arricchimento spirituale, di più grande libertà, di maggiori possibilità di contemplazione e di comunione fraterna. Questo impegna ciascuno dei discepoli di Cristo a dare anche agli altri momenti della giornata, vissuti al di fuori del contesto liturgico – vita di famiglia, relazioni sociali, occasioni di svago – uno stile che aiuti a far emergere la pace e la gioia del Risorto nel tessuto ordinario della vita. Il più tranquillo ritrovarsi dei genitori e dei figli può essere, ad esempio, occasione non solo per aprirsi all'ascolto reciproco, ma anche per vivere insieme qualche momento formativo e di maggior raccoglimento;

• viene offerta l'occasione di dedicarsi, con maggiore disponibilità di energie e di tempo, alle attività di misericordia, di carità e di apostolato.

L'Eucaristia domenicale, dunque, non solo non distoglie dai doveri di carità, ma al contrario impegna maggiormente i fedeli « a tutte le opere di carità, di pietà, di apostolato, attraverso le quali divenga manifesto che i fedeli di Cristo non sono di questo mondo e tuttavia sono luce del mondo e rendono gloria al Padre dinanzi agli uomini » (CONC. ECUM. VAT. II, *Sacrosanctum Concilium*, n. 9);

• si favoriscono momenti di condivisione fraterna nei confronti dei più poveri. « Ogni primo giorno della settimana ciascuno metta da parte ciò che gli è riuscito di risparmiare » (*1 Cor* 16, 2) e lo doni a chi ha meno di lui.

Quali lavori sono consentiti la domenica?

Quelli che non impediscono di rendere culto a Dio e non turbano la letizia propria del giorno del Signore o il dovuto riposo della mente e del corpo. Sono consentite le attività familiari o attività che hanno una grande utilità sociale, a meno che non creino abitudini pregiudizievoli per la religione, la vita di famiglia e la salute. Ogni cristiano deve anche evitare di imporre, senza necessità, ad altri ciò che impedirebbe loro di osservare il giorno del Signore.

Che differenza c'è fra la domenica e il «fine settimana»?

Ai discepoli di Cristo è chiesto di non confondere la celebrazione della domenica, che dev'essere una vera santificazione del giorno del Signore, col « fine settimana », inteso fondamentalmente come tempo di semplice riposo o di evasione. Purtroppo, quando la domenica perde il significato originario e si riduce a puro « fine settimana », può capitare che l'uomo rimanga chiuso in un orizzonte tanto ristretto che non gli consente più di vedere il « Cielo ».

Perché è importante santificare la domenica facendo festa?

L'esigenza di « far festa » è insita nell'essere umano. Ora per il cristiano, la domenica, il giorno in cui il Signore è risorto, è il giorno per eccellenza della gioia. Alla domenica, ben s'addice l'esclamazione del Salmista: « Questo è il giorno che ha fatto il Signore: rallegriamoci ed esultiamo in esso » (*Sal* 118). « Il primo giorno della settimana, siate tutti lieti » si legge nella *Didascalia* degli Apostoli, dei primi tempi del cristianesimo. Nel giorno del Signore, la Chiesa infatti testimonia fortemente la gioia provata dagli Apostoli nel vedere il Signore risorto la sera di Pasqua. SANT'AGOSTINO, facendosi interprete della diffusa coscienza ecclesiale, mette appunto in evidenza tale carattere della domenica: « Si tralasciano i digiuni e si prega stando in piedi come segno della risurrezione; per questo inoltre tutte le domeniche si canta l'alleluia ». Il carattere festoso dell'Eucaristia domenicale esprime la gioia che Cristo trasmette alla sua Chiesa attraverso il dono dello Spirito.

NB: Per approfondire l'argomento, si leggano i seguenti documenti pontifici:

CONCILIO ECUMENICO VATICANO II, Cost. sulla sacra liturgia *Sacrosanctum Concilium*;

GIOVANNI PAOLO II, *Dominicae Cenae*, 1980; *Dies Domini*, 1998;

CATECHISMO DELLA CHIESA CATTOLICA (*CCC*), nn. 2168-2195;

Compendio del CCC, nn. 450-454.

XVI
QUANDO E COME CONFESSARMI?

Anzitutto, che cos'è il Sacramento della Confessione?

Il Sacramento della Confessione (o della Penitenza oppure della Riconciliazione) è la celebrazione dell'amore misericordioso di Dio, che ci dona il perdono dei nostri peccati, per mezzo di Cristo morto e risorto, il quale, mediante il ministero della Chiesa, ci riconcilia con Dio e con i fratelli.

Confessarsi significa quindi:

■ Porsi in ascolto della Parola di Dio e riconoscere il proprio peccato.

■ Celebrare l'Amore misericordioso di Dio Padre, che:

• rimette i nostri peccati, lavandoceli con il Sangue del Suo Figlio;

• ci comunica la sua stessa vita divina (grazia sacramentale);

• ci riconcilia con Lui e fra di noi, ricostruendo il nostro legame di fratellanza universale;

• accoglie e feconda il nostro impegno personale di continua conversione inaugurata dal Battesimo e scandita dalle esigenze della Celebrazione Eucaristica;

• apre il nostro cuore pentito al soffio dello Spirito Santo, che porta verso la giustizia, la carità, la libertà, la vita e la gioia.

Chi ha istituito tale Sacramento?

L'ha istituito Gesù Cristo, quando la sera di Pasqua si mostrò ai suoi Apostoli e disse loro: «Ricevete lo Spirito Santo; a chi rimetterete i peccati saranno rimessi e a chi non li rimetterete, resteranno non rimessi» (*Gv* 20,22-23).

Perché bisogna confessarsi?

Perché ogni cristiano, dopo il Battesimo, commette peccati.

E chi dice di essere senza peccato?

O è un bugiardo o è un cieco. «Se diciamo che siamo senza peccato, inganniamo noi stessi e la verità non è in noi» (*1 Gv* 1,8).

Quando si commette un peccato?

■ Quando si disobbedisce a Dio, al suo amore, alla sua legge data a noi, tramite Cristo, per indicarci il buon cammino verso la nostra piena felicità e la perfetta realizzazione del nostro essere: la santità.

«Quello che è male ai tuoi occhi, io l'ho fatto» (*Salmo* 51,6).

■ In particolare, si prende coscienza del proprio peccato alla luce di Cristo. È Cristo infatti, con la sua Parola e con la sua Morte-Risurrezione, che svela pienamente all'uomo il proprio peccato, e la gravità di esso.

In che senso il peccato offende Dio?

■ Il peccato offende Dio nel senso che:

• ferisce o distrugge l'uomo che Dio ha creato e che ama;

• incrina o rompe il dialogo di Dio con l'uomo;

• rifiuta la Sua Parola (Legge, insegnamenti...) che è il vero bene dell'uomo;

• offende Dio non tanto nel Suo onore, quanto nel Suo Amore, di Creatore e di Padre.

■ Soprattutto il peccato è causa della morte di Cristo, Figlio diletto del Padre.

In che senso il peccato danneggia chi lo commette?

Il peccato danneggia il peccatore, in quanto questi, rifiutando Dio e Suoi insegnamenti, rifiuta Colui che è il suo sommo e unico Bene, la sua piena felicità.

Tutti i peccati sono uguali?

No certamente. I peccati si diversificano ad esempio quanto alla gravità e alla tipologia.

- Quanto alla gravità, ci sono peccati:

  mortali: «c'è infatti un peccato che conduce alla morte» (*1 Gv* 5,16);

  veniali.

- Quanto alla tipologia, ci sono peccati:
  - di pensiero, parola, opere, omissioni;
  - contro Dio, il prossimo, noi stessi, il creato.

Quando si ha un peccato mortale?

Per fare un peccato mortale, ci vogliono tre condizioni contemporaneamente:

- Materia grave.
- Piena avvertenza.
- Deliberato consenso.

La materia grave da chi è stabilita?

È Dio (e non noi o la gente...) che determina qual è la materia grave. Dio la indica in particolare mediante i dieci Comandamenti e gli insegnamenti di Cristo, riproposti dalla sua Chiesa.

Quando si commette un peccato veniale?

Quando si tratta di materia leggera, oppure, se anche c'è materia grave, manca tuttavia o la piena avvertenza o il deliberato consenso.

Circa i propri peccati non basta chiedere perdono a Dio ognuno per conto proprio, senza il Sacramento della Confessione?

■ Ognuno di noi può e deve chiedere perdono a Dio in ogni momento, in particolare subito dopo ogni peccato mortale e prima di addormentarsi la sera, come pure all'inizio della celebrazione della S. Messa.

■ Ma Dio ci perdona certi peccati, e cioè i peccati mortali, quando ci accostiamo pentiti al Sacramento della Confessione, voluto e istituito dal suo Figlio Gesù Cristo. Dio ci indica il modo attraverso il quale Egli ci concede il Suo perdono. Certamente il peccato non viene perdonato se non c'è il pentimento personale, ma Dio ha legato la remissione stessa dei peccati al ministero ecclesiale o almeno alla seria volontà di ricorrere ad esso al più presto, quando nell'immediato non vi sia la possibilità di compiere la Confessione sacramentale.

Ogni quanto ci si deve confessare?

■ Ogni cristiano, raggiunta l'età della ragione, ha l'obbligo di confessarsi almeno una volta all'anno.

■ Ma il buon cristiano non può e non deve accontentarsi di questo minimo. In particolare, il buon cristiano:

• Nel caso di un peccato mortale: deve confessarsi subito dopo aver commesso un peccato mortale, al fine di ottenere subito il perdono di Dio e di evitare l'Inferno in caso di morte. E comunque deve confessarsi prima di accedere alla S. Comunione.

La confessione individuale e integra e l'assoluzione costituiscono l'unico modo ordinario con cui il fedele, consapevole di peccato mortale, è riconciliato con Dio e con la Chiesa.

• Nel caso di peccati veniali: Se ha solo peccati veniali, il tempo, che può intercorrere tra una confessione e l'altra, dipende dalla sensibilità spirituale di ciascuno.

Certi Santi si confessavano anche ogni giorno, ed erano Santi!

Seguendo il suggerimento di buoni Padri Spirituali, sarebbe opportuno per un cristiano, che non ha peccati mortali, confessarsi normalmente almeno una volta al mese, massimo ogni due mesi, e ciò deve avvenire soprattutto se egli accede alla S. Comunione di frequente.

Perché è quanto mai opportuna la confessione frequente anche dei peccati veniali?

■ È quanto mai opportuno il ricorso abituale, umile e fiducioso al Sacramento della Penitenza, in quanto tale Sacramento:

- accresce la grazia;
- corrobora le virtù;

• aiuta a mitigare le tendenze negative ereditate a motivo del peccato originale e aggravate da peccati personali;

• forma una retta coscienza;

• offre il dono della serenità e della pace, per il fatto stesso che aumenta la grazia.

■ Non si dimentichi poi l'importanza anche del rito penitenziale, che si trova all'inizio della Celebrazione Eucaristica, e con il quale si chiede perdono a Dio dei propri peccati.

Come ci si confessa?

■ Ci si prepara anzitutto alla celebrazione del Sacramento con momenti di preghiera e con una buona direzione spirituale.

■ Ci si confronta poi con l'esempio e con le parole di Cristo (esame di coscienza), preferibilmente leggendo un brano della Sacra Scrittura.

■ Alla luce di quanto Dio ha fatto per noi, si riconoscono i propri peccati, chiedendone perdono a Dio e impegnandosi a « cambiar vita », soprattutto in un settore particolare (proposito).

■ Ci si reca poi dal sacerdote (iniziando col dire quanto tempo è intercorso dall'ultima confessione e concludendo col dire che si intende confessare anche i peccati che non si ricordano e quelli della vita passata):

- si confessano i propri peccati;
- si ascoltano le parole del sacerdote;
- si accetta la penitenza che viene data;
- si manifesta il proprio pentimento, motivato soprattutto dall'amore verso Dio e si recita l'Atto di Dolore (o qualche altra formula simile);
- si accoglie con Fede l'assoluzione:

«Io ti assolvo dai tuoi peccati nel nome del Padre, del Figlio e dello Spirito Santo».

■ Si ringrazia poi il Signore del dono sacramentale ricevuto, rinnovando il proprio impegno di conversione di vita.

Basta un'accusa generica dei propri peccati?

■ No, non basta. Va riprovato qualsiasi uso che limiti la confessione ad un'accusa generica (ad es. il dire: 'Padre, ho peccato, mi dia l'assoluzione...') o soltanto di uno o più peccati ritenuti più significativi.

■ Il cristiano è tenuto all'obbligo di confessare, secondo la specie e il numero, tutti i peccati mortali, commessi dopo il Battesimo e non ancora accusati nella Confessione, dei quali abbia coscienza dopo un diligente esame.

Confessarsi con o senza la grata?

Il Codice di Diritto Canonico afferma al riguardo: « I confessionali (siano) provvisti di una grata fissa, cosicché i fedeli che lo desiderano possano liberamente servirsene» (can. 964 § 2). Dunque al penitente deve essere anzitutto assicurata la possibilità di usare la grata, e, inoltre, deve essere lui a scegliere se usarla o meno, e non il confessore.

Come si fa un diligente esame di coscienza?

■ Lasciandosi illuminare dalla Parola di Dio (la Bibbia). Infatti è la Parola di Dio che:

- rivela il peccato;
- invita alla conversione;
- esorta al bene;
- incoraggia a operare imitando Cristo;
- annuncia la misericordia di Dio che lava il peccato dell'uomo con il Sangue di Cristo e dona la grazia dello Spirito Santo che santifica l'uomo.

■ In particolare, si può fare un buon esame di coscienza passando in rassegna i dieci Comandamenti, le Beatitudini evangeliche, i precetti della Chiesa (si veda a questo riguardo la scheda: Esame di coscienza).

È possibile confessarsi durante la S. Messa?

■ Sì, è possibile, ma meglio sarebbe confessarsi prima o comunque al di fuori della S. Messa, in quanto non si possono celebrare bene due Sacramenti contemporaneamente. La celebrazione della Confessione durante la Messa dà luogo a una sovrapposizione che finisce per danneggiare questi due eventi di salvezza, autentici capisaldi della vita cristiana, e pertanto bisognosi ciascuno di un tempo specifico di celebrazione.

- Si raccomanda quindi ai fedeli di accostarsi al Sacramento della Penitenza fuori dalla celebrazione della Messa, scegliendo un momento di calma per sè e per il sacerdote confessore, così da poter celebrare bene questo Sacramento.

Il confessore è sempre tenuto al segreto?

Certamente, senza alcuna eccezione e sotto pene molto severe. Egli deve mantenere l'assoluto segreto (il sigillo sacramentale) circa i peccati confessati dai suoi penitenti, a costo anche di rimetterci la propria vita.

Tutti possono ricevere l'assoluzione?

- Non possono ricevere validamente l'assoluzione i penitenti che vivono in stato abituale di peccato mortale (ad es. i divorziati risposati...) e qualora non intendano cambiare la loro situazione.

- In ogni caso, il peccato non viene perdonato se non c'è il pentimento personale e il proposito di non farlo più.

- Alcuni peccati poi particolarmente gravi, puniti con la scomunica, possono essere assolti solo dal Papa o dal Vescovo o da sacerdoti da loro delegati.

■ In caso di pericolo imminente di morte, qualsiasi sacerdote può assolvere da ogni peccato o scomunica.

Quale rapporto c'è tra la celebrazione del Sacramento della Confessione e la vita quotidiana?

La celebrazione del rito sacramentale della Penitenza è strettamente legata alla vita quotidiana. Confessandosi, si prende l'impegno, davanti alla comunità e davanti a Dio, di ritornare a camminare nella scelta cristiana fondamentale, di operare tutto ciò che Cristo ha proposto come via per la vera e definitiva liberazione dell'uomo, per la piena e gioiosa comunione con Dio e con i fratelli.

« Siete stati lavati, siete stati santificati, siete stati giustificati nel nome del Signore Gesù Cristo e nello Spirito del nostro Dio » (*1 Cor* 6, 11). Dunque camminate nella vita nuova.

« Questa è la volontà di Dio, la vostra santificazione » (*1 Tes* 4, 3).

NB: Per approfondire l'argomento, ecco alcuni documenti pontifici:

RITO DELLA PENITENZA, 1974;
GIOVANNI PAOLO II, *Reconciliatio et paenitentia*, 1985;
CATECHISMO DELLA CHIESA CATTOLICA (*CCC*), nn. 1420-1484; 1846-1876;
Compendio del CCC, nn. 296-312, 391-400.

XVII
ESAME DI COSCIENZA:
COME FARLO PRIMA DI CONFESSARMI (SEGUENDO I DIECI COMANDAMENTI E ALTRE FORMULE CATTOLICHE)?

Domande preliminari:

Da quanto tempo non ti confessi bene? – L'ultima volta hai detto tutti i peccati gravi commessi? – Nelle confessioni passate hai mai nascosto volutamente qualche peccato mortale? – Da quanto tempo non ricevi la Comunione? – L'hai ricevuta sempre bene? – Ti sei accostato alla Comunione avendo sulla coscienza dei peccati mortali senza esserti prima confessato? – Hai mai profanato l'Eucaristia commettendo un sacrilegio? – Hai mancato di rispetto al SS. Sacramento accostandoti alla Comunione senza avere osservato il digiuno prescritto, parlando, ridendo, senza preparazione e senza pensare a Chi stavi per ricevere? – Fai qualche penitenza il venerdì? – Sai vivere con austerità soprattutto nei giorni comandati dalla Chiesa? – Hai mangiato carne nei venerdì di quaresima? – Hai fatto digiuno il Mercoledì delle Ceneri e il Venerdì Santo? – Hai aiutato la Chiesa, sovvenendo alle sue opere (missioni, seminari, sostentamento del clero ecc.)?

Quesiti circa i dieci Comandamenti:

1. *Non avrai altro Dio fuori di me*

Credi in Dio, Padre e Salvatore tuo e di tutti gli uomini? – La tua vita è orientata a Dio? – Lo ami come figlio? – Lo hai messo al primo posto tra i valori della tua vita? – Credi nel Padre, nel Figlio, nello Spirito Santo? – Preghi mattina e sera? – Vivi le virtù cristiane della Fede, speranza e carità? – Consideri la Fede come un dono prezioso da coltivare? – Ti impegni a crescere nella Fede? – Sei convinto della tua religione cattolica? – Ricerchi e accetti la volontà di Dio nella tua giornata, soprattutto nei momenti difficili? – Hai messo in pericolo la tua Fede leggendo libri, riviste, articoli contrari alla Fede, a Cristo, alla Chiesa? – Cerchi di conoscere, di approfondire e di farti spiegare le verità della Fede cristiana? – Hai parlato male della religione, del Papa, dei sacerdoti? – Hai allontanato qualcuno dalla pratica religiosa? – Speri nell'amore di Dio oppure ti scoraggi e disperi davanti alle difficoltà della vita, imprecando e ribellandoti? – Sei superstizioso? – Porti addosso amuleti, portafortuna, oggetti scaramantici? – Credi davvero all'oroscopo? – Sei andato da indovini, maghi, chiromanti, cartomanti, fattucchiere? – Hai partecipato a sedute spiritiche?

2. *Non nominare il nome di Dio invano*

Hai rispetto e amore per il nome di Dio e della Madonna? – Hai testimoniato con coraggio la tua Fede? – Hai bestemmiato? – Hai fatto affermazioni false o eretiche su Dio, quali per esempio: «Dio non fa le cose giuste», «Dio è crudele», «Dio è cattivo», «Dio si diverte delle sofferenze degli uomini», «Dio si dimentica dei buoni» ecc.? – Hai raccontato fatti e barzellette blasfeme? – Hai fatto giuramenti falsi o illeciti o senza necessità? – Hai mantenuto i voti e le promesse fatte?

3. *Ricordati di santificare le feste*

Le 24 ore della domenica e dei giorni festivi costituiscono «il giorno del Signore»: le hai rese sante con la preghiera, compiendo opere buone, coltivando i valori sacri della vita (famiglia, amicizia, cultura, natura, solidarietà, pace ecc.)? – Ti sei liberato dalla fatica del lavoro, godendo della libertà del figlio di Dio? – Hai lavorato pur potendo farne a meno? – Hai partecipato alla Messa, vivendo un'ora assieme agli altri credenti? – Alla Messa ti sei distratto, hai chiacchierato, hai disturbato gli altri? – Hai dedicato gratuitamente agli altri (al di fuori della tua parentela) un po' del tuo tempo, delle tue capacità? – Hai fatto del volontariato?

4. *Onora il padre e la madre*

Hai amato, rispettato, ubbidito, aiutato i genitori secondo le tue possibilità? – Sei stato gentile e disponibile in famiglia? – In casa collabori e condividi la vita con i tuoi? – Crei serenità, comunione, conversazione con gli altri o li fai vivere nella solitudine e nel silenzio? – Ti impegni per l'educazione dei figli? – Vegli sulle loro amicizie, giochi, divertimenti, letture? – Ti senti responsabile della scuola che frequentano? – Dai loro l'esempio di una vera vita cristiana? – Preghi insieme con loro in famiglia? – Rispetti gli anziani, le donne, i bambini; i superiori, le autorità? – Ubbidisci con lealtà alle leggi dello Stato? – Compi i tuoi doveri di buon cittadino? – Capisci il valore del partecipare alle votazioni pubbliche? – Hai votato secondo coscienza, in coerenza con i tuoi principi cristiani? – Hai mai venduto il tuo voto per interessi privati? – Sei iscritto ad associazioni che hanno finalità immorali?

5. *Non uccidere*

Consideri la tua vita come un dono di Dio, del quale tu non sei padrone assoluto, ma amministratore, usufruttuario? – La rispetti con la moderazione nel cibo, nelle bevande, nel fumo? – Ti concedi il giusto riposo? – Fuggi l'alcolismo, la droga? – Hai spacciato droga? – Sei prudente nel guidare l'automobile? – Hai messo mai in pericolo la tua vita o quella degli altri? – Hai curato opportunamente la salute tua e dei tuoi cari? – Ti sforzi di amare gli altri come te stesso, e soprattutto come Dio li ama? – Hai fatto agli altri ciò che vuoi che venga fatto a te? – Sei accogliente e solidale, soprattutto con chi ha meno di te? – Sei invidioso? – Coltivi sentimenti di odio, rancore, vendetta? – Hai litigato? – Rispetti e aiuti chi è più debole nella società: malati, portatori di handicap, anziani, bambini, poveri? – Sei razzista? – Hai perdonato le offese ricevute? – Hai fatto, procurato, consigliato l'aborto, uno dei peccati più gravi al cospetto di Dio e della Chiesa? – Hai ucciso qualcuno? – Hai mai usato violenza? – Hai inflitto percosse, hai procurato ferite o malattie a qualcuno? – Possiedi, conservi, usi armi pericolose e offensive? – Sei stato crudele con gli animali? – Hai imprecato o augurato del male ad altri? – Hai dato scandalo con il tuo modo di vestire, di agire, di parlare? – Sei stato occasione di peccato per qualcuno?

6. *Non commettere atti impuri*

Sul corpo, sull'amore, sulla sessualità, sulla castità hai una concezione cristiana? – Hai conservato puro e casto il tuo corpo? – Hai commesso atti disonesti, osceni, immorali? – Ti sei abbandonato alla lussuria, all'autoerotismo, alla prostituzione, a perversioni sessuali, all'omosessualità? – Hai frequentato orge? – Hai avuto delle «avventure»? – Hai sedotto o disonorato qualche persona innocente? – Eviti le occasioni e le compagnie cattive o pericolose? – Hai conservato la tua fedeltà alla fidanzata o al fidanzato? – Hai rapporti prematrimoniali? – Nel matrimonio hai il senso cristiano del Sacramento ricevuto? – Ami, rispetti, aiuti con generosità il tuo coniuge? – La tua vita sessuale è sempre espressione d'amore, di donazione totale e feconda? – Hai commesso adulterio? – Hai usato male o abusato del matrimonio non osservando la legge di Dio e l'insegnamento della Chiesa? – Hai praticato in qualche modo la contraccezione? – Leggi o guardi giornali, riviste, libri, spettacoli osceni? – Segui e gusti racconti, film, romanzi pornografici? – Contribuisci allo sviluppo e alla diffusione della pornografia comprando materiale osceno? – In casa tieni statue oscene, o poster e immagini pornografiche? – Pensi o parli della donna (o dell'uomo) come se fosse solo oggetto di piacere? – Aiuti, incoraggi la fedeltà di altre coppie?

7. *Non rubare*

Sei convinto della parola del Vangelo che «è impossibile per chi è attaccato al danaro entrare nel Regno di Dio»? – Sai che l'avarizia, per la Bibbia, è «idolatria», cioè adorazione del danaro al posto di Dio? – Sei usuraio? – Hai prestato soldi con eccessivo interesse, rovinando persone bisognose già in difficoltà? – Sei onesto nel lavoro, nella professione, in ufficio, nel commercio? – Quello che possiedi l'hai guadagnato onestamente? – Ti sei appropriato di beni della comunità o di altri? – Credi di lavorare lealmente in modo da meritare lo stipendio mensile? – Hai perso tempo sul lavoro? – Ti sei assentato dal lavoro senza vera necessità? – Hai preteso regalie, bustarelle, favori non dovuti? – Hai chiesto raccomandazioni per ottenere vantaggi e privilegi? – Sei convinto che la disonestà degli altri non giustifica mai la tua? – Oltre ai tuoi diritti hai pensato anche ai tuoi doveri? – Rispetti i diritti degli altri? – Nelle rivendicazioni, anche giuste, tieni conto anche del bene comune? – Hai fatto scioperi ingiusti? – Tu, datore di lavoro, paghi il giusto stipendio ai dipendenti? – Frodi lo Stato? – Paghi con giustizia le tasse? – Rispetti quanto appartiene alla società: strade, mezzi di trasporto, luoghi ed edifici pubblici? – Hai procurato danni all'ambiente, a monumenti, a proprietà pubbliche o private, sporcando e imbrattando? – Hai riparato o risarcito i danni fatti? – Hai restituito il danaro o altre cose avute in prestito? – Ti vendi per ottenere favori o vantaggi? – Hai usato mezzi illeciti per ottenere risultati negli studi, nel lavoro, nella politica, nella società? – Hai frodato le compagnie di assicurazione dichiarando danni falsi e facendoti pagare ingiustamente? – Ti sei sempre assunto le tue responsabilità? – Hai praticato giochi d'azzardo? – Sei dedito al gioco, danneggiando la famiglia? – Hai falsificato assegni? – Hai spacciato coscientemente danaro falso? – Hai acquistato merce dichiaratamente rubata?

8. *Non dire falsa testimonianza*

Sei falso, sleale, ingannevole? – Con le tue parole inganni il prossimo? – Hai detto bugie, menzogne? – Hai proferito giudizi avventati? – Hai accusato ingiustamente il tuo prossimo? – Parli male degli altri? – Fai pettegolezzi? – Hai giurato il falso? – Testimoniando hai fatto deposizioni false? – Col tuo esempio hai insegnato a mentire ai tuoi figli, agli altri? – Hai cooperato agli errori degli altri, prendendovi parte direttamente e volontariamente? Hai omesso di impedire o di denunciare errori altrui, quando invece saresti stato tenuto a farlo? Hai protetto coloro che commettono il male? Con un silenzio colpevole hai coperto fatti delittuosi (= omertà)? – Hai calunniato? – Hai diffamato qualcuno mormorando? – Hai riparato a eventuali diffamazioni o calunnie?

9. *Non desiderare la donna (o uomo) d'altri*

Hai custodito la modestia e il pudore nella tua vita e nei tuoi pensieri? – Hai una mente «pulita»? – Hai guardato donne (o uomini) con concupiscenza? – Ti sei compiaciuto volontariamente di pensieri o desideri impuri? – Cerchi con una moda sconveniente o con il modo di comportarti di suscitare in altri desideri, turbamenti, eccitamenti cattivi? – Capisci che ciò è una violenza morale e uno scandalo?

10. *Non desiderare la roba d'altri*

Ti lamenti sempre di quello che hai, dicendo «Beati loro...!»? – Ami il lusso e lo sfarzo? – Disprezzi il valore evangelico della povertà? – Sei invidioso dei beni e delle cose altrui? – Auguri del male e godi del male degli altri? – Come vivi quello che Cristo ha insegnato: « Beati i poveri in spirito »?

Altri aiuti per l'esame di coscienza

Per fare un buon esame di coscienza, può essere molto utile anche passare in rassegna l'osservanza delle seguenti altre formule della Dottrina cattolica:

I due comandamenti di carità

1. Amerai il Signore tuo Dio, con tutto il tuo cuore, con tutta la tua anima e con tutta la tua mente.
2. Amerai il prossimo tuo come te stesso.

La regola d'oro (*Mt* 7,12)

Tutto quanto volete che gli uomini facciano a voi, anche voi fatelo a loro.

Le Beatitudini (*Mt* 5,3-12)

Beati i poveri in spirito, perché di essi è il regno dei cieli.

Beati gli afflitti, perché saranno consolati.

Beati i miti, perché erediteranno la terra.

Beati quelli che hanno fame e sete della giustizia, perché saranno saziati.

Beati i misericordiosi, perché troveranno misericordia.

Beati i puri di cuore, perché vedranno Dio.

Beati gli operatori di pace, perché saranno chiamati figli di Dio.

Beati i perseguitati per causa della giustizia, perché di essi è il regno dei cieli.

Beati voi quando vi insulteranno, vi perseguiteranno e, mentendo, diranno ogni sorta di male contro di voi, per causa mia. Rallegratevi ed esultate, perché grande è la vostra ricompensa nei cieli.

Alcuni altri passi Scritturistici

« Dal di dentro, cioè dal cuore degli uomini, escono le intenzioni cattive: fornicazioni, furti, omicidi, adulteri, cupidigie, malvagità, inganno, ìmpudìcizia, invidia, calunnia, superbia, stoltezza. Tutte queste cose cattive vengono fuori dal di dentro e contaminano l'uomo » *(Mc* 7,21-23).

« Non illudetevi: né immorali, né idolatri, né adulteri, né effeminati, né sodomiti, né ladri, né avari, né ubriaconi, né maledicenti, né rapaci erediteranno il regno di Dio » *(1 Cor* 6, 9-10).

« Ma per i vili e gli increduli, gli abietti e gli omicidi, gli immorali, i fattucchieri, gli idolatri e per tutti i mentitori è riservato lo stagno ardente di fuoco e di zolfo. È questa la seconda morte » *(Ap* 21,8).

Le tre virtù *teologali*

1. Fede
2. Speranza
3. Carità.

Le quattro virtù *cardinali*

1. Prudenza
2. Giustizia

3. Fortezza
4. Temperanza.

I cinque *precetti* della Chiesa

1. Partecipare alla Messa la domenica e le altre feste comandate e rimanere liberi da lavori e da attività che potrebbero impedire la santificazione di tali giorni.

2. Confessare i propri peccati almeno una volta all'anno.

3. Ricevere il sacramento dell'Eucaristia almeno a Pasqua.

4. Astenersi dal mangiare carne e osservare il digiuno nei giorni stabiliti dalla Chiesa.

5. Sovvenire alle necessità materiali della Chiesa stessa, secondo le proprie possibilità.

Le sette opere di *misericordia corporale*

1. Dar da mangiare agli affamati.
2. Dar da bere agli assetati.
3. Vestire gli ignudi.
4. Alloggiare i pellegrini
5. Visitare gli infermi.
6. Visitare i carcerati.
7. Seppellire i morti.

Le sette opere di *misericordia spirituale*

1. Consigliare i dubbiosi.
2. Insegnare agli ignoranti.
3. Ammonire i peccatori.
4. Consolare gli afflitti.

5. Perdonare le offese.
6. Sopportare pazientemente le persone moleste.
7. Pregare Dio per i vivi e per i morti.

I sette *vizi capitali*

1. Superbia
2. Avarizia
3. Lussuria
4. Ira
5. Gola
6. Invidia
7. Accidia.

I peccati che gridano al Cielo

1. Omicidio volontario
2. Peccato impuro contro natura
3. Oppressione dei poveri
4. Defraudare il salario ai lavoratori.

NB: Si leggano:

REDAZIONE DELLE ESD, *Sintesi della morale cattolica.* Ed. Studio Domenicano, 1995, pp. 101-108;

CATECHISMO DELLA CHIESA CATTOLICA (*CCC*), Terza parte;

Compendio del CCC, Terza parte.

XVIII
QUALE COSCIENZA MORALE?

Si dice*: Ognuno deve agire secondo coscienza... fai ciò che pensi sia meglio... segui la tua coscienza...*

Questo è vero. Ma ci si dimentica spesso di chiederci: Quale coscienza? Quali caratteristiche deve avere la coscienza? Come si forma la coscienza?

A queste e ad altre domande si propone di rispondere questa scheda, in cui quando si parla di coscienza si intende sempre la coscienza morale.

Partiamo anzitutto con il chiederci:

Che cos'è la coscienza morale?

■ Presente nell'intimo della persona, la coscienza è:

- « un giudizio della ragione, mediante il quale la persona umana riconosce la qualità morale di un atto concreto che sta per porre, sta compiendo o ha compiuto » (*CCC*, 1778). Senza l'uso della ragione non esiste coscienza;
- la percezione naturale dei principi morali fondamentali, la loro applicazione in circostanze particolari e il giudizio finale su ciò che si deve fare (o che si è fatto);
- « il nucleo più segreto e il sacrario dell'uomo » (*GS* 16);

• il santuario della persona, che decide per le azioni dell'uomo.

■ Essa tuttavia non è:

• un sentire immediato, che invece tante volte è frutto o di uno stato d'animo particolare o di una pressione dall'esterno, ad esempio dei mezzi di comunicazione sociale o dell'opinione della maggioranza;

• legata all'istinto e neppure al soggettivismo relativista, che porta ad affermare che al di sopra della coscienza non ci può essere nessuna istanza superiore;

• la sorgente stessa di verità e di valori;

• un assoluto, posto al di sopra della verità e dell'errore, del bene e del male;

• un agire secondo la propria personale interpretazione o umore e senza risponderne a chicchessia.

Qual è il compito della coscienza?

■ Essa consente di:

• percepire i principi della moralità;

• applicarli agli avvenimenti e circostanze di fatto mediante un discernimento pratico delle motivazioni e dei beni;

• compiere il bene ed evitare il male;

• esprimere il giudizio sulla qualità morale degli atti concreti che si devono compiere o che sono già stati compiuti;

• assumere la responsabilità degli atti compiuti: « Se l'uomo commette il male, il retto giudizio della coscienza può rimanere in lui testimone della verità universale del bene e, al tempo stesso, della malizia della sua scelta particolare. La sentenza del giudizio di coscienza resta un pegno di speranza e di misericordia. Attestando la colpa commessa, richiama al perdono da chiedere, al bene da praticare ancora e alla virtù da coltivare incessantemente con la grazia di Dio» (*CCC*, 1781).

■ La coscienza pertanto ha un triplice compito:

- deduttivo: conosce, riconosce e applica le norme morali alle varie situazioni e scelte;
- imperativo: decide il comportamento morale della persona, alla luce della legge morale, della voce interiore dello Spirito, degli insegnamenti di Cristo trasmessi in maniera certa e autorevole da parte dei Pastori, prescelti da Cristo stesso;
- creativo: adotta strategie, progetta soluzioni, individua tonalità e modalità nel fare il bene.

■ «Attesta l'autorità della verità in riferimento al Bene supremo, di cui la persona umana avverte l'attrattiva e accoglie i comandi» (*CCC*, 1777). Occorre pertanto affermare il *primato della verità,* più che il primato della coscienza. La coscienza è la sede della nostra scelta, è il luogo dove decidiamo, ma non è il criterio della scelta. Il criterio non ce lo diamo da soli: ce lo dona Dio, che è Amore, che è Verità.

Qual è la condizione indispensabile per sentire la voce della coscienza?

« L'importante per ciascuno è di essere sufficientemente presente a se stesso al fine di sentire e seguire la voce della propria coscienza. Tale ricerca di interiorità è quanto mai necessaria per il fatto che la vita spesso ci mette in condizione di sottrarci ad ogni riflessione, esame o introspezione » (*CCC*, 1779):

« Ritorna alla tua coscienza, interrogala. [...] Fratelli, rientrate in voi stessi e in tutto ciò che fate fissate lo sguardo sul Testimone, Dio » (SANT'AGOSTINO, *In epistulam Ioannis ad Parthos tractatus,* 8, 9: PL 35, 2041).

Come dev'essere la coscienza?

Dev'essere:

- Vera
- certa
- retta
- libera
- formata.

Quando la coscienza è vera?

■ Una coscienza è vera, quando è fondata sulla verità. Infatti la coscienza è atto della ragione mirante alla verità delle cose.

« La coscienza morale, per essere in grado di guidare rettamente la condotta umana, deve anzitutto basarsi sul solido fondamento della verità, deve cioè essere illuminata per riconoscere il vero valore delle azioni e la consistenza dei criteri di valutazione, così da sapere distinguere il bene dal male, anche laddove l'ambiente sociale, il pluralismo culturale e gli interessi sovrapposti non aiutino a ciò» (BENEDETTO XVI, *Discorso,* 24-2-07).

«L'uomo ha in realtà una legge scritta da Dio nel suo cuore: obbedire ad essa è la dignità stessa dell'uomo, e secondo questa egli sarà giudicato (...). Tramite la coscienza si fa conoscere in modo mirabile quella legge, che trova il suo compimento nell'amore di Dio e del prossimo» (CONCILIO VATICANO II, *Gaudium et spes*, 16).

Occorre pertanto annunciare, difendere e promuovere la possibilità per la ragione di:

- conoscere la verità: oggi addirittura si diffida anche della capacità della ragione di percepire la verità. Come pure avviene che la riduzione della coscienza alla certezza soggettiva porta nello stesso tempo alla rinuncia alla verità;
- non interpretare tale verità come pare e piace a ognuno: la coscienza è un antidoto anziché una scusa per il soggettivismo (secondo cui ciò che uno pensa è criterio e fonte di verità) e il relativismo (secondo cui non esiste la verità, ma ci sono tante verità);
- riconoscere lo *splendore* della verità, la sua trascendenza nei confronti della nostra intelligenza

creata e, di conseguenza, il nostro dovere di aprirsi ad essa, di accoglierla non come propria invenzione, ma come dono che viene da Dio.

Perché è importante che la coscienza sia certa?

Perché la persona deve sempre agire, in campo morale, in tutta certezza e sicurezza, al fine di essere sempre pienamente responsabile delle sue azioni. La persona quando decide, deve farlo con una coscienza certa, e cioè la coscienza deve essere sicura, deve emettere il proprio giudizio morale con sicurezza, e non essere nel dubbio, e cioè nel non sapere cosa sia giusto fare. In tal caso, ella deve prima informarsi da persone di fiducia e competenti, al fine di sciogliere ogni dubbio e agire nella certezza acquisita.

Che cosa significa che la coscienza deve essere retta?

Significa che la coscienza deve « essere in accordo con ciò che è giusto e buono secondo la ragione e la Legge divina » (*Compendio*, 373).

È la stessa dignità della persona umana che implica ed esige tale rettitudine.

La coscienza retta è dunque determinata a seguire la verità, senza contraddizioni, senza tradimenti e senza compromessi.

La coscienza può emettere anche un giudizio erroneo?

■ La coscienza non sempre ha ragione, non è infallibile: se così fosse, non ci sarebbe nessuna unica verità, poiché molte volte i giudizi di coscienza si contraddicono, fra persone diverse e anche in una medesima persona. Esisterebbero tante verità quante sono le coscienze; ci sarebbe soltanto la verità della singola persona, e quindi tante verità quante sono le persone.

■ La coscienza può emettere un giudizio erroneo, il che avviene quando il suo giudizio si discosta dalla ragione e dalla Legge divina.

«La persona deve sempre obbedire al giudizio certo della propria coscienza, ma può emettere anche giudizi erronei, per cause non sempre esenti da colpevolezza personale. Non è però imputabile alla persona il male compiuto per ignoranza involontaria, anche se esso resta oggettivamente un male. È quindi necessario adoperarsi per correggere la coscienza morale dai suoi errori» (*Compendio*, 376).

■ La coscienza erronea non perde tuttavia la sua dignità.

Quando l'ignoranza è colpevole?

■ «Quando l'uomo non si cura di cercare la verità e il bene, e quando la coscienza diventa quasi cieca in seguito all'abitudine del peccato» (GS 16). In tali casi la persona è colpevole del male che commette.

■ «All'origine delle deviazioni del giudizio nella condotta morale possono esserci la non conoscenza di Cristo e del suo Vangelo, i cattivi esempi dati dagli altri, la schiavitù delle passioni, la pretesa di una malintesa autonomia della coscienza, il rifiuto dell'autorità della Chiesa e del suo insegnamento, la mancanza di conversione e di carità» (*CCC*, 1792).

Quando l'ignoranza è involontaria, invincibile (e quindi non-colpevole)?

■ Quando l'ignoranza non è imputabile alla responsabilità della persona. E tuttavia, in questo caso, anche se la persona non è responsabile soggettivamente del male compiuto, tuttavia il male compiuto resta un male, un disordine oggettivo: per il fatto che i ciechi non vedono il sole, non si può concludere che esso non esiste.

■ Da qui la responsabilità della persona di:

- essere informata circa tale male
- correggere la sua coscienza morale dai suoi errori
- riparare per quanto possibile ai danni provocati dal male compiuto.

La coscienza erronea è sempre giustificata?

■ La coscienza erronea non può essere giustificata se il suo essere in errore è dovuto a ignoranza colpevole oppure a un ottenebramento della sua coscienza.

L'ignoranza non può considerarsi una soluzione comoda, un vantaggio: sarebbe come dire che il non conoscere sia meglio del conoscere.

« Il non vedere più le colpe, l'ammutolirsi della voce della coscienza in così numerosi ambiti della vita è una malattia spirituale molto più pericolosa della colpa, che uno è ancora in grado di riconoscere come tale. Chi non è più in grado di riconoscere che uccidere è peccato, è caduto più profondamente di chi può ancora riconoscere la malizia del proprio comportamento, poiché si è allontanato maggiormente dalla verità e dalla conversione » (Card. Joseph Ratzinger, *Elogio della Coscienza*, Conferenza del 16 marzo 1991).

■ In un Salmo biblico è contenuta quest'affermazione, sempre meritevole di ponderazione: « Chi si accorge dei propri errori? Liberami dalle colpe che non vedo! » (*Sal* 19, 13).

■ Può dunque avvenire che la colpa si trovi non nell'atto del momento, non nell'attuale giudizio della mia coscienza, ma che si trovi altrove, più in profondità: e cioè in quella trascuratezza, chiusura che ho attuato, seppure gradualmente, verso la verità.

Quando la coscienza è libera?

■ L'uomo ha il diritto di agire in piena libertà secondo la sua coscienza. Questa libertà significa che egli:

- non può essere costretto ad agire contro la sua coscienza (cfr. *Rm* 14, 23): « In tutto quello che dice e fa, l'uomo ha il dovere di seguire ciò che sa essere giusto e retto » (*CCC*, 1778);
- ma non può neppure essere impedito di agire secondo la propria coscienza;
- soprattutto in campo religioso.

■ Esiste tuttavia un limite a tale libertà. Si deve seguire la propria coscienza:

- senza andare contro il bene comune;
- nel rispetto di quei valori che non sono negoziabili, proprio perché corrispondono a verità obiettive, universali ed uguali per tutti.

Quali norme la coscienza deve sempre seguire?

« Ce ne sono tre più generali:

1) non è mai consentito fare il male perché ne derivi un bene;

2) la cosiddetta Regola d'oro: « Tutto quanto volete che gli uomini facciano a voi, anche voi fatelo a loro » (*Mt* 7,12);

3) la carità passa sempre attraverso il rispetto del prossimo e della sua coscienza, anche se questo non

significa accettare come un bene ciò che è oggettivamente un male» (*Compendio*, 375).

Quando una coscienza è ben formata?

- Una coscienza è ben formata, quando è certa, retta e veritiera, e cioè «formula i suoi giudizi seguendo la ragione, in conformità al vero bene voluto dalla sapienza del Creatore» (*CCC*, 1783).
- Quanto più la coscienza è informata e formata, e tanto più è libera.
- La coscienza, come una sorgente di acqua, può anche essere inquinata, deviata, adulterata. Ma in tal caso può essere anche aiutata a purificarsi, a ritrovare la giusta strada, mediante un'adeguata informazione e formazione, sempre tuttavia nel rispetto della sua libertà e dignità.
- Una coscienza ben formata si pone come un esercizio autentico di sapiente discernimento, di scelte libere e responsabili. La riduzione della coscienza alla certezza soggettiva non libera, ma schiavizza, rendendoci totalmente dipendenti dal gusto personale o dall'opinione prevalente.

È necessario formare la coscienza?

Formare, educare la coscienza è «indispensabile per esseri umani esposti a influenze negative e tentati dal peccato a preferire il loro proprio giudizio e a rifiutare gli insegnamenti certi (...). L'uomo talvolta si trova ad affrontare situazioni che rendono incerto il giudizio morale e difficile la decisione. Egli deve sempre ricercare ciò che è giusto e buono e discernere la volontà di Dio espressa nella Legge divina» (*CCC*, 1783, 1787).

L'educazione aiuta la coscienza ad affinarsi, seppure con gradualità, come uno strumento di alta precisione.

L'educazione deve servire soprattutto a condurre la coscienza a conoscere, ad abbracciare e a seguire la verità: Non cadiamo nell'errore di pensare che il restare lontani dalla verità, sarebbe per l'uomo meglio della verità, quasi che lo stare nelle tenebre sia meglio che stare nella luce!

«Un uomo di coscienza è uno che non compra mai, a prezzo della rinuncia alla verità, l'andar d'accordo, il benessere, il successo, la considerazione sociale e l'approvazione da parte dell'opinione dominante (...). L'identificazione della coscienza con la consapevolezza superficiale, la riduzione dell'uomo alla sua soggettività non libera affatto, ma rende schiavo; essa ci rende totalmente dipendenti dalle opinioni dominanti ed abbassa anche il livello di queste ultime giorno dopo giorno» (Card. JOSEPH RATZINGER, *Elogio della coscienza,* 2009).

Quanto dura l'educazione di una coscienza?

■ «L'educazione della coscienza è un compito di tutta la vita. Fin dai primi anni essa dischiude al bambino la conoscenza e la pratica della legge interiore, riconosciuta dalla coscienza morale. Un'educazione prudente insegna la virtù; preserva o guarisce dalla paura, dall'egoismo e dall'orgoglio, dai sensi di colpa e dai moti di compiacenza, che nascono dalla debolezza e dagli sbagli umani. L'educazione della coscienza garantisce la libertà e genera la pace del cuore» (*CCC,* 1784).

■ «Occorre rieducare al desiderio della conoscenza della verità autentica, alla difesa della propria libertà di scelta di fronte ai comportamenti di massa e alle lusinghe della propaganda, per nutrire la passione della bellezza morale e della chiarezza della coscienza. Questo è compito delicato dei genitori e degli educatori che li affiancano; ed è compito della comunità cristiana nei confronti dei suoi fedeli. Per quanto concerne la coscienza cristiana, la sua crescita e il suo nutrimento, non ci si può accontentare di un fugace contatto con le principali verità di Fede nell'infanzia, ma occorre un cammino che accompagni le varie tappe della vita, dischiudendo la mente ed il cuore ad accogliere i fondamentali doveri su cui poggia l'esistenza sia del singolo che della comunità» (BENEDETTO XVI, *Discorso,* 24-2-07).

■ Non si dimentichi quanto ha scritto SANT'AGOSTINO: « Ci hai fatti per te, o Signore, e il nostro cuore è inquieto finché non riposa in te » (*Confessioni*, I, 1).

Come si forma la coscienza morale perché sia retta e veritiera?

■ « La coscienza morale retta e veritiera si forma con l'educazione, con l'assimilazione della Parola di Dio e dell'insegnamento della Chiesa. È sorretta dai doni dello Spirito Santo e aiutata dai consigli di persone sagge. Inoltre giovano molto alla formazione morale la preghiera e l'esame di coscienza » (*Compendio*, 374).

■ Importante è anche interpretare i dati dell'esperienza e i segni dei tempi con la virtù della prudenza, la quale «è la virtù che dispone la ragione pratica a discernere in ogni circostanza il nostro vero bene e a scegliere i mezzi adeguati per compierlo » (*CCC*, 1806).

■ In tal modo l'uomo prudente, attraverso la sua coscienza:

- sente la voce di Dio che gli parla;
- percepisce e riconosce i precetti della Legge divina;
- applica i principi morali ai casi particolari senza sbagliare e supera i dubbi sul bene da compiere e sul male da evitare.

■ Lasciare illuminare la propria coscienza dalla Fede cristiana consente di:

• conoscere la verità e di vivere la propria vita nell'autentica e piena felicità: la Fede infatti non è un peso, un carico pesante, una realtà che dà tristezza, un'imposizione di esigenze morali... La stessa via che conduce alla verità e al bene, non è una via comoda, ma è una via alta ed ardua... sulla quale via però non siamo soli: Cristo è con noi, ci dona il Suo Spirito che è Spirito di verità e di felicità;

• superare il soggettivismo e il relativismo: «Non si può identificare la coscienza dell'uomo con l'autocoscienza dell'io, con la certezza soggettiva su di sé e sul proprio comportamento morale. Questa consapevolezza, da una parte può essere un mero riflesso dell'ambiente sociale e delle opinioni ivi diffuse. D'altra parte può derivare da una carenza di autocritica, da una incapacità di ascoltare le profondità del proprio spirito» (Card. JOSEPH RATZINGER, *Elogio della Coscienza*, Conferenza del 16 marzo 1991).

■ Ecco l'importanza del Magistero a questo riguardo.

Qual è il ruolo del Magistero *della chiesa nella formazione della coscienza?*

■ Ho detto che il giudizio della propria coscienza dev'essere illuminato dalla verità e, a tal fine, specialmente nei problemi nuovi o che si presentano in termini del tutto inediti, il ricorso al Magistero è di grande aiuto per la formazione di una coscienza certa, vera, retta.

■ Il Magistero della Chiesa infatti non è:

• un ostacolo, ma un aiuto, dato da Cristo a tutti gli uomini di buona volontà nel ricercare, trovare, accogliere la verità: esso esiste perché la coscienza morale raggiunga con sicurezza la verità e vi permanga;

• una qualsiasi fonte esterna di pensiero morale con cui la coscienza individuale deve venire a contatto: esso informa la coscienza praticamente come l'anima informa il corpo;

• una realtà che restringe, minaccia o addirittura nega la libertà della coscienza personale, ma piuttosto un aiuto alla illuminazione della coscienza.

■ Non si può dimenticare che il Magistero della Chiesa (e cioè del Papa in comunione con i Vescovi) è stato voluto da Cristo stesso, il quale gli ha affidato la missione di servire la Parola di Dio, «insegnando soltanto ciò che è stato trasmesso, in quanto, per divino mandato e con l'assistenza dello Spirito Santo, piamente la ascolta, santamente la custodisce e Fedelmente la espone, e da questo unico deposito della Fede attinge tutto ciò che propone da credere come rivelato da Dio» (CONCILIO VATICANO II, *Dei Verbum,* 10).

I fedeli pertanto «memori della parola di Cristo ai suoi Apostoli: «Chi ascolta voi, ascolta me» (*Lc* 10,16), accolgono con docilità gli insegnamenti e le direttive che vengono loro dati, sotto varie forme, dai Pastori» (*CCC*, 87).

■ Il Magistero cerca dunque di aiutare le coscienze a raggiungere una mediazione e un'applicazione più attendibile della verità morale: è sempre la verità morale oggettiva ad avere il primato e solo questa può essere infallibilmente vera.

Qual è il ruolo dello Spirito Santo nella formazione della coscienza?

La coscienza è come spazio abitato dallo Spirito Santo, il quale ci libera non dall'esterno, ma nel profondo del cuore, ci configura a Cristo per poter scegliere e agire come Lui.

Lo Spirito Santo ci è stato regalato nel Battesimo, da Dio Padre, per mezzo di Cristo morto e risorto, « affinché arriviamo tutti all'unità della Fede e della conoscenza del Figlio di Dio, allo stato di uomo perfetto, nella misura che conviene alla piena maturità di Cristo » (*Ef* 4,13).

Che cos'e' l'obiezione di coscienza?

■ « Il cittadino è obbligato in coscienza a non seguire le prescrizioni delle autorità civili quando tali precetti sono contrari alle esigenze dell'ordine morale, ai diritti fondamentali delle persone o agli insegnamenti del Vangelo. Il rifiuto d'obbedienza alle autorità civili, quando le loro richieste contrastano con quelle della retta coscienza, trova la sua giustificazione nella distinzione tra il servizio di Dio e il servizio della comunità politica. « Rendete [...] a Cesare quello che è di Cesare e a Dio quello che è di Dio » (*Mt* 22,21). « Bisogna obbedire a Dio piuttosto che agli uomini » (*At* 5,29) » (*CCC*, 2242).

■ Occorre promuovere e sostenere una coraggiosa obiezione di coscienza, in quanto sempre più nella società si vanno diffondendo leggi contrarie a principi e a valori non negoziabili, come:

- « il rispetto e la difesa della vita umana, dal concepimento fino alla morte naturale;
- la famiglia fondata sul matrimonio tra uomo e donna;
- la libertà di educazione dei figli e la promozione del bene comune in tutte le sue forme » (BENEDETTO XVI, *Sacramentum caritatis*, n. 83).

■ Lo Stato deve riconoscere, nella sua legislazione, il diritto all'obiezione di coscienza, ogni qualvolta un cittadino ritenga opportuno ricorrervi, soprattutto in campo medico-morale. Purtroppo esiste nel contesto attuale un paradosso, secondo cui spesso una società ideologicamente tollerante (nel senso contemporaneo del termine) non è disposta invece a tollerare l'obiezione di coscienza, poiché una tale società non ammette che:

- ci possa essere qualcuno che in qualche maniera sfugga al suo controllo, all'osservanza delle sue leggi, o che si opponga al suo totalitarismo ideologico e sociale;

- possano esserci valori fondamentali che superano le stesse leggi civili, le quali in tal caso non avrebbero più valore assoluto e vincolante per tutti.

■ L'obiezione di coscienza, se accompagnata da amore di verità ad ogni persona:

- è un agire esemplare che ha il coraggio della coerenza;
- non è una fuga dalle responsabilità, ma al contrario un'assunzione di una testimonianza;
- investe una casistica molto complessa e vasta. Basti pensare anche solo alla categoria dei medici, impegnati oggi sull'ampio campo della vita umana (aborto, eutanasia, pillole abortive, uso degli embrioni nella ricerca...);
- è *un'ultima ratio* (un diritto-dovere umano) per non vedersi coinvolti in atti che ripugnano profondamente a una persona;

è espressione e attuazione del legittimo diritto alla libertà, che ogni persona ha, in virtù del quale può e deve rifiutarsi di compiere un'azione che si oppone o che viola i principi – etici e/o religiosi – che la sua coscienza gli detta.

NB: Per approfondire l'argomento, si leggano:

CATECHISMO DELLA CHIESA CATTOLICA (*CCC*), nn. 1776-1802;

Compendio del CCC, nn. 372-376.

XIX
COME PREGARE?

Che cos'è la preghiera cristiana?

■ La preghiera cristiana è:

• elevazione dell'anima a Dio;

• dono di Dio e azione dell'uomo;

• colloquio, relazione dei figli di Dio col loro Padre, per mezzo del Figlio Gesù, nello Spirito Santo: relazione vivente di alleanza, di comunione d'amore;

• partecipazione di tutto l'uomo, qualunque sia il linguaggio (gesti e parole) e il luogo della preghiera;

• adesione umile e fiduciosa alla volontà di Dio Padre;

• necessità vitale: il cristiano, per la sua vita spirituale, ne ha assoluto e incessante bisogno come ha bisogno dell'aria e dell'acqua per la sua vita biologica.

■ Essa sgorga dallo Spirito Santo: « Dio ha mandato nei nostri cuori lo Spirito del suo Figlio che grida: Abbà, Padre » (*Gal* 4,6). È lo stesso Spirito, che prega nel cristiano e gli insegna « che cosa sia conveniente domandare » (*Rm* 8,26) nella preghiera.

■ Richiede il cuore umile e pentito, ricco di Fede, all'uomo che prega, il quale si riconosce come creato ad immagine di Dio, redento da Cristo, santificato dallo Spirito Santo: « Tutto è possibile per chi crede » (*Mc* 9,23).

■ Dio per primo chiama incessantemente ogni persona al misterioso incontro della preghiera.

■ La preghiera ha dunque una duplice dimensione:

• discendente: invito all'incontro e al dialogo che il Padre, per mezzo di Cristo, nello Spirito Santo, rivolge all'uomo;

• ascendente: risposta dell'uomo al Padre, per mezzo di Cristo, nello Spirito Santo.

Come si comporta Gesù riguardo alla preghiera?

■ Durante la sua vita terrena, Egli prega:

• secondo i ritmi e le preghiere del suo popolo;

• frequentemente, anche di notte, nella solitudine e in particolare prima dei momenti decisivi della sua missione;

• dicendo «Abbà, Padre»: la sua è una preghiera filiale, sgorga dal suo essere Figlio eterno di Dio;

• per noi, come nostro sacerdote; in noi come nostro Capo e guida; è pregato da noi come nostro Dio.

■ Tutta la vita di Gesù è una incessante preghiera, comunione profonda e intima con Dio suo Padre: le sue parole e le sue azioni sono la manifestazione visibile di tale sua preghiera continua.

■ Gesù è il «Maestro della preghiera» per il cristiano. Egli, già pregando, ci insegna come pregare. E nello stesso tempo Egli dà indicazioni precise sul pregare. Ad esempio:

• « Quando pregate dite: 'Padre' » (*Lc* 11,2);

• « non sprecate parole come i pagani, i quali credono di venire ascoltati a forza di parole [...] perché il Padre sa di quali cose avete bisogno prima che gliele chiediate » (*Mt* 6,7-8);

• « quando preghi, entra nella tua camera e, chiusa la porta, prega il Padre tuo nel segreto » (*Mt* 6,6);

• « se presenti la tua offerta sull'altare e lì ti ricordi che tuo fratello ha qualcosa contro di te, lascia lì il tuo dono davanti all'altare e va' prima a riconciliarti con il tuo fratello e poi torna a offrire il tuo dono » (*Mt* 5,23-24);

• « pregate per i vostri persecutori, perché siate figli del Padre vostro celeste » (*Mt* 5,44-45);

• « chiedete e vi sarà dato, cercate e troverete, bussate e vi sarà aperto » (*Lc* 11,9). « Chiedete e otterrete perché la vostra gioia sia piena » (*Gv* 16,24);

• « non avete, perché non chiedete; chiedete e non ottenete perché chiedete male » (*Gc* 4,2-3);

• « cercate prima il Regno di Dio » (*Mt* 6,33) e il Padre celeste a colui che prega così darà tutto ciò di cui ha bisogno.

■ Alla domanda: « Signore insegnaci a pregare » (*Lc* 11,1), Gesù risponde insegnando la preghiera del Padre Nostro. Tale preghiera:

• è la sintesi di tutto il Vangelo;

• ci mette in comunione con il Padre e con Gesù Cristo. Nel medesimo tempo rivela noi a noi stessi;

• contiene sette domande a Dio Padre. Le prime tre hanno come oggetto la gloria del Padre: la santificazione del nome, l'avvento del Regno e il compimento della volontà divina. Le altre quattro presentano a Lui i nostri desideri, riguardano la nostra vita per nutrirla, per guarirla dal peccato, per liberarla dal male;

• con l'*Amen* finale esprimiamo il nostro *fiat* alle sette domande: così sia.

Quali sono le fonti da cui il cristiano attinge per la sua preghiera?

■ Esse sono:

• la Parola di Dio, contenuta nella Sacra Scrittura;

• la liturgia della Chiesa, in particolare i Sacramenti e la liturgia delle ore;

• le Virtù Teologali: Fede, Speranza e Carità;

• l'oggi, con le sue vicende quotidiane, liete e tristi.

■ È bene che il cristiano utilizzi tutte queste fonti in modo complementare, dando sempre il primo posto alla Celebrazione Eucaristica, fonte e culmine di tutta la vita del cristiano e della Chiesa, nonché modello di ogni preghiera.

Perché è importante utilizzare i Salmi come preghiera?

È importante perché i Salmi:

• sono parola di Dio rivolta all'uomo, e parola dell'uomo rivolta a Dio;

• sono preghiera del popolo di Dio: Cristo associa a sé la Chiesa sua sposa; sono preghiera pubblica, nella quale la Chiesa è particolarmente coinvolta;

• contengono tutta l'infinita gamma di interrogativi, situazioni in cui può trovarsi la persona di ogni paese ed età;

• sono espressione dei vari sentimenti dell'animo umano: gioia, riconoscenza, rendimento di grazie, amore, tenerezza, entusiasmo, ma anche intensa sofferenza, recriminazione, richiesta di aiuto e di giustizia, che sfociano talvolta in rabbia e imprecazione. Nei Salmi l'essere umano ritrova se stesso interamente;

• fanno vivere l'esperienza della vicinanza di Dio nelle occasioni quotidiane dell'esistenza che li hanno originati e di cui sono il riflesso;

• offrono diverse intenzioni di preghiere: per glorificare Dio, per ringraziarlo, per esprimere fiducia, per invocare aiuto, per chiedere perdono, per far ascoltare la propria preghiera;

• offrono espressioni per la cosiddetta « preghiera giaculatoria » – dalla parola latina *iaculum*, cioè dardo – con cui si indicano brevissime espressioni salmodiche che possono essere recitate durante la giornata quali brevi ma efficaci colloqui con Dio, come pure essere « lanciate », quasi come punte infuocate, ad esempio contro le tentazioni.

Quali sono le forme principali della preghiera cristiana?

■ Le forme principali sono:

• Quanto al contenuto della preghiera:

– la preghiera di adorazione;

– la preghiera di domanda, che ha per oggetto soprattutto il perdono, la ricerca del Regno di Dio (« venga il tuo Regno »), come pure ogni vera necessità per noi e per gli altri;

– la preghiera di ringraziamento: « In ogni cosa rendete grazie » (*1 Ts* 5,18). Si ringrazia Dio per i doni della creazione e della redenzione. Ogni avvenimento e ogni necessità può diventare motivo di ringraziamento;

– la preghiera di lode: si rende gloria a Dio perché Egli è, prima e più di ciò che Egli fa.

• Quanto al modo di pregare:

– la preghiera vocale: essa, basata sull'unità del corpo e dello spirito nella natura umana, associa il corpo (in particolare la voce) alla preghiera interiore del cuore. Essa favorisce la preghiera con gli altri;

– la preghiera meditativa: essa mette in azione il pensiero, l'immaginazione, l'emozione e il desiderio. Può essere aiutata da un libro (in particolare la Bibbia), dalle icone, da scritti dei Padri della Chiesa e dei Santi, dal grande Libro della Creazione, dagli avvenimenti quotidiani...;

– la preghiera contemplativa: essa è uno sguardo di Fede fissato su Gesù, un silenzioso amore,

« un intimo rapporto di amicizia, nel quale ci si intrattiene spesso da solo a solo con quel Dio da cui ci si sa amati » (S. Teresa di Gesù).

■ La preghiera « deve, da una parte, essere molto personale, un confronto del mio io con Dio, con il Dio vivente. Dall'altra, tuttavia, essa deve essere sempre di nuovo guidata ed illuminata dalle grandi preghiere della Chiesa e dei santi, dalla preghiera liturgica (...) Nel pregare deve sempre esserci questo intreccio tra preghiera pubblica e preghiera personale » (Benedetto XVI, *Spe salvi*, n. 34).

■ Tutte queste forme di preghiera sono necessarie e complementari nella vita del credente e della Chiesa.

■ L'Eucaristia contiene, esprime, realizza e completa in sommo grado tutte queste forme di preghiera. Non c'è preghiera che uguagli o superi la Celebrazione Eucaristica.

Come la preghiera del cristiano è unita a quella di Cristo?

Così si esprime Sant'Agostino al riguardo : « Quando rivolgiamo a Dio la nostra preghiera, non dobbiamo separare da lui il Figlio, e quando prega il corpo del Figlio, esso non deve considerarsi come staccato dal capo. In tal modo la stessa persona, cioè l'unico Salvatore del corpo, il Signore nostro Gesù Cristo, Figlio di Dio, sarà colui che prega per noi, prega in noi, è pregato da noi. Prega per noi come nostro sacerdote, prega in noi come nostro capo, è pregato da noi come nostro Dio (…). Perciò noi preghiamo Lui, per mezzo di Lui e in Lui; diciamo con Lui ed Egli dice con noi » (SANT'AGOSTINO, *Commento sui salmii: Salmo 85, 1*).

Che relazione c'è tra la preghiera del cristiano e la Chiesa?

Ogni preghiera autentica del cristiano è anche preghiera della Chiesa e nella Chiesa: il cristiano infatti è membro della Chiesa, in virtù del Battesimo. La Chiesa pertanto, sia quella celeste sia quella pellegrina sulla terra, prega con lui, in lui e per lui. E lui prega nella Chiesa, con la Chiesa e per la Chiesa.

Qual è il legame della preghiera con la vita quotidiana?

■ La preghiera richiede la coerenza di vita: osservare la Parola di Dio, i suoi Comandamenti, fare la sua volontà.

■ Si prega come si vive, e si vive come si prega.

■ È l'amore credente, umile, fiducioso che consente di unire la preghiera a tutta la vita cristiana.

■ Perché la vita diventi una continua preghiera occorre che:

- sia una vita coerente con gli insegnamenti della Fede;

• ci siano momenti espliciti durante la giornata e la settimana dedicati esclusivamente alla preghiera.

Quando pregare?

■ « Pregate incessantemente » (*1 Ts* 5,17):

• « rendendo continuamente grazie per ogni cosa a Dio Padre nel nome del Signore nostro Gesù Cristo »;

• « con ogni sorta di preghiere e suppliche nello Spirito » (*Ef* 6,18);

• « prega incessantemente Colui che unisce la preghiera alle opere e le opere alla preghiera » (ORIGENE).

■ Pregare è sempre possibile: « È possibile anche al mercato o durante una passeggiata solitaria, fare una frequente e fervorosa preghiera. È possibile pure nel vostro negozio, sia mentre comprate sia mentre vendete, o anche mentre cucinate » (S. GIOVANNI CRISOSTOMO).

Che dire circa le tecniche per pregare bene?

■ La storia della preghiera cristiana conosce molte tecniche: esse hanno lo scopo di preparare lo spirito e il corpo alla preghiera, di sostenerli nel corso della preghiera, aiutando la persona al raccoglimento e alla concentrazione.

■ Esse riguardano: le parole, il canto, i gesti, l'iconografia, il luogo ove si prega.

■ I metodi e le tecniche sono necessari e utili, ma non sono necessariamente efficaci.

■ Sono mezzi per aiutare la preghiera, ma non sono né possono diventare fini.

■ Un metodo non è che una guida: l'importante è avanzare, con lo Spirito Santo, sull'unica Via, Modello, Maestro di preghiera: Gesù Cristo.

Quali sono le principali obiezioni alla preghiera?

■ Ecco alcune obiezioni alla preghiera:

• non ho tempo: ho ben altro da pensare e da fare;

• non ho voglia: non me la sento;

• è inutile pregare perché occorre piuttosto agire;

• non riesco a pregare perché mi distraggo frequentemente, perché il mio cuore è arido, incapace di pregare.

■ Tali obiezioni e difficoltà possono essere superate:

• approfondendo il significato e il valore della preghiera autentica del cristiano;

• pregando e chiedendo l'aiuto a Dio;

• tenendo presente che certamente la preghiera suppone anche uno sforzo e una lotta contro noi stessi, contro le insidie del diavolo, contro concezioni erronee, varie mentalità diffuse che ci sono circa la preghiera;

• crescendo nelle virtù dell'umiltà, della fiducia, della perseveranza, della custodia del cuore.

■ Circa l'obiezione di chi afferma che non prega più, perché nel passato ha pregato molto e non è stato esaudito, è bene ricordare che Dio talvolta tarda ad ascoltarci o non ci esaudisce affatto in quello che gli chiediamo:

- per verificare la nostra fedeltà, costanza, fiducia in Lui;
- per consentire a noi di verificare l'autenticità, l'opportunità o la necessità di ciò che gli chiediamo, e soprattutto la conformità delle nostre richieste alla volontà di Dio Padre;
- per consolidare la nostra Fede;
- per purificare e migliorare il nostro modo di chiedere; dice infatti San Giacomo: « Chiedete e non ottenete perché chiedete male » (*Gc* 4,3);
- per non darci qualcosa che non è il nostro vero e massimo bene: Dio ci conosce e ci ama più di quanto noi stessi ci conosciamo e ci amiamo;
- per riservarci qualcosa di meglio e di più utile per noi, da donarci in seguito. Egli, infatti, vede meglio, più in là e in profondità rispetto a noi.

NB: Per approfondire l'argomento, si leggano i seguenti documenti pontifici:

CATECHISMO DELLA CHIESA CATTOLICA (*CCC*), quarta parte;
Compendio del CCC, Quarta parte;
CONGREGAZIONE PER LA DOTTRINA DELLA FEDE:

- *Lettera su alcuni aspetti della meditazione cristiana*, 1989;
- *Istruzione circa le preghiere per ottenere da Dio la guarigione*, 2000.

XX
COME MEDITARE DA CRISTIANI?

Che cos'è la meditazione cristiana?

Essa è:

- silenzioso, riverente ascolto e obbediente accoglienza della Parola di Dio, in vista di conformare ad essa tutta la propria vita;
- essere e stare con Dio: « Rimanete in me, come io rimango in voi. Come il tralcio non può portare frutto da sé stesso, se non rimane nella vite, così nemmeno voi » (*Gv* 15,4);
- accostarsi a quel mistero dell'unione con Dio, che i Padri greci chiamavano divinizzazione dell'uomo: « Dio si è fatto uomo perché l'uomo diventi Dio » (SANT'ATANASIO);
- « volta al conseguimento della virtù e dell'amore di Dio, e non all'acquisto del sapere in generale o di una particolare disposizione psicologica » (SAN FRANCESCO DI SALES, *Introduction à la vie dévote, Filotea*, II,V);
- « riflettere su qualche verità della Fede, per crederla con più convinzione, amarla come un valore attraente e concreto, praticarla con l'aiuto dello Spirito Santo. Si tratta di una conoscenza amorosa. Implica riflessione, amore e proposito pratico. Il suo valore sta non nel molto pensare, ma nel molto amare » (CEI, 996);

• è sì un concentrarsi in se stessi, ma è anche un trascendere il proprio io, che non è Dio, ma solo una creatura. Dio è «*interior intimo meo, et superior summo meo*: Dio è più intimo della mia interiorità e più grande della mia grandezza» (SANT'AGOSTINO, *Confessiones* 3, 6, 11). Dio infatti è in noi e con noi, ma ci trascende nel suo mistero.

■ La meditazione cristiana non comporta che l'io personale e la sua creaturalità debbano essere annullati e scomparire nel mare dell'Assoluto. Infatti « l'uomo è essenzialmente creatura e tale rimane in eterno, cosicché non sarà mai possibile un assorbimento dell'io umano nell'io divino, neanche nei più alti stati di grazia » (*MC* 14).

Su che cosa si fonda la meditazione cristiana?

Si fonda:

• sulla realtà stessa del Dio Uno e Trino, che « è Amore » (*1 Gv* 4,8), che ci ha fatto « figli adottivi », e pertanto possiamo gridare con il Figlio nello Spirito Santo: « *Abbà*, Padre »;

• sulla meditazione delle opere salvifiche, che il Dio dell'Antica e della Nuova Alleanza ha compiuto nella storia, attraverso le quali Dio « si rivela parlando agli uomini come ad amici e si intrattiene con essi, per invitarli e ammetterli alla comunione con Sé » (CONCILIO VATICANO II, *Dei verbum*, 2);

• sulla Persona di Cristo Signore, « nel quale sono nascosti tutti i tesori della sapienza e della scienza » (*Col* 2, 3). Occorre aver sempre lo sguardo fisso in Gesù Cristo, nel quale l'amore divino si è manifestato e donato a noi soprattutto sulla croce. « Grazie alle parole, alle opere, alla Passione e Risurrezione di Gesù Cristo, nel Nuovo Testamento la Fede riconosce in Lui la definitiva autorivelazione di Dio, la Parola incarnata che svela le profondità più intime del suo amore » (*MC*, 5). Pertanto la meditazione cristiana richiede un permanente approfondimento della conoscenza di Cristo, in modo da « comprendere con tutti i Santi quale sia l'ampiezza, la lunghezza, l'altezza e la profondità [del mistero di Cristo] e conoscere l'amore di Cristo che sorpassa ogni conoscenza, per essere ricolmi di tutta la pienezza di Dio » (cfr. *Ef* 3,18s);

• sulla disponibilità a compiere costantemente la volontà di Dio, sull'esempio di Cristo, il cui « cibo è fare la volontà di Colui che (Lo) ha mandato a compiere la sua opera » (*Gv* 4,34);

• sulla stretta correlazione tra *lex orandi* e *lex credendi*, tra il modo di pregare e il contenuto della Fede cristiana che viene professata. La preghiera cristiana è sempre determinata dalla struttura della Fede cristiana, nella quale risplende la verità stessa di Dio e della creatura. « La preghiera è Fede in atto: la preghiera senza Fede diviene cieca, la Fede senza preghiera si disgrega » (Card. JOSEPH RATZINGER, *Conferenza di presentazione del documento MC*);

- sull'umiltà. Quanto più viene concesso ad una creatura di avvicinarsi a Dio, tanto maggiormente cresce in lei la riverenza davanti al Dio, tre volte Santo. Si comprende allora la parola di Colei che è stata gratificata della più alta intimità con Dio, Maria SS.ma: «Ha guardato l'umiltà della sua serva» (*Lc* 1,48), e anche quella di Sant'Agostino: «Tu puoi chiamarmi amico, io mi riconosco servo» (SANT'AGOSTINO, *Enarrationes in Psalmos* CXLU). «Non possiamo mai, in alcun modo, cercare di metterci allo stesso livello dell'oggetto contemplato, l'amore libero di Dio; neanche quando, per la misericordia di Dio Padre, mediante lo Spirito Santo mandato nei nostri cuori, ci viene donato in Cristo, gratuitamente, un riflesso sensibile di quest'amore divino e ci sentiamo come attirati dalla verità, dalla bontà e dalla bellezza del Signore» (*MC* 31);
- sul silenzio: occorre riscoprire il valore del silenzio, il quale crea l'ambiente favorevole alla riflessione, alla contemplazione, all'ascolto integrale (di se stessi, di Dio, degli altri), alla purificazione e unificazione della persona;
- sull'amore verso il prossimo. La meditazione autentica rinvia continuamente all'amore del prossimo, all'azione e alla passione, e proprio così avvicina maggiormente a Dio. Essa desta negli oranti un'ardente carità, che li spinge a collaborare alla missione della Chiesa e al servizio dei fratelli per la maggior gloria di Dio.

Quali dimensioni della persona coinvolge la meditazione?

La meditazione mette in moto tutte le facoltà dell'essere umano: l'intelligenza, la memoria, il desiderio, la volontà, l'attenzione, l'intuizione, l'immaginazione, il sentimento, il cuore, il comportamento.

« Questa mobilitazione è necessaria per approfondire le convinzioni di Fede, suscitare la conversione del cuore e rafforzare la volontà di seguire Cristo. La preghiera cristiana di preferenza si sofferma a meditare « i misteri di Cristo », come nella *lectio divina* o nel Rosario. Questa forma di riflessione orante ha un grande valore, ma la preghiera cristiana deve tendere più lontano: alla conoscenza d'amore del Signore Gesù, all'unione con Lui » (*CCC*, n.2708).

Quale importanza ha il corpo nella meditazione cristiana?

■ L'esperienza umana dimostra che la posizione e l'atteggiamento del corpo non sono privi d'influenza sul raccoglimento e la disposizione dello spirito, coinvolgendo anche le funzioni vitali fondamentali, come la respirazione e il battito cardiaco. E questo per l'unità della persona, che è uni-duale: corpo e anima. Nella preghiera è tutto l'uomo, che deve entrare in relazione con Dio, e dunque anche il suo corpo deve assumere la posizione più adatta per il raccoglimento.

■ L'importanza del corpo varia a seconda delle culture e della sensibilità personale.

■ In ogni caso, occorre:

- riconoscere il valore relativo di tali atteggiamenti corporei: essi sono utili, solo se vissuti in vista del fine della preghiera cristiana;
- prestare attenzione al fatto che tali atteggiamenti corporei possono degenerare in un culto del corpo e possono portare a identificare erroneamente tutte le sue sensazioni con esperienze spirituali. « Alcuni esercizi fisici producono automaticamente sensazioni di quiete e di distensione, sentimenti gratificanti, forse addirittura fenomeni di luce e di calore che assomigliano ad un benessere spirituale. Scambiarli per autentiche consolazioni dello Spirito Santo sarebbe un modo totalmente erroneo di concepire il cammino spirituale. Attribuire loro significati simbolici tipici dell'esperienza mistica, quando l'atteggiamento morale dell'interessato non corrisponde ad essa, rappresenterebbe una specie di schizofrenia mentale, che può condurre perfino a disturbi psichici e, talvolta, ad aberrazioni morali » (*MC* 28).

Quale importanza ha la tecnica nella meditazione cristiana?

■ La meditazione cristiana non è principalmente una questione di tecnica: essa è anzitutto e sempre un dono di Dio, di cui chi ne beneficia si sente indegno. Questo dono può essere concesso solo in Cristo attraverso lo Spirito Santo.

L'amore di Dio è una realtà della quale non ci si può impossessare con nessun metodo o tecnica.

■ La tecnica può offrire un aiuto alla meditazione cristiana.

Quali aiuti usare per ben meditare?

Si può meditare recitando adagio il Padre nostro, ripetendo lentamente una frase biblica, guardando con devozione un'immagine sacra. «Ci si aiuta con qualche libro, e ai cristiani non mancano: la Sacra Scrittura, particolarmente il Vangelo, le sante icone, i testi liturgici del giorno o del tempo, gli scritti dei Padri della vita spirituale, le opere di spiritualità, il grande libro della creazione e quello della storia, la pagina dell'Oggi di Dio.

Meditare quanto si legge porta ad appropriarsene, confrontandolo con se stessi. Qui si apre un altro libro: quello della vita. Si passa dai pensieri alla realtà. A misura dell'umiltà e della Fede che si ha, vi si scoprono i moti che agitano il cuore e li si può discernere. Si tratta di fare la verità per venire alla Luce: Signore, che cosa vuoi che io faccia?» (*CCC*, 2705-2706). In tal modo si procede nel cammino di santità, nella vita di perfezione.

Esistono tappe nella vita di perfezione?

La tradizione cristiana ha distinto tre stadi nella vita di perfezione:

1. **La via della purificazione**, che comporta il riconoscere di essere peccatore e il chiedere perdono a Dio per i propri peccati.

2. **La via dell'illuminazione**, che introduce i fedeli, iniziati ai divini misteri, alla conoscenza di Cristo mediante la Fede che opera per mezzo della Carità. Essa è resa possibile dall'amore che il Padre ci dona nel Figlio e dall'Unzione che da lui riceviamo nello Spirito Santo, in occasione del Battesimo e della Cresima.

3. **La via dell'unione** a Dio, realizzata attraverso la partecipazione ai Sacramenti e l'impegno costante in una vita morale coerente con la Fede cristiana.

«Con l'andar del tempo l'esercizio della meditazione si semplifica, il cuore prevale sulla riflessione. Si arriva gradualmente all'orazione di raccoglimento. Ci si libera da immagini e pensieri particolari, da ricordi, preoccupazioni e progetti. Si rivolge una semplice attenzione amorosa a Dio, a Gesù Cristo, a qualche sua perfezione, a qualche evento salvifico. Si rimane in atteggiamento di amore silenzioso davanti al Signore presente nel nostro intimo. Ci si lascia trasformare dal suo Spirito, che può causare consolazione o desolazione, ma senz'altro purifica e fortifica nella carità. Quando il fervore di questa esperienza si attenua, è bene ritornare alla meditazione discorsiva o alla preghiera vocale» (CEI, 997).

Quali sono i metodi di meditazione?

■ I metodi di meditazione sono tanti quanto i maestri spirituali. Ma un metodo non è che un mezzo, una guida; l'importante è avanzare, con lo Spirito Santo, sull'unica via della preghiera: Cristo Gesù.

«Ogni fedele dovrà cercare e potrà trovare nella varietà e ricchezza della preghiera cristiana, insegnata dalla Chiesa, la propria via, il proprio modo di preghiera; ma tutte queste vie personali confluiscono, alla fine, in quella via al Padre, che Gesù Cristo ha detto di essere. Nella ricerca della propria via ognuno si lascerà quindi condurre non tanto dai suoi gusti personali quanto dallo Spirito Santo, il quale lo guida, attraverso Cristo, al Padre» (*MC* 29).

■ Fra i vari metodi, uno è indicato dalla Tradizione della Chiesa come particolarmente buono per meditare la S. Scrittura: è quello denominato *lectio divina*, e cioè la lettura adorante e meditante della Parola di Dio.

Come si attua la lectio divina*?*

Solitamente i Padri Spirituali indicano 5 tappe nel meditare la Bibbia, e le descrivono così:

• ***Lectio***

In questa prima tappa prendo la Bibbia non come un qualsiasi libro, ma come lo scrigno che contiene la Parola con la quale Dio parla a me. Ascolto una parola vivente, che mi rivolge un messaggio personale. Lo ascolto come se fosse la prima volta. Mi sforzo di coglierne il senso nel modo più completo possibile. Mi incontro con la luce di Dio: essa prende dimora nella mia intelligenza e la illumina.

• ***Meditatio***

Invoco lo Spirito Santo perché venga in soccorso della cecità della mia mente. Nell'umile implorazione della luce e nella adesione della Fede, scruto la Parola con attenzione nuova. Scopro come le idee di Dio siano diverse da quelle degli uomini e mi accorgo di quanto sia necessario lasciare che la Parola di Dio trasformi le mie convinzioni, per conformarle sempre più alle idee di Dio. Acconsento a cambiare la mia mentalità e la mia volontà per aderire alla mentalità e alla volontà di Dio.

• ***Oratio***

Mi sforzo di parlare a Dio con tutto il cuore, chiamandolo in aiuto alla mia debolezza. È il momento di domandare alla Vergine Maria di comunicarmi la sua preghiera, fatta di fiducia e di amore, frutto della sua purezza di cuore. Nella sua Fede, nel suo silenzio adorante, nella sua innocenza e nel suo coraggio di amare e di ricevere l'amore di Gesù, anche io oso invocare suo Figlio perché mi soccorra. Mi faccio insegnare da Lui a pregare il Padre nel loro Spirito di amore. Il mio cuore impara a parlare a Dio, se si lascia inondare dall'amore di Cristo.

• *Contemplatio*

Se ho lasciato che la Parola, letta e meditata, illumini a lungo gli occhi del mio cuore e della mia mente, se mi sono lasciato interpellare in profondità dal senso della Sacra Scrittura fino a maturare un desiderio di intimità costante con Dio, se ho pregato con fiducia infinita per i miei fratelli e per tutta la Chiesa, allora Dio risponde. Egli infonde nel mio cuore una certa incapacità di continuare a riflettere in modo discorsivo sulla sua Parola e mi concede una sorta di partecipazione al fuoco di comunione di amore al di là di ogni cosa che brucia senza inizio e senza fine all'interno della Santa Trinità.

• *Actio*

Per darmi il dono di un'intima conversazione continua con lui, il Signore si aspetta da parte mia che moltiplichi in ogni circostanza slanci di desiderio e di comunione con il suo amore.

Quali sono i limiti dei metodi?

■ La legittima ricerca di nuovi metodi di meditazione dovrà sempre tenere conto che:

• il metodo non può essere staccato dal contenuto e concepito come neutrale rispetto a ciò che veicola, e al contesto culturale in cui nasce;

• occorre rispettare la natura intima della preghiera cristiana, che:

– «è un dialogo personale, intimo e profondo, tra l'uomo e Dio. Essa esprime quindi la comunione delle creature redente con la vita intima delle Persone Trinitarie» (*MC* 3), (cfr. anche l'altra complementare scheda su: 'Come Pregare');

– non si riduce mai a un metodo, che serva a liberarsi dal dolore, o addirittura a star bene fisicamente, ma è un'apertura all'amore di Dio, a quell'amore che non ha esitato davanti alla morte, e alla morte di Croce;

– per essere autentica, è essenziale l'incontro di due libertà, quella infinita di Dio con quella finita dell'uomo;

– è sempre realizzata in unione con Cristo, nello Spirito Santo, insieme con tutti i Santi per il bene della Chiesa.

■ Attesi i limiti e i rischi di tali metodi, occorre che il cristiano si ponga in docile ascolto e umile accoglienza di quanto la Chiesa, in particolare attraverso il Papa e i Vescovi, indicano: a loro infatti spetta

« di esaminare tutto e ritenere ciò che è buono » (Concilio Vaticano II, *Lumen gentium*, 12).

Che cosa sono le grazie mistiche?

Sono grazie speciali, conferite da Dio ad esempio « ai fondatori di istituzioni ecclesiali in favore di tutta la loro fondazione, nonché ad altri Santi, che caratterizzano la loro peculiare esperienza di preghiera e che non possono, come tali, essere oggetto di imitazione e di aspirazione per altri fedeli, anche appartenenti alla stessa istituzione, e desiderosi di una preghiera sempre più perfetta » (*MC* 24).

« Non l'impegno personale, ma l'azione dello Spirito Santo introduce nella contemplazione mistica, un'esperienza di Dio senza concetti, senza immagini e senza parole. L'uomo non può né raggiungerla né farla durare a volontà; può solo prepararsi a riceverla » (CEI, 998).

Quanto dura la meditazione cristiana?

L'unione abituale con Dio, che viene chiamata preghiera continua non si interrompe necessariamente quando ci si dedica anche, secondo la volontà di Dio, al lavoro e alla cura del prossimo. « Sia dunque che mangiate, sia che beviate, sia che facciate qualsiasi altra cosa, fate tutto per la gloria di Dio », ci dice l'Apostolo (*1 Cor* 10,31).

Sant'Agostino al riguardo afferma: « Sappiamo che gli eremiti d'Egitto fanno preghiere frequenti, ma tutte brevissime. Esse sono come rapidi messaggi che partono all'indirizzo di Dio. Così la tensione dello spirito, tanto necessaria a chi prega, rimane sempre desta e fervida e non si assopisce per la durata eccessiva dell'orazione… Lungi dunque dalla preghiera ogni verbosità, ma non si tralasci la supplica insistente, se perdura il fervore e l'attenzione. Il servirsi di molte parole nella preghiera, equivale a trattare una cosa necessaria con parole superflue. Il pregare consiste nel bussare alla porta di Dio e invocarlo con insistente e devoto ardore del cuore. Il dovere della preghiera si adempie meglio con i gemiti che con le parole, più con le lacrime che con i discorsi ».

Il cristiano, per la sua meditazione, può apprendere anche dalle altre religioni?

Pratiche di meditazione (come ad esempio lo *zen*, lo *yoga*, la *respirazione controllata*, il *mantra*…), provenienti dall'oriente cristiano e dalle grandi religioni non cristiane, possono costituire un mezzo adatto per aiutare l'orante a stare davanti a Dio interiormente disteso?

« Siccome la Chiesa cattolica nulla rigetta di quanto è vero e santo in queste religioni, non si dovranno disprezzare pregiudizialmente queste indicazioni in quanto non cristiane. Si potrà, al contrario, cogliere da esse ciò che vi è di utile, a condizione di non perdere mai di vista la concezione cristiana della preghiera, la sua logica e le sue esigenze, poiché è all'interno di questa totalità che quei frammenti dovranno essere riformulati ed assunti. Tra di essi si può annoverare anzitutto l'umile accettazione di un maestro esperto nella vita di preghiera e delle sue direttive; di ciò si è sempre avuto consapevolezza nell'esperienza cristiana sin dai tempi antichi, dall'epoca dei Padri del deserto. Questo maestro, esperto nel *sentire cum ecclesia*, deve non solo guidare e richiamare l'attenzione su certi pericoli, ma, quale padre spirituale, deve anche introdurre in maniera viva, da cuore a cuore, nella vita di preghiera, che è dono dello Spirito Santo» (*MC,* 16).

NB: Per approfondire l'argomento, si legga:

CONGREGAZIONE PER LA DOTTRINA DELLA FEDE, *Lettera ai Vescovi della Chiesa Cattolica su alcuni aspetti della meditazione cristiana* (*MC*) 1989;

CATECHISMO DELLA CHIESA CATTOLICA (*CCC*), quarta parte;

Compendio del CCC, Quarta parte;

CONFERENZA EPISCOPALE ITALIANA, Catechismo degli adulti: *La verità vi farà liberi* (CEI).

XXI
LA QUARESIMA

Che cos'e' la Quaresima?

■ È un periodo speciale dell'anno liturgico, in cui il popolo cristiano si prepara a celebrare il mistero della Pasqua.

■ La Quaresima è tempo favorevole per sostare con Maria SS.ma e San Giovanni, il discepolo prediletto, accanto a Cristo che sulla Croce consuma per l'intera umanità il sacrificio della sua vita (cfr *Gv* 19,25).

■ « Volgeranno lo sguardo a Colui che hanno trafitto »: è tempo propizio per guardare con fiducia al costato trafitto di Gesù, da cui sgorgarono « sangue e acqua » (*Gv* 19,34)!

■ « La Quaresima sia per ogni cristiano una rinnovata esperienza dell'amore di Dio donatoci in Cristo, amore che ogni giorno dobbiamo a nostra volta *ridonare* al prossimo, soprattutto a chi più soffre ed è nel bisogno. Solo così potremo partecipare pienamente alla gioia della Pasqua » (BENEDETTO XVI, *Messaggio per la Quaresima 2007*).

Perché 40 giorni?

■ La teologia e la spiritualità della Quaresima si sono costituite in riferimento ad avvenimenti dell'Antico e Nuovo Testamento.

■ È lo stesso numero 40, che richiama:

– i giorni del diluvio universale;

– gli anni trascorsi da Israele nel deserto;

– i giorni trascorsi da Mosè sul Sinai;

– i giorni trascorsi dal profeta Elia nel deserto prima di giungere all'incontro con Dio sull'Oreb;

– i giorni di penitenza degli abitanti di Ninive;

– i giorni del digiuno di Gesù nel deserto, ove alla fine viene tentato dal diavolo.

■ Tutto ciò ha un valore didattico. La Quaresima è il tempo:

• della distruzione del male, come per gli uomini del diluvio;

• della prova e della grazia, come per Israele;

• della preghiera che dispone all'incontro con Dio, come per Mosè ed Elia;

• della penitenza e della espiazione in vista del giudizio divino, a imitazione dei 40 giorni di digiuno e di penitenza con i quali gli abitanti di Ninive placarono l'ira divina;

• del digiuno, finalizzato a mangiare il *vero cibo*, che è fare la volontà del Padre: « non di solo pane vivrà l'uomo, ma di ogni parola che esce dalla bocca di Dio» (così ha risposto Gesù a satana, al termine dei 40 giorni passati nel deserto).

Quali sono i grandi temi quaresimali?

Tre sono in particolare i temi, che ci vengono proposti dalla liturgia quaresimale:

1. Il tema pasquale. Poiché la Quaresima è preparazione alle celebrazioni pasquali, il tema morte-vita assumono un'importanza primaria. Comincia fin dalla seconda domenica (la Trasfigurazione) e si fa più esplicito nelle ultime due settimane.

2. Il tema battesimale. La Quaresima nella sua struttura fondamentale si formò attorno al sacramento del Battesimo amministrato agli adulti durante la veglia pasquale. I cristiani prendono maggior coscienza del proprio battesimo.

3. Il tema penitenziale. Viene sviluppato soprattutto all'inizio della Quaresima (mercoledì delle ceneri e il vangelo delle tentazioni di Gesù della prima domenica). Nella Quaresima la Chiesa, sposa del Cristo che soffre e muore, vive più intensamente l'aspetto penitenziale.

Quali le pratiche quaresimali?

■ La Quaresima comporta un impegno ascetico, individuale e collettivo, le cui forma tradizionali sono:

• **preghiera** (Messa quotidiana soprattutto e Via Crucis)

• **digiuno** (l'insieme delle pratiche di mortificazione: cibo – parole – divertimenti): la mortificazione permette più disponibilità per il prossimo, più tempo per il volontariato e più denaro per la carità

• **elemosina** (aiuto verso il nostro prossimo più bisognoso di noi)

■ In Quaresima la Chiesa ricorda che sono prescritti:

– digiuno e astinenza dalle carni: il Mercoledì delle Ceneri e il Venerdì Santo;

– astinenza dalle carni: ogni Venerdì di Quaresima.

■ La Chiesa raccomanda in particolare la pratica, in Quaresima, delle opere di misericordia corporali e spirituali:

• **Le sette opere di *misericordia corporale***

1. Dar da mangiare agli affamati.
2. Dar da bere agli assetati.
3. Vestire gli ignudi.
4. Alloggiare i pellegrini.
5. Visitare gli infermi.
6. Visitare i carcerati.
7. Seppellire i morti.

• **Le sette opere di *misericordia spirituale***

1. Consigliare i dubbiosi.
2. Insegnare agli ignoranti.

3. Ammonire i peccatori.
4. Consolare gli afflitti.
5. Perdonare le offese.
6. Sopportare pazientemente le persone moleste.
7. Pregare Dio per i vivi e per i morti.

■ Queste pratiche, « esprimono la conversione in rapporto a se stessi, in rapporto a Dio e in rapporto agli altri » (*CCC*, 1434).

Qual e' l'importanza del digiuno?

(dal: *Messaggio* di Benedetto XVI, per la Quaresima 2009)

■ Al giorno d'oggi, constata Benedetto XVI, il digiuno « pare aver perso un po' della sua valenza spirituale », perché spesso si riduce a una « misura terapeutica per la cura del proprio corpo ».

■ Il digiuno, invece, per il credente ha una rilevante importanza, è ricco di numerosi significati e finalità:

• **Dimensione personale**:

Con il digiuno, infatti, il credente intende sottomettersi umilmente a Dio, confidando nella sua bontà e misericordia ».

La pratica del digiuno contribuisce a « conferire unità alla persona, corpo ed anima, aiutandola ad evitare il peccato e a crescere nell'intimità con il Signore ».

« Privarsi del cibo materiale che nutre il corpo facilita un'interiore disposizione ad ascoltare Cristo e a nutrirsi della sua parola di salvezza ».

Con il digiuno e la preghiera, « permettiamo a Lui di venire a saziare la fame più profonda che sperimentiamo nel nostro intimo: la fame e sete di Dio ».

Tale pratica è « un'arma spirituale per lottare contro ogni eventuale attaccamento disordinato a noi stessi ».

Allo stesso modo, « aiuta il discepolo di Cristo a controllare gli appetiti della natura indebolita dalla colpa d'origine, i cui effetti negativi investono l'intera personalità umana ».

- **Dimensione sociale**:

Il Santo Padre sottolinea anche il significato sociale del digiuno, affermando che « ci aiuta a prendere coscienza della situazione in cui vivono tanti nostri fratelli ».

Quanto risparmiamo digiunando, possiamo destinarlo ad opere benefiche, caritative.

Per questo, esorta le parrocchie « ad intensificare in Quaresima la pratica del digiuno personale e comunitario, coltivando altresì l'ascolto della Parola di Dio, la preghiera e l'elemosina ».

■ Il digiuno dal cibo richiama e comporta in particolare il digiuno dai peccati (soprattutto di gola, dell'uso disordinato della sessualità...).

■ In definitiva, grazie al digiuno, la Quaresima è il tempo ideale « per allontanare tutto ciò che distrae lo spirito e per intensificare ciò che nutre l'anima aprendola all'amore di Dio e del prossimo ».

Circa l'elemosina:

■ *come fare l'elemosina?*

Ecco alcune indicazioni:

• deve essere nascosta. « Non sappia la tua sinistra ciò che fa la tua destra », dice Gesù, « perché la tua elemosina resti segreta » (*Mt* 6, 3-4);

• effettuarla:

– senza offendere l'altro;

– senza mettere in mostra noi stessi (vanagloria);

– con gioia: più gioia nel dare che nel ricevere (cfr *At* 20, 35);

• nel silenzio, lontano dai riflettori della società mediatica;

• non limitarsi a dare qualcosa di materiale (soldi, pane...), ma dare noi stessi: la nostra stima, il nostro rispetto, il nostro tempo, i nostri talenti (volontariato);

• offrire il dono materiale, quale segno del dono più grande che possiamo offrire agli altri: l'annuncio e la testimonianza di Cristo;

• ciò che dà valore all'elemosina è l'amore: si veda l'obolo della vedova del Vangelo (cfr. *Mc* 12,42-44).

■ *Quali le finalita' dell'elemosina?*

• Aiutare chi è maggiormente bisognoso

• condividere con gli altri quanto per bontà divina possediamo

• praticare la virtù della giustizia: prima e più che un atto di carità

• riconoscere nei poveri Cristo stesso

• imitare Cristo, che si è fatto povero per farci ricchi

• attuare un esercizio ascetico per noi:
  – per liberarci dall'attaccamento ai beni terreni
  – per purificarci interiormente

• affermare il principio che noi non siamo proprietari bensì amministratori dei beni che possediamo, donatici da Dio

• agire per la gloria di Dio

• praticarla non per filantropia ma per carità, amore: un gesto di comunione ecclesiale

• avvicinarci a Dio, avvicinandoci agli altri: strumento di autentica conversione e riconciliazione con Lui e con i fratelli.

• ottenere il perdono dei peccati. San Pietro cita tra i frutti spirituali dell'elemosina il perdono dei peccati. « La carità – egli scrive – copre una moltitudine di peccati » (*1 Pt* 4, 8).

XXII
LA MADONNA:
COME LA VENERIAMO?

Chi è Maria SS.ma?

Maria SS.ma:

- è una figlia d'Israele, una giovane ebrea di Nazaret in Galilea, «una Vergine promessa sposa di un uomo della casa di Davide, chiamato Giuseppe» (*Lc* 1,26-27);

- «primeggia tra gli umili e i poveri del Signore, i quali con fiducia attendono e ricevono da Lui la salvezza. Infine con lei, la eccelsa figlia di Sion, dopo la lunga attesa della promessa, si compiono i tempi e si instaura la nuova economia di salvezza» (*LG* 55);

- «Vergine Madre, figlia del tuo Figlio, umile e alta più che creatura, termine fisso d'eterno consiglio, tu sei colei che l'umana natura nobilitasti sì, che il suo fattore non disdegnò di farsi sua fattura» (DANTE ALIGHIERI, *Paradiso*, Canto XXXIII).

Quale relazione c'è fra Maria e Cristo?

Gesù Cristo fu concepito nel grembo della Vergine Maria.

Come avviene questo concepimento?

Per opera dello Spirito Santo, senza la collaborazione di uomo. « Maria è chiamata a concepire colui nel quale abiterà « corporalmente tutta la pienezza della divinità » (*Col* 2,9). La risposta divina al suo: « Come è possibile? Non conosco uomo » (*Lc* 1,34) è data mediante la potenza dello Spirito: « Lo Spirito Santo scenderà su di te » (*Lc* 1,35). [...] Lo Spirito Santo, che è « Signore e dà la vita », è mandato a santificare il grembo della Vergine Maria e a fecondarla divinamente, facendo sì che Ella concepisca il Figlio eterno del Padre in un'umanità tratta dalla sua » (*CCC*, 484-485).

Il concepimento verginale indica che Gesù è veramente Figlio di Dio. Nello stesso tempo esso è il segno che la salvezza viene da Dio, dalla Sua sovrabbondante grazia, e non da noi.

Che cosa significa Immacolata Concezione?

« Dio ha scelto gratuitamente Maria da tutta l'eternità perché fosse la Madre di suo Figlio: per compiere tale missione, è stata concepita immacolata. Questo significa che, per la grazia di Dio e in previsione dei meriti di Gesù Cristo, Maria è stata preservata dal peccato originale fin dal suo concepimento » (*Compendio*, n. 96).

Maria, in quanto preservata dal peccato originale, è stata dunque:

- redenta
- redenta in modo unico, nel modo più eminente
- redenta in anticipo
- e in previsione del Sangue di Cristo.

In che senso è tutta Santa?

Nel senso che Ella non è stata mai intaccata da nessun peccato durante tutta la sua esistenza; è « immune da ogni macchia di peccato, dallo Spirito Santo quasi plasmata e resa una nuova creatura » (*LG* 56). È la « piena di grazia » (*Lc* 1,28).

Maria è sempre Vergine?

■ La Fede cristiana afferma la verginità reale e perpetua di Maria anche nel parto del suo unico Figlio Gesù, Figlio di Dio fatto uomo. Ella è « rimasta Vergine nel concepimento del Figlio suo, Vergine nel parto, Vergine incinta, Vergine madre, Vergine perpetua » (S. AGOSTINO).

■ Maria è Vergine nel corpo e Vergine nel cuore: Maria, durante tutta la sua vita, s'è affidata sempre e totalmente alla volontà di Dio, è stata sempre « la Serva del Signore » (*Lc* 1,38). « Maria è più felice nel ricevere la Fede di Cristo che nel concepire la Carne di Cristo » (S. AGOSTINO, *De sancta virginitate*, 3, 3).

■ La verginità di Maria indica anche l'assoluta e gratuita iniziativa di Dio nei suoi confronti.

■ Dopo la nascita di Gesù, Maria non ha avuto altri figli, rimanendo sempre Vergine prima, dopo e durante il parto.

Perché la S. Scrittura parla di fratelli e sorelle di Gesù?

■ Era consuetudine nell'Antico Testamento e anche presso i contemporanei di Gesù, chiamare fratelli e sorelle anche i parenti prossimi.

■ Gesù ebbe a dire, stendendo la mano verso i suoi discepoli: « Ecco mia madre ed ecco i miei fratelli; perché chiunque fa la volontà del Padre mio che è nei cieli, questi è per me fratello, sorella e madre » (*Mt* 12,50).

■ Non va neppure dimenticato che anche ai nostri giorni, i sacerdoti si rivolgono spesso ai fedeli laici chiamandoli fratelli e sorelle, per indicare il particolare legame che ci unisce tutti in Cristo Gesù.

Qual è stato il legame di Maria con Gesù?

■ Maria, durante tutta la sua vita terrena, ha sempre conservato una relazione speciale con il suo Figlio Gesù. La vita terrena della Madre di Dio è infatti caratterizzata dalla perfetta sintonia con la persona del Figlio e dalla totale dedizione all'opera redentrice da Lui compiuta « abbracciando la volontà salvifica di Dio, consacrò totalmente se stessa quale Ancella del Signore alla persona e all'opera del Figlio suo, servendo al mistero della redenzione sotto di Lui e con Lui, con la grazia di Dio onnipotente» (*LG* 56).

■ «Questa unione della Madre col Figlio nell'opera della redenzione si manifesta dal momento della concezione verginale di Cristo fino alla morte di Lui» (*LG* 57).

■ Ella è stata una discepola fedele di Cristo. La stessa risposta di Cristo – Chi è mia madre? È colui che fa la volontà del Padre mio (cfr. *Mc* 3, 33-35) –, che sembra un poco offensiva nei riguardi di Sua Madre, in realtà esprime il più grande elogio verso Maria, indicando che la sua vera grandezza sta proprio nel fatto che Maria, prima e più di ogni altra creatura umana, ha attuato la volontà di Dio Padre.

Quali sono i dogmi mariologici?

■ Essi sono:

• la Divina Maternità di Maria (il titolo *Madre di Dio: 'Theotokos'* fu dato nel Concilio di Efeso – anno 431);

• la sua Immacolata Concezione (PIO IX, *Ineffabilis Deus*, 8 dicembre 1854);

• la sua Verginità perpetua (CONCILIO LATERANENSE – anno 649);

• la sua Assunzione in Cielo (PIO XII, *Munificentissimus Deus*, 1° nov. 1950).

■ Questi dogmi, anche se proclamati successivamente lungo la storia della Chiesa, sono contenuti nella Rivelazione divina e sanciscono la Fede sempre creduta fin dalle origini della Chiesa. Essi servono a definire tale Fede in modo più preciso, solenne e definitivo. «Il Magistero della Chiesa si avvale in pienezza dell'autorità che gli viene da Cristo quando definisce qualche dogma, cioè quando, in una forma che obbliga il popolo cristiano ad un'irrevocabile adesione di Fede, propone verità contenute nella Rivelazione divina, o anche quando propone in modo definitivo verità che hanno con quelle una necessaria connessione» (*CCC*, 88).

■ «I dogmi sono luci sul cammino della nostra Fede, lo rischiarano e lo rendono sicuro. Inversamente, se la nostra vita è retta, la nostra intelligenza e il nostro cuore saranno aperti ad accogliere la luce dei dogmi della Fede» (*CCC*, 89).

In che senso Maria è chiamata la Madre di Dio?

■ La Chiesa proclama Maria la Madre di Dio, in quanto Gesù, che è veramente suo Figlio secondo la carne, è Figlio generato dall'eterno Padre nella natura divina, la seconda Persona della SS.ma Trinità: Dio Egli stesso. Gesù Cristo è «per natura Figlio del Padre secondo la divinità, per natura Figlio della Madre secondo l'umanità, ma propriamente Figlio di Dio nelle sue due nature» (CONCILIO DEL FRIULI, *Simbolo*, anno 796).

■ «Madre di Dio», Theotokos, è il titolo attribuito ufficialmente a Maria nel V secolo, esattamente nel Concilio di Efeso del 431, ma affermatosi nella devozione del popolo cristiano già a partire dal III secolo. Dal titolo di «Madre di Dio» derivano poi tutti gli altri titoli con cui la Chiesa onora la Madonna, ma questo è il fondamentale.

■ Dopo il Concilio di Efeso si registrò una vera esplosione di devozione mariana e furono costruite numerose chiese dedicate alla Madre di Dio. Tra queste primeggia la Basilica di Santa Maria Maggiore, a Roma. La dottrina concernente Maria, Madre di Dio, trovò inoltre nuova conferma nel Concilio di Calcedonia (451), in cui Cristo fu dichiarato «vero Dio e vero uomo (…) nato per noi e per la nostra salvezza da Maria, Vergine e Madre di Dio, nella sua umanità». Com'è noto, il Concilio Vaticano II ha raccolto in un capitolo della Costituzione dogmatica sulla Chiesa, Lumen gentium, l'ottavo, la dottrina su Maria, ribadendone la divina maternità. Il capitolo s'intitola: «La Beata Maria Vergine, Madre di Dio, nel mistero di Cristo e della Chiesa».

Quale significato ha l'Assunzione di Maria in Cielo?

■ La sua Assunzione in Cielo, anima e corpo, significa:

• una piena conformità al Figlio suo, che ha vinto la morte;

• una particolare partecipazione di Maria alla Risurrezione del suo Figlio;

• una singolare anticipazione e prefigurazione della nostra risurrezione, che avverrà alla fine dei tempi: ci manifesta il senso e il destino del corpo santificato dalla grazia.

■ Nel corpo glorioso di Maria, la stessa creazione materiale comincia ad avere qualcosa del corpo risuscitato di Cristo.

Qual è la relazione tra Maria e la Trinità?

Esiste una particolare relazione tra Maria e la Santissima Trinità, nei confronti della quale, Ella è Figlia-Sposa-Madre: Figlia di Dio Padre, Sposa dello Spirito Santo, Madre del Figlio di Dio fatto uomo.

Qual è la relazione tra Maria e Dio Padre?

■ Le opere meravigliose compiute in Maria sono frutto dell'azione primaria e gratuita di Dio Padre. Al libero dono di grazia e di salvezza di Dio, Maria risponde con la sua pronta e totale adesione di Fede.

« Beata colei che ha creduto nell'adempimento delle parole del Signore! » (*Lc* 1,42.45).

■ « Sin dalle origini, Maria ha costituito il grande segno, dal volto materno e misericordioso, della vicinanza del Padre e di Cristo, con i quali ci invita a entrare in comunione » (Documento di Puebla n. 282, anno 1979).

■ Scegliendola come Madre dell'intera umanità, il Padre celeste ha voluto rivelare la dimensione per così dire materna della sua divina tenerezza e della sua sollecitudine per gli uomini di tutte le epoche.

Qual è la relazione fra Maria e lo Spirito Santo?

■ Il mistero della Vergine Madre pone in risalto l'azione dello Spirito Santo, che ha operato nel suo seno il concepimento del bambino e ha continuamente guidato la sua vita. I titoli di Consolatrice, Avvocata, Ausiliatrice, attribuiti a Maria dalla pietà del popolo cristiano, non offuscano, ma esaltano l'azione dello Spirito Consolatore e dispongono i credenti a beneficiare dei suoi doni.

■ La cooperazione di Maria con lo Spirito Santo, manifestata nell'Annunciazione e nella Visitazione, si esprime in un atteggiamento di costante docilità alle ispirazioni del Paraclito.

■ Da vera donna di preghiera, la Vergine chiedeva allo Spirito Santo di completare l'opera iniziata al concepimento perché il bimbo crescesse « in sapienza, età e grazia davanti a Dio e agli uomini » (*Lc* 2,52). Sotto questo profilo Maria si presenta come un modello per i genitori, mostrando la necessità di ricorrere allo Spirito Santo per trovare la via giusta nel difficile compito educativo.

■ Senza dubbio fu presente all'effusione dello Spirito il giorno di Pentecoste. Lo Spirito che già abitava in Maria, avendo operato in lei meraviglie di grazia, ora ridiscende nel suo cuore, comunicando doni e carismi necessari per l'esercizio della sua maternità spirituale.

■ Maria partecipa alla vita e alla preghiera della prima comunità cristiana. San Luca rileva che la comunità alle origini della Chiesa è composta non solo di Apostoli e Discepoli, ma anche di donne, tra le quali Luca nomina unicamente « Maria, la Madre di Gesù » (*At* 1,14).

■ Anche ora nella vita della Chiesa, « Ella è chiamata dallo stesso Spirito a cooperare in modo materno con Lui. Egli risveglia continuamente alla memoria della Chiesa le parole di Gesù al discepolo prediletto: « Ecco tua madre! », e invita i credenti ad amare Maria come Cristo l'ha amata. Ogni approfondimento del legame con Maria permette allo Spirito un'azione più feconda per la vita della Chiesa » (Giovanni Paolo II, *Catechesi del mercoledì*, 9 dic. 1998).

Quale relazione c'è fra Maria e la Chiesa?

Maria SS.ma è:
- appartenente alla Chiesa;
- Madre della Chiesa;
- modello della Chiesa;
- intercedente per la Chiesa.

In che modo Maria appartiene alla Chiesa?

■ Ella è sorella nostra, membro sovreminente e del tutto singolare della Chiesa.

■ È la prima redenta, riscattata da Cristo «nella maniera più sublime» nel suo immacolato concepimento (cfr. BOLLA «Ineffabilis Deus», in PIO IX, Acta 1, 605) e interamente rinnovata e colmata della grazia dello Spirito Santo.

Perché Maria è Madre della Chiesa?

■ Perché:

- essendo Maria Madre del Cristo, Ella è anche la Madre del Corpo Mistico di Cristo, che è la Chiesa. Giustamente, pertanto, durante il Concilio Vaticano II, il 21 novembre 1964, Paolo VI attribuì solennemente a Maria il titolo di «Madre della Chiesa». Proprio perché Madre della Chiesa, la Vergine è anche Madre di ciascuno di noi, che siamo membra del Corpo mistico di Cristo;

• Ella ha dato alla luce un Figlio, che Dio ha fatto « il primogenito di una moltitudine di fratelli » (*Rm* 8,29), cioè dei fedeli, alla cui nascita e formazione Ella coopera con amore di madre » (*LG* 63);

• « cooperò alla salvezza dell'uomo con libera Fede e obbedienza » (*LG* 56), dando il suo assenso in nome di tutta l'umanità;

• sul Calvario, Gesù con le parole: « Ecco il tuo figlio », « Ecco la tua madre » (*Gv* 19,26-27), donava, come Madre, già anticipatamente Maria a tutti coloro che avrebbero ricevuto la buona novella della salvezza e poneva così le premesse del loro filiale affetto per Lei;

• Maria coopera alla nascita e allo sviluppo della vita divina nelle membra di Cristo che siamo noi. Ella è Madre della Chiesa nell'ordine della grazia.

■ « La funzione materna di Maria verso gli uomini in nessun modo oscura o diminuisce [...] l'unica mediazione di Cristo, ma ne mostra l'efficacia. Infatti ogni salutare influsso della Beata Vergine [...] sgorga dalla sovrabbondanza dei meriti di Cristo, si fonda sulla mediazione di Lui, da essa assolutamente dipende e attinge tutta la sua efficacia » (*LG* 60).

In che senso Maria è modello della Chiesa?

■ Ella è la figura e la realizzazione più perfetta della Chiesa. È modello della Chiesa nella maternità e nella verginità.

• Nella maternità:

« La Chiesa [...] per mezzo della Parola di Dio accolta con fedeltà diventa essa pure Madre, poiché con la predicazione e il Battesimo genera a una vita nuova e immortale i figli, concepiti ad opera dello Spirito Santo e nati da Dio » (*LG* 64).

• Nella verginità:

– La Chiesa « è la Vergine che custodisce integra e pura la Fede data allo Sposo, e, ad imitazione della Madre del suo Signore, con la virtù dello Spirito Santo, conserva verginalmente integra la Fede, solida la Speranza, sincera la Carità » (*LG* 64).

– Ella costituisce senza dubbio per tutti un altissimo esempio di purezza e di dono totale al Signore. Ma in modo speciale si ispirano a Lei le vergini cristiane e quanti si dedicano in modo radicale ed esclusivo al Signore nelle varie forme della vita consacrata.

– Ella incoraggia tutti i cristiani a vivere con particolare impegno la castità secondo il proprio stato, e ad affidarsi al Signore nelle svariate circostanze dell'esistenza. Colei che è per eccellenza Santuario dello Spirito Santo, aiuta i credenti a riscoprire il proprio corpo come tempio di Dio (cfr. *1 Cor* 6,19) ed a rispettarne la nobiltà e la santità.

■ « Nella sua opera apostolica la Chiesa giustamente guarda a Colei che generò Cristo, il quale fu concepito da Spirito Santo e nacque dalla Vergine, per poter poi nascere e crescere per mezzo della Chiesa anche nel cuore dei fedeli. La Vergine infatti nella sua vita fu il modello di quell'amore materno, del quale devono essere animati tutti quelli che nella missione apostolica della Chiesa cooperano alla rigenerazione degli uomini» (*LG* 65).

■ Maria è l'immagine escatologica della Chiesa, nel senso che Ella è già quello che la Chiesa, pellegrinante sulla terra, un giorno sarà alla fine di questo mondo. Ella, la «piena di grazia» è già, nell'eternità del cielo, la «piena di gloria», di quella gloria che l'umanità e l'universo sono chiamati un giorno a condividere.

In che senso Maria è modello della santità della Chiesa?

■ Maria è la tutta Santa, essendo «la piena di grazia» (*Lc* 1,28). Ella rappresenta per la comunità dei credenti il paradigma dell'autentica santità, che si realizza nell'unione con Cristo.

■ «La Chiesa ha già raggiunto nella Beatissima Vergine la perfezione», mentre «i fedeli si sforzano ancora di crescere nella santità debellando il peccato» (*LG* 65).

■ In tale cammino verso la santità, i credenti in Cristo si sentono incoraggiati da Colei che è modello di virtù.

■ «La Chiesa, pensando a Lei piamente e contemplandola alla luce del Verbo fatto uomo, penetra con venerazione e più profondamente nell'altissimo mistero dell'Incarnazione e si va ognora più conformando col suo Sposo» (*LG* 65).

■ La santità cristiana si attua in una intensa vita di Fede, Speranza e Carità. In tutte queste tre Virtù Teologali, Maria è modello esemplare. Infatti:

• nella Fede: il suo esempio incoraggia il Popolo di Dio a praticare la sua Fede e ad approfondirne e svilupparne il contenuto, conservando e meditando nel cuore gli avvenimenti della salvezza;

• nella Speranza: ascoltando il messaggio dell'Angelo, la Vergine orienta per prima la sua Speranza verso il Regno senza fine, che Gesù era mandato a stabilire;

• nella Carità: grazie proprio alla Carità irradiante di Maria è possibile conservare in ogni tempo all'interno della Chiesa la concordia e l'amore fraterno.

In che senso Maria coopera alla Redenzione?

■ Già Sant'Agostino attribuisce alla Vergine la qualifica di Cooperatrice della Redenzione (cfr. *De Sancta Virginitate*, 6; PL 40, 399), titolo che sottolinea l'azione congiunta e subordinata di Maria a Cristo Redentore.

■ Ella coopera «in modo tutto speciale all'opera del Salvatore, con l'obbedienza, la Fede, la Speranza e l'ardente Carità». Frutto sublime di questa cooperazione è la sua maternità universale: «Per questo diventò per noi Madre nell'ordine della grazia» (*LG* 61).

■ È una cooperazione particolare che il Signore Dio le concede. In unione con Cristo e sottomessa a Lui, Ella ha collaborato nell'ottenere la grazia della salvezza all'intera umanità, in modo unico e irrepetibile, grazie:

• alla sua Divina Maternità nei confronti di Cristo;

• alla sua associazione al Sacrificio di Cristo: soffrendo con Lui morente in Croce « cooperò in modo tutto speciale all'opera del Salvatore » (*LG* 61);

• al particolare contributo che Ella dà anche alla vita della Chiesa, di cui è Madre, lungo il corso dei secoli e fino alla fine dei tempi, continuando a sostenere la comunità cristiana e tutti i credenti nel loro cammino verso la santità e nel generoso impegno per l'annuncio del Vangelo.

Qual è la relazione tra Maria e la donna?

■ «È la « benedetta fra tutte le donne ». In lei Dio ha conferito alla donna una dignità di dimensioni insospettate. In Maria il Vangelo ha penetrato la femminilità, l'ha redenta ed esaltata. Ciò è di capitale importanza per il nostro orizzonte culturale, nel quale la donna dev'essere molto più valorizzata, mentre si sta definendo più chiaramente ed ampliamente la parte che le compete nella società. Maria è garanzia della grandezza femminile, indicando il modo specifico dell'essere donna, con quella sua vocazione a essere anima, donazione capace di spiritualizzare la carne e di incarnare lo Spirito» (DOCUMENTO DI PUEBLA n. 299).

■ Maria attua in sé in modo sublime e paradigmatico le due dimensioni, vocazioni della donna: la verginità e la maternità.

■ Maria ha vissuto, nella forma propria ed esclusiva della donna, l'unione tra madre e figlio.

Che tipo di culto si dà a Maria?

■ Fin dall'inizio ci fu sempre un culto particolare verso la Vergine tra i cristiani. Tuttavia «soprattutto a partire dal Concilio di Efeso, il culto del popolo di Dio verso Maria crebbe mirabilmente in venerazione e in amore, in invocazione e in imitazione» (*LG* 66). Esso si espresse specialmente nelle feste liturgiche, tra le quali, dagli inizi del V secolo, assunse particolare rilievo «il giorno di Maria *Theotokos*», celebrato il 15 agosto a Gerusalemme e divenuto successivamente la festa della Dormizione o dell'Assunzione.

■ Il culto mariano si è sviluppato fino ai nostri giorni in mirabile continuità, alternando periodi fiorenti a periodi critici i quali, tuttavia, hanno avuto spesso il merito di promuoverne ancor più il rinnovamento.

■ «Maria, esaltata per la grazia di Dio, dopo suo Figlio, al di sopra di tutti gli angeli e gli uomini, perché è la Madre Santissima di Dio, che ha preso parte ai misteri di Cristo, viene dalla Chiesa giustamente onorata con culto speciale» (*LG* 66).

Tale culto possiede una sua peculiarità irrepetibile, perché si riferisce ad una persona unica per la sua perfezione personale e per la sua missione.

■ «Questo culto [...], sebbene del tutto singolare, differisce essenzialmente dal culto di adorazione, prestato al Verbo incarnato come al Padre e allo Spirito Santo, e particolarmente lo promuove»; esso trova la sua espressione nelle feste liturgiche dedicate alla Madre di Dio e nella preghiera mariana come il Santo Rosario, «*Compendio* di tutto quanto il Vangelo» (*CCC*, 971).

■ Pertanto, la venerazione dei fedeli verso Maria, pur superiore al culto rivolto agli altri Santi, è tuttavia inferiore al culto di adorazione riservato a Dio.

■ Tra il culto mariano e quello reso a Dio vi è però una continuità: infatti, l'onore reso a Maria è ordinato e conduce all'adorazione della Santissima Trinità.

La venerazione dei cristiani per la Vergine promuove il culto prestato al Verbo Incarnato, al Padre ed allo Spirito Santo. «Le varie forme di devozione verso la Madre di Dio, che la Chiesa ha approvato entro i limiti di una dottrina sana e ortodossa, secondo le circostanze di tempo e di luogo e l'indole e la mentalità dei fedeli, fanno sì, che mentre è onorata la Madre, il Figlio per il quale esistono tutte le cose (cfr. *Col* 1,15-16) e nel quale 'piacque all'eterno Padre di far risiedere tutta la pienezza' (*Col* 1,19) sia debitamente conosciuto, amato, glorificato, e siano osservati i suoi Comandamenti » (*LG* 66).

■ A Lei, divenuta Madre della Chiesa e Madre dell'umanità, ricorre il popolo cristiano, animato da filiale confidenza, per sollecitare la sua materna intercessione ed ottenere i beni necessari alla vita terrena in vista dell'eterna beatitudine.

NB: Per approfondire l'argomento si leggano i seguenti documenti pontifici:

CONCILIO VATICANO II, *Lumen gentium* (*LG*);
PAOLO VI, *Marialis cultus*, 1974;
GIOVANNI PAOLO II, *Redemptoris Mater*, 1987;
CATECHISMO DELLA CHIESA CATTOLICA (*CCC*), nn. 484-511, 963-975;
Compendio del CCC, nn. 94-100, 196-199.

XXIII
SANTO ROSARIO:
QUAL È LA SUA IMPORTANZA?

A. Notizie storiche sul Rosario

Quando nasce la preghiera del Rosario?

Esso ha origini antichissime. Sembra infatti che risalga al XII secolo, quando già da tempo era recitato dai monaci Certosini.

Ben presto, poi, si diffuse in tutto il mondo cattolico, assumendo caratteristiche diverse, ma conservando sempre l'invocazione a Maria Santissima. La popolarità del Rosario è confermata anche dal gran numero di confraternite e sodalizi che, sia nel passato che ai giorni nostri, portano il suo titolo.

La ricorrenza liturgica in onore della Madonna del Rosario si celebra il 7 ottobre.

Fu Papa Gregorio XIII a trasferirla in tale giorno, sostituendola a quella di S. Maria della Vittoria che il suo predecessore S. Pio V aveva istituito per commemorare l'affermazione a Lepanto della flotta cristiana su quella turca che minacciava le coste venete.

Che cosa hanno detto alcuni Papi circa il Rosario?

Diffusosi rapidamente nella Chiesa, il Rosario venne ben presto regolato, riconosciuto ufficialmente e raccomandato ai fedeli da Sommi Pontefici.

■ Il Papa che per primo ne determinò ufficialmente la fisionomia essenziale, gli conferì il carisma ecclesiale, rilevò i suoi pregi e lo raccomandò quindi al popolo di Dio, fu il domenicano **San Pio V**. Memorabili sono la Bolla *Consueverunt* del 1569, vera *magna charta* del Rosario e la *Salvatoris Domini* del 1572, scritta dopo la vittoria della cristianità a Lepanto.

■ Altro grande pontefice del Rosario fu il **Papa Leone XIII**. Devotissimo egli stesso di questa preghiera, vi dedicò ben 22 documenti. L'additò come « maniera facile per far penetrare e inculcare negli animi i dogmi principali della Fede cristiana ».

Nell'anno 1883 stabilì che « tutto il mese di ottobre dell'anno in corso e per l'avvenire sia consacrato e dedicato alla celeste Vergine del Rosario ». Dell'anno 1891 ricordiamo la significativa definizione che diede del Rosario: « Come la tessera della nostra Fede è il *Compendio* del culto a Maria dovuto ». Nel 1892 giustifica le sue raccomandazioni di pregare il Rosario dicendo che in esso « sono così bene e così utilmente riuniti un'eccellente forma di preghiera, un mezzo efficace per conservare la Fede e un ideale insigne di virtù perfetta: è ben giusto che i veri cristiani lo abbiano spesso tra le mani e lo meditino piamente ». Nel 1898 giunge ad affermare che il « Rosario costituisce la più eccellente forma di preghiera privata e il mezzo più efficace per conseguire la vita eterna » e che « nell'ora suprema i devoti del Rosario saranno consolati dalla materna tenerezza della Vergine Maria e si addormenteranno dolcemente sul suo seno».

■ Il **Papa San Pio X** stimò e amò il Rosario recitandolo Fedelmente prima e durante il suo pontificato. Egli affermò: «Il Rosario costituisce l'orazione per eccellenza riunendo alla meditazione dei misteri della nostra religione e alle più sante preghiere, la mediazione della Vergine Santissima. Dobbiamo nutrire la più cara speranza che per mezzo di questa pratica il Signore ci accordi le migliori grazie». Nel suo testamento raccomandò il Rosario come «la preghiera che, sempre dopo quella liturgica, fra tutte è la più bella, la più ricca di grazie, quella che più piace alla Santissima Vergine Maria».

■ Con importanti encicliche e discorsi hanno esaltato e raccomandato il Rosario **Benedetto XV** e **Pio XI**, a cui viene attribuita la frase provocatoria, sovente riportata: «Potrei convertire il mondo se avessi un esercito che recitasse il Rosario».

■ Di **Pio XII** è invece la famosa definizione: «Il Rosario è sintesi di tutto il Vangelo, meditazione dei misteri del Signore, sacrificio vespertino, corona di rose, inno di lode, preghiera della famiglia, *Compendio* di vita cristiana, segno sicuro del favore celeste, presidio per l'attesa salvezza».

■ **Giovanni Paolo II**, il 16 ottobre 2002, ha pubblicato la Lettera apostolica *Rosarium Virginis Mariae*, in occasione del 120° anniversario dell'Enciclica

Supremi apostolatus officio con cui Leone XIII, il 1° settembre 1883, diede inizio alla pubblicazione di una serie di documenti dedicati proprio al Rosario.

Pur « caratterizzato dalla sua fisionomia mariana », scrive GIOVANNI PAOLO II nell'introduzione alla lettera, il Rosario «è preghiera dal cuore cristologico » che con la sua « semplicità e profondità rimane, anche in questo terzo millennio, una preghiera di grande significato, destinata a portare frutti di santità ». GIOVANNI PAOLO II ha proclamato l'anno che va dall'ottobre 2002 all'ottobre del 2003 « Anno del Rosario », invitando alla recita di questa preghiera, che « porta al cuore stesso della vita cristiana ed offre un'ordinaria quanto feconda opportunità spirituale e pedagogica per la contemplazione personale, la formazione del popolo di Dio e la nuova evangelizzazione ».

B. La struttura del Rosario

Di quante Ave Maria *è formato attualmente il S. Rosario?*

È formato da 200 *Ave Maria*, suddivise in decine, raggruppate in 4 cicli di 5 Misteri ciascuno. Ogni corona del S. Rosario è formata da 5 decine. La corona del Rosario è sorta come strumento per il conteggio delle preghiere sul modello di strumenti simili già in uso presso altre religioni, in particolare presso i buddisti (108 grani) e i musulmani (99 grani, cioè quanti sono i nomi attribuiti a Dio dal Corano). Leone X, ad esempio, nel 1516 approvava una 'corona' in onore di Nostro Signore che constava di 33 grani piccoli (gli anni di Cristo secondo la tradizione popolare) per la recita di altrettanti *Pater* con l'aggiunta di cinque grani più grandi (le piaghe di Cristo) per la recita di cinque *Ave*.

Perché nel passato il S. Rosario era formato da 150 Ave Maria*?*

Il S. Rosario di 150 *Ave Maria* richiamava i 150 salmi che fanno parte della Liturgia delle Ore e che nel passato (ma anche talvolta nel presente) per gli illetterati venivano sostituiti con la recita quotidiana di 150 *Pater*. Con lo sviluppo della pietà mariana fu proposta al popolo la recita di 150 *Ave*, quando questa preghiera biblica non aveva ancora la seconda parte, aggiunta verso la fine del XV secolo.

Quale importanza ha l'Ave Maria?

«La prima parte dell'*Ave Maria*, tratta dal Vangelo, ci fa ogni volta riascoltare le parole con cui Dio si è rivolto alla Vergine mediante l'Angelo, e quelle di benedizione della cugina Elisabetta. La seconda parte dell'*Ave Maria* risuona come la risposta dei figli che, rivolgendosi supplici alla Madre, non fanno altro che esprimere la propria adesione al disegno salvifico, rivelato da Dio. Così il pensiero di chi prega resta sempre ancorato alla Scrittura e ai misteri che in essa vengono presentati» (BENEDETTO XVI, *Discorso*, Pompei, 19-10-08).

C. Importanza del Rosario

Qual è il rapporto tra il Rosario e la vita quotidiana?

■ « Il nostro cuore – aveva affermato GIOVANNI PAOLO II nel suo primo anno di pontificato – può racchiudere in queste decine del Rosario tutti i fatti che compongono la vita dell'individuo, della famiglia, della nazione, della Chiesa e dell'umanità ». E proprio sulla « implicazione antropologica » del Rosario si sofferma il Papa, definendolo il « segreto per aprirsi più facilmente a una conoscenza profonda e coinvolgente di Cristo attraverso Maria », ma anche un modo per chiedere aiuto a Cristo per « i tanti problemi, assilli, fatiche e progetti che segnano la nostra vita ». Il Rosario è anche una risposta a quella « rinnovata esigenza di meditazione », tipica della nostra epoca.

■ Il Rosario è:

- « un mezzo spirituale prezioso per crescere nell'intimità con Gesù, e per imparare, alla scuola della Vergine Santa, a compiere sempre la divina volontà;
- scuola di contemplazione e di silenzio;
- semplice ed accessibile a tutti;
- tutto intessuto di elementi tratti dalla Scrittura » (BENEDETTO XVI, *Discorso*, Pompei, 19-10-08).

In che senso il Rosario è la preghiera per la pace e per la famiglia?

Pace e famiglia: sono questi, per il PAPA GIOVANNI PAOLO II, due ambiti particolari in cui la preghiera del Rosario si rivela capace di «far sperare in un futuro meno oscuro».

■ «Il Rosario è preghiera orientata per sua natura alla pace», scrive GIOVANNI PAOLO II nella citata lettera apostolica del 2002, «anche per i frutti di carità che produce», tra cui il «desiderio di accogliere, difendere e promuovere la vita, facendosi carico della sofferenza dei bambini in tutte le parti del mondo»; di «testimoniare le beatitudini nella vita di ogni giorno»; di «farsi 'cirenei' in ogni fratello affranto dal dolore o schiacciato dalla disperazione». Di diventare, in una parola, «costruttori della pace nel mondo» e di «sperare che, anche oggi, una 'battaglia' tanto difficile come quella della pace possa essere vinta».

■ Altro versante critico del nostro tempo, per il quale GIOVANNI PAOLO II ha chiesto un supplemento di impegno, è quello della famiglia. Il rilancio del Rosario nelle famiglie cristiane, nel quadro di una più larga pastorale della famiglia, può costituire, secondo il Papa, un'ottima occasione per:

- alimentare la preghiera familiare tanto importante anche oggi;
- affidare alla preghiera del Rosario, l'itinerario di crescita dei figli;

• aiutare i genitori a colmare la distanza culturale tra le generazioni;

• riscoprire il valore del silenzio;

• favorire lo stare insieme, e il comunicare nella preghiera, fra i vari membri della famiglia.

Il Rosario è una preghiera mariana?

Il Rosario non è principalmente una preghiera rivolta a Maria, ma una preghiera con Maria. Non è quindi una preghiera mariana, ma è una preghiera essenzialmente cristologica. I misteri, che esso propone, mettono al centro il personaggio principale: Cristo Gesù. «È necessario lasciarsi condurre per mano dalla Vergine Maria a contemplare il volto di Cristo: volto gioioso, luminoso, doloroso e glorioso. Chi, come Maria e insieme con Lei, custodisce e medita assiduamente i misteri di Gesù, assimila sempre più i suoi sentimenti e si conforma a Lui» (BENEDETTO XVI, *Discorso*, Pompei, 19-10-08).

Esiste anche un Rosario missionario?

Sì, ed è molto suggestivo: una decina, quella bianca è per la vecchia Europa, perché sia capace di riappropriarsi della forza evangelizzatrice che ha generato tante Chiese; la decina gialla è per l'Asia, che esplode di vita e di giovinezza; la decina verde è per l'Africa, provata dalla sofferenza, ma disponibile all'annuncio; la decina rossa è per l'America, vivaio di nuove forze missionarie; la decina azzurra è per il

Continente dell'Oceania e dell'Australia che attende una più capillare diffusione del Vangelo.

D. I misteri del Rosario

• Misteri della gioia
(Gaudiosi) (lunedì e sabato)

■ Nel 1° Mistero gaudioso si contempla l'annunciazione dell'Angelo a Maria SS: « L'Angelo, entrando da Lei, disse: "Ti saluto, o piena di grazia, il Signore è con te... Ecco concepirai un Figlio, lo darai alla luce e lo chiamerai Gesù "» (*Lc* 1,28.31).

■ Nel 2° Mistero gaudioso si contempla la visita di Maria SS. a Santa Elisabetta: « Appena Elisabetta ebbe udito il saluto di Maria, il bambino le sussultò nel grembo » (*Lc* 1,41).

■ Nel 3° Mistero gaudioso si contempla la nascita di Gesù nella grotta di Betlemme: « Maria diede alla luce il suo Figlio primogenito, lo avvolse in fasce e lo depose in una mangiatoia, perché non c'era posto per loro nell'albergo » (*Lc* 2,7).

■ Nel 4° Mistero gaudioso si contempla la presentazione di Gesù al Tempio da Maria e Giuseppe: A quaranta giorni dalla nascita di Gesù, Maria e Giuseppe « portarono il bambino a Gerusalemme per offrirlo al Signore » (*Lc* 2,22).

■ Nel 5° Mistero gaudioso si contempla il ritrovamento di Gesù nel Tempio: « Non sapevate che io devo occuparmi delle cose del Padre mio? Sua madre serbava tutte queste cose nel suo cuore» (*Lc* 2,49- 51).

- **Misteri della luce**
  (Luminosi) (giovedì)

■ Nel 1° Mistero luminoso si contempla il Battesimo nel Giordano di Gesù: «In quei giorni Gesù venne da Nazaret in Galilea e fu battezzato nel Giordano da Giovanni. E si sentì una voce dal cielo: "Tu sei il Figlio mio prediletto, in te mi sono compiaciuto"» (*Mc* 1,9-11).

■ Nel 2° Mistero luminoso si contempla Gesù alle nozze di Cana: «La Madre disse ai servi: «Fate quello che vi dirà». Così Gesù diede inizio ai suoi miracoli in Cana di Galilea, manifestò la sua gloria e i suoi discepoli credettero in lui» (*Gv* 2,5.11).

■ Nel 3° Mistero luminoso si contempla l'annuncio del Regno di Dio: «Gesù si recò nella Galilea predicando il Vangelo di Dio e diceva: "Il tempo è compiuto e il Regno di Dio è vicino, convertitevi e credete al Vangelo"» (*Mc* 1, 15).

■ Nel 4° Mistero luminoso si contempla la Trasfigurazione di Gesù: «Gesù prese con sé Pietro, Giacomo e Giovanni e salì sul monte a pregare. Mentre pregava il suo volto cambiò d'aspetto e la sua veste divenne candida e sfolgorante» (*Lc* 9,28-29).

■ Nel 5° Mistero luminoso si contempla l'istituzione dell'Eucaristia: «Mentre mangiavano, prese il pane, e pronunziata la preghiera di benedizione, lo spezzò e lo diede loro dicendo: «Prendete e mangiate: questo è il mio Corpo». Poi prese il calice e, dopo aver reso grazie, lo diede loro, dicendo: "Bevetene tutti, perché questo è il mio Sangue dell'Alleanza, versato per molti, in remissione dei peccati"» (*Mt* 26,26-28).

• Misteri del dolore

(Dolorosi) (martedì - venerdì)

■ Nel 1° Mistero doloroso si contempla l'agonia di Gesù nel Getsemani: «In preda all'angoscia, pregava più intensamente e il suo sudore diventò come gocce di sangue che cadevano a terra» (*Lc* 22,44).

■ Nel 2° Mistero doloroso si contempla la flagellazione di Gesù: «Pilato fece prendere Gesù e lo fece flagellare» (*Gv* 19,1).

■ Nel 3° Mistero doloroso si contempla l'incoronazione di spine di Gesù: «I soldati, intrecciata una corona di spine, gliela posero sul capo» (*Mt* 27,29).

■ Nel 4° Mistero doloroso si contempla il viaggio al Calvario di Gesù carico della croce: «Pilato lo consegnò loro. Essi allora presero Gesù ed Egli, portando la croce, si avviò verso il Golgota» (*Gv* 19,16-17).

■ Nel 5° Mistero doloroso si contempla Gesù crocifisso e morto in croce: «Giunti al Calvario lo crocifissero… Dopo aver ricevuto l'aceto, Gesù disse: "Tutto è compiuto!" E, chinato il capo, spirò» (*Gv* 19,18-30).

- **Misteri della gloria**
  (Gloriosi) (mercoledì - domenica)

■ Nel 1° Mistero glorioso si contempla la Risurrezione di Gesù: « So che cercate Gesù il crocifisso. Non è qui. È risorto come aveva detto » (*Mt* 28,5-6).

■ Nel 2° Mistero glorioso si contempla l'ascensione di Gesù al Cielo: « Il Signore Gesù fu assunto in cielo e sedette alla destra di Dio » (*Mc* 16,19).

■ Nel 3° Mistero glorioso si contempla la discesa dello Spirito Santo sopra gli Apostoli con Maria SS. nel Cenacolo: « Apparvero loro lingue come di fuoco; ed essi furono tutti ripieni di Spirito Santo » (*Atti* 2,3-4).

■ Nel 4° Mistero glorioso si contempla l'assunzione di Maria SS. al Cielo: « Grandi cose ha fatto in me l'Onnipotente e Santo è il suo nome » (*Lc* 1,49).

■ Nel 5° Mistero glorioso si contempla l'incoronazione di Maria SS. Regina del Cielo e della Terra: « Nel cielo apparve poi un segno grandioso: una donna vestita di sole, con la luna sotto i suoi piedi, e sul suo capo una corona di dodici stelle » (*Ap* 12, I).

NB: Per approfondire l'argomento si leggano i seguenti documenti pontifici:

PAOLO VI, Esortazione apostolica *Marialis cultus* (n. 46); GIOVANNI PAOLO II, Lettera apostolica *Rosarium Virginis Mariae*.

XXIV
GLI ANGELI:
CHI SONO E COSA FANNO?

Chi sono gli angeli?

■ « Gli angeli sono creature puramente spirituali, incorporee, invisibili e immortali, esseri personali dotati di intelligenza e di volontà. Essi, contemplando incessantemente Dio a faccia a faccia, Lo glorificano, Lo servono e sono i suoi messaggeri nel compimento della missione di salvezza per tutti gli uomini » (*Compendio*, 60).

■ « In tutto il loro essere, gli angeli sono servitori e messaggeri di Dio. Per il fatto che « vedono sempre la faccia del Padre mio che è nei cieli » (*Mt* 18,10), essi sono « potenti esecutori dei suoi comandi, pronti alla voce della sua parola » (*Sal* 103,20).

In quanto creature puramente spirituali, essi hanno intelligenza e volontà: sono creature personali e immortali. Superano in perfezione tutte le creature visibili. Lo testimonia il fulgore della loro gloria » (*CCC*, 329-330).

■ Sant'Agostino dice a loro riguardo: «"*Angelus*" *officii nomen est, [...] non naturae. Quaeris nomen huius naturae, spiritus est; quaeris officium, angelus est: ex eo quod est, spiritus est, ex eo quod agit, angelus* – La parola « angelo » designa l'ufficio, non la natura. Se si chiede il nome di questa natura, si risponde che è spirito; se si chiede l'ufficio, si risponde che è angelo: è spirito per quello che è, mentre per quello che compie è angelo» (SANT'AGOSTINO, *Enarratio in Psalmum* 103, 1, 15: CCL 40, 1488).

■ «Gli angeli, dice il Vangelo, "servivano" Gesù (*Mc* 1, 13); essi sono il contrappunto di Satana. *Angelo* vuol dire *inviato* (...). Toglieremmo una parte notevole del Vangelo, se lasciassimo da parte questi esseri inviati da Dio, i quali annunciano la sua presenza fra di noi e ne sono un segno. Invochiamoli spesso, perché ci sostengano nell'impegno di seguire Gesù fino a identificarci con Lui» (BENEDETTO XVI, *Angelus*, 1-3-09).

L'esistenza degli angeli è una verità di Fede*?*

Certamente. «L'esistenza degli esseri spirituali, incorporei, che la Sacra Scrittura chiama abitualmente angeli, è una verità di Fede. La testimonianza della Scrittura è tanto chiara quanto l'unanimità della Tradizione» (*CCC*, 328).

Che cosa fanno gli angeli nell'Antico Testamento?

■ L'Antico Testamento descrive vari interventi degli angeli nella vita del Popolo d'Israele.

Ad esempio:

- la lotta con l'angelo di Giacobbe (*Gn* 32, 25-29);
- la scala percorsa dagli angeli, sognata da Giacobbe (*Gn* 28, 12);

- i tre angeli ospiti di Abramo (*Gn* 18);
- l'intervento dell'angelo che ferma la mano di Abramo che sta per sacrificare Isacco;
- l'angelo che porta il cibo al profeta Elia nel deserto;

■ Pressante è poi l'invito che leggiamo nel Salmo 148 (Lode cosmica): «Lodate il Signore dai cieli, lodatelo nell'alto dei cieli. Lodatelo, voi tutti suoi angeli, lodatelo, voi tutte sue schiere... Lodino tutti il nome del Signore, perché al suo comando ogni cosa è stata creata» (*Sal* 148,1-5).

E il Nuovo Testamento come parla degli angeli?

■ Anche il Nuovo Testamento parla frequentemente degli angeli. Si veda ad esempio:

- l'annuncio, da parte degli angeli, ai pastori della nascita di Cristo;
- l'angelo che compare in sogno a Giuseppe, suggerendogli di fuggire con Maria e il Bambino;
- gli angeli che adorano e servono Gesù dopo le tentazioni nel deserto;
- l'angelo che annunciò alla Maddalena e alle altre donne, la Risurrezione di Cristo;
- la liberazione di S. Pietro, dal carcere e dalle catene a Roma;
- l'Apocalisse.

■ In particolare è toccante l'affermazione di Gesù circa gli angeli, a difesa dei piccoli: «Guardatevi dal disprezzare uno solo di questi piccoli, perché vi dico che i loro angeli nel cielo vedono sempre la faccia del Padre mio che è nei cieli » (*Mt* 18,10).

Qual è la relazione fra Gesù Cristo e gli angeli?

■ « Cristo è il centro del mondo angelico. Essi sono i suoi angeli: « Quando il Figlio dell'uomo verrà nella sua gloria con tutti i suoi angeli [...] » (*Mt* 25,31).

• Sono suoi perché creati per mezzo di Lui e in vista di Lui: « Poiché per mezzo di Lui sono state create tutte le cose, quelle nei cieli e quelle sulla terra, quelle visibili e quelle invisibili: troni, dominazioni, principati e potestà. Tutte le cose sono state create per mezzo di Lui e in vista di Lui » (*Col* 1,16).

• Sono suoi ancor più perché li ha fatti messaggeri del suo disegno di salvezza: « Non sono essi tutti spiriti incaricati di un ministero, inviati per servire coloro che devono ereditare la salvezza? » (*Eb* 1,14).

■ Essi, fin dalla creazione e lungo tutta la storia della salvezza, annunciano da lontano o da vicino questa salvezza e servono la realizzazione del disegno salvifico di Dio (...).

■ Dall'Incarnazione all'Ascensione, la vita del Verbo incarnato è circondata dall'adorazione e dal servizio degli angeli. Quando Dio « introduce il Primogenito nel mondo, dice: lo adorino tutti gli angeli di Dio » (*Eb* 1,6). Il loro canto di lode alla nascita di Cristo non ha cessato di risuonare nella lode della Chiesa: « Gloria a

Dio...» (*Lc* 2,14). Essi proteggono l'infanzia di Gesù, servono Gesù nel deserto, lo confortano durante l'agonia, quando Egli avrebbe potuto da loro essere salvato dalla mano dei nemici come un tempo Israele. Sono ancora gli angeli che evangelizzano la Buona Novella dell'incarnazione e della risurrezione di Cristo. Al ritorno di Cristo, che essi annunziano, saranno là, al servizio del suo giudizio» (*CCC*, 331-333).

■ Tuttavia, Gesù è infinitamente superiore agli Angeli: Egli «è diventato di tanto superiore agli Angeli, di quanto il nome che ha ereditato è più eccellente del loro. Infatti, a quale degli Angeli ha mai detto: «*Tu sei mio Figlio, oggi io t'ho generato*»? e anche: «*Io gli sarò Padre ed egli mi sarà Figlio*»? (*Eb* 1,4-5).

Che cosa significa la frase evangelica: «Vedrete gli angeli di Dio salire e scendere sul Figlio dell'uomo»? (Gv 1,51)

Origene, antico sacerdote e teologo vissuto tra il 185 e il 253 d.C., così illustra tale frase:

«Gli angeli scendono perché Cristo era sceso per primo; essi temevano di scendere prima che l'avesse ordinato il Signore delle potenze celesti e di tutte le cose (*Col* 1,16). Ma quando hanno visto il Principe delle schiere celesti dimorare sulla terra, allora, per questa via aperta, sono usciti dietro al loro Signore, obbedendo alla volontà di colui che li ha ripartiti come custodi di coloro che credono nel suo nome (...).

Per questo, quando nacque Cristo, c'era «una moltitudine dell'esercito celeste che lodava Dio» (*Lc* 2,18)» (ORIGENE, *Omelie su Ezechiele* I, 7; SC 352, 71-73).

In che modo gli angeli sono presenti nella vita della Chiesa?

«Tutta la vita della Chiesa beneficia dell'aiuto misterioso e potente degli angeli. Nella liturgia, la Chiesa si unisce agli angeli per adorare il Dio tre volte santo; invoca la loro assistenza (così nell'*In paradisum deducant te angeli*... – In paradiso ti accompagnino gli angeli – nella liturgia dei defunti, o ancora nell'«Inno dei cherubini» della liturgia bizantina), e celebra la memoria di alcuni angeli in particolare (san Michele, san Gabriele, san Raffaele, gli angeli custodi). Dal suo inizio fino all'ora della morte la vita umana è circondata dalla loro protezione e dalla loro intercessione» (*CCC*, 334-336).

«La Chiesa si unisce agli angeli per adorare Dio, invoca la loro assistenza e di alcuni celebra liturgicamente la memoria» (*Compendio* del *CCC*, 61).

In che modo i fedeli, imitando gli angeli, possono adorare Dio?

■ Adorare significa rendere culto a Cristo Signore realmente presente con il Suo Corpo nel Tabernacolo. Tale culto di adorazione (o di latrìa) è riservato esclusivamente a Dio solo, come termine di onore, di riconoscimento della sua superiorità e della nostra sottomissione.

■ L'adorazione eucaristica scaturisce:

1) dalla celebrazione dell'Eucaristia: il sacrificio della S. Messa è veramente l'origine e il fine del culto che viene reso all'Eucaristia fuori della S. Messa, il quale è pertanto intimamente legato alla celebrazione eucaristica, è il suo naturale prolungamento ed è ad essa ordinato;

2) dalla Fede nella presenza reale del Signore: essa porta naturalmente alla manifestazione esterna, pubblica e privata di questa stessa Fede;

3) dalla certezza che il Signore è con noi sempre: «Ecco, io sono con voi tutti i giorni, fino alla fine del mondo» (*Mt* 28, 20).

■ L'adorazione del Santissimo Sacramento può essere sia personale che comunitaria, nelle sue varie forme, compresa l'esposizione del Santissimo Sacramento, nell'ostensorio o nella pisside, in forma prolungata o breve. Essa, raccomandata dalla Chiesa a Pastori e fedeli, è altamente espressiva del legame esistente tra la celebrazione del Sacrificio del Signore (che in se stessa è il più grande atto d'adorazione della Chiesa) e la sua presenza permanente nell'Ostia consacrata.

■ Adorare Gesù Cristo presente nell'Eucaristia fuori della Messa, anche come riparazione, è una conseguenza della nostra Fede nel mistero celebrato. L'adorazione pertanto va intesa come preparazione alla S. Messa, come l'attitudine celebrativa dei santi misteri e come ringraziamento per il dono dell'Eucaristia.

Ci sono altri modi per adorare il Signore?

Oltre alle forme di adorazione, di cui si è già parlato, occorre ricordare che il nostro amore all'Eucaristia si può esprimere in altre forme, con le quali adoriamo il Signore, quali:

- l'adorazione perpetua, quella delle Quaranta Ore o in altre forme, che investono un'intera comunità parrocchiale o religiosa, o un'associazione eucaristica, e forniscono l'occasione per numerose espressioni di pietà eucaristica;
- la semplice visita al Santissimo Sacramento riposto nel tabernacolo: breve incontro con Cristo suggerito dalla Fede nella sua presenza e caratterizzato dall'orazione silenziosa;
- la benedizione eucaristica, che ordinariamente conclude le processioni e adorazioni eucaristiche, quando c'è il sacerdote o il diacono. Poiché la benedizione con il Santissimo Sacramento non è una forma di pietà eucaristica a sé stante, deve essere preceduta da una breve esposizione, con un tempo conveniente di preghiera e silenzio. È pertanto vietata l'esposizione fatta unicamente per impartire la benedizione;
- le processioni eucaristiche per le vie della città terrena: esse aiutano i fedeli a sentirsi popolo di Dio che cammina con il suo Signore, proclamando la Fede

nel Dio con noi e per noi. Ciò vale soprattutto per la processione eucaristica per eccellenza, quella del *Corpus Domini*. Nelle processioni tutto deve concorrere a far risaltare la dignità e la riverenza verso il Santissimo: il comportamento, l'addobbo delle vie, l'omaggio dei fiori, i canti e le preghiere devono essere una manifestazione di Fede nel Signore e di lode a Lui;

• i congressi eucaristici: essi, segno di Fede e di carità, si possono considerare come una «*statio*» cioè una sosta d'impegno e di preghiera, a cui una comunità invita la Chiesa universale o una Chiesa locale invita le altre Chiese della medesima regione o della stessa nazione o del mondo intero, per approfondire insieme qualche aspetto del mistero eucaristico e prestare ad esso un omaggio di pubblica venerazione.

Chi sono gli Arcangeli?

■ Nella Fede cristiana, fra gli angeli si identificano anche tre Arcangeli. Infatti nella Bibbia, e in particolare nel libro di Tobia, si legge che gli Arcangeli sono coloro che siedono alla presenza di Dio, ne contemplano la gloria e lo lodano incessantemente. La Chiesa cattolica riconosce tre arcangeli:

• Michele: etimologicamente significa « Chi è come Dio? », « Grandezza di Dio », « Il Grande Dio » o « Simile a Dio ». È l'Arcangelo della luce e del fuoco; è a capo delle schiere celesti. È lui che scaraventò Lucifero lontano dal Paradiso. Per questo, nell'iconografia cristiana viene raffigurato come un giovane forte, giovane e bello, con indosso un'armatura. Viene identificato come il protettore della Chiesa Cattolica Romana, nonché santo patrono della nazione ebraica. La liturgia dei defunti lo vuole accompagnatore delle anime.

• Gabriele: il suo nome etimologicamente significa « Forza di Dio », in quanto si suppone che abbia combattuto con Giacobbe rompendogli il femore (cfr. *Gn* cap. 32). Si presentò a Zaccaria come « colui che sta al cospetto di Dio » (*Lc* 1,19). Apparve alla Vergine Maria, annunciandole la nascita di Gesù (Annunciazione). Per questo è considerato a capo degli ambasciatori, nonché l'Angelo della Rivelazione. Nell'iconografia cristiana viene raffigurato come un giovane elegante, maestoso, abbigliato di ricche vesti. Frequentemente viene anche ritratto in ginocchio di fronte alla Madonna con le braccia incrociate sul petto o con in mano una pergamena, uno scettro o un giglio.

• Raffaele: il suo nome significa « Divino Guaritore », o « Dio Guarisce », « Salvezza di Dio », è citato nel libro di Tobia, ed accompagnò Tobiolo nel viaggio in Mesopotamia per recuperare il denaro del padre, liberò Sara da un demonio e favorì il matrimonio di questa con Tobiolo. È spesso considerato come l'angelo custode per eccellenza, il capo degli Angeli custodi, l'Angelo della Provvidenza che vigila su tutta l'umanità. Viene spesso raffigurato, nell'iconografia cristiana, insieme al giovane Tobia e al suo cane, che l'accompagna Fedelmente e costantemente. È identificato come il protettore dei pellegrini, di coloro cioè che compiono un pellegrinaggio verso un luogo religioso o meglio ancora sono in cammino verso Dio. Viene raffigurato per questo come un viandante che viaggia col bastone ed i sandali, la borraccia dell'acqua e la bisaccia a tracolla.

■ La Chiesa celebra la festa di questi tre Arcangeli il 29 settembre.

Che cosa fanno gli angeli custodi?

■ Nel libro dell'Esodo, così leggiamo: «Così dice il Signore: «Ecco, io mando un angelo davanti a te per custodirti sul cammino e per farti entrare nel luogo che ho preparato.

Abbi rispetto della sua presenza, ascolta la sua voce e non ribellarti a lui» (*Es* 23, 20-21).

■ «Ogni fedele ha al proprio fianco un angelo come protettore e pastore, per condurlo alla vita» (San Basilio Magno, *Adversus Eunomium*, 3, 1: SC 305, 148).

■ «Dal suo inizio fino all'ora della morte, la vita umana è circondata dalla loro protezione e dalla loro intercessione» (*CCC*, 336).

■ Leggiamo nel Libro dei Salmi: «Egli (Dio) darà ordine ai suoi angeli di custodirti in tutti i tuoi passi» (*Sal* 90, 11).

San Bernardo così commenta questa frase biblica: « Queste parole quanta riverenza devono suscitare in te, quanta devozione recarti, quanta fiducia infonderti! Riverenza per la presenza, devozione per la benevolenza, fiducia per la custodia. Sono presenti, dunque, e sono presenti a te, non solo con te, ma anche per te. Sono presenti per proteggerti, sono presenti per giovarti (...). Amiamo affettuosamente gli angeli di Dio, come quelli che saranno un giorno i nostri coeredi, mentre nel frattempo sono nostre guide e tutori, costituiti e preposti a noi dal Padre (...). Non possono essere sconfitti né sedotti e tanto meno sedurre, essi che ci custodiscono in tutte le nostre vie. Sono fedeli, sono prudenti, sono potenti. Perché trepidare? Soltanto seguiamoli, stiamo loro vicini e restiamo nella protezione del Dio del cielo » (SAN BERNARDO, abate, *Discorso 12 sul Salmo 9, Opera omnia*, ed. cisterc. 4 [1966] 458-462).

■ Il culto degli Angeli custodi compare dal sec. XVI come festa a sé presso molte Chiese. Nel calendario romano viene introdotto nel 1615.

Quali preghiere la Chiesa ci invita a rivolgere a Dio attraverso gli angeli custodi?

■ Nel giorno liturgico degli angeli custodi (2 ottobre), la Chiesa così prega nella Celebrazione Eucaristica:

«O Dio, che nella tua misteriosa provvidenza mandi dal cielo i tuoi Angeli a nostra custodia e protezione, fa' che nel cammino della vita siamo sempre sorretti dal loro aiuto per essere uniti con loro nella gioia eterna.

Accogli, Signore, i doni che ti offriamo in onore dei santi Angeli; la loro protezione ci salvi da ogni pericolo e ci guidi felicemente alla patria del cielo.

O Padre, che in questo sacramento ci doni il pane per la vita eterna, guidaci, con l'assistenza degli Angeli, nella via della salvezza e della pace. Per Cristo nostro Signore».

■ La tradizione popolare cristiana ci ha tramandato questa semplice, ma bella preghiera all'angelo custode:

«Angelo di Dio, che sei il mio custode, illumina, custodisci, reggi e governa me, che ti fui affidato dalla pietà celeste. Amen».

NB: Per approfondire l'argomento, ecco alcuni documenti pontifici:

Catechismo della Chiesa Cattolica (*CCC*), nn. 326-336; 350-352; 391-393; 1023-1029.

Compendio del CCC, nn. 59-61.

XXV
LE INDULGENZE:
COME AIUTANO I VIVI E I DEFUNTI?

Che cosa sono le Indulgenze?

■ «Le Indulgenze sono la remissione dinanzi a Dio della pena temporale meritata per i peccati, già perdonati quanto alla colpa, che il fedele, a determinate condizioni, acquista, per se stesso o per i defunti mediante il ministero della Chiesa, la quale, come dispensatrice della redenzione, distribuisce il tesoro dei meriti di Cristo e dei Santi» (*Compendio* del *Catechismo*, n. 312).

■ «Il dono dell'Indulgenza manifesta la pienezza della misericordia di Dio, che viene espressa in primo luogo nel sacramento della Penitenza e della Riconciliazione. Questa antica pratica, circa la quale non sono mancate incomprensioni storiche, va bene compresa ed accolta. La riconciliazione con Dio, pur essendo dono della misericordia di Dio, implica un processo in cui l'uomo è coinvolto nel suo impegno personale e la Chiesa nel suo compito sacramentale. Il cammino di riconciliazione ha il suo centro nel sacramento della Penitenza, ma anche dopo il perdono del peccato, ottenuto mediante tale sacramento, l'essere umano rimane segnato da quei «residui» che non lo rendono totalmente aperto alla grazia ed ha bisogno di purificazione e di quel rinnovamento totale dell'uomo in virtù della grazia di Cristo, per ottenere il quale, il dono dell'Indulgenza gli è grandemente di aiuto» (PENITENZIERIA APOSTOLICA, *Il dono dell'Indulgenza*).

■ La pratica della Indulgenze va pertanto intesa come espressione e attuazione della misericordia di Dio, che aiuta i suoi figli a cancellare le pene dovute ai loro peccati, ma anche e soprattutto a spingerli verso un maggior fervore di carità.

Come le Indulgenze sono legate al sacramento della Confessione?

Al sacramento della Confessione sono strettamente connesse le Indulgenze, in quanto queste sono la remissione dinanzi a Dio della pena temporale per i peccati, già rimessi quanto alla colpa col sacramento della Confessione.

Quali sono gli elementi caratteristici dell'Indulgenza?

■ L'Indulgenza:

- è la remissione della pena temporale per i peccati
- si ottiene mediante la Chiesa
- può essere:
  - parziale
  - plenaria
- può essere applicata a sè e anche ai defunti.

■ Esaminiamo per gradi e più dettagliatamente tali elementi.

1. L'Indulgenza rimette la pena:

Che cosa sono le pene?

■ Il peccato, sia mortale sia veniale, anche perdonato quanto alla «colpa» mediante il sacramento della Penitenza, lascia nel peccatore: «residui», «tracce», «zone d'ombra».

■ Tali «residui», «tracce», «zone d'ombra», si esprimono in:

- abitudini cattive
- affetti e attaccamenti disordinati alle creature
- disposizione al peccato veniale (egoismo, orgoglio, indolenza...)
- spinte, più o meno forti, a ricadere nel peccato
- debolezza della volontà a contrastare la tendenza al peccato
- sorta di apatia interiore nella preghiera, nell'amore di Dio e nelle opere di carità.

■ Questi «residui» del peccato meritano la «pena temporale», che il cristiano deve scontare in questa vita o nel purgatorio, per essere totalmente purificato e in tal modo essere ammesso alla visione di Dio nel paradiso.

■ La pena dunque è l'effetto del peccato, il quale comporta sia la colpa (rimessa col sacramento della Confessione) sia la pena.

■ «È dottrina divinamente rivelata che i peccati comportino pene infinite dalla santità e giustizia di Dio, da scontarsi sia in questa terra, con i dolori, le miserie e le calamità di questa vita e soprattutto con la morte, sia nell'aldilà anche con il fuoco e i tormenti o con le pene purificatrici» (PAOLO VI, *Indulgentiarum doctrina*, n. 2).

Di quali tipi può essere la pena?

Può essere di due tipi:

1. eterna
 • comporta la separazione eterna da Dio
 • è conseguenza del peccato mortale
 • viene rimessa, insieme alla colpa, con la Confessione
2. temporale (effetto del peccato veniale).

Che cosa indica la pena?

La realtà della pena indica:

■ l'esistenza del peccato:
 • la sua gravità
 • le conseguenze / danni che provoca in noi, negli altri, nel creato …

■ la necessità di riparare tali danni;

■ il castigo che meritiamo: castigo/punizione da intendersi come medicina salutare, che ci aiuta a:

- prendere coscienza del peccato,
- rimediare alle sue conseguenze,
- liberarcene;

■ l'infinita misericordia di Dio che, pur condannando, essendo giusto e santo, il peccato, nello stesso tempo è infinitamente misericordioso e paziente verso il peccatore, al quale perdona il peccato, condona la pena, dona la sua grazia;

■ la vita oltre la morte (i novissimi);

■ la necessità della purificazione completa per accedere al paradiso;

■ il purgatorio per l'espiazione delle pene rimaste;

■ l'unità e lo scambio-aiuto con i defunti. L'Indulgenza chiesta dai vivi per i loro defunti aiuta la purificazione di chi in Purgatorio attende di essere ammesso in Paradiso.

2. L'Indulgenza si ottiene mediante la Chiesa:

■ Cristo vuole associare a sé la Chiesa, nell'accrescere e nel dispensare il suo tesoro spirituale ottenuto da lui solo mediante il suo Sacrificio di Morte e di Risurrezione.

■ Si manifesta e si attua così:

- anzitutto l'unità, la solidarietà e l'interdipendenza nella Chiesa: la comunione dei santi (cfr. *CCC*, 1475), lo scambio di beni spirituali, il vincolo di comunione fra i cristiani nel:

– convertirsi;

– riparare;

– condannare pubblicamente e privatamente il peccato;

– chiedere a Dio la mitigazione e/o la cancellazione delle pene;

• il ruolo ministeriale della Chiesa: la Chiesa 'ministra' / madre, la quale, per volontà di Cristo, Suo Capo, dispensa i benefici acquistati da Cristo stesso a vantaggio del bene spirituale dei suoi membri e di tutta l'umanità.

3. L'Indulgenza può essere plenaria o parziale:

■ L'Indulgenza è parziale o plenaria secondo che libera in parte o in tutto dalla pena temporale dovuta per i peccati.

■ Le Indulgenze sia parziali che plenarie possono sempre essere applicate ai defunti a modo di suffragio.

■ L'Indulgenza parziale può essere acquistata più volte al giorno, salvo esplicita indicazione in contrario. L'Indulgenza plenaria invece può essere acquisita una sola volta al giorno.

■ L'Indulgenza plenaria può essere giornaliera, oppure annuale o occasionale.

Come ottenere l'Indulgenza plenaria:

a. giornaliera?

In vari modi. Con:

• l'adorazione del SS.mo Sacramento per almeno mezz'ora;

• la pia lettura della Sacra Scrittura per almeno mezz'ora;

• il pio esercizio della Via Crucis;

• la recita del Santo Rosario (anche una terza parte) in chiesa o in famiglia;

• la visita al cimitero: al fedele che devotamente visita il cimitero e prega, anche soltanto mentalmente per i defunti, si concede l'Indulgenza, applicabile solo ai defunti, dall'1 all'8 di novembre.

b. annuale o occasionale?

La Chiesa offre anche varie modalità durante l'anno, per ricevere l'Indulgenza plenaria:

• accoglienza devota, anche solo per mezzo della radio, della benedizione impartita dal Sommo Pontefice al Mondo (*Urbi et Orbi*);

• partecipazione agli Esercizi spirituali almeno per tre giorni;

• visita devota della chiesa parrocchiale nella festa del titolare o il giorno due agosto, in cui ricorre l'Indulgenza della « Porziuncola » (il Perdon d'Assisi);

• rinnovo delle promesse battesimali la vigilia di Pasqua e nell'anniversario del proprio battesimo;

• altre circostanze particolari, indicate dalla Santa Sede.

Quali sono le condizioni per l'acquisto dell'Indulgenza plenaria?

■ Il credente si dispone a ricevere l'Indulgenza plenaria compiendo questi segni esteriori e interiori di partecipazione:

1. Si impegna a sviluppare in se stesso un atteggiamento interiore di distacco affettivo ed effettivo da ogni peccato.

2. Celebra degnamente (anche nei 15 o 20 giorni precedenti o seguenti) il Sacramento della Penitenza, per aprire il cuore alla misericordia. Con una confessione sacramentale si possono acquistare più Indulgenze plenarie.

3. Partecipa con devozione alla Santa Eucaristia (anche nei giorni precedenti o seguenti).

■ Quando l'Indulgenza plenaria richiede la visita a una chiesa, si deve recitare in essa il Credo come professione di Fede, il Padre Nostro, e una preghiera secondo le intenzioni del Santo Padre.

Come si ottengono le Indulgenze parziali?

I modi di ottenere le Indulgenze «parziali» sono molti. Esse ordinariamente sono unite alla recita di una determinata preghiera o giaculatoria, e/o al compimento di atti di carità e di penitenza, come ad esempio: pellegrinaggi, preghiere, opere caritative ai poveri, pubblica testimonianza di Fede, rinunce, volontaria ascesi, astensione dai consumi superflui (fumo, bevande alcooliche ecc.), digiuno, astinenza dalle carni (o altro cibo secondo le specificazioni degli Episcopati) devolvendo una proporzionata somma ai poveri, accettazione di sofferenze, preghiere e opere di suffragio per i defunti... Tutto questo aiuta ad esprimere la conversione del cuore.

NB: Per approfondire l'argomento, ecco alcuni documenti pontifici:

PAOLO VI, *Indulgentiarum doctrina*, 1° gennaio 1967;
PENITENZIERIA APOSTOLICA:
- *Enchiridium Indulgentiarum*, quarto editur (16 luglio 1999);
- *Il dono dell'Indulgenza*, 29 gennaio 2000;

CATECHISMO DELLA CHIESA CATTOLICA (*CCC*), nn. 1471-1479.

XXVI
PERCHÉ LE IMMAGINI SACRE?

Che cosa sono le immagini religiose?

Sono raffigurazioni di contenuti religiosi, che vengono effettuate con vario materiale e con diversi stili. In particolare esse rappresentano Dio, Gesù Cristo, lo Spirito Santo, la Madonna, i Santi.

Di che cosa si servono le immagini religiose?

Si servono di elementi che provengono da questo mondo, nelle sue diverse componenti: umano, animale, vegetale, materiale. Ma tali elementi sono lì dipinti per indicare qualcos'altro: rimandano a realtà che non appartengono a questo mondo visibile. Sono riflesso, *segno* del divino, del religioso, dello spirituale, del soprannaturale.

Che tipo di passaggio esigono le immagini religiose?

In esse l'uomo è sollecitato a passare dal visibile all'invisibile, dal significante al significato, dal mondo creato a Dio. Per questo noi chiamiamo *simboliche* le immagini religiose. Sono un ponte tra il visibile e l'invisibile, tra il fedele e il mistero.

Da quando esistono le immagini religiose?

La scelta di rappresentare contenuti della Fede cristiana con immagini risale a molto tempo addietro. «Gli artisti di ogni tempo hanno offerto alla contemplazione e allo stupore dei fedeli i fatti salienti del mistero della salvezza, presentandoli nello splendore del colore e nella perfezione della bellezza» (Card. JOSEPH RATZINGER, *Introduzione* al *Compendio*).

Perché alcune religioni proibiscono le immagini religiose?

L'Ebraismo e l'Islamismo ad esempio proibiscono di raffigurare Dio, in quanto vogliono in tal modo evidenziare la totale invisibilità, l'infinita diversità e superiorità di Dio rispetto alle sue creature: Dio è il totalmente Altro. La rappresentazione del sacro in immagini costituisce per tali religioni una profanazione.

L'Antico Testamento proibisce le immagini?

■ Nell'Antico Testamento, Dio aveva ordinato: «Non ti farai idolo né immagine alcuna di ciò che è lassù nel cielo, né di ciò che è quaggiù sulla terra, né di ciò che è nelle acque sotto la terra» (*Es* 20,2-4). Tale «ingiunzione divina comportava il divieto di qualsiasi rappresentazione di Dio fatta dalla mano dell'uomo. Il Deuteronomio spiega: «Poiché non vedeste alcuna figura, quando il Signore vi parlò sull'Oreb dal fuoco, state bene in guardia per la vostra vita, perché non vi corrompiate e non vi facciate l'immagine scolpita di qualche idolo» (*Dt* 4,15-16). È il Dio assolutamente trascendente che si è rivelato a Israele. «Egli è tutto», ma, al tempo stesso, è «al di sopra di tutte le sue opere» (*Sir* 43,27-28). Egli è «lo stesso autore della bellezza» (*Sap* 13,3).

■ Tuttavia, fin dall'Antico Testamento, Dio ha ordinato o permesso di fare immagini che simbolicamente conducessero alla salvezza operata dal Verbo incarnato: così il serpente di rame, l'arca dell'Alleanza e i cherubini» (*CCC*, 2129-2130).

Quando nella storia del cristianesimo furono proibite le immagini?

1. Quando ci fu l'iconoclastia, e cioè quel Movimento religioso, sviluppatosi a Bisanzio tra l'VIII e il IX secolo, che considerava idolatrico il culto delle immagini sacre (Cristo, la Vergine, i Santi) e predicava la loro distruzione. La venerazione delle immagini (*iconolatria*) in Oriente aveva dato vita a forme di fanatismo. La disputa divenne politica quando l'imperatore bizantino Leone III Isaurico, abbracciata decisamente l'iconoclastia (726), cominciò a perseguitare gli iconoduli (adoratori di immagini),

chiuse monasteri e chiese ribelli (confiscandone le terre e distribuendole a contadini-soldati) e tentò di imporre anche a Roma la distruzione delle immagini sacre.

Ma il secondo Concilio di Nicea, nel 787, decise a favore delle immagini: « Noi definiamo con ogni rigore e cura che, a somiglianza della raffigurazione della croce preziosa e vivificante, così le venerande e sante immagini, sia dipinte che in mosaico o in qualsiasi altro materiale adatto, debbono essere esposte nelle sante chiese di Dio, sulle sacre suppellettili, sui sacri paramenti, sulle pareti e sulle tavole, nelle case e nelle vie; siano esse l'immagine del Signore Dio e Salvatore nostro Gesù Cristo, o quella dell'immacolata Signora nostra, la Santa Madre di Dio, dei Santi Angeli, di tutti i Santi e Giusti ».

In Oriente, furono reintrodotte le immagini a partire dall'843, quando l'imperatrice Teodora nominò Metodio patriarca di Costantinopoli.

2. Successivamente, nei primi decenni del 1500, le immagini furono nuovamente proibite, e questa volta da Lutero. Ma il Concilio di Trento con un decreto del 1563 approvò e giustificò il culto delle immagini e condannò quanti affermavano il contrario.

Su quali fondamenti si basano le immagini religiose?

Le immagini religiose hanno vari fondamenti complementari:

Fondamento antropologico:

In quanto essere unitario, e cioè costituito di corpo e anima, l'uomo si esprime attraverso segni, parole, gesti, simboli. Egli percepisce le stesse realtà spirituali attraverso segni e simboli materiali. Dante nel Paradiso (Canto 4, versi 42-46) afferma che l'intelletto non può afferrare la vera natura di Dio senza il sensuale, o la mente può solo afferrare la parte sensuale che l'intelletto può allora elaborare così come è.

Fondamento sociologico

1. In quanto essere sociale, bisognoso e desideroso di relazionarsi agli altri, l'uomo ha bisogno di comunicare con gli altri, e lo fa per mezzo del linguaggio, di gesti, di azioni, di immagini.

2. Per di più oggi viviamo in un mondo particolarmente attento alle immagini, le quali hanno un ruolo particolarmente rilevante nella vita della persona e della società. Non per nulla si parla di *civiltà dell'immagine* per indicare la società attuale, ed è il motivo

per cui, oggi più che mai, nella civiltà dell'immagine, l'immagine sacra può «esprimere molto di più della stessa parola, dal momento che è oltremodo efficace il suo dinamismo di comunicazione e di trasmissione del messaggio evangelico» (Card. JOSEPH RATZINGER, *Introduzione* al *Compendio* del *CCC*).

Fondamento teologico:

1. Esiste una stretta relazione tra il mondo creato e Dio il suo creatore.

Il mondo, nella visione cristiana, infatti è stato creato da Dio, che ha voluto così manifestare e comunicare la sua bontà, verità e bellezza. Pertanto Dio parla all'uomo attraverso la creazione visibile, la quale è un riflesso, sia pure limitato, dell'infinita perfezione di Dio.

2. L'uomo è stato creato a immagine di Dio. L'uomo stesso è il simulacro di Dio. E dunque per conoscere Dio, l'uomo ha a disposizione se stesso: conoscendo maggiormente se stesso nel suo essere immagine di Dio e nel suo agire conformemente a tale immagine, conosce maggiormente Dio. E nello stesso tempo, è anche altrettanto vero che conoscendo Dio nel suo essere e nelle sue opere, l'uomo conosce maggiormente anche se stesso.

3. Dio si è reso visibile in Gesù Cristo. Essendo Egli il Figlio Unigenito di Dio, unito intimamente a

Dio Padre – « Io e il Padre siamo una cosa sola » (*Gv* 10,30) –, Egli ci fa conoscere in maniera piena, perfetta e definitiva Dio Padre: « Chi vede me, vede il Padre » (*Gv* 14,9). Gesù Cristo è l'Immagine perfetta visibile del Dio invisibile.

« Un tempo, Dio, non avendo né corpo né figura, non poteva in alcun modo essere rappresentato da una immagine. Ma ora che si è fatto vedere nella carne e che ha vissuto con gli uomini, posso fare una immagine di ciò che ho visto di Dio » (SAN GIOVANNI DAMASCENO, *De sacris imaginibus oratio*, 1, 16: PTS 17, 89 e 92).

Dunque l'Incarnazione di Cristo giustifica nel cristianesimo il realizzare, il possedere, il venerare le immagini religiose.

Gesù ha utilizzato segni e simboli umani per esprimere il divino?

Gesù, oltre che essere Egli stesso Colui nel quale si rende presente e visibile Dio, si serve spesso, nel suo predicare e operare qui sulla terra duemila anni fa, delle realtà provenienti dalla creazione per far conoscere, annunciare e comunicare i misteri del regno di Dio. Si pensi anche solo al significato simbolico delle sue parabole e dei suoi miracoli. Cristo inoltre ha utilizzato elementi e segni provenienti dal mondo per istituire i Sacramenti della Chiesa.

L'immagine umana è limitata rispetto al divino?

Certamente occorre ricordare che qualunque immagine materiale non potrà mai esprimere pienamente l'ineffabile mistero di Dio: la realtà significata (religiosa, spirituale) supera sempre l'immagine umana. Tuttavia qualcosa di questo mistero l'elemento materiale lo fa realmente intuire e percepire.

Gli aspetti profani, nel momento in cui diventano veicolo di trasmissione di contenuti religiosi, vengono sì colti e rappresentati nei loro aspetti positivi; ma nello stesso tempo hanno bisogno di essere purificati, e soprattutto di essere arricchiti e completati. E ciò avviene con i contenuti cristiani, che le immagini contengono e trasmettono. In tal senso anche le mitologie e le favole popolari sono assunte, purificate e trasfigurate dalla Fede cristiana, per diventare immagini religiose.

Quale scopo hanno le immagini religiose?

Le immagini religiose:

1. facilitano l'accesso, la comprensione e la trasmissione di contenuti a persone appartenenti a lingue, età e culture diverse: sono facilmente leggibili e, pertanto, rispetto alla parola e allo scritto, raggiungono un maggior numero di persone.

2. Se viste, capite, interpretate, gustate con la visione particolare che proviene dalla Fede cristiana è possibile allora cogliere il particolare *messaggio catechistico*, che gli artisti hanno voluto trasmettere con le immagini religiose.

In che senso le immagini hanno una finalità catechistica?

Poiché esiste una stretta correlazione tra l'immagine e il simbolo, e tra il mondo visibile e quello invisibile, diventa logico e giustificato l'annunciare il mistero di Dio servendosi di immagini simboliche. Si comprende così il fiorire, lungo i secoli, dell'iconografia cristiana, dove l'intento evangelizzante e catechistico s'accompagna, anzi s'intreccia strettamente con l'aspetto pittorico ed estetico. Attraverso l'immagine si vuol trascrivere il messaggio evangelico, che la Sacra Scrittura trasmette attraverso la Parola.

«Dalla secolare tradizione conciliare apprendiamo che anche l'immagine è predicazione evangelica» (Card. JOSEPH RATZINGER, *Introduzione* al *Compendio* del *CCC*). Anzi la storia ci insegna che i cristiani, per annunciare il messaggio evangelico e catechizzare le persone, si sono serviti in una maniera speciale della cosiddetta *Biblia pauperum*, e cioè delle immagini, dei catechismi visivi, catechismi fatti di immagini e di rappresentazioni iconografiche, prima ancora dei catechismi scritti.

«Immagine e parola s'illuminano così a vicenda. L'arte «parla» sempre, almeno implicitamente, del divino, della bellezza infinita di Dio, riflessa nell'Icona per eccellenza: Cristo Signore, Immagine del Dio invisibile.

Le immagini sacre, con la loro bellezza, sono anch'esse annuncio evangelico ed esprimono lo splendore della verità cattolica, mostrando la suprema armonia tra il buono e il bello, tra la *via veritatis* e la *via pulchritudinis*. Mentre testimoniano la secolare e feconda tradizione dell'arte cristiana, sollecitano tutti, credenti e non, alla scoperta e alla contemplazione del fascino inesauribile del mistero della Redenzione, dando sempre nuovo impulso al vivace processo della sua inculturazione nel tempo» (BENEDETTO XVI, *Discorso di presentazione del Compendio alla Chiesa e al mondo*, 28-6-05).

Sono una forma particolare di catechesi popolare, libri aperti senza parole per tutti, un ponte tra il fedele e il mistero, mentre adornano, decorano gli spazi sacri, rendendolo più accoglienti e invitanti alla preghiera.

Le immagini sono anche un invito alla preghiera?

Certamente. L'arte e l'iconografia cristiana, oltre che essere strumenti al servizio dell'evangelizzazione e della catechesi, sono sempre stati e lo sono tutt'ora anche un invito alla preghiera: «La bellezza e il colore delle immagini sono uno stimolo per la mia preghiera. È una festa per i miei occhi, così come lo spettacolo della campagna apre il mio cuore a rendere gloria a Dio» (SAN GIOVANNI DAMASCENO, *De sacris imaginibus oratio* 1, 47). La contemplazione delle sacre immagini, unita all'ascolto della Parola di Dio, aiuta a imprimere nella memoria del cuore il mistero che viene percepito, sollecitando a trasformarlo in preghiera e a testimoniarlo in quella novità di vita, che proviene dalla Fede cristiana e che ha il suo centro in Cristo.

Le immagini religiose in che rapporto stanno con Cristo?

Nell'iconografia cristiana tutte le immagini hanno come finalità principale quella di annunciare la persona, il messaggio, l'opera di Cristo, essendo Lui il Rivelatore perfetto di Dio Padre e il Salvatore unico e definitivo dell'uomo e del mondo. «L'immagine di Cristo è l'icona per eccellenza. Le altre, che rappresentano la Madonna e i Santi, significano Cristo, che in loro è glorificato» (*Compendio*, n. 240), e, annunciando Cristo, aiutano a far nascere e crescere la Fede e l'amore verso di Lui. Venerare i Santi significa riconoscere che Dio è la fonte, il centro e il culmine della loro santità: i Santi hanno accolto, con l'aiuto dello Spirito Santo, la santità di Dio nella Fede e a tale santità divina hanno docilmente corrisposto con una vita santa, seguendo e imitando Cristo, l'immagine per eccellenza del Dio invisibile.

Per questo quando entriamo in Chiesa, bisogna ricercare anzitutto il tabernacolo, ove, se risulta accesa la lampada eucaristica, è presente Cristo-Eucaristia in modo vero, reale, sostanziale: Corpo, Sangue, Anima e Divinità. L'omaggio del nostro saluto e della nostra preghiera va indirizzato pertanto anzitutto a Lui, prima ancora e più ancora delle immagini dei Santi, immagini che invece sono fatte di materia.

Che tipo di culto si dà all'immagine?

Non di adorazione (riservato unicamente a Dio), ma di venerazione.

Chi veneriamo nell'immagine?

Il cristiano venera:

- non l'immagine in se stessa, la quale è semplicemente un oggetto materiale (una statua, un'immagine, un simbolo, un amuleto): se si venerasse l'oggetto, si cadrebbe nell'idolatria;
- ma colui che l'immagine intende rappresentare, la 'Persona' che le immagini riproducono: Gesù Cristo, la Madonna, i Santi.

In effetti, « l'onore reso ad un'immagine appartiene a chi vi è rappresentato » e « chi venera l'immagine, venera la realtà di chi in essa è riprodotto » (San

BASILIO MAGNO, *Liber de Spiritu Sancto*, 18, 45: SC 17bis, 406). L'onore tributato alle sacre immagini è una « venerazione rispettosa », non un'adorazione che conviene solo a Dio: « Gli atti di culto non sono rivolti alle immagini considerate in se stesse, ma in quanto servono a raffigurare il Dio incarnato. Ora, il moto che si volge all'immagine in quanto immagine, non si ferma su di essa, ma tende alla realtà che essa rappresenta » (SAN TOMMASO D'AQUINO, *Summa theologiae*, II-II, q. 81, a. 3, ad 3).

Come esporre le immagini sacre in chiesa?

Le premesse al Messale Romano precisano: « Secondo un'antichissima tradizione della Chiesa, negli edifici sacri si espongano alla venerazione dei fedeli immagini del Signore, della beata Vergine Maria e dei santi; lì siano disposte in modo che conducano i fedeli verso i misteri della Fede che vi si celebrano. Si presti attenzione che il loro numero non cresca in modo eccessivo e che la loro disposizione non distolga l'attenzione dei fedeli dalla celebrazione. Di un medesimo santo poi non si abbia abitualmente che una sola immagine » (OGMR 318).

In che senso le immagini religiose anticipano «nuovi cieli» e «terra nuova»?

Le immagini religiose, con la loro bellezza e il loro splendore, ci offrono un anticipo sulla realtà futura: ci presentano un qualcosa che prefigura quella trasfigurazione che, alla fine di tutti i tempi, il mondo intero un giorno riceverà da Dio. Infatti «dopo il giudizio finale, lo stesso universo, liberato dalla schiavitù della corruzione, parteciperà alla gloria di Cristo con l'inaugurazione dei «nuovi cieli» e di una «terra nuova» (*2 Pt* 3,13). Sarà così raggiunta la pienezza del Regno di Dio, ossia la realizzazione definitiva del disegno salvifico di Dio di «ricapitolare in Cristo tutte le cose, quelle del cielo come quelle della terra» (*Ef* 1,10). Dio allora sarà «tutto in tutti» (*1 Cor* 15,28), nella vita eterna» (*Compendio*, 216).

NB: Per approfondire l'argomento si leggano i seguenti documenti pontifici:

Catechismo della Chiesa Cattolica (*CCC*), nn. 1145-1161;

Compendio del CCC, nn. 236-240;

Giovanni Paolo II, *Lettera agli artisti* (4 aprile 1999).

XXVII
GLI ABITI LITURGICI: QUALE È IL LORO SIGNIFICATO RELIGIOSO?

A. Gli abiti festivi dei Fedeli Cristiani per la Celebrazione dei Sacramenti

Da diverse generazioni, i cristiani hanno utilizzato gli abiti migliori, più belli e meglio confezionati, per partecipare ai vari Sacramenti, e in particolare alla celebrazione dei Sacramenti del Battesimo, dell'Eucaristia – Prima Comunione ed Eucaristia domenicale – e del Matrimonio.

Quale significato religioso hanno tali abiti?

Questi abiti hanno vari e complementari motivazioni, significati e finalità.

1. Anzitutto va rilevato che la **liturgia della Chiesa** riserva un ruolo importante ai segni, e dunque anche all'abbigliamento delle persone che vi partecipano. E questo per diversi motivi:

• La Liturgia è il culmine e la fonte dell'azione della Chiesa e del cristiano, la prima e necessaria sorgente dalla quale attingere uno spirito veramente cristiano. Essa è celebrazione dell'incontro con il

Dio vivente in parole e in immagini, in simboli e in gesti. Si promuove il senso del sacro, proprio della liturgia, soprattutto comprendendo più profondamente i segni liturgici, che caratterizzano i vari Sacramenti. Questi sono soprattutto e innanzitutto azioni divine in parole e in segni, in forme d'espressione umane. E questa caratteristica dei Sacramenti ben s'addice all'uomo moderno, che è particolarmente sensibile ai simboli, ai segni, è particolarmente recettivo per il linguaggio dei segni, in cui viene espresso visibilmente ciò che è invisibile.

• Il culto liturgico coinvolge inoltre la persona intera: il suo intelletto, i suoi sentimenti ed i suoi sensi, la sua anima e il suo corpo, la sua dimensione interiore ed esteriore. La retta disposizione interiore, richiesta dal servizio a Dio, si esprime anche nel comportamento esteriore e nell'abbigliamento, in quanto gli elementi esteriori contribuiscono a rafforzare le attitudini, i sentimenti e le convinzioni interiori.

• Dio è il Creatore del cielo e della terra, presente nella Sua opera. Tutte le cose buone hanno Dio come loro origine e fine. Ciò significa che il mondo materiale, prezioso e buono, è un mezzo importante attraverso il quale Dio si manifesta all'uomo e attraverso il quale la persona conosce e comunica con Dio.

2. Gli abiti festivi esprimono la Fede **e la devozione** di coloro che li hanno commissionati, confezionati e di quanti li indossano. Tali vesti oltre che

esprimere, possono anche favorire, alimentare e rafforzare la Fede e devozione di tutti i partecipanti alla celebrazione sacramentaria, i quali possono così comprendere maggiormente l'importanza della celebrazione anche dal particolare e festivo abbigliamento delle persone. Infatti conta molto non solo ciò che essi ascoltano, ma anche ciò che vedono. Invece la trascuratezza anche nel modo di vestire è indice che la Fede è debole e che scarsa è l'importanza attribuita all'azione che si sta compiendo.

3. La particolare cura nel vestiario usato per la celebrazione dei Sacramenti esprime la **distinzione fra sacro e profano** nella vita quotidiana. Questa distinzione è particolarmente importante nel nostro tempo, in quanto si osserva una tendenza a cancellare la distinzione tra *sacrum* e *profanum*, data la generale diffusa tendenza (almeno in certi luoghi) alla dissacrazione di ogni cosa. Occorre invece riscoprire, evidenziare e rispettare la sacralità del mistero di Dio, che si fa presente e che agisce in modo speciale nei Sacramenti, istituiti da Cristo e custoditi e celebrati con devozione dalla Chiesa lungo i secoli. È pertanto necessario rispettare il carattere di *sacrum* cioè di azione santa e sacra, del Sacramento che si va a celebrare, e in particolare dell'Eucaristia, la quale è azione santa e sacra, perché in essa è continuamente presente ed agisce il Cristo, «il Santo» di Dio, e perché è costitutiva delle sacre Specie (il Cor-

po e il Sangue di Cristo), del *sancta sanctis*, cioè delle cose sante, Cristo il Santo, date ai santi (i fedeli battezzati).

4. Il decoro e la bellezza dei vestiti nelle celebrazioni liturgiche esprimono e richiamano **la dignità e la bellezza** di realtà soprannaturali, celesti. Infatti:

• Manifestano, seppure limitatamente, la Bellezza stessa di Dio. La bellezza è una dimensione fondamentale della vita umana. Anche attraverso la bellezza dell'abbigliamento liturgico, l'uomo è invitato a cogliere qualcosa della infinita Bellezza di Dio.

• I doni divini del mondo materiale vengono modellati dalle mani umane in un'espressione di bellezza che glorifica e loda il Creatore.

• È giusto e doveroso che si cerchi sempre di offrire a Dio quanto di meglio e di più bello esiste.

• Negli ultimi tempi poi si è affermato sempre più il *pulchrum* (il bello) come modo di arrivare a Dio, somma Bellezza, e per trasmettere agli uomini qualcosa della vita di Dio, anche attraverso la creazione artistica dei vestiti.

• La solennità e la bellezza delle vesti, in particolare quelle indossate la domenica per partecipare alla Santa Messa, esprimono un senso profondo e penetrante di gioia per la nostra Fede nella Risurrezione di Cristo. Infatti proprio di domenica Cristo è risorto, ed è dunque giusto e doveroso che questo evento centrale della Fede cristiana sia celebrato con dignità, con gioia e in un clima di festa: elementi questi che possono e devono trasparire anche dal modo di vestirsi da parte dei cristiani che partecipano alla Celebrazione Eucaristica domenicale.

• L'abbigliamento festivo dei fedeli anticipa e prefigura la deificazione dell'umanità, chiamata a condividere alla fine dei tempi in cielo, per tutta l'eternità, la vita splendente, la gioia perfetta e la gloria luminosa di Dio: «Hanno lavato le loro vesti rendendole candide con il Sangue dell'Agnello. Per questo stanno davanti al trono di Dio e gli prestano servizio giorno e notte nel suo santuario» (*Apocalisse* 7,14-15).

5. Gli abiti festivi aiutano anche a cogliere la **dimensione comunitaria** insita in ogni Sacramento, che è sempre celebrazione di tutta la Chiesa. Infatti, poiché l'uomo ha una natura che lo porta a vivere in società, ha bisogno delle espressioni sensibili che lo aiutino a vivere questa esperienza della vita comunitaria. Le vesti indossate dai partecipanti alla celebrazione di un Sacramento evidenziano la sua dimensione comunitaria, ecclesiale e non solo individuale. È la celebrazione festosa, non solo di tutta una comunità familiare, parentale, parrocchiale, ma anche di tutta la Chiesa, che condivide la gioia del singolo.

B. Le vesti del sacerdote per la celebrazione dei sacramenti

Quanto detto circa gli abiti festivi indossati dai fedeli quando partecipano alla celebrazione dei Sacramenti cristiani, è valido anche per i paramenti liturgici utilizzati dal sacerdote nel presiedere la celebrazione dei vari Sacramenti.

Ma occorre aggiungere ulteriori motivazioni e finalità che giustificano, in modo specifico e proprio, l'uso di dignitosi paramenti liturgici da parte del sacerdote. Ed è proprio per questi specifici motivi e significati che le vesti che indossano i sacerdoti, prima di essere destinate all'uso liturgico, vengono opportunamente benedette.

Quali sono le finalità specifiche delle vesti liturgiche del sacerdote celebrante?

Il paramento liturgico indossato dal sacerdote nella celebrazione dei Sacramenti indica la **particolare missione** che svolge il sacerdote nella celebrazione sacramentaria. Egli, in ogni Sacramento, agisce non semplicemente come uomo, ma come rappresentante di Cristo e come presidente dell'azione liturgica, grazie alla speciale potestà sacra di cui è investito con il Sacramento dell'Ordine. Il paramento liturgico pertanto, che il celebrante indossa, indica il peculiare servizio ministeriale del sacerdote, il quale, per la grazia sacramentale, non celebra a nome proprio o come delegato della propria comunità, bensì nella specifica, sacramentale identificazione col « sommo ed eterno Sacerdote » che è Cristo, *in persona Christi capitis* (in persona di Cristo Capo) e a nome della Chiesa. E l'abito, che il sacerdote indossa, gli ricorda che non può considerarsi come un « proprietario », che liberamente dispone del testo liturgico e del sacro rito come di un suo bene peculiare, così da dargli uno stile personale e arbitrario, ma gli ricorda che sta agendo a nome di un Altro, compiendo una missione che è distinta essenzialmente da quella degli altri fedeli.

Infatti « nella Chiesa, corpo mistico di Cristo, non tutte le membra svolgono lo stesso compito. Questa diversità di compiti, nella celebrazione dell'Eucaristia, si manifesta esteriormente con la diversità delle vesti sacre, che perciò devono essere segno dell'ufficio proprio di ogni ministro » (MESSALE ROMANO, *Ordinamento generale*, n. 335).

Quali sono le disposizioni della Chiesa circa i paramenti liturgici?

■ La subordinazione del ministro celebrante al *mysterium*, che gli è stato affidato dalla Chiesa per il bene di tutto il Popolo di Dio, deve trovare la sua espressione anche nell'osservanza delle esigenze liturgiche relative alla celebrazione dei vari Sacramenti e in particolare dell'Eucaristia. « Queste esigenze si riferiscono, ad esempio, all'abito e, in particolare, ai paramenti che indossa il celebrante. È naturale che vi siano state e vi siano circostanze in cui le prescrizioni non obbligano. Abbiamo letto con commozione, in libri scritti da sacerdoti ex-prigionieri in campi di sterminio, relazioni di Celebrazioni Eucaristiche senza le suddette regole, e cioè senza altare e senza paramenti. Se però in quelle condizioni ciò era prova di eroismo e doveva suscitare profonda stima, tuttavia, in condizioni normali, trascurare le prescrizioni liturgiche può essere interpretato come mancanza di rispetto verso l'Eucaristia, dettata forse da individualismo o da un difetto di senso critico circa opinioni correnti, oppure da una certa mancanza di spirito di Fede» (GIOVANNI PAOLO II, Lettera *Dominicae cenae*, n. 12).

■ Tenendo conto di ciò, la Chiesa è intervenuta a dare opportune indicazioni sul come devono essere in generale gli arredamenti liturgici e in particolare le vesti sacre, al fine anche di esprimere al meglio la dimensione innanzi tutto religiosa e spirituale della celebrazione sacramentaria, evitando ogni forma di spettacolarizzazione o di rappresentazione teatrale.

• «L'arredamento della chiesa si ispiri a una **nobile semplicità**, piuttosto che al fasto. Nella scelta degli elementi per l'arredamento, si curi la verità delle cose e si tenda all'educazione dei fedeli e alla dignità di tutto il luogo sacro. Pertanto la Chiesa non cessa di fare appello al nobile servizio delle arti e ammette le forme artistiche di tutti i popoli e di tutti i paesi. Anzi, come si sforza di conservare le opere d'arte e i tesori che i secoli passati hanno trasmesso e, per quanto è possibile, cerca di adattarli alle nuove esigenze, cerca pure di promuovere nuove forme corrispondenti all'indole di ogni epoca. Perciò nella formazione degli artisti come pure nella scelta delle opere da ammettere nella chiesa, si ricerchino gli autentici valori dell'arte.

• La bellezza e la nobiltà delle vesti si devono cercare e porre in risalto più nella forma e nella materia usata, che nella ricchezza dell'ornato. Gli ornamenti possono presentare figurazioni, o immagini, o simboli, che indichino l'uso sacro delle vesti, con esclusione di ciò che non vi si addice.

• Per la confezione delle vesti sacre, oltre alle stoffe tradizionali, si possono usare altre fibre naturali proprie delle singole regioni, come pure fibre artificiali, rispondenti alla dignità dell'azione sacra e della persona.

• Anche per ogni tipo di suppellettile sacra la Chiesa ammette il genere e lo stile artistico di ogni regione, e accetta quegli adattamenti che corrispondono alle culture e alle tradizioni dei singoli popoli, purché ogni cosa sia adatta all'uso per il quale è destinata.

• Nello scegliere la materia per la suppellettile sacra, oltre a quella tradizionalmente in uso, si possono adoperare anche quelle che, secondo la mentalità del nostro tempo, sono ritenute nobili, durevoli e che si adattano bene all'uso sacro.

• Riguardo alla forma delle vesti sacre, le Conferenze Episcopali possono stabilire e proporre alla Sede Apostolica adattamenti richiesti dalle necessità e dagli usi delle singole regioni» (MESSALE ROMANO, *Ordinamento generale*, nn. 289, 342-344, 390).

Lungo i secoli, che cosa è avvenuto circa i paramenti liturgici?

■ S. Carlo Borromeo nel promuovere la riforma spirituale della Chiesa, curò e indicò anche la riforma della liturgia, e all'interno di essa, sollecitò anche maggiore cura e stile nel preparare, conservare e utilizzare i paramenti liturgici, ordinando di abolire quelli non più adatti: alcuni di essi furono pertanto riutilizzati, altri furono distrutti.

■ Per questo troviamo tessuti di epoche precedenti riadattati in paramenti di epoche successive. In certe circostanze i tessuti sono stati riutilizzati per confezionare vesti di nuovo stile, e i tessuti di epoca precedente, che apparivano eccessivamente sobri o eccessivamente sfarzosi rispetto alla sensibilità che prevaleva in quel determinato periodo storico, sono diventati materia prima per riutilizzi in forme nuove.

Qual è la tipologia delle vesti liturgiche del celebrante?

Ecco i principali tipi di vesti liturgiche utilizzate dal sacerdote per la celebrazione dei Sacramenti:

• L'**amitto**: panno bianco da applicare intorno al collo, quando il camice non copre completamente l'abito comune del sacerdote;

• Il **camice**: veste di stoffa bianca, che è lunga sino alle caviglie e che copre completamente l'abito del sacerdote;

• Il **cingolo**: cintura in stoffa che stringe il camice a livello dei fianchi del celebrante;

• La **stola**: importante insegna, che è a forma di sciarpa, portata dal sacerdote e dal Vescovo sul collo. Il diacono invece la indossa di traverso sulla spalla sinistra;

• La **pianeta** o la **casula**: paramento che il sacerdote celebrante indossa sopra il camice e la stola; è confezionato nei vari colori liturgici;

• La **cotta**: sopravveste bianca, spesso ornata di pizzo, lunga fino al ginocchio, con maniche corte e larghe, da indossare sopra la talare. Viene usata anche dai ministranti, che servono all'altare (chierichetti);

• Il **velo omerale**: panno per coprire e riparare in segno di rispetto, da portare sulle spalle, quando il sacerdote tiene l'ostensorio durante la benedizione eucaristica solenne o durante una processione o presentazione delle offerte;

• Il **piviale**: veste liturgica usata originariamente per le processioni e in seguito anche per la Liturgia delle Ore nelle feste solenni e per la celebrazione dei Sacramenti al di fuori della Messa e per la benedizione col Santissimo Sacramento.

Quali sono i colori liturgici per la celebrazione dei Sacramenti e in particolare della S. Messa?

■ I colori evidenziano il tempo liturgico e la rispettiva caratteristica particolare che la celebrazione presenta nei vari tempi liturgici. «La differenza dei colori nelle vesti sacre ha lo scopo di esprimere, anche con mezzi esterni, la caratteristica particolare dei misteri della Fede che vengono celebrati e il senso della vita cristiana in cammino lungo il corso dell'anno liturgico» (MESSALE ROMANO, *Ordinamento generale*, 345).

■ Secondo il tipo e la finalità della celebrazione, i giorni e i tempi liturgici dell'anno ecclesiastico, sono prescritti per i paramenti i seguenti colori: il bianco, il rosso, il verde, il violetto, il rosaceo e il nero.

■ In ogni periodo dell'anno liturgico, è possibile sostituire i suddetti vari colori con il **colore oro**, per particolari motivi di solennità.

■ Questo è il periodo liturgico e il significato di ogni singolo colore:

• **Bianco**: si usa nel tempo pasquale e nel tempo natalizio, nelle feste della Madonna e dei Santi non martiri. È il colore della gioia pasquale, della luce e della vita.

• **Verde**: si usa nel tempo ordinario. Esprime la giovinezza della Chiesa, la ripresa di una vita nuova.

• **Rosso**: si usa nella Domenica delle Palme, nel Venerdì Santo, nella Pentecoste, nelle feste dei Santi Martiri. Significa il dono dello Spirito Santo che rende capaci di testimoniare la propria Fede anche fino al martirio (indica anche il sangue).

• **Viola**: si usa in Avvento, in Quaresima, nella liturgia dei defunti. Indica la speranza, l'attesa di incontrare Gesù, lo spirito di penitenza, la speranza cristiana nei momenti della sofferenza e del lutto.

• **Rosaceo**: si usa solo nel rito romano per la terza domenica di Avvento e per la quarta domenica di Quaresima. Indica l'attesa che prepara la Solennità che s'avvicina.

• **Nero**: si usa talvolta nei funerali e nelle celebrazioni per i defunti.

NB: Per approfondire l'argomento, si leggano i seguenti documenti pontifici:

GIOVANNI PAOLO II, Lettera, *Dominicae cenae*, n. 12;

MESSALE ROMANO, *Ordinamento generale*, nn. 289-335, 390; 342-345;

CONGREGAZIONE PER IL CULTO DIVINO E LA DISCIPLINA DEI SACRAMENTI, Istr. *Redemptionis Sacramentum*, 25 marzo 2004.

XXVIII
FATTI STRAORDINARI
(APPARIZIONI, MIRACOLI, RIVELAZIONI, VISIONI...): COME VALUTARLI?

Che cosa si intende per fatti straordinari?

In questa relazione, quando parlo di fatti straordinari intendo abbracciare, in un'unica espressione:

- tutto quanto appartiene, nel campo religioso, all'ordine straordinario, e cioè a quanto risulta incomprensibile, inspiegabile umanamente con la sola ragione umana, scientificamente non dimostrabile;
- e pertanto comprendo: apparizioni, miracoli, rivelazioni, visioni...;
- purché avvenute dopo la fine del Nuovo Testamento, e cioè dopo la fine della Rivelazione pubblica.

Che cos'è la Rivelazione pubblica?

La Rivelazione pubblica è quella:

- operata progressivamente da Dio a partire da Abramo e, attraverso i Profeti, fino a Gesù Cristo;
- testimoniata nelle due parti della Bibbia: l'Antico e il Nuovo Testamento;

- destinata a tutti gli uomini e a tutto l'uomo, di ogni tempo e luogo;
- diversa radicalmente, per essenza e non solo per grado, dalle cosiddette rivelazioni private (di cui si parlerà successivamente);
- conclusa con Cristo nel Nuovo Testamento, al quale la Chiesa si sente vincolata.

Perché la Rivelazione pubblica è conclusa con Cristo?

Perché Gesù Cristo è il mediatore e la pienezza della Rivelazione.

«Egli, essendo l'Unigenito Figlio di Dio fatto uomo, è la Parola perfetta e definitiva del Padre. Con l'invio del Figlio e il dono dello Spirito la Rivelazione è ormai pienamente compiuta, anche se nel corso dei secoli la Fede della Chiesa dovrà coglierne gradualmente tutta la portata» (*Compendio*, n. 9).

«Dio, che aveva già parlato nei tempi antichi molte volte e in diversi modi ai Padri per mezzo dei Profeti, ultimamente, in questi giorni, ha parlato a noi per mezzo del Figlio» (*Eb* 1,1-2).

Cristo, il Figlio di Dio fatto uomo, è pertanto la Parola unica, perfetta e definitiva del Padre, il quale in Lui dice e dona tutto, e non ci sarà altra Parola che quella.

«Dal momento in cui ci ha donato il Figlio suo, che è la sua unica e definitiva Parola, Dio ci ha detto tutto in una sola volta in questa Sua Parola e non ha più nulla da dire» (San Giovanni della Croce).

«L'Economia cristiana, in quanto è Alleanza nuova e definitiva, non passerà mai e non c'è da aspettarsi alcuna nuova Rivelazione pubblica prima della manifestazione gloriosa del Signore nostro Gesù Cristo» (Concilio Vaticano II, Cost. dogm. *Dei Verbum*, 4).

Quali conseguenze produce tale conclusione della Rivelazione pubblica?

Eccone alcune:

- Il Dio dei cristiani è credibile, affidabile, sul fondamento della Scrittura, e non in virtù di messaggi consegnati successivamente a singoli credenti.

- Non c'è da aspettarsi da Dio nessun altra manifestazione o rivelazione nuova, se non il ritorno glorioso di Cristo, che inaugurerà «nuovi cieli e una terra nuova» (*2 Pt* 3,13), consentendo a Dio Padre di essere «tutto in tutti» (*1 Cor* 15,28).

- La Chiesa è vincolata all'evento unico della Storia Sacra e alla Parola della Bibbia, e la sua missione è quella di garantire, interpretare, approfondire, testimoniare la Rivelazione pubblica. E questo avviene grazie alla particolare assistenza dello Spirito Santo, che le fa da guida e che la conduce a conoscere sempre meglio quel tesoro che è Cristo Signore.

■ La Rivelazione pubblica esige la nostra Fede: « In essa infatti per mezzo di parole umane e della mediazione della comunità vivente della Chiesa Dio stesso parla a noi e a qualunque uomo di ogni razza, lingua, nazione, tempo e luogo. La Fede in Dio e nella sua Parola si distingue da ogni altra Fede, fiducia, opinione umana. La certezza che Dio parla, mi dà la sicurezza che incontro la verità stessa, e così ho quel tipo di certezza, che non può verificarsi in nessuna forma umana di conoscenza. È la certezza, sulla quale edifico la mia vita e alla quale mi affido morendo » (CONGREGAZIONE PER LA DOTTRINA DELLA FEDE, *Il messaggio di Fatima*, p. 34).

■ Tuttavia, anche se la Rivelazione è compiuta, non è però completamente esplicitata; toccherà alla Fede cristiana conoscerla meglio, approfondirla di più, incarnarla continuamente, testimoniarla a tutti con fedeltà e coraggio. Si potrà così coglierne gradualmente tutta la portata nel corso dei secoli.

Che cosa sono le rivelazioni private?

Le rivelazioni private:

■ sono tutte quelle rivelazioni (apparizioni, visioni, miracoli...) che si verificano dopo la conclusione del Nuovo Testamento. Sono le apparizioni di Gesù, di Maria o dei Santi, così come i messaggi da loro consegnati o i miracoli da loro fatti o in nome loro avvenuti nei secoli successivi. Tutti questi fatti straordinari (veri o presunti) appartengono al genere delle rivelazioni private (NB: in questa relazione, d'ora in poi utilizzerò sempre questa espressione, per indicare e abbracciare tutti i fenomeni straordinari avvenuti dopo la conclusione della Rivelazione pubblica);

- sono state riconosciute, in un numero esiguo, dall'autorità della Chiesa, che non riconosce la maggior parte di esse (ad esempio, secondo alcuni calcoli dovrebbero essere più di 1800 le apparizioni mariane individuate: di esse solo una dozzina hanno il riconoscimento ufficiale);

- non appartengono al Deposito della Fede, da cui la Chiesa attinge la propria certezza su tutte le verità rivelate. Nessuna di tali rivelazioni private (sia quelle approvate che quelle no) fa parte di quanto il cristiano è obbligato a credere per dirsi ed essere cristiano.

In quale modo le rivelazioni private impegnano la Fede *del credente?*

Le rivelazioni private non impegnano obbligatoriamente la Fede dei fedeli, anche se sono riconosciute ufficialmente dalla Chiesa. Ogni fedele conserva la sua libertà di apprezzamento: nessun cristiano è obbligato a credere ad alcuna delle rivelazioni private, neanche quando sono approvate dalla Chiesa.

In linea di principio, il credente non deve tuttavia escludere che Dio possa intervenire in un modo straordinario in un qualunque momento, luogo, avvenimento, persona. Il difficile è discernere se in questo singolo fatto si è verificato tale intervento autentico straordinario di Dio.

Come il credente approfondisce la propria Fede?

Il Concilio Vaticano II indica tre vie essenziali, in cui si realizza la guida dello Spirito Santo nella Chiesa e quindi la crescita della propria Fede nella Parola di Dio. Tale crescita si compie:

- per mezzo della meditazione e dello studio dei fedeli;
- per mezzo della profonda intelligenza, che deriva dall'esperienza spirituale;
- per mezzo della predicazione di coloro «i quali con la successione episcopale hanno ricevuto un carisma certo di verità» (Concilio Vaticano II, *Dei Verbum*, 8): il Papa e i Vescovi, in comunione con Lui.

Perché la Chiesa è prudente nel riconoscere come autentiche le rivelazioni private?

In effetti la Chiesa mostra una estrema prudenza riguardo a questi fenomeni. Tale prudenza è pienamente giustificata in quanto tali fenomeni potrebbero far intendere che Dio ha dimenticato di dirci qualcosa nelle Sacre Scritture, e che la Sua Rivelazione in Cristo non è unica, totale, definitiva, conclusa.

Quale valore positivo hanno le rivelazioni private?

Le rivelazioni private:

- possono aiutare a comprendere e a vivere più pienamente, in particolare in una determinata epoca storica, la Rivelazione pubblica;

- sono realmente utili purché mantengano il loro stretto orientamento a Cristo e non diventino autonome;

- possono rinvigorire la Fede soggettiva dei credenti e anche dei non credenti. Sono quindi un aiuto per la loro Fede, purché rimandino all'unica Rivelazione pubblica. Esse devono servire la Fede. Non devono né possono aggiungere nulla all'unica definitiva Rivelazione pubblica, ma possono diventarne un umile richiamo, talvolta un proficuo approfondimento;

- suscitano nuove forme di pietà popolare, mentre approfondiscono e estendono quelle antiche;

- possono essere un valido aiuto per comprendere e vivere meglio il Vangelo nell'ora attuale: un aiuto, che è offerto, ma del quale non è obbligatorio fare uso;

- sono un aiuto a comprendere i segni dei tempi, trovando per essi la giusta risposta cristiana.

Quando le Rivelazioni private sono inaccettabili?

Quando intendono o pretendono di:

- migliorare, completare, superare o correggere la Rivelazione pubblica, definitiva di Cristo, aggiungere qualcosa a tale Rivelazione;
- fondare, creare la Fede. La vera Fede del credente non è fondata su una rivelazione privata ma sulla Parola di Dio, sulla S. Scrittura, la quale insegna la verità, avendo come autore Dio stesso;
- perseguire scopi di lucro, approfittando della credulità della gente. Occorre evitare ad esempio il cosiddetto turismo delle apparizioni. Bisogna essere vigilanti perché la vita di Fede può essere minacciata, oggi come ieri o forse più di ieri, dal materialismo ideologico e da quello economico, come pure dal relativismo dilagante.

Qual è il criterio principale per l'autenticità di una rivelazione privata?

Il criterio per la verità e il valore di una rivelazione privata è il suo stretto orientamento a Cristo stesso. Quando essa ci allontana da Lui, quando essa si rende autonoma o addirittura si fa passare come un altro e migliore disegno di salvezza, più importante del Vangelo, allora essa non viene certamente dallo Spirito Santo, che ci guida all'interno del Vangelo e non fuori di esso.

A chi spetta discernere l'autenticità di una rivelazione privata?

Spetta al Magistero vivente della Chiesa, e cioè al Successore di Pietro, il Vescovo di Roma, e ai Vescovi in comunione con lui discernere l'autenticità di un fatto straordinario. Il Magistero ha il compito di servire la Parola di Dio, e, nel fare questo, gode del carisma certo della verità.

Guidato dal Magistero della Chiesa, il senso dei fedeli sa discernere e accogliere ciò che in queste rivelazioni private costituisce un appello autentico di Cristo o dei suoi Santi alla Chiesa.

Competente per l'approvazione di un luogo come Santuario e dei relativi statuti, è l'Ordinario del luogo (cfr. CODICE DI DIRITTO CANONICO, nn.1230 e ss.). Come pure spetta al Vescovo vigilare poi che l'eventuale culto o forme di devozione, che si svolgono presso il Santuario, corrispondano all'autentica liturgia ecclesiale.

A quali criteri si attiene la Chiesa nel valutare l'autenticità di una rivelazione privata?

■ Questi sono i criteri fondamentali che ogni vescovo è tenuto a seguire per il riconoscimento delle rivelazioni private: raccolta di informazioni accurate sui fatti; esame del messaggio che viene dall'apparizione e verifica che non sia in contrasto con la fede; diagnosi medico-psicologica del veggente; analisi del grado di istruzione teologica del veggente e del suo cammino spirituale; studio di eventuali guarigioni miracolose strettamente collegate alle apparizioni. Se necessario il vescovo locale potrà avvalersi dell'aiuto e della consulenza della Conferenza Episcopale e anche della Santa Sede, in particolare della Congregazione per la Dottrina della Fede.

■ Per la valutazione di una rivelazione privata, sono particolarmente importanti, pertanto, tre criteri:

• anzitutto la rivelazione privata deve contenere un messaggio, che, dal punto di vista del contenuto dottrinale, sia assolutamente conforme alla Sacra Scrittura e alla Fede della Chiesa. E non è sempre così;

• poi il beneficiario delle apparizioni deve mostrare segni evidenti di maturità psicologica, di solida spiritualità, di obbedienza e di fedeltà alla Chiesa. La sua sincerità non è necessariamente una garanzia di verità (talvolta confonde la comunicazione che riceve con il proprio pensiero. L'ispirazione personale può incrociare quella soprannaturale, compresa, a volte, quella diabolica. Quindi è necessaria molta prudenza);

• infine, si giudica l'albero dai suoi frutti che si manifestano soprattutto in occasioni di pellegrinaggi. Tali frutti sono: spirito e iniziative di preghiera, conversioni, crescita della Fede, vocazioni, opere di carità…

■ La Chiesa è molto prudente e cauta nell'approvare le rivelazioni private, soprattutto quando si tratta di concedere il culto pubblico e, ancora di più, di pronunciarsi eventualmente sulla soprannaturalità. «Una delle motivazioni è legata all'aumento di questi fenomeni probabilmente dovuto oggi a cause diverse: crollo del razionalismo, ricerca spasmodica del mistero, Fede superficiale e poco formata, crescente apprensione o angoscia di fronte alle incognite del futuro (...) Bisogna evitare il pericolo di una "*Chiesa delle apparizioni*" diffidente della Gerarchia della Chiesa, quale variante della nota opposizione "*Chiesa carismatica – Chiesa istituzionale*"» (Card. TARCISIO BERTONE, *Discorso,* 21 settembre 2007).

Che cosa significa che la Chiesa dà la propria approvazione a una rivelazione privata?

■ La Chiesa, attraverso la Congregazione per la Dottrina della Fede, approva una apparizione o rivelazione privata con la specifica formula: *constat de supernaturalitate.* In caso contrario, la formula utilizzata è: *non constat de supernaturalitate.*

■ L'approvazione ecclesiale di una rivelazione privata contiene i seguenti elementi:

- il messaggio relativo non contiene nulla che contrasta la Fede ed i buoni costumi;
- è lecito renderlo pubblico;
- i fedeli sono autorizzati a dare ad esso la loro adesione in forma prudente.

■ Anche se nessuno è obbligato a crederci, il credente si mostrerà rispettoso nei confronti della rivelazione privata, la cui autenticità è stata riconosciuta dalla Chiesa.

Che dire circa i pellegrinaggi verso i luoghi delle rivelazioni private?

Circa tali pellegrinaggi, occorre distinguere tra quelli compiuti a luoghi ove sono avvenute rivelazioni private approvate dalla Chiesa, e quelli non:

- In quelli approvati della Chiesa, ci si può recare in forma privata e/o anche pubblica (con pellegrinaggi autorizzati dall'autorità ecclesiastica).
- Negli altri:
  - occorre tenere maggiormente conto della saggia prudenza della Chiesa;
  - sarebbe opportuno non recarvisi (anche per non incrementare la pseudo-credenza e/o il business economico...);
  - tutt'al più se si decide di andarci, occorre andarci in maniera privata, non considerando in particolare tali pellegrinaggi come un'autenticazione di tali avvenimenti.

Che relazione c'è fra le rivelazioni private e la pietà popolare?

«Le rivelazioni private sovente provengono innanzitutto dalla pietà popolare e su di essa si riflettono, le danno nuovi impulsi e dischiudono per essa nuove forme. Ciò non esclude che esse abbiano effetti anche nella stessa liturgia, come ad esempio mostrano le feste del *Corpus Domini* e del Sacro Cuore di Gesù. Da un certo punto di vista nella relazione fra liturgia e pietà popolare si delinea la relazione fra Rivelazione e rivelazioni private: la liturgia è il criterio, essa è la forma vitale della Chiesa nel suo insieme nutrita direttamente dal Vangelo. La religiosità popolare significa che la Fede mette radici nel cuore dei singoli popoli, così che essa viene introdotta nel mondo della quotidianità.

La religiosità popolare è la prima e fondamentale forma di « inculturazione » della Fede, che si deve continuamente lasciare orientare e guidare dalle indicazioni della liturgia, ma che a sua volta feconda la Fede a partire dal cuore » (CONGREGAZIONE PER LA DOTTRINA DELLA FEDE, *Il messaggio di Fatima*, p. 35).

Qual è la dimensione umana delle rivelazioni private?

È ancora il Cardinale J. RATZINGER, che ci aiuta a comprendere la struttura antropologica delle rivelazioni private. Al riguardo, egli distingue tre forme di percezione o di visione: la visione con i sensi, quindi corporea, la percezione interiore e la visione mistica. « È chiaro », sottolinea il Cardinale, « che nelle visioni di Lourdes e di Fatima ecc… non si tratta della normale percezione esterna dei sensi: le immagini e le figure, che vengono vedute, non si trovano esteriormente nello spazio, come vi si trovano ad esempio un albero o una casa. Si tratta della percezione interiore, che certamente ha per il veggente una forza di presenza che per lui equivale alla manifestazione esterna sensibile».

E aggiunge: «La visione interiore non è fantasia [...], il veggente è coinvolto [...], egli vede con le sue possibilità concrete, con le modalità a lui accessibili di rappresentazione e di conoscenza. Nella visione interiore si tratta, in modo ancora più ampio che in quella esteriore, di un processo di traduzione, cosicché il soggetto è essenzialmente compartecipe del formarsi come immagine di ciò che appare [...]; tali visioni pertanto non sono mai semplici «fotografie» dell'aldilà, ma portano in sé anche le possibilità e i limiti del soggetto che percepisce» (CONGREGAZIONE PER LA DOTTRINA DELLA FEDE, *Il Messaggio di Fatima*, pp. 37-38).

In quali situazioni Dio si rivela oggi, certamente, in un modo straordinario?

Anche oggi Dio si rivela a noi in un modo straordinario e certo. Si vedano ad esempio:

• i Sacramenti, i quali «sono segni sensibili ed efficaci della grazia, istituiti da Cristo e affidati alla Chiesa, attraverso i quali ci viene elargita la vita divina. [...] Sono efficaci *ex opere operato* («per il fatto stesso che l'azione sacramentale viene compiuta»), perché è Cristo che agisce in essi e che comunica la grazia che significano, indipendentemente dalla santità personale» (*Compendio* del *CCC*, nn. 224.229). A questo riguardo, non va mai dimenticato che il Miracolo più diffuso e alla portata di tutti è quello che si verifica nelle nostre chiese allorquando, durante la celebrazione della S. Messa, il pane e il vino diventano il Corpo e il Sangue di Cristo (transustanziazione);

• le definizioni infallibili del Magistero della Chiesa: «L'infallibilità si attua quando il Romano Pontefice, in virtù della sua autorità di supremo Pastore della Chiesa, o il Collegio dei Vescovi in comunione con il Papa, soprattutto riunito in un Concilio Ecumenico, proclamano con atto definitivo una dottrina riguardante la Fede o la Morale, e anche quando il Papa e i Vescovi, nel loro ordinario Magistero, concordano nel proporre una dottrina come definitiva. A tali insegnamenti ogni fedele deve aderire con l'ossequio della Fede» (*Compendio* del *CCC*, n. 185).

NB: Per approfondire l'argomento, si leggano i seguenti documenti pontifici:

Catechismo della Chiesa Cattolica (*CCC*), nn. 65-67;
Compendio del CCC, nn. 9-10;
Congregazione per la Dottrina della Fede, *Il messaggio di Fatima*, LEV 2000;
Codice di Diritto Canonico, nn. 1230 e ss.

XXIX
IL DIAVOLO: COME LO SI VINCE?

Chi è il diavolo?

■ La Chiesa insegna che all'inizio i diavoli erano angeli buoni, creati da Dio, ma che poi da se stessi, per loro libera e irrevocabile scelta, si sono trasformati in malvagi, ribellandosi, rifiutando Dio.

■ Il Vangelo di Giovanni chiama il diavolo-Satana « il principe di questo mondo » (*Gv* 12,31). « Il diavolo è peccatore fin dal principio » (*1 Gv* 3,8), e si oppone personalmente a Dio e al suo disegno di salvezza.

Quale potere ha il diavolo su di noi?

■ Nella prima Epistola dello stesso Giovanni si legge: « Tutto il mondo giace nel potere del Maligno » (*Gv* 5,19). San Paolo parla della nostra battaglia contro le potenze spirituali (cfr. *Ef* 6,10-17). È anche a causa sua che il peccato e le sue conseguenze (malattie, sofferenze, cataclismi e soprattutto la morte) sono entrati nel mondo.

■ Il diavolo opera generalmente attraverso la tentazione e l'inganno; è mentitore, « padre della menzogna » (*Gv* 8,44). Può ingannare, indurre all'errore, illudere. Come Gesù è la Verità (cfr. *Gv* 8, 44), così il diavolo è il bugiardo per eccellenza. Lo scrittore francese Charles Baudelaire diceva che l'astuzia più perfetta di Satana consiste nel persuaderci che non esiste.

■ Il diavolo possiede un immenso potere di seduzione:

• ha sedotto Adamo ed Eva: di tutte le opere compiute dal diavolo « la più grave nelle sue conseguenze è stata la seduzione menzognera che ha indotto l'uomo a disobbedire a Dio » (*CCC*, 394);

• ha cercato di sedurre anche Cristo direttamente (cfr. *Lc* 4,1-13) o servendosi di Pietro (cfr. *Mt* 16,23);

• cerca di sedurre i discepoli di Cristo. La strategia che segue per ottenere questo risultato è di convincere l'uomo che una vita vissuta nella disobbedienza alla divina volontà è migliore di quella vissuta nell'obbedienza. Inganna gli uomini persuadendoli che non hanno bisogno di Dio e che sono autosufficienti, senza bisogno della Grazia e della Salvezza. Addirittura inganna gli uomini diminuendo, anzi facendo scomparire il senso del peccato.

■ « La potenza di Satana però non è infinita. Egli non è che una creatura, potente per il fatto di essere puro spirito, ma pur sempre una creatura: non può impedire l'edificazione del Regno di Dio » (*CCC*, 395).

■ La sua azione, oltre che essere limitata, «è permessa dalla divina Provvidenza, la quale guida la storia dell'uomo e del mondo con forza e dolcezza. La permissione divina dell'attività diabolica è un grande mistero, ma « noi sappiamo che tutto concorre al bene di coloro che amano Dio » (Rm 8,28) » (*CCC*, 395).

Perché Dio «permette» a Satana di «tormentare» l'uomo?

La vita terrena è un tempo di prova, durante il quale Dio consente al demonio di tentare e 'saggiare' l'uomo, mai però al di sopra delle sue forze. Sappiamo tuttavia per Fede che da questo male Dio sa trarre un bene più grande perché, con la sua grazia, il cuore esce purificato dalla prova e la Fede diviene più salda.

In quale modo Gesù si comporta con i demòni?

- Egli anzitutto parla frequentemente del diavolo (cfr. ad es. *Mt* 4,10; *Mc* 4,15; *Lc* 10,18; *Gv* 8,44).
- Egli inoltre agisce contro il demonio:

  • si veda la tentazione di Gesù nel deserto, a cui Egli reagisce con forza (cfr. *Lc* 4,1-13). « La tentazione nel deserto mostra Gesù Messia umile, che trionfa su Satana in forza della sua piena adesione al disegno di salvezza voluto dal Padre » (*CCC*, 566);

  • nel Vangelo di San Luca, leggiamo che Gesù comanda ai demòni, che lo riconoscono come il Figlio di Dio (cfr. *Lc* 4,41; 8,28…);

• fra i miracoli che Gesù compie, ci sono liberazioni da possessioni diaboliche (cfr. *Mc* 1,25-26; 5,2-20): realizzando tali guarigioni, Egli « ha preso le nostre infermità e si è addossato le nostre malattie » (*Mt* 8,17);

• più volte gli Evangelisti ci narrano che Gesù pratica vari esorcismi, con i quali libera alcune persone dal tormento dei demòni, anticipando così la grande vittoria che egli attuerà sul principe di questo mondo (cfr. *Mc* 1,25-26), con la Sua Morte e Risurrezione;

• Gesù predica la venuta del regno di Dio, la quale costituisce la sconfitta del regno di Satana: « Se io scaccio i demòni per virtù dello Spirito di Dio, è certo giunto fra voi il Regno di Dio » (*Mt* 12,28);

• affida il potere di scacciare i demòni anche ai suoi Apostoli (cfr. *Mc* 3,15; 6,7.13; 16,17);

• vince tutto il mondo del male con la Sua Morte e Risurrezione. Gesù Cristo ha vinto Satana e ha definitivamente spezzato il dominio dello spirito maligno (cfr. *Col* 2, 15; *Ef* 1, 21; *Ap* 12, 7-12), egli è « il più forte » che ha vinto « il forte » (cfr. *Lc* 11, 22). « Abbiate fiducia – dice il Signore – Io ho vinto il mondo! » (*Gv* 16, 33);

• allorquando, dopo la sua morte, discende negli inferi, Gesù riduce « all'impotenza, mediante la morte, colui che della morte ha il potere, cioè il diavolo » (*Eb* 2,14).

Come si vince il diavolo?

In vari modi, complementari:

■ Innanzitutto con una genuina vita di Fede, caratterizzata da fiducioso abbandono all'amore paterno e provvidente di Dio (cfr. *Lc* 12, 22-31), e dall'obbedienza alla sua volontà (cfr. *Mt* 6, 10), in imitazione di Cristo Signore. Questo è lo scudo più sicuro. La più bella vittoria sull'influenza di Satana è la continua conversione della nostra vita, che ha una sua speciale e continua attuazione nel Sacramento della Riconciliazione, mediante il quale Dio ci libera dai peccati, compiuti dopo il nostro Battesimo, ci ridona la Sua amicizia, e ci corrobora con la sua grazia per resistere agli assalti del Maligno.

■ Con una permanente vigilanza; «Vigilate. Il vostro nemico, il diavolo, come leone ruggente va in giro cercando chi divorare» (*1 Pt* 5,8).

■ Accogliendo e testimoniando, sempre più, con la parola e con le opere, il Vangelo. Per questo occorre un annuncio integrale e coraggioso del Vangelo: non si deve avere paura di parlare anche del demonio, e soprattutto della vittoria che Cristo ha già riportato su di esso e continua a riportare nella persona dei suoi fedeli.

■ Lottando contro le sue seduzioni e tentazioni. «Tutta intera la storia umana è infatti pervasa da una lotta tremenda contro le potenze delle tenebre;

lotta incominciata fin dall'origine del mondo, che durerà, come dice il Signore, fino all'ultimo giorno. Inserito in questa battaglia, l'uomo deve combattere senza soste per poter restare unito al bene, né può conseguire la sua interiore unità se non a prezzo di grandi fatiche, con l'aiuto della grazia di Dio » (CONCILIO VATICANO II, *Gaudium et spes*, n. 37, 2).

■ Fuggendo, evitando il peccato, che «è un'offesa a Dio: « Contro di te, contro te solo ho peccato. Quello che è male ai tuoi occhi, io l'ho fatto » (*Sal* 51,6). Il peccato si erge contro l'amore di Dio per noi e allontana da lui i nostri cuori. Come il primo peccato, è una disobbedienza, una ribellione contro Dio, a causa della volontà di diventare « come Dio » (*Gn* 3,5), conoscendo e determinando il bene e il male. Il peccato pertanto è amore di sé fino al disprezzo di Dio » (*CCC*, 1850).

■ Utilizzando il discernimento. « Lo Spirito Santo ci porta a discernere tra la prova, necessaria alla crescita dell'uomo interiore in vista di una « virtù provata », e la tentazione, che conduce al peccato e alla morte. Dobbiamo anche distinguere tra « essere tentati » e « consentire » alla tentazione. Infine, il discernimento smaschera la menzogna della tentazione: apparentemente il suo oggetto è « buono, gradito agli occhi e desiderabile » (*Gn* 3,6), mentre, in realtà, il suo frutto è la morte » (*CCC*, 2847).

■ Pregando. «Se infatti Dio è dalla nostra parte, chi sarà contro di noi?» (*Rm* 8,31). Lo stesso Signore, nella preghiera del Padre nostro, ci ha insegnato a chiedere a Dio Padre: «Liberaci dal male». «Chiedendo di essere liberati dal male, noi preghiamo nel contempo per essere liberati da tutti i mali, presenti, passati e futuri, di cui egli (il diavolo) è l'artefice o l'istigatore. In quest'ultima domanda la Chiesa porta davanti al Padre tutta la miseria del mondo. Insieme con la liberazione dai mali che schiacciano l'umanità, la Chiesa implora il dono prezioso della pace e la grazia dell'attesa perseverante del ritorno di Cristo. Pregando così, anticipa nell'umiltà della Fede la ricapitolazione di tutti e di tutto in colui che ha «potere sopra la morte e sopra gli inferi» (*Ap* 1,18), «colui che è, che era e che viene, l'Onnipotente!» (*Ap* 1,8)» (*CCC*, 2854).

■ Ricorrendo talvolta anche all'esorcismo.

Che cos'è un esorcismo?

■ L'esorcismo è un'antica e particolare forma di preghiera, che la Chiesa adopera contro il potere del diavolo.

■ Si ha un esorcismo «quando la Chiesa domanda con la sua autorità, in nome di Gesù, che una persona o un oggetto sia protetto contro l'influsso del Maligno e sottratto al suo dominio» (*CCC*, 1673).

■ È «una preghiera del genere dei sacramentali» (RITO DEGLI ESORCISMI, *Praenotanda*, n. 11). I sacramentali «sono segni sacri istituiti dalla Chiesa, per mezzo dei quali vengono santificate alcune circostanze della vita. Essi comportano una preghiera accompagnata dal segno della Croce e da altri segni» (*Compendio* del *CCC*, 351). Fra i Sacramentali, occupano un posto rilevante le benedizioni (di persone, mensa, oggetti, luoghi), le consacrazioni di persone, le dedicazioni di cose al culto di Dio, la benedizione di olii santi, gli esorcismi.

In quali forme si pratica l'esorcismo?

In una duplice forma: semplice e solenne

1. La forma semplice-ordinaria è quella in cui l'esorcismo viene praticato durante la celebrazione del Battesimo. «Dal momento che il Battesimo significa la liberazione dal peccato e dal suo istigatore, il diavolo, vengono pronunziati uno (o più) esorcismo(i) sul candidato. Questi viene unto con l'olio dei catecumeni, oppure il celebrante impone su di lui la mano, ed egli rinunzia esplicitamente a Satana. Così preparato, può professare la Fede della Chiesa alla quale sarà «consegnato» per mezzo del Battesimo» (*CCC*, 1237).

2. «L'esorcismo solenne, chiamato grande esorcismo, può essere praticato solo da un presbitero e con il permesso del Vescovo. In ciò bisogna procedere con prudenza, osservando rigorosamente le norme stabilite dalla Chiesa (cfr. DIRITTO CANONICO, can.

1172). L'esorcismo mira a scacciare i demòni o a liberare dall'influenza demoniaca, e ciò mediante l'autorità spirituale che Gesù ha affidato alla sua Chiesa. Molto diverso è il caso di malattie, soprattutto psichiche, la cui cura rientra nel campo della scienza medica. È importante, quindi, accertarsi, prima di celebrare l'esor-cismo, che si tratti di una presenza del maligno e non di una malattia» (*CCC*, 1673).

Quali altre caratteristiche ha l'esorcismo solenne?

■ «L'esorcismo deve svolgersi in un clima di Fede e di preghiera umile e fiduciosa, sì da evitare ogni impressione di efficacia automatica: la liberazione dall'influsso diabolico avviene se e quando Dio vuole. Se, come indicato al n. 35 delle Premesse, sono presenti anche alcuni fedeli, questi siano esortati a pregare intensamente secondo quanto previsto dal Rito.

■ Nonostante la riservatezza con cui è normalmente celebrato, il Rito dell'esorcismo non è un fatto privato, ma un evento che riguarda tutta la comunità. L'esorcista infatti è un membro della comunità, agisce in nome di Cristo e, in nome della Chiesa, esercita un ministero specifico. Anche il fedele che chiede l'esorcismo è un membro della comunità, uno di quei membri che la comunità deve amare di un amore preferenziale: quando è in potere del Maligno, infatti, egli è il più povero dei poveri, bisognoso di aiuto, di comprensione e di consolazione» (RITO DEGLI ESORCISMI, *Presentazione* CEI, nn. 13; 16).

Ogni atto di esorcismo è sì preghiera per la liberazione della persona indemoniata dal maligno, ma nello stesso tempo è annuncio:

- del Regno di Dio e di Cristo, che si addossa le nostre infermità e che, quale unico liberatore e salvatore, ci libera dal Male;
- di liberazione totale (spirituale e fisica) e mediata (tramite la Chiesa) dall'influsso diabolico;
- della realtà escatologica: segno che anticipa la vittoria finale di Cristo su Satana, sulla malattia, sulla morte.

Come si diventa esorcisti?

L'esorcista (termine legato al verbo greco *exorkízein* = scongiurare) è un uomo di preghiera, che agisce in nome della Chiesa con la forza dello Spirito Santo. Un ministero che è dono di Dio, conferito dal Vescovo esclusivamente a sacerdoti all'interno della diocesi e, dunque, da essi esercitato tramite la Chiesa. Pietà, scienza, integrità di vita, equilibrio, discernimento, preparazione teologica ed esperienza spirituale, capacità di ascolto sono gli indispensabili requisiti per un ministero che è anche un cammino di santità particolare perché porta al confronto diretto con il demonio. In particolare all'esorcista è richiesta la prudenza sia per accertare la presenza del maligno, sia per osservare le norme stabilite dalla Chiesa.

■ Il ministero dell'esorcista, oltre che di liberazione, è anche un ministero di consolazione.

Chi sono i satanisti?

« Possono essere:

1. persone con tendenze masochistiche, con un bisogno di sentirsi deboli per quindi cercare aiuto;

2. persone che rinunciano alla libertà personale per farsi commiserare accettando così passivamente le direttive dei capi satanici importanti;

3. persone pervase da sensi di colpa per aver compiuto grossi peccati e temono di venire castigati;

4. persone che percepiscono l'ambiente sociale-familiare-religioso come un tiranno;

5. persone che non sopportano la legge e l'autorità perché temono di essere distrutti;

6. persone attratte verso la morte: vorrebbero trasformare se stessi e il mondo in un cimitero dove c'è pace stabile;

7. persone che fanno uso di simboli di morte: tendaggi neri e funerei nelle sale d'incontro, con la presenza di teschi, con l'incappucciamento, con il sacrificio di vittime animali e talvolta anche umane » (da « Toscana oggi », 22-6-08).

Come si riconosce una possessione diabolica?

■ «I fenomeni diabolici straordinari della possessione, dell'ossessione, della vessazione e dell'infestazione sono possibili, ma di fatto, a parere degli esperti, sono rari» (RITO DEGLI ESORCISMI, *Presentazione* CEI, n. 7).

■ Il rituale dell'esorcismo segnala diversi criteri e indizi che permettono di arrivare, con prudente certezza, alla convinzione che ci si trovi dinanzi ad una possessione diabolica. È allora che l'esorcista autorizzato può eseguire il solenne rito dell'esorcismo.

■ Alcuni di questi criteri sono:

- il parlare con molte parole di lingue sconosciute o capirle;
- rendere note cose distanti oppure nascoste;
- dimostrare forze al di là della propria condizione,
- avversione veemente verso Dio, la Madonna, i Santi, la Croce e le sacre Immagini.

Ci sono preghiere da recitarsi in casi minori di influsso del demonio?

Certamente. Nel Rito degli esorcismi si trovano anche:

- le preghiere da recitarsi pubblicamente da un sacerdote, con il permesso del Vescovo, quando si giudica prudentemente che c'è un influsso di Satana su luoghi, oggetti o persone, senza arrivare però allo stadio di una possessione vera e propria;

• una raccolta di preghiere da recitarsi privatamente da parte dei fedeli, quando essi sospettano con fondatezza di essere soggetti ad influssi diabolici (cfr. RITO DEGLI ESORCISMI, *Appendice II, Preghiere ad uso privato dei* fedeli).

Quali altri utili consigli dà la Chiesa a riguardo dell'influsso del maligno?

Eccone alcuni:

■ «Non ricercare il sensazionale ed evitare sia la stolta credulità che vede interventi diabolici in ogni anomalia e difficoltà, sia il razionalismo preconcetto che esclude a priori qualsiasi forma di intervento del maligno nel mondo;

■ stare in guardia nei confronti di libri, programmi televisivi, informazioni dei mezzi di comunicazione, che a scopo di lucro sfruttano il diffuso interesse per fenomeni insoliti o malsani;

■ non ricorrere mai a coloro che praticano la magia o si professano detentori di poteri occulti o medianici o presumono di aver ricevuto poteri particolari. Nel dubbio circa la presenza di un influsso diabolico è necessario rivolgersi prima di tutto al discernimento dei sacerdoti esorcisti e ai sostegni di grazia offerti dalla Chiesa soprattutto nei Sacramenti;

- conoscere il significato autentico del linguaggio usato dalla Sacra Scrittura e dalla Tradizione e maturare un atteggiamento corretto riguardo alla presenza e all'azione di Satana nel mondo;
- ricordarsi che la superstizione, la magia e, a maggior ragione, il satanismo sono contrari alla dignità e razionalità dell'uomo e alla Fede in Dio Padre onnipotente e in Gesù Cristo nostro Salvatore» (RITO DEGLI ESORCISMI, *Presentazione* CEI, n. 8).

NB: Per approfondire l'argomento, ecco alcuni documenti pontifici:

RITO DEGLI ESORCISMI, traduzione del *De exorcismis et supplicationibus quibusdam*, promulgato con decreto della Congregazione per il Culto Divino e la Disciplina dei Sacramenti il 22 novembre 1998 (l'ultima edizione è del 2004);

CATECHISMO DELLA CHIESA CATTOLICA (*CCC*), n. 1673;

Compendio del CCC, n. 352;

CONGREGAZIONE PER LA DOTTRINA DELLA FEDE, *Istruzione circa le preghiere per ottenere da Dio la guarigione*, 14 settembre 2000.

XXX
MAGIE, SPIRITISMI...: PERCHÉ SONO INACCETTABILI?

Che cosa si intende per fenomeni magici?

■ Se qualcuno volesse elencare tutte le superstizioni, pratiche, credenze, magie presenti nelle differenti culture umane, l'elenco sarebbe lunghissimo. Ogni cosa, essere o evento può portare fortuna, sfortuna, avere effetti positivi o negativi.

Assistiamo oggi ad un impressionante ritorno delle pratiche magiche, per cui l'uomo d'oggi e soprattutto il credente si trova di fronte ad una vera e propria sfida.

■ Non va inoltre dimenticato che ogni comportamento umano è sempre complesso e composito, e pertanto difficile da decifrare nelle sue motivazioni ed espressioni.

A quali tipi di fenomeni ci si riferisce in questa relazione?

Si possono così sintetizzare i vari tipi di fenomeni, presi in considerazione in questa relazione:

■ Le molteplici forme di superstizione che consistono nell'attribuire importanza indebita e quasi magica a certe pratiche o oggetti (amuleti, consultazione degli oroscopi, astrologia, lettura delle carte, numeri della fortuna o della sfortuna).

■ Le pratiche di stregoneria, di satanismo, di previsioni astrologiche, effettuate da guaritori, cartomanti, chiaroveggenti, medium, indovini..., con le quali si pretende di allearsi con forze occulte e di piegarle a servizi propri o degli altri, per avere poteri speciali sia nel bene (affetti, affari, salute), che nel male (malocchio, fatture, maleficio, messe nere...).

■ Le diverse credenze come la reincarnazione, il relativismo, il sincretismo, l'esoterismo, lo spiritismo nelle sue varie forme (ossia il ricorso agli spiriti dei morti per entrare in contatto con loro e svelare il futuro o qualche suo aspetto; presunti contatti con i defunti tramite diversi riti o tecniche; sedute spiritiche, medianiche, scrittura automatica, magnetofono...).

■ Certe esperienze e tecniche psico-fisiche di concentrazione, di guarigione, che di per sé non presentano verità da credere (es. reiki), ma che in realtà insinuano una determinata visione dell'uomo e del mondo (karman, reincarnazione) non conforme alla rivelazione di Gesù Cristo.

■ La vasta galassia comprendente i diversi fenomeni dei vecchi e nuovi movimenti religiosi, che a volte, nel linguaggio comune, vengono indicati anche con il nome di sette.

■ Una grande serie di altri atteggiamenti – spesso tratti dalle tradizioni filosofiche e religiose orientali – che si riscontrano in persone che, pur non avendo intenzione di aderire ai nuovi movimenti religiosi, fanno propri certi elementi conoscitivi o pratiche che contraddicono la Fede cristiana.

■ Le varie forme di magia.

Esistono varie forme di magia?

■ C'è la magia imitativa, secondo la quale il simile produce il simile: il versare dell'acqua per terra, porterà la pioggia, trafiggere gli occhi di un pupazzo accecherà o farà morire la persona da esso rappresentata...

■ C'è la magia contagiosa, in base a cui il «contiguo» agisce sul «contiguo» oppure una parte sul tutto, in cui è sufficiente mettere in contatto due realtà animate o inanimate, perché una forza benefica o malefica si trasmetta dall'una all'altra parte: così «il toccare ferro» o il «gettare sale» terrà lontano da influssi negativi o da iettature in relazione a virtù speciali affidate a questi elementi.

■ Esiste la magia incantatrice, la quale attribuisce un potere particolare a formule e azioni simboliche, ritenute capaci di produrre degli effetti evocati o da esse indicati (cfr. CET, 6).

■ Esiste la magia bianca e quella nera, le quali tendono a ricercare il contatto con forze occulte, considerate superiori al singolo uomo, ma possono essere manipolate e controllate accrescendo la potenza del mago e dei suoi seguaci. Lo scopo per cui si vogliono acquisire i poteri magici può essere materiale (acquisizione della ricchezza o del dominio sulle altre persone) o nobili (miglioramento di se stessi e dell'umanità. Per raggiungere tali fini si mobiliteranno soprattutto una serie di divinità intermedie – spiriti, angeli, demòni, fluidi, energie, potenze...).

Che differenza c'è fra magia bianca *e magia* nera?

«Tradizionalmente si è soliti distinguere tra magia bianca e magia nera [...]. La magia bianca intenderebbe forme d'intervento che presumono di mirare a scopi, sia pure benefici, come il ripristino di un rapporto d'amore, la guarigione da una malattia, la risoluzione di problemi economici e così via, ma lo fa con il ricorso all'uso di mezzi inadeguati come talismani e amuleti, portafortuna e filtri, credenze in combinazione di carte, persone o eventi, oppure con il riferimento a pratiche mediche centrate su arti occulte o poteri "sovrumani" [...]» (CEC, 13-14).

Ancora più grave è la magia nera. Essa si richiama, in modo diretto o indiretto, a poteri diabolici o comunque presume di agire sotto un qualche loro influsso. Di norma la magia nera è indirizzata a scopi malefici (procurare malattie, disgrazie, disturbi psichici a rivali, creare forti negatività, malocchi e fatture, generare contrasti, impedimenti, liti, vendette, causare malattie e la morte...) o ad influenzare il corso degli eventi a propria utilità, specialmente per conseguire vantaggi personali come onori, ricchezze o altro. Si chiama magia nera per i metodi a cui ricorre e per i fini che persegue (cfr. CET, 8). Questa magia è una vera e propria espressione di anticulto e il suo fine ultimo è quello di trasformare gli adepti in servi di Satana. Rientrano in questo ambito i riti a sfondo satanico culminanti nelle messe nere.

Quali sono le cause della diffusione delle pratiche magiche?

Varie, complesse e complementari sono le cause:

- «L'ignoranza religiosa è, senza dubbio, la causa principale delle deviazioni in questo campo» (CEC, 3). Se scende la vera Fede, sale la superstizione!
- Esiste «una grave carenza d'evangelizzazione che non consente ai fedeli di assumere un atteggiamento critico nei confronti di proposte che rappresentano solo un surrogato del genuino senso religioso e una triste mistificazione dei contenuti autentici della Fede» (CET, 3).
- Il marcato soggettivismo culturale, che caratterizza il nostro tempo, favorisce la diffusione di cre-

denze vaghe sincretiste, per cui ognuno sceglie dai vari ambiti religiosi o filosofici quegli elementi che ritiene a lui congeniali. Nello stesso tempo favorisce la sequela di capi carismatici che promettono sollievo dal male fisico, psichico o morale e si presentano come rassicuranti punti di riferimento.

■ Non va dimenticato che viviamo in un mondo in frantumi, ove risulta essere diffuso il « credere senza appartenere » o il « credo, a modo mio ».

■ L'esaltazione della dimensione emotiva e un diffuso senso d'angoscia inclinano verso una religiosità fortemente emozionale e magica e spingono alla ricerca dello straordinario, di esperienze gratificanti e di sensazioni di benessere fisico e psichico.

■ C'è anche la situazione di alcuni movimenti religiosi i quali rifiutano la Chiesa, secondo la formula « Cristo sì, Chiesa no »; altri vogliono sostituirsi alla Chiesa, affermando « noi siamo la Chiesa ».

■ L'esistenza di tali fenomeni indica che « vi sono dei bisogni spirituali che non sono stati identificati, oppure che la Chiesa e altre istituzioni religiose non hanno percepito o a cui non hanno saputo rispondere. Sono un sintomo dello stato di crisi, specialmente di persone fragili come i giovani alla ricerca dell'assoluto o di ideali, o gli adulti che sono in crisi nei confronti della loro religione o della società » (cfr. CFA).

■ Non va in particolare dimenticato né sottovalutato il sempre grande influsso e l'azione costante del «padre della menzogna» (*Gv* 8,44), il Diavolo, il quale – come insegna la Scrittura – tenta in tutti i modi di deviare l'uomo dalla verità e condurlo all'errore e al male (*1 Pt* 5,8), nonostante la sconfitta subita con la venuta del Figlio di Dio nel mondo e il trionfo glorioso della sua Risurrezione (cfr. *Fil* 2,9-11). «Un nemico ha fatto questo», dice il padrone ai suoi servi nella parabola della zizzania (*Mt* 13, 28). Il Diavolo – come c'insegna l'Apocalisse – sino alla fine dei tempi userà tutti i suoi poteri e la sua sagacia per ingannare i battezzati ed ostacolare la piena attuazione del progetto salvifico di Dio sul mondo.

■ D'altra parte occorre essere cauti nel giudicare la magia come un effetto diretto – sempre ed in ogni circostanza – del Demonio. Se infatti l'esistenza e l'azione del Demonio sono chiaramente affermate dalla Dottrina della Chiesa, non si può infatti innescare la tendenza a demonizzare tutto.

■ Nella magia si vuol dominare le forze occulte attribuendosi un potere sovrumano, sul creato, sul presente, sul futuro, sugli altri (persone o cose), sugli avvenimenti, sui defunti. In tal modo si tenta di impadronirsi di Dio, del suo potere, cercando di sostituirsi a Lui. «La magia implica una visione del mondo che crede all'esistenza di forze occulte che influiscono sulla vita dell'uomo e sulle quali l'operatore (o il fruitore) di magia pensa di poter esercitare un controllo mediante pratiche rituali capaci di produrre automaticamente degli effetti; il ricorso alla divinità – quando c'è – è meramente funzionale, subordinato a queste forze e agli effetti voluti » (cfr. CET).

■ Non poche volte inoltre si tende a sfruttare volutamente o inconsciamente, gratuitamente o a pagamento, la credulità e l'ingenuità di non poche persone, sfruttando talvolta l'effetto placebo. Molte pratiche sono frutto di imbroglio a fine di lucro.

■ Non manca chi vede in tali fenomeni il risveglio religioso o il ritorno del sacro. Ma certamente non si tratta del vero sacro, e tanto meno del sacro cristiano.

■ All'origine di certi fenomeni ci possono essere anche aspetti paranormali, e cioè fenomeni naturali che, essendo attualmente poco o per niente conosciuti, sono erroneamente attribuiti all'ambito soprannaturale. In altri casi, alcuni fenomeni trovano a tutti gli effetti una spiegazione psicologica, psichiatrica, neurologica o psicanalitica.

Quali le conseguenze del diffondersi delle pratiche magiche?

■ « La Fede cristiana risulta adulterata, in quanto viene offuscata la Signoria dell'Unico Signore, che si è rivelato al suo popolo, l'onnipotenza di Dio, la si svuota di fatto, ponendogli accanto creature e "poteri" che ne prendono il posto e si pongono in alternativa a Lui» (CEC, 9).

■ «Si ha il rifiuto di un Dio personale e libero: il credere all'esistenza di forze occulte che influiscono sulla vita e sulle quali l'operatore (o il fruitore) di magia pensa di poter esercitare un controllo; il ricorso alla divinità, quando c'è, è meramente funzionale, subordinato a queste forze e agli effetti voluti. La magia non ammette, infatti, alcun potere superiore a sé, essa ritiene di poter costringere gli stessi "spiriti" o "demòni" evocati a manifestarsi e a compiere ciò che essa richiede. Essa non si riferisce a Dio, al Dio personale della Fede, alla sua provvidenza sul mondo, ma piuttosto a forze occulte impersonali [...] da queste forze ritiene di difendersi con il ricorso a gesti di scongiuro e ad amuleti, o presume di capirne i benefici con formule di incantesimo, filtri o azioni collegate agli astri, al creato o alla vita umana.

■ Tutto questo costituisce una deviazione del senso religioso ed un tentativo di sostituirsi a Dio esercitando la propria volontà di dominio e potenza sugli eventi, sulla natura e il prossimo, anziché assumere un atteggiamento umile di richiesta e supplica nella preghiera. Sembra qui risuonare l'antica e nota voce del serpente che disse ai nostri progenitori: "...diventereste come Dio"» (*Gen* 3,5).

■ In particolare «La magia nera rappresenta una colpa gravissima [...] una deviazione della verità rivelata [...] contraria alla Fede e al culto esclusivo a Cristo Gesù, unico Redentore e Signore dell'uomo [...]. Essa è in contrapposizione alla vera professione del credente ed è pericolosa per la salvezza» (CET, 12).

Che cosa dice la Bibbia circa tali pratiche?

■ Nella Sacra Scrittura troviamo indicazioni chiare sia sulla esistenza della magia, sia sul tipo di pratiche magiche: la divinazione (*Dt* 18,10), la stregoneria (*Mi* 5,11), (*Na* 3,4), (*Dt* 18,10-12); l'arte magica (*Sap* 17,7); gli incantesimi (*Dt* 18,11), (*Sal* 58,6), (*Qo* 10,11); l'uso dei nodi e dei legami (*Ez* 13,17-23).

Sono segnalate le magie di Gezabele (2 *Re* 9,22); le pratiche superstiziose dei re Achaz (2 *Re* 16,3-4), di Manasse (2 *Re* 21,6) e le pratiche superstiziose che Giosia combatte (2 *Re* 23,24).

■ Nella Sacra Scrittura la condanna della magia e di tutte le pratiche di magia è costante ed inequivocabile:

• è proibita: la magia, la stregoneria (*Es* 22,17), (*Lv* 19,26), (*Dt* 18,10), (*Sap* 12,4), (*Ez* 13,18), (*At* 19,19), (cfr. *At* 13,6-12 e *At* 16,16-24), (*Gal* 5,20), (*Ap* 9,21);

• il ricorso a negromanti, indovini, operatori di incantesimi e fattucchieri, sotto pena di morte (*Lev* 19,26. 31; 20,6; 20,27), (*Dt* 18,10-12), (*Es* 22,17), (*Ap* 21,8), (*Ap* 22,15), (*Dt* 18,10-12), (*Is* 3,1-3), (*Es* 7,11), (*Ml* 3,5), (*Na* 3,4).

■ Ecco alcuni passi particolarmente significativi:

• *Dt* 18,10-14: «[10] Non si trovi in mezzo a te chi immola, facendoli passare per il fuoco, il suo figlio o la sua figlia, né chi esercita la divinazione o il sortilegio o l'augurio o la magia; [11] né chi faccia incantesimi, né chi consulti gli spiriti o gli indovini, né chi interroghi i morti, [12] perché chiunque fa queste cose è in abominio al Signore; a causa di questi abomini, il Signore tuo Dio sta per scacciare quelle nazioni davanti a te. [13] Tu sarai irreprensibile verso il Signore tuo Dio, [14] perché le Nazioni, di cui tu vai ad occupare il paese, ascoltano gli indovini e gli incantatori, ma quanto a te, non così ti ha permesso il Signore tuo Dio»;

• *Ger* 29,8-9: «[8] Così dice il Signore degli eserciti, Dio di Israele: Non vi traggano in errore i profeti che sono in mezzo a voi e i vostri indovini; non date retta ai sogni, che essi sognano. [9] Poiché con inganno parlano come profeti a voi in mio nome; io non li ho inviati. Oracolo del Signore»;

• *Lv* 19,26b: «Non praticherete alcuna sorta di divinazione o di magia»;

• *Lv* 19,31: «Non vi rivolgete ai negromanti né agli indovini; non li consultate per non contaminarvi per mezzo loro. Io sono il Signore, vostro Dio»;

• cfr. anche: *Lv* 20,6; *Lv* 20,27; *1 Sam* 28,3; 1 *Cro* 10, 13; *2 Re* 21, 6; *Is* 8, 19; *Os* 4, 12; *Ger* 2, 27; *Mt* 24, 24; *Gen* 1, 14-15; *Dt* 4, 19; *Is* 47, 13; *Sap* 13, 1-5.

Qual è stato l'atteggiamento della Chiesa lungo i secoli?

■ La Chiesa ha sempre condannato in modo esplicito e incontrovertibile la magia e tutte le pratiche di magia. Ad esempio:

• il I Concilio di Orleans (511) e il IV Conc. di Toledo (633) proibiscono l'uso magico dell'astrologia;

• la Costituzione di Pio IV *Dominici Gregis Custodiae* (1546) e la Lettera Enciclica del S. Uffizio del 1856 mettono in guardia contro l'evocazione delle anime dei defunti; il Responso del S. Ufficio 1917 vieta di assistere a sedute spiritiche;

• si vedano anche: il Concilio di Lione 1274; Decreto *Pro Grecis* del Concilio di Firenze 1439; XI Concilio di Toledo; Concilio Lateranense IV;

• nel 1942 il S. Uffizio proibisce ai religiosi l'uso del pendolino.

■ S. Tommaso d'Aquino, nella *Summa Theologica*:

• cita S. Agostino nel *De Doctrina Christiana*, libro 2, Cap. 20, il quale afferma che «"è superstizioso [...] tutto quello che è consultazione dei demòni, o patto simbolico accettato e concluso con essi [...] le fasciature magiche (ligature), ecc.". Le divinazioni e le pratiche di cui si parla appartengono alla superstizione in quanto dipendono da certi interventi dei demoni. Ed è così che si riallacciano a dei patti stabiliti con essi» (*S.Th.*II-II, q. 92, a.2);

• annovera il maleficio tra i peccati mortali (*S.Th.*II-II, q.76, a.3). Nel Decreto, XXVI, q. 5 (can. *Sortes*) si legge: «Le sorti con le quali nei vostri affari decidete ogni cosa, e che i Padri hanno condannato, altro non sono che divinazioni e malefici. Perciò vogliamo che esse siano condannate e che non siano più nominate tra i cristiani: e perché non siano praticate le proibiamo sotto pena di scomunica» (*S.Th.*II-II, q. 95, a.8; q. 96, a. 2).

In particolare circa lo spiritismo, che cosa dice la Chiesa?

La Chiesa ha sempre condannato qualsiasi tentativo, diverso dalla preghiera, di mettersi in comunicazione con le anime dell'aldilà. Ecco alcuni pronunciamenti al riguardo da parte della Chiesa:

• Papa Sisto V, nel 1585 con la Costituzione *Caeli et terra Creator*, condanna fermamente la necromanzia ed ogni contatto con gli spiriti dei morti.

• Il 4 agosto 1856, visto l'esplodere del fenomeno dello spiritismo, il Sant'Uffizio dichiarò «illecita, ereticale e scandalosa, la pratica di evocare le anime dei morti, riceverne responsi, ecc....».

• Nel 1882 (1° febbraio), la Sacra Penitenzieria dichiarò illecito anche il solo assistere alle sedute e ai giochi spiritici.

• Nel 1886 il Concilio di Baltimora affermò la possibilità che lo spiritismo fosse legato ad azione diabolica.

• Nel 1917 (24 aprile) il Papa Benedetto XV, rispondendo ad un altro quesito sulla possibilità di assistere solamente in modo passivo alle pratiche spiritiche, ribadisce che «non è lecito in ogni caso» partecipare alle suddette manifestazioni, anche se queste si presentano come caratterizzate da un clima di pietà e da un'esplicita volontà di non avere a che fare con gli spiriti maligni.

• Il Catechismo di S. Pio X del 1905, spiega: «Tutte le pratiche dello spiritismo sono illecite perché superstiziose e spesso non immuni da intervento diabolico, e perciò furono dalla Chiesa giustamente proibite».

E il Catechismo della Chiesa Cattolica che cosa dice al riguardo?

■ In generale:

• «il primo Comandamento vieta di onorare altri dèi, all'infuori dell'unico Signore che si è rivelato al suo popolo. Proibisce la superstizione e l'irreligione. La superstizione rappresenta, in qualche modo, un eccesso perverso della religione; l'irreligione è un vizio opposto, per difetto, alla virtù della religione» (n. 2110);

• «il primo Comandamento di Dio condanna i principali peccati di irreligione: l'azione di tentare Dio, con parole o atti» (n. 2118);

• «l'azione di tentare Dio consiste nel mettere alla prova, con parole o atti, la sua bontà e la sua onnipotenza. È così che Satana voleva ottenere da Gesù che si buttasse giù dal Tempio obbligando Dio, in tal modo, ad intervenire. Gesù gli oppone la parola di Dio: «Non tenterai il Signore Dio tuo» (*Dt* 6,16). La sfida implicita in simile tentazione di Dio ferisce il rispetto e la fiducia che dobbiamo al nostro Creatore e Signore. In essa si cela sempre un dubbio riguardo al suo amore, alla sua provvidenza e alla sua potenza» (n. 2119).

■ A riguardo della superstizione:

«La superstizione è la deviazione del sentimento religioso e delle pratiche che esso impone. Può anche presentarsi mascherata sotto il culto che rendiamo al vero Dio, per esempio, quando si attribuisce un'importanza in qualche misura magica a certe pratiche, peraltro legittime o necessarie. Attribuire alla sola materialità delle preghiere o dei segni sacramentali la loro efficacia, prescindendo dalle disposizioni interiori che richiedono, è cadere nella superstizione» (n. 2111).

■ A riguardo dell'idolatria:

«Il primo Comandamento condanna il politeismo. Esige dall'uomo di non credere in altri dèi che nell'Unico Dio, di non venerare altre divinità che l'Unico. La Scrittura costantemente richiama a questo rifiuto degli idoli che sono «argento e oro, opera delle mani dell'uomo», i quali «hanno bocca e non parlano, hanno occhi e non vedono...». Questi idoli vani rendono l'uomo vano: « Sia come loro chi li fabbrica e chiunque in essi confida » (*Sal* 115,4-5.8). Dio, al contrario, è il « Dio vivente » (*Gs* 3,10), che fa vivere e interviene nella storia » (n. 2112).

« L'idolatria non concerne soltanto i falsi culti del paganesimo. Rimane una costante tentazione della Fede. Consiste nel divinizzare ciò che non è Dio. C'è idolatria quando l'uomo onora e riverisce una creatura al posto di Dio, si tratti degli dèi o dei demòni (per esempio il satanismo), del potere, del piacere, della razza, degli antenati, dello Stato, del denaro, ecc. « Non potete servire a Dio e a mammona », dice Gesù (*Mt* 6,24). Numerosi martiri sono morti per non adorare « la Bestia », rifiutando perfino di simularne il culto. L'idolatria respinge l'unica Signoria di Dio; perciò è incompatibile con la comunione divina » (n. 2113).

« La vita umana si unifica nell'adorazione dell'Unico. Il Comandamento di adorare il solo Signore unifica l'uomo e lo salva da una dispersione senza limiti. L'idolatria è una perversione del senso religioso innato nell'uomo. Idolatra è colui che "riferisce la sua indistruttibile nozione di Dio a chicchessia anziché a Dio"» (n. 2114).

■ A riguardo della divinazione e magia:

« Dio può rivelare l'avvenire ai suoi Profeti o ad altri Santi. Tuttavia il giusto atteggiamento cristiano consiste nell'abbandonarsi con fiducia nelle mani della provvidenza per ciò che concerne il futuro e a rifuggire da ogni curiosità malsana a questo riguardo. L'imprevidenza può costituire una mancanza di responsabilità» (n. 2115).

«Tutte le forme di divinazione sono da respingere: ricorso a Satana o ai demòni, evocazione dei morti o altre pratiche che a torto si ritiene che 'svelino' l'avvenire. La consultazione degli oroscopi, l'astrologia, la chiromanzia, l'interpretazione dei presagi e delle sorti, i fenomeni di veggenza, il ricorso ai medium occultano una volontà di dominio sul tempo, sulla storia ed infine sugli uomini ed insieme un desiderio di rendersi propizie le potenze nascoste. Sono in contraddizione con l'onore e il rispetto congiunto a timore amante, che dobbiamo a Dio solo» (n. 2116).

«Tutte le pratiche di magia e di stregoneria con le quali si pretende di sottomettere le potenze occulte per porle al proprio servizio ed ottenere un potere soprannaturale sul prossimo – fosse anche per procurargli la salute – sono gravemente contrarie alla virtù della religione. Tali pratiche sono ancor più da condannare quando si accompagnano ad una intenzione di nuocere ad altri o quando in esse si ricorre all'intervento dei demòni. Anche portare gli amuleti è biasimevole. Lo spiritismo spesso implica pratiche divinatorie o magiche. Pure da esso la Chiesa mette in guardia i fedeli. Il ricorso a pratiche mediche dette tradizionali non legittima né l'invocazione di potenze cattive, né lo sfruttamento delle credulità altrui» (n. 2117).

Che fare per eliminare o diminuire tali pratiche inaccettabili?

Il documento del CEM offre alcune utili indicazioni pastorali:

- «la Chiesa, e in essa le singole comunità faranno opera di prevenzione nella misura in cui torneranno al cuore della vita cristiana, nei suoi aspetti autentici di dottrina e di vita, la catechesi, la preghiera, la liturgia, la carità e la comunione»;

- occorre richiamare la insostituibile centralità di Gesù Cristo: «Noi Vescovi ribadiamo l'assoluta e insostituibile verità per cui il Padre ha costituito Cristo «al di sopra di ogni principato e autorità, di ogni potenza e denominazione e di ogni altro nome che si possa nominare non solo nel secolo presente ma anche in quello futuro. Tutto infatti ha sottomesso ai suoi piedi e lo ha costituito su tutte le cose a capo della Chiesa» (*Ef* 1,21-23). Chi ha incontrato il Signore Gesù non ha bisogno di cercare la salvezza altrove.

L'esperienza insegna che, per tenere lontani da superstizione, magia, spiritismo e dallo stesso satanismo, a nulla valgono i richiami, i ragionamenti, i rimproveri, le proibizioni dei pastori di anime, se non c'e una Fede ferma e solida in Gesù Cristo. Certo, a confronto di promesse brillanti e mirabolanti da parte del mondo, il cristiano deve annunciare Cristo, la sua Croce e la sua Risurrezione. Un confronto perdente? S. Paolo diceva di no. E lo faceva sulla parola di Gesù: « Voi avrete tribolazione nel mondo, ma abbiate fiducia; io ho vinto! » (*Gv* 16,33);

- è necessario riaffermare ciò che è essenziale per la nostra Fede, e cioè che solo il Signore Gesù ha vinto il maligno, libera da ogni paura e dalla ricerca di mezzi magici per affrontare le difficoltà della vita »;

- per conoscere Gesù Cristo è importante la catechesi, specie per i giovani e adulti. « Essa deve aiutare la Fede perché non sia un vago sentimento di Dio e di bontà fraterna, ma cresca nella consapevolezza del Mistero di Cristo, della Chiesa e di tutte le Verità della Fede Cattolica, così da essere in grado di giudicare correttamente i fatti della vita e la storia.

  In questa prospettiva, è necessario promuovere maggiormente la conoscenza della Bibbia e dei testi del Magistero della Chiesa. La stessa Liturgia è fonte permanente da valorizzare in ordine alla costante crescita della Fede cristiana »;

- occorre rispondere meglio « al bisogno di riconoscimento, di accoglienza e di appartenenza presente nell'uomo contemporaneo segnato dalla solitudine e dall'anonimato ». Questo significa che le comunità cristiane dovranno continuamente cercare di essere veramente tali;

- le nostre comunità diventino veramente «scuole di preghiera e di vita spirituale, offrano tempi e spazi di silenzio e di raccoglimento per rispondere al desiderio diffuso di interiorità. I pastori d'anime diano importanza all'ascolto e alla direzione spirituale. Così pure dobbiamo sollecitare alla frequente celebrazione del Sacramento della Confessione e alla partecipazione assidua e convinta all'Eucaristia»;

- il cristiano non deve mai dimenticare la necessità di difendersi e lottare contro il Diavolo e ogni sua opera. Paolo VI, il 16 novembre 1972, affermava: «Oggi, uno dei bisogni maggiori è la difesa da quel male che chiamiamo demonio. Un essere vivo, spirituale, pervertito e pervertitore. Terribile realtà, misteriosa e paurosa. Esce dal quadro dell'insegnamento biblico ed ecclesiastico chi rifiuta di riconoscerla esistente»;

- oltre che approfondire la Fede Cattolica, occorrerà anche un lavoro di prevenzione, documentando le arti e i danni di ogni ingannevole proselitismo;

- nella formazione della Fede e della coscienza cristiana, i pastori d'anime devono spiegare che l'aderire o il partecipare anche solo occasionale o per motivi di curiosità, ai gruppi o movimenti segnalati, non è coerente con la Fede Cattolica. La Sacra Scrittura è esplicita al riguardo: «Non si trovi in mezzo a te chi esercita la divinazione o il sortilegio o l'augurio o la magia; né chi consulti gli spiriti o gli indovini, né chi interroghi i morti, perché chiunque fa queste cose è in abominio al Signore» (*Dt* 18,10-12). Questi comportamenti sono incoerenti con la nostra Fede a livelli diversi, fino alla gravità morale. Non di rado possono sfociare in vere e proprie patologie; e devono essere confessati nel Sacramento della Riconciliazione.

NB: Per approfondire l'argomento si leggano i seguenti documenti:

CATECHISMO DELLA CHIESA CATTOLICA (*CCC*), nn. 2110-2117;

Compendio del CCC, n. 445;

CONFERENZA EPISCOPALE TOSCANA (CET), *A proposito di magia e di demonologia. Nota Pastorale* (15 aprile 1994);

CONFERENZA EPISCOPALE CAMPANA (CEC), *Io sono il Signore vostro Dio. Nota pastorale a proposito di superstizione, magia, satanismo*;

CONFERENZA EPISCOPALE MARCHIGIANA (CEM), *Disposizioni pastorali circa i fenomeni della superstizione, della magia e dei nuovi movimenti religiosi* (3 giugno 2001);

Card. FRANCIS ARINZE (Presidente del Pontificio Consiglio per il Dialogo Interreligioso) (CFA), *Relazione generale al Concistoro straordinario*, 1991;

Mons. GIUSEPPE CASALE, *Nuova religiosità e nuova evangelizzazione*, Lettera Pastorale del 6 marzo 1993, Piemme, 1993.

XXXI
DONNA-UOMO:
QUAL È LA LORO RELAZIONE SECONDO LA CHIESA CATTOLICA?

Che cosa dice la Chiesa circa la relazione tra l'uomo e la donna?

La Chiesa, illuminata dalla Fede in Gesù Cristo, afferma:

• il carattere personale dell'essere umano: sia l'uomo sia la donna sono una persona, in eguale misura;

• la medesima dignità delle persone, la quale si realizza come complementarità fisica, psicologica ed ontologica, dando luogo ad un'armonica « unidualità » relazionale; l'uomo e la donna sono allo stesso tempo uguali in quanto persone e complementari in quanto maschile e femminile; nella loro uguaglianza e nella loro differenza, l'uno e l'altra hanno una dignità comune; entrambi sono esseri umani allo stesso grado;

• l'importanza e il senso della differenza sessuale, la quale non è un prodotto culturale;

• l'esistenza dell'uno con e per l'altra (e non l'uno contro l'altra);

• l'approccio relazionale, non concorrenziale né di rivalsa;

• la vocazione alla reciprocità, complementarità, collaborazione, comunione e collaborazione attiva tra l'uomo e la donna, che parte dal riconoscimento della radicata, originaria, profonda e complementare diversità tra loro;

• la presenza del peccato, che deturpa ma non annulla tale positiva relazione e collaborazione.

■ Questa unità-duale dell'uomo e della donna si basa sul fondamento della dignità di ogni persona, creata a immagine e somiglianza di Dio, il quale « maschio e femmina li creò » *(Gn* 1, 27), evitando tanto una uniformità indistinta e una uguaglianza appiattita e impoverente quanto una differenza abissale e conflittuale. Questa unità duale porta con sé, iscritta nei corpi e nelle anime, la relazione con l'altro, l'amore per l'altro, la comunione interpersonale (cfr. GIOVANNI PAOLO II, *Lettera alle donne*, 8).

Dove fonda la Chiesa questa sua concezione?

La fonda sulla Sacra Scrittura, ricca anche di umana sapienza, in cui questa concezione si è manifestata progressivamente grazie all'intervento di Dio a favore dell'umanità.

Come l'Antico Testamento presenta l'importanza dell'uomo e della donna?

In vari modi.

Ad esempio, l'Antico Testamento:

• configura una storia di salvezza che mette simultaneamente in gioco la partecipazione del maschile e del femminile, l'importanza dell'uomo e della donna;

• utilizza un vocabolario nuziale: Dio si fa conoscere come sposo che ama Israele, sua sposa. Questo vocabolario tocca la natura stessa della relazione che Dio stabilisce con il suo popolo, anche se questa relazione è più ampia di ciò che si può sperimentare nell'esperienza nuziale umana;

• presenta un amore umanissimo, che celebra la bellezza dei corpi e la felicità della ricerca reciproca, e nel quale si esprime altresì l'amore divino per il suo popolo (si veda ad es. il biblico *Cantico dei Cantici*).

E il Nuovo Testamento come presenta la relazione tra l'uomo e la donna?

Il Nuovo Testamento conferma e completa quanto già presente nell'Antico Testamento:

• Gesù Cristo Figlio di Dio fatto Uomo, nella sua mascolinità, assume nella sua persona tutto ciò che il simbolismo Antico-Testamentario aveva applicato all'amore di Dio per il suo popolo, descritto come l'amore di uno sposo per la sua sposa;

• la Vergine Maria, come eletta figlia di Sion, nella sua femminilità, ricapitola e trasfigura la condizione di Israele/Sposa in attesa del giorno della sua salvezza;

• la Sposa amata da Cristo-Sposo è la Chiesa;

• la Rivelazione stessa si conclude con la parola della Sposa e dello Spirito che implorano la venuta dello Sposo: « Vieni, Signore Gesù » (*Ap* 22,20);

• l'amore totale e indissolubile dell'uomo e della donna, vissuto nella forza della vita battesimale, diventa Sacramento, cioè realtà che manifesta e comunica l'amore del Cristo e della Chiesa;

• nella grazia del Cristo che rinnova il loro cuore, l'uomo e la donna diventano capaci di liberarsi dal peccato e di conoscere la gioia del dono reciproco. Nella forza della Risurrezione di Cristo, è possibile la vittoria della fedeltà sulle debolezze, sulle ferite subite e sui peccati della coppia;

• la rivalità, l'inimicizia e la violenza che sfigurano la relazione dell'uomo e della donna sono, nel Cristo, superabili e superate. La loro differenza non diventa motivo di discordia da superare con la negazione o con il livellamento, ma una possibilità di collaborazione che bisogna coltivare con il rispetto reciproco della distinzione.

Nella concezione cristiana, qual è l'importanza della sessualità della persona?

La sessualità, nella concezione cristiana, ha una grande importanza dal punto di vista sia antropologico sia teologico.

■ La dimensione antropologica della sessualità: nella Fede cristiana;

• è l'umanità sessuata che è dichiarata esplicitamente « immagine di Dio »;

• la sessualità caratterizza l'uomo e la donna non solo sul piano fisico, ma anche su quello psicologico e spirituale, improntando ogni loro espressione;

• essa è una componente fondamentale della personalità, un suo modo di essere, di manifestarsi, di comunicare con gli altri, di sentire, di esprimere e di vivere l'amore umano;

• viene affermato il carattere sponsale del corpo, in cui si iscrive la mascolinità e la femminilità della persona.

■ La dimensione teologica della sessualità:

• la distinzione uomo-donna è voluta e creata da Dio: « Dio creò l'uomo a sua immagine, ad immagine di Dio lo creò, maschio e femmina li creò » (*Gn* 1, 26-27);

• la relazione tra l'uomo e la donna è buona, ma è stata ferita dal peccato, ha bisogno pertanto di essere guarita: e Cristo lo può e lo vuole fare.

Quali sono gli aspetti negativi, oggi, nella relazione tra la donna e l'uomo?

■ Ecco alcune negatività che si rilevano oggi nella relazione tra l'uomo e la donna:

• subordinazione, che fa venir meno il rispetto e la collaborazione vicendevole;

• antagonismo, rivalità tra loro;

• atteggiamento di contestazione;

• contrapposizione, diffidente e difensiva;

• cancellazione delle differenze tra l'uomo e la donna, a cominciare da quelle biologico-sessuali, considerate come semplici effetti di un condizionamento storico-culturale.

■ Tali negatività non possono tuttavia essere generalizzate, e comunque possono e devono essere superate.

Quali conseguenze produce l'oscurarsi di questa differenza o dualità dei sessi?

■ Produce, a diversi livelli, conseguenze enormi, come ad esempio:

• la messa in questione della famiglia, la cui natura fondamentale è bi-parentale, e cioè composta di padre e di madre;

• l'equiparazione dell'omosessualità all'eterosessualità;

• un modello nuovo di sessualità polimorfa;

• libertà per ogni persona di modellarsi a suo piacimento, nell'uso sia della sessualità che del matrimonio;

• ininfluenza del fatto che il Figlio di Dio abbia assunto la natura umana nella sua forma maschile.

■ In particolare, il non riconoscere la differenza sessuale tra l'uomo e la donna può portare perfino al rifiuto delle Sacre Scritture, che trasmetterebbero una concezione patriarcale di Dio, alimentata da una cultura essenzialmente maschilista.

In che cosa consiste l'originalità della donna, secondo la visione cristiana?

La donna conserva l'intuizione profonda che il meglio della sua vita è fatto di attività orientate al risveglio dell'altro, alla sua crescita, alla sua protezione. Indica la capacità fondamentalmente di ogni essere umano di vivere per l'altro e grazie all'altro. La promozione della donna all'interno della società, pertanto, deve essere compresa e voluta come una umanizzazione della persona umana, uomo o donna che sia, e della società stessa, realizzata attraverso quei valori riscoperti grazie alle donne.

Come si esprime tale intuizione?

Questa intuizione è collegata alla capacità fisica della donna di dare la vita. Vissuta o potenziale, tale capacità è una realtà che struttura la personalità femminile in profondità.

La capacità biologica di dare la vita che cosa consente alla donna?

■ Le consente di acquisire molto presto maturità, senso della gravità della vita e delle responsabilità che essa implica.

■ Sviluppa in lei il senso ed il rispetto del concreto, che si oppone ad astrazioni spesso letali per l'esistenza degli individui e della società.

■ È la donna, infine, che, anche nelle situazioni più disperate – e la storia passata e presente ne è testimone – possiede una capacità unica di resistere nelle avversità, di rendere la vita ancora possibile pur in situazioni estreme, di conservare un senso tenace del futuro e, da ultimo, di ricordare con le lacrime il prezzo di ogni vita umana.

La donna va considerata soltanto sotto il profilo della procreazione biologica?

No certamente! La stessa esistenza della vocazione cristiana alla verginità contesta radicalmente la pretesa di rinchiudere le donne in un destino che sarebbe semplicemente biologico.

Quale relazione esiste tra maternità fisica e verginità?

Esiste una relazione di complementarità. Come la verginità riceve dalla maternità fisica il richiamo che non esiste vocazione cristiana se non nel dono concreto di sé all'altro, parimenti la maternità fisica riceve dalla verginità il richiamo alla sua dimensione fondamentalmente spirituale: non è accontentandosi di dare la vita fisica che si genera veramente l'altro. Ciò significa che la maternità può trovare forme di realizzazione piena anche laddove non c'è generazione fisica.

Papa Giovanni Paolo II *parla di genio della donna. Che cosa implica tale peculiarità, nella vita della società?*

■ L'espressione « genio femminile », che Giovanni Paolo II attribuisce alla donna, indica la capacità della donna di « vedere lontano », « intuire », « vedere con gli occhi del cuore ».

■ Implica inoltre che la donna sia presente attivamente e anche con fermezza nella famiglia, società primordiale e, in un certo senso, sovrana, ove la persona impara ad essere amata ed amare, essere rispettata e rispettare, conoscere e amare Dio. Tornerà ad onore della società rendere possibile alla madre di dedicarsi alla cura e all'educazione dei figli secondo i bisogni differenziati della loro età. E ciò senza ostacolarne la libertà, senza discriminazione psicologica o pratica, senza penalizzazione nei confronti delle sue compagne.

■ Implica anche che le donne siano presenti nel mondo del lavoro e dell'organizzazione sociale e che abbiano accesso a posti di responsabilità che offrano loro la possibilità di ispirare le politiche delle nazioni e di promuovere soluzioni innovative ai problemi economici e sociali.

Come armonizzare famiglia e lavoro per la donna?

■ Il problema non è solo giuridico, economico ed organizzativo. È innanzitutto un problema di mentalità, di cultura e di rispetto.

■ Ciò comporta:

• una legislazione e organizzazione del lavoro in armonia con le esigenze della missione della donna all'interno della famiglia;

• una giusta valorizzazione del lavoro svolto dalla donna nella famiglia. Il lavoro casalingo, « a cominciare da quello della madre, proprio perché finalizzato e dedicato al servizio della qualità della vita, costituisce un tipo di attività lavorativa eminentemente personale e personalizzante, che deve essere socialmente riconosciuta e valorizzata, anche mediante un corrispettivo economico almeno pari a quello di altri lavori » (*Compendio della Dottrina Sociale della Chiesa*, n. 250);

• il rispetto delle caratteristiche delle donne che sono diverse da quelle dell'uomo;

• la presenza delle donne nel mondo del lavoro e dell'organizzazione sociale e politica.

Qual è il ruolo della donna nella vita della Chiesa?

■ Le donne sono chiamate ad essere modelli e testimoni insostituibili per tutti i cristiani di come la Sposa (la Chiesa) deve rispondere con l'amore all'amore dello Sposo (Cristo Signore).

■ La figura della Vergine Maria costituisce nella Chiesa il riferimento fondamentale, quale modello di atteggiamenti, i quali, pur tipici di ogni battezzato, di fatto sono caratteristici della donna, che li vive con particolare intensità e naturalezza.

Quali sono gli atteggiamenti in cui Maria è modello?

■ Maria è modello:

• nell'ascoltare e nell'accogliere la Parola di Dio;

• nel rendere lode e grazie a Dio, per tutti i benefici (cfr. 'Magnificat');

• nel riconoscere l'infinita umiltà di Dio, che si fa uomo nel suo Figlio, che va a morire in croce per la salvezza dell'umanità.

■ Maria, non solo è modello, ma è anche colei che intercede presso Dio, perché ogni persona umana possa assomigliare sempre più, nella santità di vita, al suo diletto Figlio Gesù.

Chi è il più grande davanti a Dio?

Chi imita maggiormente Cristo! E dunque chi è più Santo, è anche il più grande in terra e in Cielo! E questo è il miglior traguardo sia per la donna sia per l'uomo, senza distinzione.

NB: Per approfondire l'argomento, si legga:

CONGREGAZIONE PER LA DOTTRINA DELLA FEDE, *Lettera ai Vescovi della Chiesa Cattolica sulla collaborazione dell'uomo e della donna nella Chiesa e nel mondo*, 2004.

XXXII
QUALE AMORE?

Vengono qui presentati alcuni punti principali dell'Enciclica di PAPA BENEDETTO XVI, *Deus caritas est.*

Che cosa la gente pensa circa l'amore?

■ VIRGILIO giustamente afferma nelle Bucoliche: « L'amore vince tutto (*omnia vincit amor*) », e aggiunge: *« Et nos cedamus amori »* cediamo anche noi all'amore.

■ DANTE, nella sua « Divina Commedia », afferma che è « l'amor che move il sole e l'altre stelle » (*Paradiso*, XXXIII, v. 145). In Dante, luce e amore sono una sola cosa: sono la primordiale potenza creatrice che muove l'universo.

■ Il termine amore è oggi diventato una delle parole più usate ed anche abusate, alla quale annettiamo accezioni del tutto differenti: si parla di amor di Patria, di amore per la professione, di amore tra amici, di amore per il lavoro, di amore tra genitori e figli, tra fratelli e familiari, dell'amore per il prossimo e dell'amore per Dio.

■ Pur avendo significati e interpretazioni molteplici e diverse:

• la parola amore è « una parola primordiale, espressione della realtà primordiale; non si può semplicemente abbandonarla, ma si deve riprenderla, purificarla e riportarla al suo splendore originario, perché possa illuminare la vita umana e portarla sulla retta via »;

• l'amore tra uomo e donna emerge come archetipo di amore per eccellenza, al cui confronto, a prima vista, tutti gli altri tipi di amore sbiadiscono. Al realizzarsi di tale amore, corpo e anima concorrono inscindibilmente, e all'essere umano si schiude una promessa di felicità che sembra irresistibile.

Quali obiezioni circa l'amore vengono poste alla Chiesa?

■ Qualcuno obbietta: La Chiesa

• con i suoi Comandamenti e divieti non rende forse amara la cosa più bella della vita, e cioè l'amore?

• Non condanna forse l'« eros » (l'amore d'attrazione) per accettare unicamente l'« agape » (l'amore di dedizione disinteressata)?

• Non è avversaria della corporeità, sessualità umana?

• Non presenta un messaggio, quello dell'amore, che risulta oggi essere inattuale e inefficace?

Viviamo infatti in un'epoca nella quale:

– l'ostilità e l'avidità sembrano diventate superpotenze;

– si assiste all'apoteosi dell'odio e della vendetta, giungendo ad associare ad essi talvolta il nome di Dio stesso.

■ A tali obiezioni, il Papa risponde nelle varie pagine dell'Enciclica, sviluppando il tema dell'amore.

Da dove scaturisce l'amore?

Nella concezione cristiana, l'amore proviene da Dio, anzi Dio stesso è l'Amore: l'Amore è il Suo modus *existendi.* « Dio è Amore; chi sta nell'amore dimora in Dio e Dio dimora in lui » (*1 Gv* 4,16). Dire che « Dio è Amore » equivale ad affermare che Dio ama.

Quali sono le dimensioni dell'amore?

L'« amore » ha tre dimensioni, manifestazioni: *eros, philia, agape (caritas).*

*Quali sono le caratteristiche dell'*eros*?*

■ L'*eros* ha queste principali caratteristiche:

- significa l'amore « mondano »;
- è come radicato nella natura stessa dell'uomo;
- nella Bibbia, ha la sua origine nella bontà del Creatore;
- vuole sollevarci « in estasi » verso il Divino, condurci al di là di noi stessi;
- può essere degradato a puro « sesso », merce, una semplice « cosa » che si può comprare e vendere. In tal caso:

  – si ha una degradazione del corpo umano, il quale non è più integrato nel tutto della libertà della nostra esistenza, non è più espressione viva della totalità del nostro essere, ma viene come respinto nel campo puramente biologico;

– l'uomo stesso diventa merce, è privato della sua dignità, disumanizzato.

■ L'*eros* richiede un cammino di ascesa, di rinunce, di purificazioni e di guarigioni. Ha bisogno di disciplina, di purificazione per donare all'uomo non il piacere di un istante, ma un certo pregustamento del vertice dell'esistenza, di quella beatitudine a cui tutto il nostro essere tende.

■ Solo così l'*eros* può trasformarsi in *agape*: in tal modo l'amore per l'altro non cerca più se stesso, ma diventa preoccupazione per l'altro, disposizione al sacrificio per lui e apertura anche al dono di una nuova vita umana.

Che cosa si intende per philia*?*

Per *philia* si intende l'amore di amicizia. Esso viene ripreso e approfondito nel Vangelo di Giovanni per esprimere il rapporto tra Gesù e i suoi discepoli.

Quali caratteristiche ha l'amore inteso come agape (caritas)*?*

L'amore inteso come *agape*:

• è un amore ablativo: l'amore diventa cura dell'altro e per l'altro. Non cerca più se stesso, l'immersione nell'ebbrezza della felicità; cerca invece il bene dell'amato: diventa rinuncia, è pronto al sacrificio, anzi lo cerca. La felicità dell'altro diventa più importante della mia. Allora non si vuole più solo prendere, ma donare, e proprio in questa liberazione dall'io l'uomo trova se stesso e diviene colmo di gioia;

• è «estasi», non nel senso di un momento di ebbrezza, ma *estasi* come cammino, come esodo permanente dall'io chiuso in se stesso verso la sua liberazione nel dono di sé, e proprio così verso il ritrovamento di sé, anzi verso la scoperta di Dio: «Chi cercherà di salvare la propria vita la perderà, chi invece la perde la salverà» (*Lc* 17, 33), dice Gesù;

• non è soltanto un sentimento. I sentimenti vanno e vengono. È anche sentimento, ma non solo: coinvolge tutte le dimensioni e le manifestazioni della persona. L'amore coinvolge anche la volontà e l'intelligenza. Con la sua parola, Dio si rivolge alla nostra intelligenza, alla nostra volontà e al nostro sentimento di modo che possiamo imparare ad amarlo «con tutto il cuore e tutta l'anima»;

• ricerca la definitività, e ciò in un duplice senso: nel senso dell'esclusività («solo quest'unica persona»), e nel senso del «per sempre». L'amore comprende la totalità dell'esistenza in ogni sua dimensione, anche in quella del tempo. Non potrebbe essere diversamente, perché la sua promessa mira al definitivo: l'amore mira all'eternità;

• non è qualcosa di estraneo, posto accanto o addirittura contro l'*eros*, ma *eros* e *agape* sono uniti tra loro.

Come eros *e* agape *sono uniti tra loro?*

■ L'« amore » è un'unica realtà, seppur con diverse dimensioni; di volta in volta, l'una o l'altra dimensione può emergere maggiormente. In realtà *eros* e *agape* non si lasciano mai separare completamente l'uno dall'altro. *Eros* e *agape* non si oppongono, ma si armonizzano tra di loro. Esigono di non essere mai separati completamente l'uno dall'altra, anzi quanto più ambedue, pur in dimensioni diverse, trovano il loro giusto equilibrio, tanto più si realizza la vera natura dell'amore.

■ Anche se l'*eros* inizialmente è soprattutto bramoso, ascendente – fascinazione per la grande promessa di felicità – nell'avvicinarsi poi all'altro si porrà sempre meno domande su di sé, cercherà sempre di più la felicità dell'altro, si preoccuperà sempre di più di lui, si donerà e desidererà « esserci per » l'altro. Così il momento dell'*agape* si inserisce in esso; altrimenti l'*eros* decade e perde anche la sua stessa natura. D'altra parte, l'uomo non può neanche vivere esclusivamente nell'amore oblativo, discendente. Non può sempre soltanto donare, deve anche ricevere. Chi vuol donare amore, deve egli stesso riceverlo in dono.

■ I Padri della Chiesa hanno visto simboleggiata, nella narrazione della scala di Giacobbe, questa connessione inscindibile tra ascesa e discesa, tra l'*eros* che cerca Dio e l'*agape* che trasmette il dono ricevuto (cfr. *Gn* 28, 12; *Gv* 1, 51).

■ L'amore dunque, che inizialmente appare soprattutto come *eros* tra uomo e donna, deve poi interiormente trasformarsi in *agape*, in dono di sé all'altro, e ciò proprio per rispondere alla vera natura dell'*eros*.

■ Nel matrimonio monogamico, che corrisponde all'immagine del Dio monoteistico, rifulge l'incontro dell'*eros* con l'*agape*. Il matrimonio basato su un amore esclusivo e definitivo diventa l'icona del rapporto di Dio con il suo popolo e viceversa: il modo di amare di Dio diventa la misura dell'amore umano. Questo stretto nesso tra *eros*, *agape* e matrimonio nella Bibbia quasi non trova paralleli nella letteratura al di fuori di essa.

*Quale posto occupa l'*agape* nel cristianesimo?*

È il fondamento e il centro della Fede cristiana. Infatti:

■ Dio crea tutto per amore.

■ L'uomo soprattutto è creato da Dio-Amore, è creato per amare, ed è creato con la capacità di amare. Dire che si è creati ad immagine di Dio, vuol dire che assomigliamo a Dio nell'amore.

■ Dio ama gratuitamente l'uomo, e lo ama in infiniti modi. Infatti Dio:

- è più intimo a me di quanto lo sia io stesso, mi conosce meglio di quanto io conosca me stesso;
- perdona il peccato dell'uomo;

• gli dona lo Spirito Santo, che è Amore;

• si fa Egli stesso uomo in Gesù Cristo, perché l'uomo diventi figlio di Dio.

■ Gesù Cristo:

• è Colui nel quale Dio ha assunto un volto umano e un cuore umano;

• è l'Amore che si dona fino alla morte: muore e risorge da morte, per salvare l'uomo;

• si fa perfino nostro cibo, nell'Eucaristia: ciò che era lo stare di fronte a Dio diventa ora, attraverso la partecipazione alla donazione di Gesù, partecipazione al suo Corpo e al suo Sangue, diventa unione intima e profonda con Lui;

• mentre ci lega a Lui ci unisce fra noi, costituendoci in una sola grande famiglia: la Chiesa. « Poiché c'è un solo pane, noi, pur essendo molti, siamo un corpo solo: tutti infatti partecipiamo dell'unico pane », dice San Paolo (*1 Cor* 10, 17).

■ L'*agape* nel cristianesimo:

• è la realtà più grande: « Ma di tutte più grande è la carità » (*1 Cor* 13,13). Nella Legge di Mosè sono contemplati ben 613 precetti e divieti. Come discernere, tra tutti questi, il più grande? Gesù risponde prontamente: « Amerai il Signore tuo Dio con tutto il tuo cuore, con tutta la tua anima e con tutta la tua mente. Questo è il grande e primo comandamento (...). Da questi due comandamenti dipendono tutta la legge e i Profeti » (*Mt* 22, 37-38.40);

• « sta all'inizio dell'essere cristiano. Infatti alla base dell'essere cristiano non c'è una decisione etica o una grande idea astratta, bensì l'incontro con un avvenimento, con una Persona, con l'Amore, che dà alla vita un nuovo orizzonte e la giusta, definitiva direzione;

• incide a livello personale, sociale, culturale proponendo uno stile di vita che spezza il cerchio di effimero e di egoistico dentro il quale si è rinchiusi;

• porta a considerare l'uomo sempre come essere uni-duale, nel quale spirito e materia si compenetrano a vicenda, sperimentando proprio così ambedue una nuova nobiltà;

• non annulla le legittime differenze, ma le armonizza in una superiore unità, che non viene imposta dall'esterno, ma che dall'interno dà forma, per così dire, all'insieme;

• fonde insieme l'Amore di Dio e amore del prossimo: nel più piccolo incontriamo Gesù stesso e in Gesù incontriamo Dio. Io amo, in Dio e con Dio, anche la persona che non gradisco o neanche conosco. Egli vuole che noi diventiamo amici dei suoi amici. Nel « culto » stesso, nella Comunione Eucaristica è contenuto l'essere amati e l'amare a propria volta gli altri. Un'Eucaristia che non si traduca in amore concretamente praticato è in se stessa frammentata ».

■ L'uomo può attuare l'*agape*, in quanto:

• è creato ad immagine di Dio-Amore ed è amato da Dio, e dunque ama nella completezza delle sue potenzialità;

• riceve in dono col Battesimo e la Cresima, lo Spirito Santo.

■ «L'*agape* comporta un cammino di crescita che non è mai concluso e completato; si trasforma nel corso della vita, matura e proprio per questo rimane fedele a se stesso. L'amore, infatti, non lo si trova già bello e pronto, ma cresce; per così dire noi possiamo impararlo lentamente in modo che sempre più esso abbracci tutte le nostre forze e ci apra la strada per una vita retta».

■ Alla domanda di Dostoevskij: «Quale bellezza salverà il mondo?», la risposta è: la bellezza dirompente dell'Amore di Dio.

■ Ecco in sintesi alcune caratteristiche dell'*agape* cristiano:

• «la fonte e l'esempio dell'amore di Dio e del prossimo è l'amore di Cristo per suo Padre, per l'umanità e per ogni persona.

• «Dio è amore» (*1 Gv* 4, 16) e «Dio infatti ha tanto amato il mondo da dare il suo Figlio unigenito, perché chiunque crede in lui non muoia, ma abbia la vita eterna» (*Gv* 3, 16).

• L'amore di Dio è posto nel cuore dell'uomo per mezzo dello Spirito Santo.

• È Dio che per primo ci ama permettendoci in tal modo di amarlo a nostra volta.

• L'amore non danneggia il prossimo nostro, piuttosto cerca di fare all'altro ciò che vorremmo fosse fatto a noi (cfr. *1 Cor* 13, 4-7).

• L'amore è il fondamento e la somma di tutti i comandamenti (cfr. *Gal* 5, 14).

• L'amore del prossimo non si può separare dall'amore di Dio, perché è un'espressione del nostro amore verso Dio. Questo è il nuovo comandamento « che vi amiate gli uni gli altri, come io vi ho amati » (*Gv* 15, 12).

• Radicato nell'amore sacrificale di Cristo, l'amore cristiano perdona e non esclude alcuno. Quindi include anche i propri nemici. Non dovrebbero essere solo parole, ma fatti (cfr. *1 Gv* 4, 18). Questo è il segno della sua autenticità » ((*Dichiarazione finale del primo Seminario del Forum cattolico-musulmano,* 6 novembre 2008).

Si può comandare l'amore?

« Siccome Dio ci ha amati per primo (cfr. *1 Gv* 4,10), l'amore adesso non è più solo un « Comandamento », ma è la risposta al dono dell'amore, col quale Dio ci viene incontro. Il « Comandamento » dell'amore diventa possibile solo perché non è soltanto esigenza: l'amore può essere « comandato », perché prima è donato.

L'amore non si può comandare. Dio non ci ordina un sentimento, ma ci fa sperimentare il suo amore. E da questo, come risposta, può spuntare l'amore anche in noi. Nel cristianesimo l'amore non è un'imposizione, ma una proposizione, un esempio.

Un dono si può cogliere, oppure respingere. Ma la grandezza di Cristo è: Io sono per chi mi vuole.

Il dare presuppone pertanto l'acquisire: ciò che ci consente di amare è il fatto che siamo stati amati. Il nostro amare è la risposta al dono dell'amore con cui Dio ci viene incontro. Come un bimbo da adulto saprà amare se da piccolo è stato amato dalla madre e dal padre, così l'uomo sa donare perché ha prima preso, ha sperimentato l'amore di Dio ».

È veramente possibile amare Dio pur non vedendolo?

■ « In effetti, nessuno ha mai visto Dio così come Egli è in se stesso. E tuttavia Dio non è per noi totalmente invisibile, non è rimasto per noi semplicemente inaccessibile. Dio ci ha amati per primo, dice la Lettera di Giovanni (cfr. 4, 10) e questo amore di Dio è apparso in mezzo a noi, si è fatto visibile in quanto Egli « ha mandato il suo Figlio unigenito nel mondo, perché noi avessimo la vita per Lui » (*1 Gv* 4, 9). Dio si è fatto visibile: in Gesù noi possiamo vedere il Padre (cfr. *Gv* 14, 9).

■ Possiamo amare Dio, dato che Egli non è rimasto in una distanza irraggiungibile, ma è entrato ed entra nella nostra vita. Viene verso di noi, verso ciascuno di noi:

• con la sua Parola, contenuta nella S. Scrittura;

• nei Sacramenti attraverso i quali opera nella nostra esistenza, specialmente nell'Eucaristia;

• nella liturgia della Chiesa, nella sua preghiera;

• nella comunità viva dei credenti: in essa noi sperimentiamo l'amore di Dio, percepiamo la sua presenza e impariamo in questo modo anche a riconoscerla nel nostro quotidiano;

• nell'incontro con il nostro prossimo, in particolare con persone, che sono da Lui toccate e trasmettono la sua luce;

• negli avvenimenti attraverso i quali Egli interviene nella nostra vita;

• nei segni della creazione, che ci ha donato.

■ Dio non ci ha solo offerto l'amore, bensì lo ha vissuto per primo e pienamente, e bussa in tanti modi al nostro cuore per suscitare il nostro amore di risposta».

La Fede *diminuisce la capacità di amare dell'uomo?*

No affatto. Anzi la potenzia: la Fede ci educa ad amare al di là dei limiti che la storia, la cultura, la politica, il carattere impongono nel rapporto con gli altri. Grazie alla Fede si impara a guardare l'altra persona non più soltanto con i propri occhi e con i propri sentimenti, ma secondo la prospettiva di Gesù Cristo. Ogni credente in Cristo può amare meglio e di più.

Chi va verso Dio non si allontana dagli uomini, ma si rende invece ad essi veramente vicino.

Quale modello abbiamo di agape*?*

■ È Gesù Cristo il modello per eccellenza.

«Egli infatti è l'Amore incarnato di Dio. In Lui l'*eros-agape* raggiunge la sua forma più radicale. Nella morte in croce, Gesù, donandosi per rialzare e salvare l'uomo, esprime l'amore nella forma più sublime, in quanto si compie quel volgersi di Dio contro se stesso nel quale Egli si dona per rialzare l'uomo e salvarlo.

■ A questo atto di offerta Gesù ha assicurato una presenza duratura attraverso l'istituzione dell'Eucaristia, in cui sotto le specie del pane e del vino dona se stesso come nuova manna che ci unisce a Lui. Partecipando all'Eucaristia, anche noi veniamo coinvolti nella dinamica della sua donazione. Ci uniamo a Lui e allo stesso tempo ci uniamo a tutti gli altri ai quali Egli si dona; diventiamo così tutti «un solo corpo». In tal modo amore per Dio e amore per il prossimo sono veramente fusi insieme».

Perché la Chiesa attua il servizio di carità?

■ «Il servizio di carità appartiene all'essenza della Chiesa, come il servizio dei Sacramenti e il servizio dell'annuncio del Vangelo. Questi tre servizi si presuppongono a vicenda e non possono essere separati l'uno dall'altro.

■ La Chiesa non può mai essere dispensata dall'esercizio della carità come attività organizzata di credenti e, d'altra parte, non ci sarà mai una situazione nella quale non occorra la carità di ciascun singolo cristiano, perché l'uomo, al di là della giustizia, avrà sempre bisogno dell'amore.

■ L'organizzazione ecclesiale della carità non è una forma di assistenza sociale che s'aggiunge casualmente alla realtà della Chiesa, un'iniziativa che si potrebbe lasciare anche ad altri. Essa fa parte invece della natura della Chiesa. Come al Logos divino corrisponde l'annuncio umano, la parola della Fede, così all'*Agape*, che è Dio, deve corrispondere l'*agape* della Chiesa, la sua attività caritativa.

■ L'amore del prossimo è compito di ogni fedele, come anche dell'intera comunità ecclesiale a tutti i livelli: comunità locale (parrocchia), Chiesa particolare (diocesi), Chiesa universale. L'atto totalmente personale dell'*agape* non può mai restare una cosa solamente individuale, ma deve invece diventare anche un atto essenziale della Chiesa come comunità: abbisogna cioè anche della forma istituzionale che s'esprime nell'agire comunitario della Chiesa.

■ La coscienza di tale compito caritativo ha avuto rilevanza costitutiva nella Chiesa fin dai suoi inizi (cfr. *At* 2, 44-45) e ben presto si è manifestata anche la necessità di una certa organizzazione quale presupposto per un suo più efficace adempimento. Così nella struttura fondamentale della Chiesa emerse la « diaconia » come servizio dell'amore verso il prossimo, esercitato comunitariamente e in modo ordinato, un servizio concreto, ma al contempo anche spirituale (cfr. *At* 6, 1-6). Con il progressivo diffondersi della Chiesa, questo esercizio della carità si confermò come uno dei suoi ambiti essenziali ».

L'attività caritativa della Chiesa è contraria alla giustizia?

■ «Fin dal secolo XIX, contro l'attività caritativa della Chiesa è stata sollevata un'obiezione fondamentale: essa sarebbe in contrapposizione – s'è detto – con la giustizia e finirebbe per agire come sistema di conservazione dello status quo. Con il compimento di singole opere di carità la Chiesa favorirebbe il mantenimento del sistema ingiusto in atto, rendendolo in qualche modo sopportabile e frenando così la ribellione e il potenziale rivolgimento verso un mondo migliore».

■ Volendo rispondere a tale obiezione, occorre dire che:

- bisogna operare costantemente perché ognuno abbia il necessario e nessuno soffra di miseria;
- l'egoismo di singole persone, di gruppi, di Stati è sempre in agguato, e pertanto contro di esso occorre costantemente lottare;
- al di là della giustizia, l'uomo avrà sempre bisogno di amore, che solo dà un'anima alla giustizia.

La Chiesa non può lasciare questo servizio alle altre organizzazioni filantropiche?

La risposta è: no, la Chiesa non lo può fare. «Essa deve praticare l'amore per il prossimo anche come comunità, altrimenti annuncia il Dio dell'amore in modo incompleto e insufficiente. L'impegno caritativo ha un senso che va ben oltre la semplice filantropia. È Dio stesso che ci spinge nel nostro intimo ad alleviare la miseria. Così, in definitiva, è Lui stesso che noi portiamo nel mondo sofferente. Quanto più consapevolmente e chiaramente lo portiamo come dono, tanto più efficacemente il nostro amore cambierà il mondo e risveglierà la speranza, una speranza che va al di là della morte» (BENEDETTO XVI, *Lettera ai lettori di Famiglia cristiana*, febbraio 2006).

Quali caratteristiche ha l'attività caritativa della Chiesa?

L'attività caritativa della Chiesa, per esser autentica ed efficace:

- salvaguarda la propria identità: essa, infatti, «oltre al primo significato molto concreto dell'aiutare il prossimo, possiede essenzialmente anche quello del comunicare agli altri l'amore di Dio, che noi stessi abbiamo ricevuto. Essa deve rendere in qualche modo visibile il Dio vivente. [...] Dio e Cristo nell'organizzazione caritativa non devono essere parole estranee; esse in realtà indicano la fonte originaria della carità ecclesiale. La forza della *Caritas* dipende dalla forza della Fede di tutti i membri e collaboratori». L'attività caritativa della Chiesa non deve pertanto diluirsi in un'organizzazione assistenziale generica;

- si basa, oltre che sulla competenza professionale, «sull'esperienza di un incontro personale con Cristo, il cui amore ha toccato il cuore del credente suscitando in lui l'amore per il prossimo. Il programma del cristiano è il programma di Gesù: un cuore che vede. Questo cuore vede dove c'è bisogno di amore e agisce in modo conseguente»;

- ha come *Magna Carta* l'inno alla carità di San Paolo (cfr. *1 Cor* 13s), che fa evitare il rischio di degradare in puro attivismo;

- s'accompagna necessariamente alla preghiera. «Il contatto vivo con Cristo evita che l'esperienza della smisuratezza del bisogno e dei limiti del proprio operare possano, da un lato, spingere l'operatore nell'ideologia che pretende di fare ora quello che Dio, a quanto pare, non consegue o, dall'altro lato, diventare tentazione a cedere all'inerzia e alla rassegnazione. Chi prega non spreca il suo tempo, anche se la situazione sembra spingere unicamente all'azione, né pretende di cambiare o di correggere i piani di Dio, ma cerca – sull'esempio di Maria e dei Santi – di attingere in Dio la luce e la forza dell'amore che vince ogni oscurità ed egoismo presenti nel mondo»;

- si attua in comunione con i Vescovi: senza tale legame, le grandi agenzie ecclesiali di carità potrebbero essere minacciate, in pratica, di dissociarsi dalla Chiesa e identificarsi come organismi non governativi, come una qualunque comune organizzazione assistenziale: in tali casi, la loro filosofia non si distinguerebbe dalla Croce Rossa o dalle agenzie dell'ONU;

- è indipendente da partiti ed ideologie. L'attività caritativa della Chiesa « non è un mezzo per cambiare il mondo in modo ideologico e non sta al servizio di strategie mondane, ma è attualizzazione qui ed ora dell'amore, di cui l'uomo ha sempre bisogno »;

- coltiva una collaborazione fruttuosa con le molteplici organizzazioni caritative e filantropiche, con le strutture dello Stato e le associazioni umanitarie che assecondano in vari modi la solidarietà espressa dalla società civile. « Attraverso le sue numerose istituzioni e iniziative la Chiesa, cerca spesso di provvedere alle necessità immediate, ma è allo Stato che spetta di legiferare per sradicare le ingiustizie » (BENEDETTO XVI, *Discorso a Parigi-Eliseo*, 12 settembre 2008)

- evita di fare proselitismo. « L'amore è gratuito; non viene esercitato per raggiungere altri scopi. Ma questo non significa che l'azione caritativa debba, per così dire, lasciare Dio e Cristo da parte. Il cristiano sa quando è tempo di parlare di Dio e quando è giusto tacere di Lui e lasciar parlare solamente l'amore. Egli sa che Dio è Amore e si rende presente proprio nei momenti in cui nient'altro viene fatto fuorché amare ».

NB: Per approfondire l'argomento, si legga l'Enciclica di Papa BENEDETTO XVI, *Deus caritas est*, LEV, 2006.

XXXIII
SESSUALITÀ UMANA: COME VIVERLA IN CASTITÀ?

Qual è l'importanza umana della sessualità?

■ Già sul piano umano, è molto importante la sessualità nella persona. Infatti:

- la sessualità si pone nella linea dell'*essere* della persona, è una sua conformazione strutturale, caratterizza il suo essere, e lo attualizza nella dimensione relazionale verso l'altro: essere *con e per* l'altro;
- il sesso costituisce un carattere naturale e biologico, e non un'opzione culturale, non è cioè una 'libera' scelta di ciascuna persona; essenziale è l'ancoraggio anzitutto biologico della differenziazione sessuale, il quale non è un limite, ma piuttosto fonte di significato. Se l'identità sessuale fosse definita solo dalla cultura, sarebbe suscettibile di essere trasformata a piacere, secondo il desiderio individuale o le influenze storiche e sociali;
- l'uomo e la donna sono per costituzione rivolti l'uno all'altro: l'alterità e l'originalità consentono la reciprocità e l'integrazione;
- l'indole sessuata dell'essere umano e la facoltà umana di generare « sono meravigliosamente superiori a quanto avviene negli stadi inferiori della vita » (*GS* 51);

• «la sessualità esercita un'influenza su tutti gli aspetti della persona umana, nell'unità del suo corpo e della sua anima. Essa concerne particolarmente l'affettività, la capacità di amare e di procreare, e, in modo più generale, l'attitudine a intrecciare rapporti di comunione con altri» (*CCC*, 2332);

• la persona umana, a giudizio degli scienziati del nostro tempo, è così profondamente influenzata, in ogni sua espressione, dalla sessualità, che questa deve essere considerata come uno dei fattori che danno alla vita di ciascuno i tratti principali che la distinguono. Dal sesso, infatti, la persona umana deriva le caratteristiche che, sul piano biologico, psicologico e spirituale la fanno uomo o donna, condizionando così grandemente l'iter del suo sviluppo verso la maturità e il suo inserimento nella società;

• la sessualità, con le sue manifestazioni, si colloca all'incrocio tra biologico e psichico, tra natura e cultura, tra identità personale – la cui rilevanza antropologica è enorme – e le sue condizioni naturali e culturali;

• nello stesso tempo, la persona trascende la sua sessualità; quindi, non può lasciarsi imprigionare da essa.

■ La sessualità, pertanto, non è:

• un aspetto accidentale o secondario della personalità;

• una costruzione culturale o sociale;

• un elemento passeggero, transitorio.

■ La sessualità si differenzia nell'uomo (mascolinità) e nella donna (femminilità):

• la differenza tra l'uomo e la donna è un elemento essenziale nella persona, un elemento costitutivo dell'identità personale. L'identità sessuale maschile o femminile, in quanto specificità ontologica dell'individuo, appartiene al carattere unico e irripetibile di una persona umana e la caratterizza nelle sue molteplici dimensioni;

• le differenze sessuali tra uomo e donna, pur manifestandosi certamente con attributi fisici, di fatto trascendono il puramente fisico e toccano il mistero stesso della persona. Ogni persona è definita dalla propria identità sessuale. La persona è maschio o femmina dal suo concepimento e lo è in maniera irreversibile, in quanto il suo genotipo, cioè il complesso dei caratteri genetici di un individuo, si ritrova in tutte le cellule nucleate del suo corpo di uomo o di donna.

Come la Fede cristiana considera la sessualità?

■ La Fede cristiana accoglie e completa tutti gli aspetti positivi che già sul piano umano caratterizzano sessualmente la persona.

■ In particolare la Fede cristiana mette in stretta correlazione la sessualità con una certa concezione e attuazione dell'amore: «Non quello della concupiscenza, che vede solo oggetti con cui soddisfare i propri appetiti, ma quello dell'amicizia e dell'oblatività, in grado di riconoscere e amare le persone per se stesse. È un amore capace di generosità, a somiglianza dell'amore di Dio; si vuol bene all'altro perché lo si riconosce degno di essere amato. È un amore che genera la comunione tra persone, poiché ciascuno considera il bene dell'altro come proprio. È un dono di sé fatto a colui che si ama, in cui si scopre, si attua la propria bontà nella comunione di persone e s'impara il valore di essere amato e di amare» (*VS* 9).

■ Inoltre, nella visione cristiana, l'importanza della sessualità è ancor maggiormente motivata. Infatti:

• la differenza tra i sessi appartiene al modo specifico in cui esiste l'*Imago Dei*: l'essere immagine di Dio si manifesta, sin dall'inizio della storia umana, nella caratterizzazione sessuale: «Dio creò l'uomo a sua immagine; a immagine di Dio lo creò; maschio e femmina li creò» (*Gn* 1,27);

• quando un uomo e una donna uniscono il loro corpo e il loro spirito in un atteggiamento di totale apertura e donazione di sé, formano una nuova immagine di Dio. La loro unione in una sola carne non risponde semplicemente a una necessità biologica, ma all'intenzione del Creatore che li conduce a condividere la felicità di essere fatti a sua immagine;

• la specificità sessuale, nella persona umana, è rafforzata dall'Incarnazione del Verbo. Egli ha assunto la condizione umana nella sua totalità, assumendo un sesso, ma diventando uomo in entrambi i sensi del termine: come membro della comunità umana, e come essere di sesso maschile;

• il cristianesimo valorizza la dimensione corporale umana, in quanto esprime, attraverso la corporeità, i suoi misteri, come quelli dell'Incarnazione e della Risurrezione di Cristo;

• i fedeli sono consapevoli di appartenere al Corpo Mistico di Cristo attraverso la propria persona;

• l'Incarnazione e la Risurrezione di Cristo estendono anche all'eternità l'identità sessuale originaria dell'*Imago Dei.* Il Signore risorto rimane un uomo; la persona santificata e glorificata della Madre di Dio, adesso assunta corporalmente in cielo, continua ad essere una donna.

■ Tale concezione umano-cristiana della sessualità impedisce che:

• le persone *si usino* come si usano le cose. L'oggettivazione e sessualizzazione dell'immagine del corpo umano contribuisce a incoraggiare le persone a trattare gli altri come dei beni di consumo per il loro piacere sessuale;

• vengano separate, tra loro, la procreazione e la sessualità, rifiutando da una parte la contraccezione perché separa la sessualità dalla procreazione, e, dall'altra, l'inseminazione artificiale perché separa la procreazione dalla sessualità;

• la sessualità venga considerata come una dimensione del tutto al di fuori delle norme morali, dove non ci sono in gioco valori o disvalori, ma solamente gusti personali sui quali a nessuno è lecito esprimere giudizi morali. La pretesa di porre la sessualità al di fuori e al di sopra di ogni ordine morale, in una sfera di diritti intangibili, è il frutto di una cultura radicale, di un individualismo estremo in cui i valori diventano il prodotto esclusivo di una erronea concezione della libertà del singolo.

Esiste una superiorità di un sesso rispetto all'altro?

■ La Bibbia non dà alcun adito al concetto di una superiorità naturale di un sesso rispetto all'altro. Nonostante le loro differenze, i due sessi godono di una implicita eguaglianza, di pari dignità:

• «creando l'uomo «maschio e femmina», Dio dona la dignità personale in eguale modo all'uomo e alla donna, arricchendoli dei diritti inalienabili e delle responsabilità che sono proprie della persona umana» (GIOVANNI PAOLO II, *Familiaris consortio* 22). Uomo e donna sono ugualmente creati a immagine di Dio;

• entrambi sono persone, dotate di intelligenza e volontà, capaci di orientare la propria vita con l'esercizio della libertà.

■ Esiste una uguaglianza tra i sessi nella distinzione, reciprocità e complementarità:

• ciascuno realizza in maniera peculiare la propria identità sessuale;

• l'uomo e la donna hanno bisogno l'uno dell'altra per raggiungere una pienezza di vita.

■ Occorre valorizzare l'originalità e la specificità dell'uomo e della donna nella famiglia, nella società, nella Chiesa.

■ L'originaria amicizia e armonia tra uomo e donna è stata seriamente compromessa dal peccato, come pure la realizzazione della positività del corpo umano.

Qual è la positività del corpo umano?

■ La Fede cristiana ha una concezione positiva del corpo, dovuta al fatto che il corpo:

• è dono di Dio Creatore;

• è stato assunto da Cristo nell'Incarnazione;

• è il mezzo della Redenzione (corpo immolato e risorto del Cristo);

• è tempio dello Spirito Santo;

• è chiamato a risorgere alla fine di questo mondo.

■ La Fede cristiana afferma che l'essere umano:

• non ha anche una corporeità, ma è anche una corporeità;

• è unità di anima e di corpo, quale spirito incarnato;

• è chiamato all'amore come spirito incarnato, cioè anima e corpo nell'unità di persona. L'amore umano abbraccia pure il corpo e il corpo esprime anche l'amore spirituale. La sessualità quindi non è qualcosa di puramente biologico, ma riguarda piuttosto il nucleo intimo della persona. L'uso della sessualità come donazione fisica ha la sua verità e raggiunge il suo pieno significato, quando è espressione della donazione personale dell'uomo e della donna fino alla morte.

■ Nello stesso tempo il cristiano è consapevole che alle origini del mondo c'è stato il *peccato originale*, il quale ha ferito la positività del corpo. E pertanto da allora tale positività è, per la persona, un progetto da realizzare, anche con fatica e rinunce. E tuttavia non è un progetto impossibile, in quanto Cristo è venuto per rendere possibile la realizzazione di tale progetto.

Qual è il progetto del corpo da realizzare?

La coscienza di essere creato da Dio a Sua immagine e somiglianza porta la persona alla consapevolezza di essere *dono* ricevuto da un Altro. Da un tale *essere-dono* deriva l'impegno, il progetto di *dover-essere-dono* con e per l'altro, attraverso il dominio e la donazione di sé. Si attua così la dimensione sponsale del corpo, cioè la capacità di esprimere l'amore: quell'amore appunto nel quale l'uomo-persona diventa dono e – mediante questo dono – attua il senso stesso del suo essere ed esistere.

Come la Chiesa Cattolica valuta la masturbazione?

■ La Chiesa cattolica afferma che « la masturbazione è un atto intrinsecamente e gravemente disordinato. La ragione principale è che qualunque ne sia il motivo, l'uso deliberato della facoltà sessuale, al di fuori dei rapporti coniugali normali, contraddice essenzialmente la sua finalità » (CDF, *Alcune questioni di etica sessuale*, n. 9).

■ Nella masturbazione, « il godimento sessuale vi è ricercato al di fuori della relazione sessuale richiesta dall'ordine morale, quella che realizza, in un contesto di vero amore, l'integro senso della mutua donazione e della procreazione umana.

■ Al fine di formulare un equo giudizio sulla responsabilità morale dei soggetti e per orientare l'azione pastorale, si terrà conto dell'immaturità affettiva, della forza delle abitudini contratte, dello stato d'angoscia o degli altri fattori psichici o sociali che possono attenuare, se non addirittura ridurre al minimo, la colpevolezza morale » (*CCC*, 2352).

Qual è il criterio principale della moralità dell'atto sessuale?

È il rispetto della finalità di questo atto che garantisce la sua onestà morale.

Qual è la finalità dell'atto sessuale?

■ L'atto sessuale ha due significati da realizzare: unitivo e procreativo.

• **Con il significato unitivo**, si evidenzia che nell'atto sessuale:

– sono coinvolte inscindibilmente entrambi le dimensioni personali: quella corporale e quella spirituale. Nel dono del corpo, l'uomo e la donna si riconoscono e si accolgono come donazione e accoglienza, come comunione integrale e definitiva;

– l'uomo e la donna esprimono, in modo esclusivo, il dono reciproco e disinteressato di un certo tipo di amore: quello totale, fedele e indissolubile l'uno per l'altra. Poiché il rapporto sessuale coinvolge tutte le dimensioni della persona (fisiche, psichiche, affettive, spirituali…) coinvolge anche tutte queste caratteristiche dell'amore.

• Nello stesso tempo, **col significato procreativo**, si esprime simultaneamente l'apertura al dono della vita: il figlio, accolto come persona, dono, promessa, compito.

■ Tra i due significati dell'atto sessuale, esiste una connessione inscindibile, che Dio ha voluto e che l'uomo non può rompere di sua iniziativa. Infatti per sua intima struttura, l'atto sessuale, mentre unisce con profondissimo vincolo gli sposi, li rende atti alla generazione di nuove vite, secondo leggi iscritte nell'essere stesso dell'uomo e della donna.

■ « Salvaguardando ambedue questi aspetti essenziali, unitivo e procreativo, l'atto coniugale conserva integralmente il senso del mutuo e vero amore ed il suo ordinamento all'altissima vocazione dell'uomo alla paternità » (*Donum vitae,* n. 4).

Il tentativo di separare l'esercizio della sessualità dalla sua responsabile apertura alla vita, così come quello, simmetricamente antitetico, di sradicare la procreazione umana dal contesto sponsale tra l'uomo e la donna, costituiscono gravissime ferite alla verità dell'amore e alla dignità delle persone.

Perché la Fede cristiana riserva l'atto sessuale solo all'interno del Sacramento del matrimonio?

■ La Fede cristiana riserva l'atto sessuale solo all'interno del Sacramento del matrimonio, perché solo nel matrimonio si possono realizzare pienamente e inscindibilmente i due significati dell'atto sessuale. Al di fuori del matrimonio, l'atto sessuale non realizza o realizza solo parzialmente la ricchezza e bellezza di tali suoi significati.

■ Lo splendore e l'esclusività dell'amore coniugale derivano dalle sue qualità fondamentali: umanità (sensibile e spirituale), libertà, oblatività, totalità, unità, *status* sociale ed ecclesiale, fedeltà, indissolubilità, fecondità, sacramentalità.

■ A questo amore coniugale, e soltanto a questo, appartiene la donazione sessuale, che si realizza, in modo veramente umano, solo se è parte integrante dell'amore con cui l'uomo e la donna si impegnano totalmente l'uno verso l'altra fino alla morte.

■ Per realizzare tale obbiettivo, i coniugi possono contare sulla grazia divina che è propria e specifica del Sacramento del matrimonio. Ma è necessario pure l'impegno personale di ciascuno dei coniugi. Per questo non sempre si realizza tale obbiettivo.

■ Ma quando i due sposi rispettano e perseguono i due significati nel loro rapporto coniugale, essi:

- lodano e ringraziano Dio;
- lo benedicono;
- manifestano e incarnano l'amore disinteressato, fedele e indissolubile di Dio;
- si santificano a vicenda;
- fanno crescere nella santità la propria famiglia, la Chiesa e l'umanità.

■ Gli atti sessuali, quando compiuti all'interno del sacramento del matrimonio rispettando i significati unitivo e procreativo, sono un riflesso dell'amore trinitario: « Dio, che è amore e vita, ha inscritto nell'uomo e nella donna la vocazione a una partecipazione speciale al suo mistero di comunione personale e alla sua opera di Creatore e di Padre » (CONGREGAZIONE PER LA DOTTRINA DELLA FEDE, Istr. *Donum vitae*, Introduzione, 3).

Quale importanza ha l'astenersi dall'atto sessuale fuori dal matrimonio, e talvolta anche nel matrimonio?

■ È importante non tanto nel suo aspetto di rinuncia, di sacrificio, quanto di rispetto della propria sessualità, considerata e vissuta nelle dimensioni e nei valori umano-cristiani sopra descritti.

■ L'astenersi dai rapporti sessuali (continenza), oltre che evitare il rischio di una procreazione indesiderata, può anche:

- essere autentico segno di attenzione, rispetto, amore autentico e pieno dell'altro;
- offrire un servizio terapeutico, e cioè può offrire un valido aiuto a vivere con maggiore dedizione e intensità d'amore l'atto sessuale all'interno del Sacramento del matrimonio. L'attesa può accrescere, purificare e perfezionare il desiderio della mutua donazione e sviluppare una onesta e casta gestualità affettiva coniugale;
- svolgere una funzione propedeutica: essere buon allenamento per rispettare la fedeltà coniugale all'interno del matrimonio, soprattutto durante i periodi di assenza temporanea e/o prolungata del coniuge, o durante i momenti di indisposizione o malattia dell'uno o dell'altro;
- favorire la conoscenza e la padronanza di sé, che conferiscono un più alto valore umano alla stessa persona. Esige sì un continuo sforzo, ma, grazie

al suo benefico influsso, la persona può sviluppare integralmente la propria personalità, arricchendola di valori spirituali: essa apporta frutti di serenità e di pace; agevola la soluzione di altri problemi; favorisce l'attenzione verso l'altro, aiuta a bandire l'egoismo, nemico del vero amore, approfondisce il senso di responsabilità.

«La continenza in verità ci raccoglie e ci riconduce a quell'unità, che abbiamo perduto disperdendoci nel molteplice» (SANT'AGOSTINO, *Confessiones*, 10, 29, 40).

■ Ma se è importante astenersi dall'atto sessuale per i suddetti motivi, è anche importante vivere la sessualità in castità.

Che cos'è la castità?

La castità:

■ È l'affermazione gioiosa di chi sa vivere il dono di sé, libero da ogni schiavitù egoistica; rende armonica la personalità, la fa maturare e la riempie di pace interiore; rende capaci di rispettare gli altri, perché fa vedere in essi persone da venerare in quanto create a immagine di Dio e per la grazia figli di Dio, ricreate da Cristo che «vi ha chiamato dalle tenebre alla sua luce ammirabile» (*1 Pt* 2,9).

■ È come la trasparenza e, ad un tempo, la custodia di un dono ricevuto, prezioso e ricco, quello dell'amore, in vista del dono di sé che si realizza nella vocazione specifica di ognuno. La castità è dunque quella energia spirituale che sa difendere l'amore dai pericoli dell'egoismo e dell'aggressività e sa promuoverlo verso la sua piena realizzazione.

■ Non è solo virtù morale (formata dall'amore), ma parimenti è virtù connessa con i doni dello Spirito Santo, anzitutto con il dono del rispetto di ciò che viene da Dio (*donum pietatis*).

Perché è importante la castità?

Perché essa consente di vivere:

■ La propria dignità di persona in pienezza, coinvolgendo le qualità fisiche-psichiche-affettive, spirito e corpo, in un progetto globale di vita: due in uno, un cuor solo e un'anima sola, una comunione di vita e di amore;

■ la propria sessualità all'interno dell'amore, inteso come gioiosa e reciproca comunione di tutto ciò che si è e si ha, come donazione disinteressata, totale e definitiva di sé all'altro: tutto ciò è l'opposto dell'erotismo contraddistinto dal consumo e dallo scambio;

■ l'autodominio come virtù: «Il dominio di sé è un'*opera di lungo respiro*. Non lo si potrà mai ritenere acquisito una volta per tutte. Suppone un impegno da ricominciare ad ogni età della vita. Lo sforzo richiesto può essere maggiore in certi periodi, quelli, per esempio, in cui si forma la personalità, l'infanzia e l'adolescenza» (*CCC*, 2342);

- l'attesa come momento prezioso di crescita e di realizzazione del vero amore;
- il rapporto col proprio corpo nel suo significato integrale, umano-cristiano;
- l'amicizia pura e vera verso il prossimo come comunione spirituale.

Quali caratteristiche ha la castità?

- Essa va attuata sia nel matrimonio sia nella verginità.
- «Conosce *leggi di crescita*, la quale passa attraverso tappe segnate dall'imperfezione e assai spesso dal peccato. L'uomo virtuoso e casto si costruisce giorno per giorno, con le sue numerose libere scelte: per questo egli conosce, ama e compie il bene morale secondo tappe di crescita» (*CCC*, 2343).
- Richiede un'educazione graduale e integrale della volontà, dei sentimenti, delle emozioni.
- «Rende colui che la pratica un testimone, presso il prossimo, della fedeltà e della tenerezza di Dio. Indica al discepolo come seguire ed imitare Colui che ci ha scelti come suoi amici, si è totalmente donato a noi e ci ha reso partecipi della sua condizione divina. La castità è promessa di immortalità» (*CCC*, 2345-2346).

■ Comporta:

• l'integrità della persona: la persona casta conserva l'integrità delle forze di vita e di amore che sono in lei, mediante anche «la virtù cardinale della temperanza, che mira a far condurre dalla ragione le passioni e gli appetiti della sensibilità» (*CCC*, 2341);

• L'integralità del dono di sé: la persona casta integra la sessualità nella persona. La padronanza di sé è ordinata al dono di sé, è una scuola del dono della persona.

■ Salvaguarda la sessualità dalle sue manipolazioni, la protegge dalla sua banalizzazione e la riscopre come mistero addirittura divino, incontro con l'altro, che è annuncio dell'incontro con Dio.

■ Evita di:

• ridurre la persona a puro strumento, a possesso come se la persona fosse un oggetto;

• cadere in interessi individualistici, egoistici;

• produrre frutti amari di sfruttamento e violenza.

■ La castità *non* è pertanto:

• rifiuto della sessualità;

• disistima dei valori e delle esigenze della sessualità.

Tutti sono chiamati a vivere la castità?

■ Ogni persona è chiamata alla castità, secondo il proprio stato di vita. Le esigenze di questa virtù s'impongono a tutti: ai giovani, alle coppie sposate, ai singoli, alle persone consacrate.

■ Le modalità di esercizio della castità variano, certo, a seconda dello stato di vita; gli atti legati alla genitalità sono moralmente buoni solo all'interno del matrimonio, nel quale il loro esercizio resta comunque regolato da questa stessa virtù di castità.

■ «La castità deve distinguere le persone nei loro differenti stati di vita: le une nella verginità o nel celibato consacrato, un modo eminente di dedicarsi più facilmente a Dio solo, con cuore indiviso; le altre, nella maniera quale è determinata per tutti dalla legge morale a secondo che siano sposate o celibi. Le persone sposate sono chiamate a vivere la castità coniugale; le altre praticano la castità nella continenza.

■ I *fidanzati* sono chiamati a vivere la castità nella continenza. Messi così alla prova, scopriranno il reciproco rispetto, si alleneranno alla fedeltà e alla speranza di riceversi l'un l'altro da Dio. Riserveranno al tempo del matrimonio le manifestazioni di tenerezza proprie dell'amore coniugale. Si aiuteranno vicendevolmente a crescere nella castità» (*CCC*, 2349 -2350).

■ La tradizionc cristiana ha sempre affermato il valore della verginità e del celibato, che promuovono rapporti di casta amicizia tra persone, e nel contempo sono segno della realizzazione escatologica di tutto l'amore creato nell'amore increato della Beata Trinità.

È facile vivere la castità?

La fedeltà alle esigenze di una vita casta può essere difficile e richiedere sacrifici. Ma difficile non vuol dire impossibile. La castità è frutto:

- della grazia di Dio: «Essa è anche un dono di Dio, una *grazia*, un frutto dello Spirito. Lo Spirito Santo dona di imitare la purezza di Cristo a colui che è stato rigenerato dall'acqua del Battesimo» (*CCC*, 2345);

- dell'impegno personale: chi ricorre con fiducia alla preghiera e ai Sacramenti può lottare vittoriosamente contro le tentazioni, e le vittorie che riporta sono fonte di gioia spirituale;

- dello sforzo culturale, che tutta la società deve mettere in atto. È vero che, nella nostra civiltà erotizzata, molte sirene insinuano che resistere a pulsioni considerate irresistibili può provocare squilibri psichici. Ma ciò significa non vedere quanto la persona possa crescere assumendo coraggiosamente le sue responsabilità e dominando le proprie spinte istintive. Già la ragione filosofica lo intuisce; alla luce della Fede, poi, questa lotta della libertà prende una nuova dimensione.

Come educare alla castità?

- Educare alla castità comporta:
  - un impegno educativo alla sessualità che parte dalla più tenera età, attraverso i genitori in un primo

momento e gli educatori in seguito, sostenendo la crescita della persona con il dialogo personalizzato, l'esempio e la preghiera. L'informazione-educazione sessuale:

– va sempre collocata nel contesto dell'educazione all'amore;

– deve essere sempre positiva e prudente, chiara e delicata;

– è diritto e dovere di ogni genitore; la scuola o ogni presidio educativo hanno la funzione della sussidiarietà cooperando con loro;

• un'offerta di percorsi di educazione all'amore e all'affettività, rivolti ai genitori, ai formatori, ai figli. La Chiesa cattolica sostiene che l'educazione sessuale, diritto e dovere fondamentale dei genitori, deve attuarsi sempre sotto la loro guida sollecita, sia in casa sia nei centri educativi da essi scelti e controllati. In questo senso la Chiesa ribadisce la legge della sussidiarietà, che la scuola è tenuta ad osservare quando coopera all'educazione sessuale, collocandosi nello spirito stesso che anima i genitori;

• il rispetto dei diritti della persona, in particolare quello di ricevere un'informazione ed un'educazione che rispettino le dimensioni morali e spirituali della vita umana;

• una corretta gestione della sessualità, riguardo all'affettività, all'amore, alla sessualità, per vedere come, in una prospettiva di Fede, questo 'mondo di passioni' possa essere conciliato e vissuto, in modo maturo, da uomini e donne;

• un aiuto ai giovani in modo tale che giungano a darsi risposte, a scoprire le ragioni, i motivi e la gioia di poter assumere nella castità un determinato stile di vita;

• una « educazione dei sensi » che non sia né un assenso scriteriato ad essi, né sinonimo di mortificazione o privazione, quanto piuttosto tentativo di far emergere il meglio dal proprio corpo, attraverso una certa disciplina, o controllo di sé: controllo critico, intellettivo, volitivo fatto dalla scala di valori della persona;

• *la purezza del pensiero, dell'intenzione e dello sguardo*, mediante la disciplina dei sentimenti e dell'immaginazione, e mediante il rifiuto di ogni compiacenza nei pensieri impuri;

• l'educazione anche a *tutte le altre virtù* umane e cristiane e, in modo particolare, all'*amore cristiano* che è caratterizzato dal rispetto, dall'altruismo e dal servizio e che in definitiva è chiamato *carità;*

• il rifiuto dell'« esaltazione del corpo », tipica della « morale laica », con cui si trovano a fare i conti gli adolescenti e i giovani, sommersi da messaggi e immagini di un corpo giovane, bello, desiderabile, che non invecchia, pronto a godere nelle modalità più svariate, che può essere costantemente rinnovato in palestra, beauty center, interventi di chirurgia estetica;

• una purificazione dell'ambiente sociale, liberandolo dal diffuso erotismo, dalla curiosità morbosa, dalla permissività dei costumi.

■ Nella *Risoluzione* del Parlamento Europeo «sulla salute e i diritti sessuali e riproduttivi (*génésiques*)» (approvata in data 3 luglio 2002) ci sono (unite ad affermazioni negative o discutibili) affermazioni positive, quali: la necessità di un'educazione sessuale da proporre in modo differenziato (art. 16), secondo l'età e la diversa struttura sessuale delle ragazze e dei ragazzi, e il carattere «olistico e positivo, prestando attenzione agli aspetti psico-sociali e biomedici e basandosi sul mutuo rispetto e sul senso reciproco di responsabilità» (art. 17).

■ Occorre in particolare educare al pudore.

Perché è necessario il pudore?

■ «La purezza esige il *pudore*. Esso è una parte integrante della temperanza. Il pudore preserva l'intimità della persona. Consiste nel rifiuto di svelare ciò che deve rimanere nascosto. È ordinato alla castità, di cui esprime la delicatezza. Regola gli sguardi e i gesti in conformità alla dignità delle persone e della loro unione.

■ Il pudore custodisce il mistero delle persone e del loro amore. Suggerisce la pazienza e la moderazione nella relazione amorosa; richiede che siano rispettate le condizioni del dono e dell'impegno definitivo dell'uomo e della donna tra loro. Il pudore è modestia. Ispira la scelta dell'abbigliamento. Conserva il silenzio o il riserbo là dove traspare il rischio di una curiosità morbosa. Diventa discrezione.

■ Esiste non soltanto un pudore dei sentimenti, ma anche del corpo. Insorge, per esempio, contro l'esposizione del corpo umano in funzione di una curiosità morbosa in certe pubblicità, o contro la sollecitazione di certi massmedia a spingersi troppo in là nella rivelazione di confidenze intime. Il pudore detta un modo di vivere che consente di resistere alle suggestioni della moda e alle pressioni delle ideologie dominanti.

■ Le forme che il pudore assume variano da una cultura all'altra. Dovunque, tuttavia, esso appare come il presentimento di una dignità spirituale propria dell'uomo. Nasce con il risveglio della coscienza del soggetto. Insegnare il pudore ai fanciulli e agli adolescenti è risvegliare in essi il rispetto della persona umana» (*CCC*, 2521-2554).

■ Il pudore comporta il rispetto dell'*intimità*: se un bambino o un giovane vede che si rispetta la sua giusta intimità, allora saprà che ci si aspetta che anch'egli dimostri lo stesso atteggiamento nei confronti degli altri. In questo modo, egli impara a coltivare il proprio senso di responsabilità di fronte a Dio, sviluppando la sua vita interiore e il gusto della libertà personale, che lo rendono capace di amare meglio Dio e gli altri.

■ Perché non esporre all'altrui vista, le parti intime-sessuali del proprio corpo?

Per vari motivi complementari:

per rispettare il diritto alla propria intimità, il proprio diritto alla privacy;

per fare dono della propria intimità sessuale soltanto alla persona con la quale si decide di condividere, per sempre, tutto se stessi: cuore, mente, anima, corpo;

per rispettare il comune senso del pudore, legato a quella determinata cultura o luogo;

per tutelare in particolare i minori, e quanti si potrebbero sentire offesi da un certo modo di vestire;

per non creare, nel prossimo, eventuali situazioni di imbarazzo, nonché occasioni di peccato.

NB: Per approfondire l'argomento, si leggano i seguenti documenti pontifici:

CATECHISMO DELLA CHIESA CATTOLICA (*CCC*), nn. 2331-2400;

Compendio del CCC, nn. 487-502;

CONGREGAZIONE PER LA DOTTRINA DELLA FEDE, Dichiarazione *Persona humana*, 1975; *Alcune questioni di etica sessuale*, 1976;

COMMISSIONE TEOLOGICA INTERNAZIONALE, *Comunione e servizio, la persona umana creata a immagine di Dio*, 2004, nn. 32-39, 2004;

PONTIFICIO CONSIGLIO PER LA FAMIGLIA, *Sessualità umana: verità e significato*, 1995 (*VS*).

XXXIV
DONNA E UOMO FIDANZATI: RAPPORTI SESSUALI SÌ O NO?

Due premesse:

1. La risposta a questa domanda dipende dal valore-significato che si attribuisce all'atto sessuale. In questa scheda, tale valore lo esprimo con quella dimensione che chiamo personalistica.

2. Qui si intende la relazione seria tra « ragazzo » e « ragazza », nella prospettiva di un eventuale matrimonio. Pertanto in questa scheda, non si prendono in considerazione « i rapporti sessuali occasionali con chi capita », ma solo gli eventuali rapporti intimi tra fidanzati che siano onestamente impegnati nel loro itinerario verso il matrimonio.

Quando il rapporto sessuale attua la sua pienezza di valore e di significato?

Quando attua la dimensione personalistica, la quale si ha quando il rapporto sessuale tra un uomo e una donna:

- esprime un certo tipo di amore: quello disinteressato, totale, fedele e indissolubile dell'uno per l'altra (significato unitivo). Proprio perché il rapporto sessuale coinvolge tutte le dimensioni della persona (fisiche, psichiche, affettive, spirituali..., corpo e anima nella loro unità duale), esso coinvolge anche tutte queste caratteristiche dell'amore.

Nell'atto sessuale, per essere autentico e completo nel suo valore e significato, l'uomo e la donna si riconoscono e si accolgono come donazione, accoglienza, comunione integrale e definitiva di vita e di amore (cfr. scheda: *Come vivere la sessualità...*);

- rispetta l'apertura alla vita (significato procreativo), che esso (atto sessuale) ha di per se stesso. E pertanto viene evitata ogni azione contraccettiva (cfr. scheda: *Paternità-maternità umana...*);

- si realizza in un contesto di libera scelta e condivisa maturità psico-affettiva;

- si attua in uno stato di vita stabile, definitivo, che è accolto e riconosciuto ufficialmente dalla:

  • Comunità civile: col matrimonio civile (non si dimentichi che il matrimonio e la famiglia sono la cellula fondamentale e centrale della società, elemento fondamentale del bene comune di ogni società, risorsa straordinaria e determinante della coesione sociale, vero pilastro portante per l'avvenire dell'umanità)

  • Comunità religiosa: per il cristiano nel sacramento del Matrimonio (cfr. Scheda: *Matrimonio e famiglia nella Fede cristiana*).

Dove si fonda tale dimensione personalistica?

Essa si fonda su tre pilastri complementari:

■ Sull'esperienza umana: ci sono alcune persone che nel passato hanno vissuto tale dimensione personalistica dell'atto sessuale, nel presente la vivono, per il futuro s'impegnano ad attuarla. Queste persone sono molte, sono poche ? Poco importa. Il fatto che qualcuno abbia vissuto o viva una tale esperienza, questo dimostra che è possibile che anche altri la vivano;

■ sulla riflessione razionale:

• circa la natura e la dignità della persona umana (cfr. Scheda: *Sono ad immagine di Dio…*);

• circa la visione positiva della sessualità umana (cfr. Scheda: *Come vivere la sessualità…*);

■ sulla Fede cristiana, la quale purifica, illumina, completa la riflessione razionale (cfr. Scheda: *Scienza/ragione e Fede*).

A quali condizioni è possibile concretamente realizzare tale dimensione personalistica?

■ Ad alcune indispensabili e complementari condizioni. In particolare sono indispensabili:

• una seria e positiva educazione all'amore, che ha il suo inizio e fulcro nell'ambiente familiare;

• uno sviluppo armonico e integrale della persona verso la sua maturazione psicologica, in vista della sua piena maturità affettiva e spirituale;

• un'assunzione libera e consapevole delle proprie responsabilità;

• lo sviluppo di alcune doti: dominio e dono di sé (un dono non è un prestito); rispetto e accoglienza dell'altro per quello che egli è, più che per quello che ha o dà;

• un cammino serio di crescita per far sì che l'istinto sessuale si trasformi in desiderio responsabile, e questo diventi amore vero;

• un'integrazione armonica tra i « valori umani » e i « contenuti cristiani » del matrimonio;

• una riscoperta del valore-virtù della castità.

■ Per il cristiano fondamentale è anche un uso consapevole delle varie forme di aiuto che offre la Fede cristiana; e inoltre il fiducioso ricorso, di fronte ai propri errori e peccati, al pentimento e all'amore misericordioso di Dio Padre.

Quali effetti derivano da tale concezione personalistica dell'atto sessuale?

■ Va anzitutto rilevato che tale visione personalistica nasce da una concezione molto positiva, bella, grande, alta della sessualità.

È anzitutto e prima di tutto un SI a tale modo di considerare il sesso e la persona.

E pertanto il no che la dimensione personalistica dice ai rapporti pre-matrimoniali non nasce:

- da una visione negativa della sessualità (proibizionismo);
- da un suo rifiuto;
- da una sua paura (sessuofobia).

■ Realizza alcuni importanti valori e obbiettivi, quali:

- Rispetta la dignità e l'integrità della persona. Quando invece nell'atto sessuale la persona ricerca principalmente o solamente il proprio piacere, riduce se stessa e l'altra (anche se si è inconsapevoli e/o consenzienti) ad oggetto-cosa-strumento-luogo di appropriazione, un usa e getta, contraddicendo così la dignità della persona stessa, e della stessa sessualità che non è un bene di consumo o una fonte di gratificazione fine a se stessa;
- evita di banalizzare l'atto sessuale, il che avviene quando lo si riduce alla sola dimensione fisica e sensuale, appiattendolo sulla genitalità e svuotandolo del suo significato più autentico e completo che è appunto «quello di esprimere e di attuare una comunione di amore totale, definitivo e pubblicamente riconosciuto che si può avere solo con il matrimonio e che va costruito attraverso un lungo e paziente tirocinio» (CEI, *Evangelizzazione e sacramento del matrimonio*, n. 77);

• rifugge da ogni forma di pressione, ricatto, violenza, rispettando i tempi e la volontà dell'altro;

• consente di rimanere casti, di conservarsi integri per fare, in modo unico ed esclusivo, dono totale di sè a colui o colei che verrà scelto e ricevuto un giorno come sposo o come sposa;

• stimola a vivere il tempo del fidanzamento come cammino ampio e articolato, come occasione di verifica e approfondimento della reciproca maturazione umana e cristiana; come momento privilegiato di grazia, di crescita nella Fede, di preghiera e di partecipazione alla vita liturgica della Chiesa, di esperienza vissuta della carità cristiana;

• prepara quell'amore totale e fecondo tipico dell'esistenza coniugale. Saper aspettare, evitando i rapporti sessuali, fa maturare i fidanzati «nella reciproca conoscenza e nell'assimilazione vicendevole della personalità; li guida nello sviluppo di una affettività delicata e profonda; li rende capaci di dominio sull'istintività egoistica, nel rispetto della dignità personale; li fa attenti a riservare solo al domani il dono totale di sé, perché unicamente nel matrimonio esso raggiunge la pienezza del suo significato» (CEI, *Evangelizzazione e sacramento del matrimonio,* n. 76);

• consente di concentrarsi, con la calma e la serietà necessarie, sulle problematiche, che saranno poi proprie della vita matrimoniale: da quelle psicologiche circa la vita di relazione e di coppia a quelle giuridiche circa la comunione o separazione dei beni e circa i diritti e i doveri della vita matrimoniale; da quelle medico-biologiche connesse con la dimensione sessuale della vita di coppia e con la trasmissione della vita a quelle riguardanti la paternità e maternità responsabile e la conoscenza dei metodi naturali di regolazione della fertilità; da quelle riguardanti la dignità e la bellezza del matrimonio e della famiglia cristiana, a quelle concernenti i retti metodi di educazione dei figli e una ordinata conduzione della famiglia (lavoro stabile, sufficiente disponibilità finanziaria, saggia amministrazione, nozioni di economia domestica...) (cfr. *Familiaris consortio*, n. 66);

• rispetta anche la morale sessuale cristiana, evitando di commettere peccati sessuali in pensieri, discorsi, atti. Infatti per i battezzati, i rapporti prematrimoniali «costituiscono l'uso disordinato di una sessualità umana che il Salvatore ha voluto porre in riferimento al suo stesso amore e al suo Regno»: essi non sono e non possono essere un segno vero di quell'amore nuovo che Gesù dona agli sposi con il sacramento del matrimonio; sono piuttosto una sua contraffazione (cfr. CDF, *Persona humana*, n. 7).

Che cosa rispondere a chi obbietta: «Se ci si vuol bene, perché non esprimerlo con l'atto sessuale»?

Si risponde dicendo che:

■ Occorre subito chiarire che cosa vuol dire *volersi bene*. Ci sono infatti vari livelli e modi di attuare questo volersi bene.

Se si intende:

• il *volersi bene*, come lo concepisce la dimensione personalistica, e cioè come una donazione totale, definitiva, esclusiva, sancita ufficialmente (socialmente) e per il cristiano anche sacramentalmente; dunque un *volersi bene*, nel quale si attua un donare e un ricevere tutto se stessi e per sempre; un voler dire all'altro: *sono pronto a dare la mia vita per te, ora e per sempre...*

• e l'atto sessuale come modo di esprimere questo tipo e livello di *volersi bene*,

• allora si comprende come il *volersi bene* sia qualcosa di veramente grande e l'atto sessuale sia pienamente giustificato se e quando esprime tutto questo. Se non esprime tutto questo, l'atto sessuale rimane incompleto, è e resta «prematuro» (CDF, *Persona humana*, n. 7), in un certo senso è bugiardo, non-veritiero, anche se da un punto di vista fisico-fisiologico è completo, e anche se sotto l'aspetto psicologico risulta appagante.

■ È necessario poi tener presente che compiere l'atto sessuale senza questo tipo di *volersi bene* può facilmente indurre in errore le persone. Infatti:

- L'intenso piacere psicologico che talvolta si prova, può indurre a pensare erroneamente che ci sia una perfetta e totale intesa fra le due persone coinvolte, eludendo o minimizzando le differenze esistenti in altri essenziali livelli di conoscenza e di relazione (carattere, interessi, ideali, gerarchia di valori, impostazione e visione di vita, personale e coniugale-familiare, generazione ed educazione dei figli ...), dispensando quindi le persone dal ricercare un dialogo-verifica-confronto-intesa su tali livelli;
- qualora poi, in caso contrario, l'atto sessuale comporti un senso di delusione, tristezza, amarezza, tutto questo può indurre a pensare di non essere fatti l'uno per l'altro, di essere incompatibili, non adatti a una vita matrimoniale...; quando invece è forse soltanto questione di impazienza per aver bruciato le tappe, di carenza di conoscenza, di mancanza di un vero e pieno volersi bene...elementi questi che se presenti porterebbero senz'altro anche a un migliore affiatamento sessuale.

In che senso l'atto sessuale pre-matrimoniale costituisce:

Un furto nei confronti della persona?

La persona, che compie un atto sessuale pre-matrimoniale, priva se stesso e l'altro coniuge (attuale o futuro) del diritto della priorità ed esclusività di fare e ricevere in dono l'atto sessuale, nella pienezza del suo valore e significato (per il cristiano perfino con la benedizione e santificazione divina sacramentale!). In tal modo entrambe le persone sono vittime di un grave furto, venendo defraudati di tali essenziali aspetti nella propria dimensione sessuale.

Quanto sarebbe bello, giusto e doveroso, e insieme gratificante e appagante, poter far dono del proprio primo atto sessuale a colui o a colei che si ama pienamente e si sposa per sempre!

Un ostacolo alla vera e piena conoscenza dell'altro?

L'atto sessuale pre-matrimoniale:

- ostacola la vera e piena conoscenza reciproca, inducendo l'illusione di conoscersi a fondo, perché si raggiunge una sufficiente o anche buona intesa sessuale;
- fa sottovalutare il fatto che l'armonia sessuale di una coppia dipende, in realtà, soprattutto dalla qualità dell'amore, dalla capacità di essere dono con e per l'altro, e non principalmente dall'accordo fisico-sessuale;

• distoglie dal perseguire altri valori del fidanzamento, come pure altri modi capaci di esprimere la tenerezza e la comunicazione di coppia;

• non aiuta a costruire salutari relazioni, ma piuttosto incoraggia ad avere *flirt*;

Un limite alla propria e altrui libertà?

L'atto pre-matrimoniale impegna in un qualche modo l'uno con l'altro, l'uno per e verso l'altro. Ora l'esperienza insegna che:

• ove ci sono stati rapporti sessuali risulta più difficile rimettere in questione la propria scelta o troncare una relazione; si può essere meno liberi nell'instaurare una nuova, definitiva e positiva relazione, in particolare tanto più si avvicina il momento del 'fatidico sì' del giorno del matrimonio;

• il rapporto sessuale viene attuato talvolta in un contesto di non-libertà, anzi come forma di vero e proprio ricatto: non « concedendosi » si teme di essere rifiutati dal proprio partner (« se non lo faccio, lui/lei mi lascerà »);

• i rapporti sessuali fanno

– talvolta nascere l'esigenza di vivere insieme, accelerando bruscamente o bruciando le altre indispensabili tappe che richiede un 'buon vivere insieme';

– altre volte ritardano la decisione del matrimonio, facendo apparire come appagante e sufficiente la condivisione sessuale;

• inoltre, quando si è rimasti scottati, delusi da uno o più rapporti sessuali, si possono riportare conseguenze psicologico-affettive che rendono molto difficile la relazione sessuale successiva;

• se a questo s'aggiunge il rischio di eventuali gravidanze, non previste e molte volte non gradite....si comprende come la libertà propria e altrui (non solo dell'altro coniuge, ma anche e soprattutto dell'indifeso nascituro, in particolare in caso di aborto) venga gravemente minata e limitata.

Il rapporto pre-matrimoniale non rappresenta un vero «esperimento» di matrimonio?

No, perché la realtà e la vita matrimoniale è ben diversa dal tempo del fidanzamento. La convivenza stessa non è una prova di matrimonio, poiché avviene al di fuori di una decisione che comporti l'esclusività, la stabilità definitiva, la responsabilità di una vita altrui per tutta la vita senza possibilità di ritorno e in uno stato di vita riconosciuto e accolto dalla comunità civile e molte volte religiosa: realtà queste a cui soltanto il matrimonio impegna.

L'esperienza del resto insegna che anche periodi più o meno lunghi di convivenza non hanno sempre condotto a scelte matrimoniali, e non sempre anche a matrimoni veri e duraturi.

Quali rilievi conclusivi si possono trarre da quanto soprascritto?

Mi permetto di trarre due conclusioni:

- Non è dimostrato che i rapporti sessuali pre-matrimoniali costituiscano una reale preparazione, una positiva propedeutica al matrimonio, anzi, alla luce della dimensione personalistica sopra descritta, sono anti-matrimoniali, in quanto lo defraudano, lo impoveriscono, talvolta addirittura lo impediscono o lo distruggono.

- I motivi, che sono stati sopra-addotti a sostegno di tale affermazione e che hanno il loro fulcro nella dimensione personalistica del rapporto sessuale, possono essere ben compresi e condivisi anche da chi non è cristiano, in quanto, come si è visto, non fanno leva principalmente su argomentazioni e motivazioni dedotte dalla Fede cristiana. Pertanto anche un non-cristiano le può benissimo comprendere e anche condividere: basta semplicemente un buon uso delle proprie capacità razionali.

NB: Per approfondire l'argomento, si possono leggere i seguenti documenti:

Catechismo della Chiesa Cattolica (*CCC*), nn. 2331-2400;

Compendio del CCC, nn. 487-502;

CONGREGAZIONE PER LA DOTTRINA DELLA FEDE, Dichiarazione *Persona humana*, 1975; *Alcune questioni di etica sessuale*, 1976;

COMMISSIONE TEOLOGICA INTERNAZIONALE, *Comunione e servizio, la persona umana creata a immagine di Dio*, 2004, nn. 32-39, 2004;

PONTIFICIO CONSIGLIO PER LA FAMIGLIA, *Sessualità umana: verità e significato*, 1995 (VS);

CONFERENZA EPISCOPALE ITALIANA (CEI), *Direttorio di Pastorale familiare per la Chiesa in Italia*;

Le seguenti schede catechistiche, presenti in questo volume:

- *Donna-uomo: qual è la loro relazione secondo la Chiesa Cattolica?*
- *Sono ad immagine di Dio: che cosa significa e comporta?*
- *Quale amore?*
- *Come vivere la sessualità in castità?*
- *Qual è la concezione del matrimonio e della famiglia nella Fede cristiana?*
- *Convivenza: sono da legalizzare?*
- *Paternità-maternità umane: come si attuano, in modo responsabile nel matrimonio-famiglia?*

XXXV
MATRIMONIO E FAMIGLIA:
QUAL È LA LORO CONCEZIONE NELLA FEDE CRISTIANA?

Che cos'è il matrimonio?

È quella speciale comunione di vita e d'amore tra un uomo e una donna, in cui si attuano particolari proprietà e finalità.

Quali sono le proprietà e finalità del matrimonio?

■ Sono varie e complementari:

• la reciproca donazione personale, propria ed esclusiva del marito e della moglie;

• l'etero-sessualità che porta alla complementarità interpersonale;

• l'unità;

• la fedeltà;

• l'indissolubilità;

• la fecondità;

• il bene dei coniugi (mutuo aiuto, rispetto, armonia, assistenza...);

• l'educazione dei figli;

• l'apertura e l'impegno verso la comunità cristiana e sociale.

- Tali proprietà e finalità sono rilevanti già sul piano umano, a maggior ragione lo sono nella vita cristiana, ove il matrimonio è Sacramento.

Quale relazione si instaura tra l'uomo e la donna nel matrimonio?

L'uomo e la donna sono uguali in quanto persone e complementari in quanto maschio e femmina. In tal modo si perfezionano a vicenda. La loro unione comprende anche la dimensione sessuale, dove corpo e spirito si uniscono, « così che non sono più due, ma una carne sola » (*Mt* 19,6), e nello stesso tempo collaborano con Dio alla generazione e alla educazione di nuove vite umane.

L'unione matrimoniale, secondo l'originario disegno divino, è indissolubile: « Quello che Dio ha congiunto, l'uomo non lo separi » (*Mt* 19,6).

Dove si fonda tale concezione?

Questa concezione del matrimonio:

- è stata voluta da Dio Creatore, che, all'inizio del mondo, ha creato l'uomo « maschio e femmina » (*Gn* 1,27);
- è evidenziata dalla retta ragione;
- è riconosciuta come tale da tutte le grandi religioni;
- è elevata da Cristo alla dignità di Sacramento;

■ ha come modello la Santa Famiglia di Nazareth, che è il prototipo e l'esemplare di tutte le famiglie cristiane.

Quale rapporto c'è tra matrimonio e famiglia?

La famiglia è la società naturale fondata sul matrimonio tra un uomo e una donna. Pertanto un uomo e una donna, uniti in matrimonio, costituiscono insieme ai loro figli una famiglia. Ognuno di loro è persona uguale in dignità agli altri, pur avendo ciascuno proprie e complementari responsabilità.

Dove si fondano il matrimonio e la famiglia?

« Matrimonio e famiglia non sono una costruzione sociologica casuale, frutto di particolari situazioni storiche ed economiche. Al contrario, la questione del giusto rapporto tra l'uomo e la donna affonda le sue radici dentro l'essenza più profonda dell'essere umano e può trovare la sua risposta soltanto a partire da qui (…). Il matrimonio come istituzione non è quindi una indebita ingerenza della società o dell'autorità, l'imposizione di una forma dal di fuori nella realtà più privata della vita; è invece esigenza intrinseca del patto dell'amore coniugale e della profondità della persona umana ». (BENEDETTO XVI, *Discorso al Convegno della Diocesi di Roma*, 6 giugno 2006).

Qual è il ruolo della famiglia?

■ A livello sociale, essa è:

• un'istituzione naturale, caratterizzata da una unicità irripetibile e insostituibile;

• la cellula fondamentale e centrale della società, esistente prima dello Stato, elemento fondamentale del bene comune di ogni società, risorsa straordinaria e determinante della coesione sociale, vero pilastro portante per l'avvenire dell'umanità; cellula portante, viva della società; cellula intermedia tra l'individuo e lo Stato, e tra le società intermedie e lo Stato;

• il primo ed essenziale livello dell'articolazione sociale;

• la prima società naturale, « un'istituzione divina che sta a fondamento della vita delle persone, come prototipo di ogni ordinamento sociale » (Pont. Consiglio della Giustizia e della Pace, *Compendio della dottrina sociale della Chiesa*, n. 211);

• il luogo primario dell'umanizzazione della persona e della società;

• la sorgente e la risorsa primaria della società e della solidarietà;

• la fondamentale esperienza di comunione e responsabilità umana e sociale;

• l'ambiente di promozione sociale della persona;

• la portatrice di valore storici, sociali ed economici.

■ A livello della persona, la famiglia è:

- l'ambiente della comunione di vita e d'amore della persona;
- la culla della vita e dell'amore;
- il luogo naturale della trasmissione e continuità della vita, di crescita e tutela della persona;
- il focolare nel quale la vita umana nasce e viene accolta generosamente e responsabilmente; l'ambito in cui la persona si educa per la vita, e in cui i genitori, amando con tenerezza i propri figli, li preparano a stabilire sane relazioni interpersonali che incarnino i valori morali e umani;
- la titolare di diritti originari, significativamente riconosciuti, in genere, anche a livello civile;
- la scuola delle virtù umane e cristiane; la palestra di valori umani e civili;
- la comunità di Fede, Speranza e Carità;
- il luogo del primo annuncio e della crescita-testimonianza della Fede cristiana;
- la Chiesa domestica, santuario della vita e della crescita cristiana della persona. Essa è perciò chiamata a vivere e a testimoniare il Vangelo dell'amore, così da presentare e motivare la bellezza dell'insegnamento evangelico sull'amore.

■ «La Santa Sede ha voluto riconoscere una speciale dignità giuridica alla famiglia pubblicando la *Carta dei diritti della famiglia.* Nel Preambolo si legge: «I diritti della persona, anche se espressi come diritti dell'individuo, hanno una fondamentale dimensione sociale, che trova nella famiglia la sua nativa e vitale espressione ». I diritti enunciati nella *Carta* sono espressione ed esplicitazione della legge naturale, iscritta nel cuore dell'essere umano e a lui manifestata dalla ragione. La negazione o anche la restrizione dei diritti della famiglia, oscurando la verità sull'uomo, minaccia gli stessi fondamenti della pace » (BENEDETTO XVI, *Messaggio per la Giornata della Pace*, 1-1-2008).

Che cosa significa che il matrimonio è Sacramento?

■ Significa che il matrimonio:

• affonda le sue radici nel Cuore di Dio Creatore (Cfr. *Gen* 2,24);

• esprime l'amore che circola tra le Persone della Trinità e la fecondità delle loro relazioni (cfr. CONGREGAZIONE PER LA DOTTRINA DELLA FEDE, *Dignitas personae*, n. 9);

• è segno efficace dell'alleanza di Cristo e della Chiesa (cfr. *Ef* 5,32), cioè manifesta ed incarna l'amore sponsale di Cristo per la Chiesa: « Voi mariti amate le vostre mogli, come Cristo ha amato la Chiesa » (*Ef* 5,25), dando la propria vita per essa.

■ Questo significato cristiano non sminuisce, ma conferma e rafforza il valore umano del matrimonio. « Nel disegno di Dio Creatore e Redentore la famiglia scopre non solo la sua "identità", ciò che essa "è", ma anche la sua "missione", ciò che essa può e deve "fare". I compiti, che la famiglia è chiamata da Dio a svolgere nella storia, scaturiscono dal suo stesso essere e ne rappresentano lo sviluppo dinamico ed esistenziale. Ogni famiglia scopre e trova in se stessa l'appello insopprimibile, che definisce ad un tempo la sua dignità e la sua responsabilità: famiglia: "diventa" ciò che "sei"!» (*Familiaris consortio*, n. 17).

Perché l'amore coniugale è indissolubile?

I motivi dell'indissolubilità dell'amore coniugale sono:

- la natura stessa dell'amore coniugale che è totale e fedele;
- il progetto originario di Dio;
- il bene dei figli;
- l'essere 'segno sacramentale' dell'amore indissolubile di Cristo per la Chiesa.

Qual è il significato dell'atto sessuale coniugale?

Esso ha un duplice significato: unitivo (la complementare donazione d'amore, totale e definitiva, del marito e della moglie) e procreativo (l'apertura alla procreazione di una nuova vita).

È morale impedire la procreazione?

- Qualsiasi rapporto sessuale coniugale deve rimanere aperto, di per se stesso, alla trasmissione della vita.

Perciò è intrinsecamente disonesta ogni azione che, in previsione o nel compimento o nello sviluppo delle conseguenze naturali del rapporto coniugale, si proponga, come scopo o come mezzo, di rendere impossibile la procreazione.

■ La contraccezione:

• si oppone gravemente alla castità matrimoniale;

• è contraria al bene della trasmissione della vita (aspetto procreativo del matrimonio) e alla donazione reciproca dei coniugi (aspetto unitivo del matrimonio);

• ferisce il vero amore e nega il ruolo sovrano di Dio nella trasmissione della vita umana.

Come possono gli sposi attuare moralmente la regolazione delle nascite?

Con la continenza periodica e il ricorso ai periodi infecondi della donna.

La testimonianza delle coppie che da anni vivono in armonia con il disegno del Creatore e lecitamente utilizzano, quando ve ne sia la ragione proporzionatamente seria, i metodi giustamente detti « naturali », conferma che gli sposi possono vivere integralmente, di comune accordo e con piena donazione le esigenze della castità e della vita coniugale.

Perché i divorziati risposati non possono accedere alla S. Comunione?

■ Essi non possono accedere alla S. Comunione, in quanto lo impedisce la loro stessa oggettiva situazione di divorziati risposati, essendo gravemente contraria all'insegnamento di Cristo. Non si tratta di nessuna punizione o discriminazione, ma soltanto di fedeltà assoluta alla volontà di Cristo che ci ha ridato e nuovamente affidato l'indissolubilità del matrimonio come dono del Creatore.

■ Per i divorziati risposati, l'accesso alla S. Comunione eucaristica è aperto unicamente dall'assoluzione sacramentale, che può essere data solo a quelli che, pentiti di aver violato l'insegnamento di Cristo, sono sinceramente disposti ad una forma di vita non più in contraddizione con l'indissolubilità del matrimonio. Ciò comporta, in concreto, che quando l'uomo e la donna, per seri motivi - quali, ad esempio, l'educazione dei figli - non possono soddisfare l'obbligo della separazione, assumano l'impegno di vivere in piena continenza, come fratello e sorella, astenendosi dagli atti sessuali coniugali. In tal caso essi possono accedere alla S. Comunione eucaristica, fermo restando tuttavia l'obbligo di evitare lo scandalo (ad esempio ricevendo la S. Comunione in una Chiesa, ove non sono conosciuti).

È facile per gli sposi vivere le esigenze della vita coniugale e familiare?

■ Facile non è, ma neppure impossibile.

Dio non chiede cose impossibili.

Soprattutto a chi glielo chiede, Egli dona la grazia dello Spirito Santo che, liberando gli sposi dalla durezza del cuore, li rende capaci di realizzare compiutamente, seppure gradualmente, le proprietà e le finalità della vita coniugale e familiare. Mediante il dono dello Spirito Santo, gli sposi sono resi partecipi della capacità di amare di Cristo (carità coniugale).

■ Nel cammino verso la santità, il cristiano sperimenta sia l'umana debolezza, sia la benevolenza e la misericordia del Signore. Perciò la chiave di volta dell'esercizio delle virtù cristiane, e perciò anche della castità coniugale, poggia sulla Fede che ci rende consapevoli della misericordia di Dio e sul pentimento che accoglie umilmente il perdono divino.

■ È indispensabile pertanto il frequente e perseverante ricorso alla preghiera, all'Eucaristia e al Sacramento della Riconciliazione.

Il 'carico', proprio degli sposi, non è dolce e leggero in quanto piccolo o insignificante, ma diventa leggero perché il Signore, e insieme con Lui tutta la Chiesa, lo condivide.

Il matrimonio e la famiglia possono essere equiparati ad altro tipo di convivenza?

Assolutamente no. Attesa la natura del matrimonio e della famiglia, bisogna evitare di fare una equiparazione fra famiglia legittima e unioni di fatto, tra famiglia e forme di convivenza non matrimoniali, sia eterosessuali sia omosessuali. Una simile omologazione non trova oltretutto alcun fondamento in un buon ordinamento costituzionale civile.

Che cosa si richiede quando uno degli sposi non è cattolico?

Per essere leciti, i matrimoni *misti* (fra cattolico e battezzato non cattolico) richiedono la licenza dell'autorità ecclesiastica. Quelli con *disparità di culto* (fra cattolico e non battezzato) per essere validi hanno bisogno di una dispensa. In ogni caso, è essenziale che i coniugi non escludano l'accettazione dei fini e delle proprietà essenziali del Matrimonio, e che il coniuge cattolico confermi gli impegni, conosciuti anche dall'altro coniuge, di conservare la fede e di assicurare il Battesimo e l'educazione cattolica dei figli.

Quali sono i compiti della società e dello Stato nei confronti della famiglia?

■ La Società e lo Stato hanno il diritto e il dovere di:

• riconoscere i diritti della famiglia e adottare ogni misura idonea a favorire l'adempimento dei compiti che le competono. «La famiglia ha diritto a tutto il sostegno dello Stato per svolgere appieno la propria peculiare missione» (GIOVANNI PAOLO II, *Messaggio per la Giornata Mondiale della Pace del 1994*, n. 5).

• garantire l'esercizio più ampio dei diritti e dei doveri familiari, anche promuovendo le responsabilità genitoriali;

• favorire la pari dignità delle persone e il superamento degli ostacoli che ne impediscono l'effettiva realizzazione;

• rispettare e promuovere la ricchezza della famiglia come educatrice, formatrice, trasmettitrice dei valori e delle tradizioni, nonché dell'identità culturale e spirituale;

• tutelare l'infanzia e i diritti dei minori e degli anziani, con adeguate misure di sostegno alle giovani coppie, ai nuclei familiari socialmente svantaggiati, a quelli numerosi, tenendo conto anche dei reali bisogni dei coniugi, degli anziani e delle nuove generazioni;

• sostenere la famiglia nell'adempimento della sua funzione sociale ed economica;

• orientare a tal fine le politiche sociali, economiche e finanziarie e di organizzazione dei servizi;

• rispettare il principio di 'sussidiarietà', per cui lo Stato non deve sostituirsi alla famiglia nell'adempimento del suo ruolo e delle sue funzioni, ma semmai in caso di necessità deve aiutarla e sostenerla. Infatti il principio-guida di una vera politica familiare è il principio di sussidiarietà, il quale riconosce alla famiglia il suo protagonismo, la sua qualità di risorsa primaria per la società, un soggetto da promuove e non solo da assistere quando è in difficoltà;

• dare adeguata informazione circa l'accesso alle procedure di adozione.

■ Lo Stato deve anche, con adeguata legislazione, affermare, tutelare e promuovere il matrimonio e la famiglia:

• riservando loro il posto fondamentale, unico ed esclusivo che spetta loro nella società;

• non equiparandoli a nessun altro tipo di unione o convivenza;

• evitando di introdurre nell'ordinamento pubblico altre forme di unione che contribuirebbero a destabilizzare la famiglia, oscurando il suo carattere peculiare e il suo insostituibile ruolo sociale.

■ La stessa Dichiarazione universale dei diritti dell'uomo, in particolare l'articolo 16, sancisce:

• Uomini e donne in età adatta hanno il diritto di sposarsi e di fondare una famiglia, senza alcuna limitazione di razza, cittadinanza o religione. Essi hanno eguali diritti riguardo al matrimonio, durante il matrimonio e all'atto del suo scioglimento;

• il matrimonio potrà essere concluso soltanto con il libero e pieno consenso dei futuri coniugi;

• la famiglia è il nucleo naturale e fondamentale della società e ha diritto ad essere protetta dalla società e dallo Stato.

NB: Per approfondire l'argomento, ecco alcuni documenti pontifici:

CATECHISMO DELLA CHIESA CATTOLICA (*CCC*), nn. 1601-1666; 2331-2400;

Compendio del CCC, nn. 337-350; 487-502;

CONCILIO VATICANO II, *Gaudium et spes*, nn. 47-50;

PONTIFICIO CONSIGLIO PER LA FAMIGLIA, *Carta dei diritti della famiglia*, 22-10-1983;

PAOLO VI, Lettera Enciclica *Humanae vitae*, 1968;

GIOVANNI PAOLO II, Esor. Ap. *Familiaris consortio*, 1982; Lettera Ap. *Mulieris dignitatem*, 1988;

CONGREGAZIONE PER LA DOTTRINA DELLA FEDE, Istr. *Donum vitae*, 1988; *Lettera ai Vescovi della Chiesa Cattolica sulla collaborazione dell'uomo e della donna nella Chiesa e nel mondo*, 2004.

XXXVI
CONVIVENZE, COPPIE-UNIONI DI FATTO: SONO DA LEGALIZZARE?

Il problema:

È necessario, è opportuno riconoscere per legge (legalizzare) le convivenze, le coppie-unioni di fatto? Legalizzarle, indipendentemente dal fatto che i partner siano di sesso diverso o dello stesso sesso? Ammetterle all'adozione? Queste, ed altre domande simili, stanno sempre più crescendo nell'opinione pubblica.

Sono molte le coppie di fatto, in Italia?

In Italia, le coppie di fatto eterosessuali sono certamente in aumento, sebbene restino a livelli assai più contenuti che in altri Paesi, ma la grande maggioranza di loro vive nella previsione di un futuro possibile matrimonio, oppure preferisce restare in una posizione di anonimato e di assenza di vincoli. Secondo alcune attendibili inchieste, tali coppie di fatto sono appena il 4% del totale, e solo il 6% degli italiani ritiene che la loro legalizzazione sia un problema importante. Nei comuni italiani dove sono stati istituiti i registri delle unioni di fatto, e nei Paesi europei dove già esiste la loro legalizzazione, la richiesta di iscriversi è stata davvero irrisoria, cioè interessa pochissimo ai conviventi. Dunque la loro legalizzazione non regolerebbe un imponente fenomeno di costume (che non c'è), ma lo promuoverebbe e incoraggerebbe, creando opzioni alternative alla stessa famiglia, che è e resta una risorsa insostituibile anche per la stessa società.

Quali caratteristiche presentano le convivenze?

■ **Circa la differenziazione sessuale**: ci sono convivenze eterosessuali, e convivenze omosessuali.

■ **Circa la volontà di sposarsi:** ci sono coppie di fatto che **non vogliono** sposarsi; quelle che **non possono** sposarsi; e quelle che **vogliono la legalizzazione della loro convivenza, e** non il matrimonio.

1. Circa le prime, quelle che non vogliono sposarsi: l'intenzione dei conviventi è proprio quella – pur potendolo fare – di non legarsi giuridicamente e non si vede proprio perché la legge dovrebbe far loro la «violenza» di considerarle comunque legate contro la loro volontà.

2. Circa le seconde, le coppie che non possono sposarsi: si dividono a loro volta in due sotto-categorie:

■ La prima è composta da coloro che non possono ancora sposarsi per impedimenti transitori di tipo in genere legale (ad es. per la minore età o perché uno dei partner è in attesa del divorzio, ecc.). Per queste coppie l'offerta della legalizzazione è senza senso: la stessa difficoltà, destinata a risolversi comunque da sola, che preclude loro le nozze precluderebbe loro anche la legalizzazione.

■ La seconda sotto-categoria è composta invece da quelle coppie che vorrebbero sì sposarsi, ma ritengono di non poterlo fare, per difficoltà economiche, e rimandando quindi, a volte *sine die*, il matrimonio. L'autentico modo di venire incontro ai bisogni sociali di queste coppie non è certo quello di offrire loro un «piccolo matrimonio» (secondo l'incisiva e ironica definizione del Card. Ruini), che non risolverebbe alcuna delle difficoltà economiche in questione, ma quello di attivare quelle iniziative sociali a favore della famiglia (ad es. circa i costi degli alloggi, gli asili nido, la gestione degli anziani...), che oltre tutto sarebbero doverose già in base al dettato della nostra Costituzione italiana.

3. Circa le coppie di fatto che vogliono la legalizzazione della loro convivenza:

Prenderemo in esame, in questa scheda, in particolare questo tipo di convivenze.

Che cosa la Chiesa cattolica dice circa le convivenze?

Va anzitutto rilevato che la Chiesa dice **SI** alla persona e alla famiglia:

■ Nei confronti della singola persona, la Chiesa dice **SI**:

• al rispetto di ogni persona, qualunque sia la sua condizione sessuale e la sua scelta di vita affettiva e relazionale. Tale rispetto le è dovuto, proprio in quanto persona, la quale, perché creata a immagine e somiglianza di Dio, precede e trascende la propria sessualità;

• a utili garanzie e tutele giuridiche per la persona che convive, da attuare nell'ambito dei diritti individuali, all'interno della normativa civilistica, senza ipotizzare una nuova figura giuridica;

• a un'accoglienza positiva dei conviventi, mediante iniziative pastorali concrete, attuate da personale preparato e competente.

■ Nei confronti della famiglia, la Chiesa dice **SI**:

• alla famiglia fondata sul matrimonio tra un uomo e una donna. Circa la famiglia, sono tre i caratteri distintivi e imprescindibili: la differenza sessuale, la fedeltà stabile tra i coniugi e l'apertura alla vita. E ciò per natura, cioè da sempre e dovunque, e non per cultura, cioè a seconda delle usanze, delle etnie, delle latitudini e delle mode. La famiglia non è il risultato di una dinamica sociale, non è un prodotto storico, ma è una realtà che viene prima della società e dello stato: la famiglia è la cellula fondamentale e centrale della società, il primo ed essenziale livello dell'articolazione sociale, la sorgente e la risorsa primaria della società stessa. «Il matrimonio come istituzione non è una indebita ingerenza della società o dell'autorità, l'imposizione di una forma dal di fuori nella realtà più privata della vita; è invece esigenza intrinseca del patto dell'amore coniugale e della profondità della persona umana» (BENEDETTO XVI, *Discorso al Convegno della Diocesi di Roma*, 6 giugno 2006);

- a una indispensabile e prioritaria politica familiare, a favore: dei giovani, delle coppie giovani sposate, di una abitazione a prezzo agevolato, delle famiglie povere, della tutela della natalità-fecondità-maternità, dei figli già nati e che nasceranno, degli anziani in famiglia, delle madri lavoratrici in casa e fuori;...
- a un'azione pastorale più incisiva e completa verso la famiglia (pastorale familiare);
- a una testimonianza positiva e gioiosa delle coppie sposate in chiesa, così da offrire un esempio, un modello attraente, appetibile per i giovani fidanzati e per le stesse coppie di fatto.

■ La Chiesa, pertanto, dicendo **SI** alle suddette realtà fondamentali, dice di conseguenza **NO** alla legalizzazione delle unioni di fatto, che è inaccettabile sul piano di principio, e pericolosa sul piano sociale ed educativo. Esaminiamo in particolare i motivi di questo NO.

Perché la Chiesa dice **no** *alla legalizzazione delle unioni di fatto eterosessuali?*

Perché, tale legalizzazione:

- toglie al matrimonio la sua unicità, che sola giustifica i diritti che sono propri dei coniugi e che appartengono soltanto a loro. Estendendo alle coppie di fatto alcuni diritti riservati finora al matrimonio e alla famiglia, si introduce qualcosa di pericolosamente alternativo alla famiglia, che anche dalla Costituzione Italiana è definita come « società fondata sul matrimonio »; è irragionevole pretendere i diritti che discendono dal matrimonio senza contrarlo;

- rende inutili i matrimoni civili: se un uomo e una donna vogliono che il Diritto riconosca la loro unione, lo strumento c'è già, ed è il matrimonio al Comune;

- influisce negativamente sulla mentalità e sul costume sociale. La storia insegna che ogni legge crea mentalità e costume, e questo perché la legge, qualunque legge, è di per se stessa una pedagoga, che induce a pensare che ciò che è legale sia anche morale e dunque cadono le remore etiche;

- rende più comodamente accessibile la convivenza, la quale anzi diventerebbe anche un modello, un invito, un simbolo, un incentivo per i giovani a non assumersi responsabilità. « Quando vengono create nuove forme giuridiche che relativizzano il matrimonio, la rinuncia al legame definitivo ottiene, per così dire, anche un sigillo giuridico. In tal caso il decidersi per chi già fa fatica, diventa ancora più difficile» (BENEDETTO XVI, *Discorso alla Curia Romana*, 22 dicembre 2006);

- è in contraddizione con la natura della convivenza di fatto, la quale ha in sé un principio, quello del rifiuto del vincolo pubblico, in quanto si affida alla sola volontà delle parti di mantenere o risolvere la relazione. Ciò significa un principio di individualismo e soggettivismo totale, per cui il singolo ha per coscienza solo la sua libera scelta e può determinare il rapporto come un mero dato di fatto, che non vuol riconoscere come vera relazione pubblica;

- cela un equivoco radicale e cioè il principio assolutizzante secondo cui è vietato vietare: ciascuno è libero di fare ciò che crede, senza diritto di determinare in alcun modo i comportamenti altrui;

- pone alcune domande fondamentali:

  A quale quadro di valori e di principi ci si riferisce circa la concezione dell'uomo, della donna, della famiglia, della società, del futuro?

  Quali devono essere i criteri di riferimento nel prendere le decisioni in una società democratica: solo il criterio del numero di maggioranza?

  Chi e come valuta l'effettiva durata e continuità della convivenza?

■ crea la possibilità di frodi, abusi, truffe di chi vuole aver benefici e diritti senza avere alcun dovere. Infatti come si può controllare se la relazione sessuale dei conviventi è effettiva o soltanto dichiarata per ottenere il godimento dei diritti che derivano dalla legalizzazione?

■ apre la strada alla legalizzazione delle coppie omosessuali, e perfino al matrimonio omosessuale.

*Perché la Chiesa dice **no** alla legalizzazione delle unioni omosessuali?*

■ Oltre a tutti i motivi sopra-addotti contro la legalizzazione delle coppie di fatto eterosessuali, ci sono ulteriori motivi aggravanti contro la legalizzazione delle unioni omosessuali.

La Chiesa dice **NO** all'unione (e ancor di più al matrimonio) omosessuale, in quanto questa:

1. non riconosce la differenza specifica sessuale, l'originalità oggettiva e rispettiva di ciascun sesso (donna, uomo); relativizza e addirittura contraddice il riconoscimento sia della differenza che della complementarietà tra l'uomo e la donna; non rappresenta una integrazione della complementarietà sessuale. Diventa così uguale il mettersi insieme di un uomo e una donna o di due persone dello stesso sesso. Mentre nella corporeità dell'uomo e della donna c'è scritta una naturale e strutturale differenza e insieme

complementarità in vista della stessa vita affettiva, sessuale dei coniugi;

2. non può dare vita a un figlio, e quindi tra l'altro non può dare quel fondamentale contributo alla società che è la procreazione. Quel contributo senza il quale la società si suicida. Solo la famiglia aperta alla vita può essere considerata vera cellula della società, perché garantisce la continuità e la cura delle generazioni. Il bene della generazione dei figli è la ragione specifica del riconoscimento sociale del matrimonio. È interesse della società e dello Stato che la famiglia sia solida e cresca nel modo più equilibrato possibile.

■ Se le unioni omosessuali venissero legalizzate, ciò significherebbe:

• approvare un comportamento deviante;
• farlo diventare un modello nella società;
• offuscare valori fondamentali, quali il matrimonio e la famiglia;
• incrementare il rischio che una persona con tendenza omosessuale dichiari più facilmente la propria omosessualità o addirittura cerchi un partner allo scopo di sfruttare le disposizioni della legge

■ Il Card. JOSEPH RATZINGER, da Prefetto della Congregazione per la Dottrina della Fede, affermava che « la doverosa reazione alle ingiustizie commesse contro le persone omosessuali non può portare in nessun modo all'affermazione che la condizione omosessuale non sia disordinata. Quando tale affermazione viene accolta e di conseguenza l'attività omosessuale è accettata come buona, oppure quando viene introdotta una legislazione civile per proteggere un comportamento al quale nessuno può rivendicare un qualsiasi diritto, né la chiesa né la società nel suo complesso dovrebbero poi sorprendersi se anche altre opinioni e pratiche distorte guadagnano terreno e se i comportamenti irrazionali e violenti aumentano? » (*Lettera sulla cura pastorale delle persone omossessuali*, 1986).

In che modo la legalizzazione delle convivenze:

1. Crea una grave discriminazione?

■ Essa crea una grave discriminazione in quanto tratta in modo uguale situazioni molto diverse. Esiste infatti una rilevante differenza:

• tra matrimonio e convivenza, che sono realtà molto diverse:

– sul piano oggettivo: esiste una rilevante differenza tra chi si impegna pubblicamente di fronte alla collettività a formare un nucleo familiare, e chi vuole che il proprio legame resti di natura privata;

– sul piano sessuale: esiste una radicale differenza tra la relazione di un uomo e una donna rispetto alla relazione di due persone dello stesso sesso;

– quanto alla durata della relazione: c'è differenza tra l'impegno assunto *ad tempus* (*pro nunc*:

per ora, limitato nel tempo) come fa la convivenza, e l'impegno assunto *pro semper* (per sempre) come avviene nel matrimonio;

– sul piano del rapporto tra diritti e doveri: mentre il matrimonio è fortemente impostato sui doveri, per tutelare il più possibile i soggetti deboli, le nuove forme di convivenza sarebbero centrate maggiormente sui diritti;

– tra convivenze e altre relazioni affettivo-solidaristiche (ad esempio: forme di assistenza reciproca tra anziani o tra religiosi che vivono insieme e si sostengono reciprocamente o tra nonni e nipoti che vivono insieme...): perché mai privilegiare i conviventi? Forse perché le loro relazioni hanno alla base un'unione sessuale? Ma, se conta solo questa, allora bisognerebbe incentivare economicamente anche altre relazioni sessuali, quali ad esempio la poligamia, l'incesto... E poi, perché solo le relazioni tra due persone, non tra tre, quattro o più persone?

■ D'altra parte, concedere uno *status* diverso ai coniugi rispetto ai conviventi non è una discriminazione: la relazione dei coniugi è diversa da quella dei conviventi, perché questi, tra l'altro, non si assumono le responsabilità e gli obblighi a cui i coniugi si impegnano. Non è giusto pretendere diritti senza assumere doveri!

2. Pone gravi problemi sul piano del diritto?

■ La legalizzazione delle convivenze pone gravi problemi sul piano del Diritto, in quanto:

- introduce una nuova fattispecie, poiché i diritti dei conviventi vengono riconosciuti appunto in quanto di conviventi, in quanto cioè la convivenza è considerata giuridicamente rilevante per la società;
- snatura la realtà stessa del Diritto:

– Il Diritto non esiste allo scopo di dare forma giuridica a qualsiasi tipo di convivenza o di fornire riconoscimenti ideologici. Il Diritto ha invece il fine di garantire risposte pubbliche a esigenze sociali che vanno al di là della dimensione privata dell'esistenza.

– Non ogni nostro desiderio o scelta può e deve essere riconosciuto dal Diritto, o addirittura diventare uno *status*. Soprattutto, non è il valore soggettivo di un rapporto interpersonale a determinare il grado di protezione che deve ricevere dall'ordinamento giuridico, ma il suo valore sociale. L'ordinamento non protegge un rapporto solo perché percepito come significativo dai soggetti che vi sono coinvolti, ma perché ad esso riconnette un valore per l'intera società. Per es., l'amicizia, pur essendo una delle cose in assoluto più gratificanti per una persona, e pur potendo essere addirittura più forte e significativa di alcuni convivenze di coppie, per il Diritto non è rilevante.

– Per di più, l'elemento affettivo sfugge all'osservazione del Diritto: come lo si pesa? Con quale criterio si valuta la sua importanza?

– Appare assurdo e contraddittorio che l'ordinamento giuridico riconosca uno status 'di diritto' a conviventi che vogliono rimanerlo solo 'di fatto'.

■ Legalizzare le convivenze comporterebbe notevoli conseguenze in molti settori, come quelli dell'adozione, dell'educazione, dei diritti dei lavoratori, dell'imposizione fiscale e dei sussidi. E le conseguenze per le organizzazioni religiose si riversano direttamente sulle scuole, gli ospedali, gli orfanotrofi e le università che esse gestiscono

■ In ogni caso, il timbro di legalità, apposto variamente, non modifica una cosa ingiusta, rendendola giusta.

Come garantire alcuni diritti alle persone conviventi?

■ Alcuni diritti sono già garantiti, ad esempio:

- la tutela dei figli, nati fuori dal matrimonio, è già garantita sia della Costituzione che dal Diritto di famiglia;
- è già consentita la visita in ospedale o in carcere al convivente di fatto;
- dalla giurisprudenza è già garantita al convivente superstite la permanenza nell'abitazione affittata dal compagno/a defunto/a, purché entrambi stipulino il contratto;

- è vero che il convivente non è erede, ma ciò può avvenire, limitatamente alla quota disponibile, mediante testamento;
- la pensione di reversibilità non spetta al convivente, e questo perché:
  – la Corte Costituzionale (461/2000) ha spiegato che essa non è un diritto umano fondamentale;
  – la sua attribuzione esige una certezza di rapporto, per evitare frodi;
  – è un giusto beneficio e privilegio per il matrimonio, data la sua funzione sociale;
  – l'autonomia privata viene incontro ai conviventi, che possono stipulare polizze assicurative volontarie;
  – la pensione di reversibilità ha un profilo pubblicistico: è un onere che ricade a carico di tutta la collettività, la quale dove troverebbe le risorse per finanziare questa operazione, visto che non riesce ad aumentare adeguatamente neppure le pensioni minime agli anziani?

■ Altri diritti si possono riconoscere comunque ai singoli in quanto singoli, ma non in quanto aventi relazioni di coppia. Se si rivelasse la necessità di allargare la protezione giuridica di singole persone che convivono, si può seguire la strada del diritto comune o quella di modifiche del codice civile, oppure quella di regolamenti amministrativi, o iniziative autonome delle parti, purché si rimanga nell'ambito dei diritti e doveri della persona.

Come deve comportarsi il politico cattolico?

■ Il Papa Benedetto XVI, nella sua recente Esortazione apostolica post-sinodale *Sacramentum Caritatis*, ha affermato: «I politici e i legislatori cattolici, consapevoli della loro grave responsabilità sociale, devono sentirsi particolarmente interpellati dalla loro coscienza, rettamente formata, a presentare e sostenere leggi ispirate ai valori fondati nella natura umana», tra i quali rientra «la famiglia fondata sul matrimonio tra uomo e donna» (n. 83). «I Vescovi – continua il Santo Padre – sono tenuti a richiamare costantemente tali valori; ciò fa parte della loro responsabilità nei confronti del gregge loro affidato» (ivi). Sarebbe quindi incoerente quel cristiano che sostenesse la legalizzazione delle unioni di fatto.

■ Il fedele cristiano è tenuto a formare la propria coscienza confrontandosi seriamente con l'insegnamento del Magistero e pertanto non «può appellarsi al principio del pluralismo e dell'autonomia dei laici in politica, favorendo soluzioni che compromettano o che attenuino la salvaguardia delle esigenze etiche fondamentali per il bene comune della società» (*Nota dottrinale della Congregazione per la Dottrina della* Fede *circa alcune questioni riguardanti l'impegno e il comportamento dei cattolici nella vita politica*, 24 novembre 2002, n. 5).

■ In particolare occorre ricordare l'affermazione precisa della Congregazione per la Dottrina della

Fede, secondo cui, nel caso di « un progetto di legge favorevole al riconoscimento legale delle unioni omosessuali, il parlamentare cattolico ha il dovere morale di esprimere chiaramente e pubblicamente il suo disaccordo e votare contro il progetto di legge » (CONGREGAZIONE PER LA DOTTRINA DELLA FEDE, *Considerazioni circa i progetti di riconoscimento legale delle unioni tra persone omosessuali*, 3 giugno 2003, n. 10).

Perché i vescovi intervengono?

■ I Vescovi hanno il diritto e dovere di essere custodi di una verità e di una sapienza che traggono la loro origine dal Vangelo e che continuano a produrre frutti preziosi di amore, di fedeltà e di servizio agli altri, come testimoniano ogni giorno tante famiglie. E pertanto hanno la responsabilità di illuminare la coscienza dei credenti, perché trovino il modo migliore di incarnare la visione cristiana dell'uomo e della società nell'impegno quotidiano, personale e sociale, e di offrire ragioni valide e condivisibili da tutti a vantaggio del bene comune.

■ La Chiesa da sempre ha a cuore la famiglia e la sostiene con le sue cure, consapevole, insieme con moltissimi altri, anche non credenti, del valore rappresentato dalla famiglia per la crescita delle persone e della società intera, per le quali l'esistenza della famiglia è una risorsa insostituibile. Per questo da sempre chiede che anche il legislatore la promuova e la difenda.

■ «Se ci si dice che la Chiesa non dovrebbe ingerirsi in questi affari, allora noi possiamo solo rispondere: forse che l'uomo non ci interessa? I credenti, in virtù della grande cultura della loro Fede, non hanno forse il diritto di pronunciarsi in tutto questo? Non è piuttosto il loro – il nostro – dovere alzare la voce per difendere l'uomo, quella creatura che, proprio nell'unità inseparabile di corpo e anima, è immagine di Dio?» (BENEDETTO XVI, *Discorso alla Curia Romana*, 22 dicembre 2006).

■ Occorre guardarsi «da quell'atteggiamento pragmatico, oggi largamente diffuso, che giustifica sistematicamente il compromesso sui valori umani essenziali, come se fosse l'inevitabile accettazione di un presunto male minore» (BENEDETTO XVI, *Discorso*, 24 marzo 07).

■ I Vescovi offrono pertanto l'occasione alla coscienza di tutti e in particolare a quanti hanno la responsabilità di fare le leggi, di interrogarsi sulle scelte coerenti da compiere e sulle conseguenze future delle loro decisioni.

■ I Vescovi non hanno interessi politici da affermare; solo sentono il dovere di dare il loro contributo al bene comune, sollecitati oltretutto dalle richieste di tanti cittadini che si rivolgono a loro.

Quale impegno ogni persona deve assumere?

Occorre che ciascuna persona riaffermi, difenda e promuova sempre più l'identità e l'unicità del matrimonio come unione di un uomo e di una donna, con particolari diritti e doveri.

Ha detto molto giustamente BENEDETTO XVI: «Non si tratta qui di norme peculiari della morale cattolica, ma di verità elementari che riguardano la nostra comune umanità: rispettarla è essenziale per il bene della persona e della società. È un grave errore – ha detto BENEDETTO XVI – oscurare il valore e le funzioni della famiglia legittima fondata sul matrimonio, attribuendo ad altre forme di unione impropri riconoscimenti giuridici, dei quali non vi è, in realtà, alcuna effettiva esigenza sociale» (*Discorso ai politici della regione, provincia e comune di Roma*, 12 gennaio 2006).

NB: Per approfondire l'argomento, si leggano i seguenti documenti:

CONCILIO VATICANO II, *Gaudium et spes*, nn. 47-50;
PAOLO VI, Lettera Enciclica *Humanae vitae*, 1968;
GIOVANNI PAOLO II, Esor. Ap. *Familiaris consortio*, 1982; Lettera Ap. *Mulieris dignitatem*, 1988;
BENEDETTO XVI, *Deus caritas est*, LEV, 2006;
CONGREGAZIONE PER LA DOTTRINA DELLA FEDE (CDF):
- *Dichiarazione Persona humana*, 1975;
- *Alcune questioni di etica sessuale*, 1976;

• *Lettera sulla cura pastorale delle persone omosessuali*, 1° ottobre 1986;
• Istr. *Donum vitae*, 1988;
• *Alcune Considerazioni concernenti la risposta a proposte di legge sulla non discriminazione delle persone omosessuali*, 24 luglio 1992;
• *Considerazioni circa i progetti di riconoscimento legale delle unioni tra persone omosessuali*, 3 giugno 2003;
• *Lettera ai Vescovi della Chiesa Cattolica sulla collaborazione dell'uomo e della donna nella Chiesa e nel mondo*, 2004.

CATECHISMO DELLA CHIESA CATTOLICA (*CCC*), nn. 337-350; 487-502 ; 1601-1666; 2331- 2400; 2357-2359, 2396;

Compendio del CCC, nn. 487-502;

CONGREGAZIONE PER L'EDUCAZIONE CATTOLICA, *Istruzione circa i criteri di discernimento vocazionale…*, 4 nov. 2005;

PONTIFICIO CONSIGLIO PER LA FAMIGLIA, *Sessualità umana: verità e significato*, 1995 (VS);

CONFERENZA EPISCOPALE ITALIANA, *Nota del Consiglio Episcopale Permanente a riguardo della famiglia fondata sul matrimonio e di iniziative legislative in materia di unioni di fatto*, 28-3-07;

COMMMISSIONE TEOLOGICA INTERNAZIONALE, *Comunione e servizio, la persona umana creata a immagine di Dio*, 2004, nn. 32-39, 2004;

Si vedano anche altre mie schede catechistiche: *Donna e uomo; Matrimonio e famiglia; Situazioni affettive irregolari; Omosessualità e Chiesa…*

XXXVII
PATERNITÀ-MATERNITÀ UMANE:
COME SI ATTUANO, IN MODO RESPONSABILE, NEL MATRIMONIO-FAMIGLIA?

Quali sono le caratteristiche della paternità-maternità umane?

La procreazione umana:

■ È un fine essenziale del matrimonio tra un uomo e una donna. Infatti l'amore coniugale tende per sua natura ad essere fecondo, avendo l'atto coniugale due significati: il significato unitivo (donazione totale e definitiva dei coniugi tra loro) e il significato procreativo (dono della vita a un nuovo essere umano).

■ Rivela in modo eminente la dignità dell'essere umano, chiamato a farsi interprete della bontà e fecondità che discendono da Dio, il quale attraverso di loro continuamente dilata e arricchisce la famiglia umana.

■ Pur essendo biologicamente simile alla generazione degli altri esseri in natura, ha in sé, in modo essenziale ed esclusivo, una 'somiglianza' con Dio: è una forma peculiare della speciale partecipazione dei coniugi all'opera creatrice di Dio. « Nel compito di trasmettere la vita umana e di educarla, i coniugi sanno di essere cooperatori dell'amore di Dio Creatore e come suoi interpreti» (CONCILIO VATICANO II, Cost. past. *Gaudium et spes*, n. 50).

- Esprime la soggettività sociale della famiglia ed avvia un dinamismo di amore e di solidarietà tra le generazioni che sta alla base della società, contribuendo alla comunione delle generazioni.

- Rappresenta un compito di natura non semplicemente fisica, ma spirituale: attraverso di essa infatti passa la genealogia della persona, che ha il suo eterno inizio in Dio e che a Lui deve condurre.

- È frutto dell'amore coniugale (la donazione reciproca, totale, definitiva ed esclusiva tra uomo e donna), che rispecchia il dono d'amore tra le tre Persone Divine che diventa fecondo nella creazione, e il dono di Cristo alla sua Chiesa che diventa fecondo nella rinascita dell'uomo, in Cristo, mediante il Battesimo.

Come si esprime la fecondità coniugale?

Si esprime e si attua, in modo complementare, a livello:

- Di coppia (fecondità interpersonale): gli sposi, giorno dopo giorno, approfondiscono la propria e mutua conoscenza, il vicendevole rispetto e amore, la propria crescita umana e cristiana.

- Di generazione fisico-biologica: il figlio, preziosissimo dono del matrimonio.

■ Di servizio educativo (fecondità educativa): attraverso l'educazione dei figli, i genitori, primi e principali – anche se non unici – responsabili di tale educazione, trasmettono i frutti della loro vita morale, spirituale e soprannaturale.

■ Di comunità umana (fecondità sociale): aiuto alla società nelle varie forme di volontariato.

■ Di comunità ecclesiale (fecondità apostolica): impegno di testimonianza e di servizio nella e alla comunità cristiana.

Quale significato ha l'atto coniugale?

«L'atto coniugale ha un duplice significato: unitivo (la mutua donazione dei coniugi) e procreativo (l'apertura alla trasmissione della vita). Nessuno deve rompere la connessione inscindibile che Dio ha voluto tra i due significati dell'atto coniugale, escludendo l'uno o l'altro di essi» (*Compendio* del *CCC*, n. 496).

«Salvaguardando ambedue questi aspetti essenziali, unitivo e procreativo, l'atto coniugale conserva integralmente il senso di mutuo e vero amore e il suo ordinamento all'altissima vocazione dell'uomo alla paternità» (PAOLO VI, *Humanae vitae*, 12).

«Nel compito di trasmettere la vita umana e di educarla, che deve essere considerato come la loro propria missione, i coniugi sanno di essere cooperatori dell'amore di Dio Creatore e come suoi interpreti. E perciò adempiranno il loro dovere con umana e cristiana responsabilità» (CONCILIO VATICANO II, Cost. past. *Gaudium et spes*, 50).

Come si attua la responsabilità nella paternità-maternità?

■ Si attua:

• sia con la deliberazione ponderata e generosa di far crescere una famiglia numerosa;

• sia con la decisione, presa per gravi motivi e nel rispetto della legge morale, di evitare temporaneamente o anche per un tempo indeterminato, una nuova nascita.

■ Nell'uno e nell'altro caso, gli sposi cristiani si pongono la domanda fondamentale: corrisponde alla volontà di Dio la nostra decisione di dare o non dare la vita a una nuova creatura? Che cosa Dio desidera da noi a questo riguardo, in questo momento?

Come va considerato il figlio?

Il figlio è:

■ Un essere umano, creato a immagine e somiglianza di Dio.

■ Dono, il dono più grande del matrimonio:

• dono di se stessi, da parte dei genitori, a un nuovo essere umano, frutto della loro donazione totale e definitiva;

• dono di sé, da parte del figlio, ai fratelli, alle sorelle, ai genitori, all'intera famiglia. La sua vita diventa dono per gli stessi donatori della vita.

■ Riflesso vivente e segno permanente dell'amore, dell'unità coniugale. Oggi, purtroppo, il figlio, da dono di Dio accolto nell'intimità amorosa del matrimonio fra un uomo e una donna, è passato a essere visto come un mero prodotto umano.

Esiste un diritto al figlio?

Non esiste alcun diritto al figlio: in tal caso il figlio verrebbe considerato come oggetto di proprietà, oggetto di consumo, realizzazione di un desiderio personale. Se ci fosse una «pretesa» al figlio, questi diventerebbe un *prodotto* da costruire, anziché essere il *dono* da accogliere.

Esiste invece il diritto del figlio ad essere il frutto dell'atto specifico dell'amore coniugale dei suoi genitori, e anche il suo diritto ad essere rispettato come persona dal momento del suo concepimento.

Quando è morale la regolazione delle nascite?

Quando è attuata dagli sposi per validi motivi e con metodi conformi alla morale. Nella loro linea di condotta, i coniugi cristiani siano consapevoli che non possono procedere a loro arbitrio, ma devono sempre essere retti da una coscienza che si deve conformare alla legge divina stessa, docili al Magistero della Chiesa, che interpreta in modo autentico quella legge alla luce del Vangelo.

Di che cosa gli sposi devono tener conto nell'attuare responsabilmente la paternità-maternità?

■ Gli sposi devono tener conto:

• delle proprie condizioni umane (fisiche, affettive, spirituali, economiche);

• dei figli, già nati o che nasceranno;

• della propria famiglia;

• della società;

• di una visione positiva della vita e di un atteggiamento di apertura e di servizio ad essa, anche quando, per seri motivi e nel rispetto della legge morale, i coniugi scelgono di evitare temporaneamente o a tempo indeterminato una nuova nascita;

• della Provvidenza divina;

• delle condizioni di vita del proprio tempo, tanto nel loro aspetto materiale, che spirituale;

• della scala dei valori e del bene della comunità familiare, della società temporale e della Chiesa.

■ La loro decisione non dev'essere dunque frutto di egoismo, né dev'essere condizionata da persone esterne, né tanto meno da pubbliche autorità.

A chi spetta il giudizio circa l'intervallo tra le nascite, e circa il numero dei figli da procreare?

Spetta soltanto agli sposi: è questo un loro diritto inalienabile da esercitare davanti a Dio, considerando, in modo sereno e ponderato, i doveri verso se stessi, verso i figli già nati, la famiglia e la società.

Quali sono i mezzi per attuare la procreazione responsabile?

■ Vanno anzitutto rifiutati come moralmente illeciti:

- l'aborto, che è un abominevole delitto;
- la sterilizzazione diretta;
- i mezzi contraccettivi nelle loro diverse forme:

è da escludere come intrinsecamente cattiva «ogni azione che, o in previsione dell'atto coniugale o nel suo compimento o nello sviluppo delle sue conseguenze naturali, si proponga, come scopo o come mezzo, di impedire la procreazione» (Paolo VI, *Humanae vitae*, n. 14).

■ Sono moralmente accettabili:

- la continenza periodica;
- il ricorso ai periodi infecondi della moglie, per compiere l'atto coniugale.

Qual è la differenza fra i mezzi leciti e quelli illeciti moralmente?

■ «Tra i due casi esiste una differenza essenziale: nel primo caso i coniugi usufruiscono legittimamente di una disposizione naturale; nell'altro caso essi impediscono lo svolgimento dei processi naturali. È vero che nell'uno e nell'altro caso, i coniugi concordano nella volontà positiva di evitare la prole per ragioni plausibili, cercando la sicurezza che essa non verrà; ma è altresì vero che soltanto nel primo caso essi sanno rinunciare all'uso del matrimonio nei periodi fecondi quando, per giusti motivi, la procreazione non è desiderabile, usandone, poi, nei periodi agenesiaci a manifestazione di affetto ed a salvaguardia della mutua fedeltà. Così facendo essi danno prova di amore veramente ed integralmente onesto» (PAOLO VI, *Humanae vitae*, n. 16).

■ La differenza tra i metodi naturali e quelli contraccettivi non e' «tecnica», ma «etica» cioe' attinente ai comportamenti . Non si tratta solo di acquisire e diffondere cognizioni scientifiche sulla fisiologia della sessualita' e i metodi diagnostici della fecondita' femminile, ma di modificare il proprio comportamento mediante l' astinenza.

Perché la contraccezione è illecita?

■ Perché i coniugi, mediante il ricorso alla contraccezione, scindono i due significati che Dio Creatore ha inscritti nell'essere dell'uomo e della donna e nel dinamismo della loro comunione sessuale: il significato unitivo e quello procreativo. In tal modo « essi si comportano come arbitri del disegno divino e manipolano e avviliscono la sessualità umana, e con essa la persona propria e quella del coniuge, alterandone il valore di donazione totale. Così, al linguaggio nativo che esprime la reciproca donazione totale dei coniugi, la contraccezione impone un linguaggio oggettivamente contraddittorio, quello cioè del non donarsi all'altro in totalità: ne deriva, non soltanto il positivo rifiuto all'apertura alla vita, ma anche una falsificazione dell'interiore verità dell'amore coniugale chiamato a donarsi in totalità personale » (GIOVANNI PAOLO II, *Familiaris consortio*, n. 32).

■ La contraccezione, come ancor più l'aborto, affonda le sue radici in una mentalità edonistica e deresponsabilizzante nei confronti della sessualità e suppone un concetto egoistico di libertà che vede nella procreazione un ostacolo al dispiegarsi della propria personalità.

Quali gravi conseguenze causano i metodi di regolazione artificiale della natalità?

Ecco alcune di queste gravi conseguenze, che PAOLO VI indica nell'*Humanae vitae* (n. 17):

■ « Si apre una via larga e facile alla infedeltà coniugale ed all'abbassamento generale della moralità.

Non ci vuole molta esperienza per conoscere la debolezza umana e per comprendere che gli uomini – i giovani specialmente, così vulnerabili su questo punto – hanno bisogno d'incoraggiamento a essere fedeli alla legge morale e non si deve loro offrire qualche facile mezzo per eluderne l'osservanza.

■ Si può anche temere che l'uomo, abituandosi all'uso delle pratiche anticoncezionali, finisca per perdere il rispetto della donna e, senza più curarsi del suo equilibrio fisico e psicologico, arrivi a considerarla come semplice strumento di godimento egoistico e non più come la sua compagna, rispettata e amata.

■ Si rifletta anche all'arma pericolosa che si verrebbe a mettere così tra le mani di autorità pubbliche, incuranti delle esigenze morali. Chi potrà rimproverare a un governo di applicare alla soluzione dei problemi della collettività ciò che fosse riconosciuto lecito ai coniugi per la soluzione di un problema familiare? Chi impedirà ai governanti di favorire e persino di imporre ai loro popoli, ogni qualvolta lo ritenessero necessario, il metodo di contraccezione da essi giudicato più efficace?».

Che cos'è la continenza periodica?

■ È l'astenersi dai rapporti coniugali durante i periodi di fertilità femminile. Tale astenersi, in queste situazioni e per un certo tempo, oltre che evitare la procreazione, può anche:

• essere autentico segno di amore, attenzione, rispetto dell'altro;

• svolgere una funzione propedeutica: essere buon allenamento per acquisire la castità matrimoniale e rispettare la fedeltà coniugale, anche durante periodi di assenza temporanea e/o prolungata del coniuge, o durante momenti di indisposizione o malattia dell'uno o dell'altro;

• offrire anche un servizio terapeutico, e cioè può offrire un valido aiuto a vivere con maggiore dedizione e intensità d'amore l'atto coniugale. L'attesa può accrescere, purificare, arricchire e perfezionare il desiderio della mutua donazione e sviluppare una onesta e casta gestualità affettiva coniugale;

• favorire nei coniugi, la conoscenza e la padronanza di sé: «Questa disciplina (la padronanza di sé), propria della purezza degli sposi, ben lungi dal nuocere all'amore coniugale, gli conferisce invece un più alto valore umano. Esige un continuo sforzo, ma, grazie al suo benefico influsso, i coniugi sviluppano integralmente la loro personalità arricchendola di valori spirituali: essa apporta alla vita familiare frutti di serenità e di pace e agevola la soluzione di altri problemi; favorisce l'attenzione verso l'altro coniuge, aiuta gli sposi a bandire l'egoismo nemico del vero amore, ed approfondisce il loro senso di responsabilità» (PAOLO VI, *Humanae vitae*, n. 21).

■ «Una preziosa testimonianza può e deve essere data da quegli sposi che, mediante l'impegno comune della continenza periodica, sono giunti ad una più matura responsabilità personale di fronte all'amore ed alla vita. Come scriveva Paolo VI, ad essi il Signore affida il compito di rendere visibile agli uomini la santità e la soavità della legge che unisce l'amore vicendevole degli sposi con la loro cooperazione all'amore di Dio autore della vita umana» (Giovanni Paolo II, *Familiaris consortio*, n. 35).

Come è possibile conoscere i periodi della fertilità/infertilità femminile?

■ È possibile grazie all'uso dei metodi naturali, basati sull'auto-osservazione del corpo della donna e del suo ritmo biologico, e individuati con la semplice osservazione dei ritmi corporei, delle temperature, delle secrezioni, dei vari segni e sintomi di fertilità...

■ Tali metodi naturali si fondano su due verità scientifiche:

- biologica (la fertilità della donna è limitata nel tempo);
- sessuologica (l'atto sessuale non è di per sé sempre procreativo).

Che cosa dice la Chiesa circa i metodi naturali di discernimento della fertilità femminile?

■ La Chiesa, pur non facendo suo alcun metodo, ritiene morale il ricorso, per validi motivi, ai metodi naturali, mediante i quali si tiene conto, per l'uso del matrimonio, dei ritmi naturali della donna, immanenti alle funzioni generative, e così si regola la natalità senza offendere i principi morali.

«Quando i coniugi, mediante il ricorso a periodi di infecondità, rispettano la connessione inscindibile dei significati unitivo e procreativo della sessualità umana, si comportano come ministri del disegno di Dio ed usufruiscono della sessualità secondo l'originario dinamismo della donazione totale, senza manipolazioni ed alterazioni» (Giovanni Paolo II, *Familiaris consortio*, n. 32).

■ Tali metodi naturali sono particolarmente utili, perché consentono sia di favorire una gravidanza sia di evitarla, aiutando ad accertare il periodo fertile o sterile della donna.

■ Quando si parla di regolazione «naturale», non ci si riferisce al solo rispetto del ritmo biologico. Si tratta, ben più compiutamente, di rispondere alla verità della persona nella sua intima unità di spirito, psiche e corpo, unità mai riducibile soltanto ad un insieme di meccanismi biologici.

■ «I metodi di osservazione, che permettono alla coppia di determinare i periodi di fertilità, le consentono di amministrare quanto il Creatore ha sapientemente iscritto nella natura umana, senza turbare l'integro significato della donazione sessuale. In questo modo i coniugi, rispettando la piena verità del loro amore, potranno modularne l'espressione in conformità a questi ritmi, senza togliere nulla alla totalità del dono di sé che l'unione nella carne esprime. Ovviamente ciò richiede una maturità nell'amore, che non è immediata, ma comporta un dialogo e un ascolto reciproco e un singolare dominio dell'impulso sessuale in un cammino di crescita nella virtù» (BENEDETTO XVI, *Messaggio al congresso internazionale per il 40° della «Humanae vitae» di Paolo VI,* 2-10-2008).

Come far conoscere i metodi naturali?

■ I centri di studio e di insegnamento di tali metodiche naturali di regolazione della fertilità, come pure i medici ed i ricercatori, ma anche gli operatori pastorali e le autorità politiche nei rispettivi ambiti di competenza, saranno di valido sostegno alla maternità e alla paternità responsabili:

- aiutando gli sposi a conoscere e ad apprezzare tali metodi nei loro fondamenti e nelle loro motivazioni, oltre che nei loro risvolti pratici, e a ben applicarli nelle loro condizioni concrete;
- offrendo basi scientifiche sempre più solide ad una regolazione delle nascite rispettosa della persona e del disegno di Dio sulla coppia umana e sulla procreazione;
- approfondendo tale argomento nei suoi diversi aspetti biologici, scientifici, culturali, psico-sociali, morali, spirituali e formativi;

• promuovendo al tempo stesso una capillare educazione ai valori morali, che il ricorso a tali metodi suppone, nei confronti dei coniugi, dei fidanzati, dei giovani in generale, come pure degli operatori sociali e pastorali;

• aiutando a superare, in questo ambito, luoghi comuni e mistificazioni, molto spesso amplificati da una certa propaganda interessata economicamente;

• favorendo programmi di ricerca in questo campo, come pure nella formazione di futuri professionisti capaci di aiutare i giovani e le coppie a compiere scelte sempre consapevoli e responsabili.

■ In questi anni, grazie al contributo di innumerevoli coppie cristiane in tante parti del mondo, i metodi naturali sono entrati nell'esperienza e nella riflessione dei gruppi e dei movimenti familiari e delle associazioni umane ed ecclesiali. Le coppie, che utilizzano i metodi naturali, contribuiscono a testimoniare la praticabilità, l'efficacia e l'attualità di una proposta scientifica per il bene dell'uomo.

■ È quanto mai necessario aiutare le coppie a comprendere che, per determinare i periodi di fertilità, i metodi naturali sono il m odo più sicuro, il più sano, il più conomico, il più semplice e il più morale.

Quali sono gli aspetti positivi dei metodi naturali?

■ Da un punto di vista umano coniugale essi consentono di:

• rispettare il corpo degli sposi e le leggi biologiche iscritte nella loro persona;

• favorire o evitare, per validi motivi, la gravidanza;

• incoraggiare tra i coniugi la responsabilità interpersonale, la comunicazione e la tenerezza;

• favorire l'educazione ad una libertà autentica;

• governare le tendenze dell'istinto e delle passioni.

■ Da un punto di vista morale cristiano, i metodi naturali consentono di:

• riconoscere che la capacità procreativa è riflesso della comunione creativa dell'amore trinitario, una cooperazione con la potenza creativa di Dio, fonte e Padre di ogni vita: gli sposi sono collaboratori, ministri e non padroni della vita umana;

• essere fedeli al progetto di Dio sull'amore sponsale, sacramentale;

• rispettare le leggi inscritte da Dio nella struttura naturale, costitutiva della persona;

• evitare il male morale degli altri metodi illeciti.

Che cosa possono fare gli sposi quando non hanno figli?

■ Possono ricorrere anzitutto alla medicina, per cercare di risolvere, in modo morale rispettoso della dignità della persona, i loro problemi.

■ Possono mostrare la loro generosità e la loro fecondità spirituale, sociale ed ecclesiale:

- adottando bambini abbandonati;
- prendendoli in affido;
- compiendo servizi significativi, attività di volontariato a favore del prossimo.

Nella *Familiaris consortio*, GIOVANNI PAOLO II sottolinea che « anche quando la procreazione non è possibile, non per questo la vita coniugale perde il suo valore. La sterilità fisica infatti può essere occasione per gli sposi per rendere altri servizi importanti alla vita delle persone umane, quale ad esempio l'adozione, le varie forme di opere educative, l'aiuto ad altre famiglie, ai bambini poveri o handicappati ».

NB: Per approfondire l'argomento, si leggano i seguenti documenti pontifici:

PAOLO VI, *Humanae vitae*, 1968;
GIOVANNI PAOLO II, *Familiaris consortio*, 1981;
CATECHISMO DELLA CHIESA CATTOLICA (*CCC*), nn. 2362-2400;
Compendio del CCC, nn. 495-502;

Si vedano anche le altre schede simili, presenti in questo libro: *Donna e uomo; Matrimonio e famiglia; Inseminazione e fecondazione artificiali.*

XXXVIII
L'EMBRIONE UMANO: COME VA CONSIDERATO?

Che cos'è l'embrione?

È il frutto della fusione di due cellule germinali, una della madre (ovocita) e l'altra del padre (spermatozoo). Tale processo di fusione si chiama fecondazione/concepimento, da cui ha inizio il ciclo vitale di un individuo umano.

Quale dignità gode l'embrione?

Esso gode della dignità di essere umano e, quindi, del proprio diritto alla vita fin dai suoi primi giorni di intensa e autonoma attività secondo la legge scritta nel suo piano-programma inciso nel DNA.

Dove si fonda tale affermazione?

Sulla scienza anzitutto, e poi anche sulla Fede cristiana.

La scienza che cosa dice circa l'embrione umano?

■ Alcuni dati di carattere scientifico, medico, genetico illustrano l'identità dell'embrione umano a partire dal suo concepimento. La ricerca scientifica ha mostrato come l'embrione possieda una propria identità individuale sin dal concepimento: è un essere umano in cammino. È attraverso la fecondazione che inizia la vita individuale – e, dunque, personale – di ciascuno di noi. Lo documentano innumerevoli studi di citologia e citogenetica, genetica molecolare, biologia della riproduzione e dello sviluppo, e ostetricia.

■ La conoscenza della verità biologica dell'embrione umano e la riflessione razionale sopra il suo reale stato ontologico conducono pertanto ad affermare che l'embrione umano non è qualcosa, ma qualcuno.

Infatti:

• Dal punto di vista biologico, la formazione e lo sviluppo umano appare come un processo unico, continuo, coordinato e graduale sin dalla fecondazione, con la quale si costituisce un nuovo organismo umano dotato di capacità intrinseca di svilupparsi autonomamente in un individuo adulto. I più recenti contributi delle scienze biomediche apportano preziose evidenze sperimentali alla tesi dell'individualità e continuità dello sviluppo embrionale.

• Dal momento in cui l'ovulo è fecondato, si inaugura una vita che non è quella del padre o della madre, ma di un nuovo essere umano che si sviluppa per proprio conto. Non sarà mai reso umano se non lo è stato fin da allora. Questa dottrina rimane valida e viene peraltro confermata, se ve ne fosse bisogno, dalle recenti acquisizioni della biologia umana, la quale riconosce che nello zigote derivante dalla fecondazione dei due gameti si è già costituita l'identità biologica di un nuovo individuo umano.

• Per il fatto che è concepito, in quello stesso istante l'essere umano è dotato non solo di un codice genetico, ma anche di un valore antropologico unico e del diritto fondamentale alla vita, alla salute, all'integrità fisica.

• Le stesse tecniche di fecondazione artificiale – facendo avvenire il concepimento sotto osservazione microscopica in un laboratorio – documentano con inesorabile evidenza che chi si impianterà e crescerà nel grembo della madre, l'embrione, si è formato e ha già iniziato a svilupparsi dal momento della fecondazione. Quello che si realizza in laboratorio è lo stesso processo che avviene naturalmente nell'ampolla tubarica della madre.

Paradossalmente, sono proprio i fautori della fecondazione artificiale e della sperimentazione sull'embrione umano, che intenderebbero giustificare la sua manipolazione e distruzione negandone l'identità di essere umano, ad avere mostrato con le loro ricerche scientifiche e pratiche cliniche che l'embrione umano è uno di noi perché ciascuno di noi è stato uno come lui, all'inizio della propria vita. Questa affermazione trova la forza della sua ragionevolezza nel fatto (indubitabile) che, se la nostra esistenza fosse stata interrotta quando eravamo un embrione, non avremmo mai visto la luce.

• L'ovocita fecondato è un essere umano fin nelle prime fasi del suo sviluppo, opera come un individuo distinto dalla madre ed è intrinsecamente orientato verso una precisa evoluzione individuale. Tutto questo impone la difesa assoluta dell'embrione, nei confronti di ogni intervento che impedisce il proseguimento della gravidanza.

■ Non è qui in gioco la Fede, bensì la ragione, e dunque la risposta vale per tutti, credenti e non credenti.

Quali caratteristiche ha, pertanto, l'embrione, secondo la Scienza?

L'embrione:

■ È già un essere singolare, opera come un individuo distinto dalla madre, con una precisa individualità somatica. Cioè, ci troviamo di fronte a una entità biologica che ha una sua precisa « individualità » nel corpo (soma): l'embrione evidenzia una individualità sua, ben riscontrabile all'analisi del citogenetista che lo osserva. Ora, oggi noi siamo molto attenti alla nostra « individualità somatica », cioè alla nostra identità corporea, non diciamo più « io ho un corpo », ma « io sono il mio corpo »;

■ si presenta assolutamente unico e irripetibile. Cioè, ogni embrione umano è « unico », non esiste sulla faccia della terra la possibilità che nasca un embrione identico a quello, non è mai esistito in passato uno identico a lui, e non esisterà mai, sin dal primo istante futuro, uno che possa essere come lui. Ora, ciò è proprio quello che antropologicamente chiamiamo la dignità dell'uomo: ogni uomo è un unico, ogni uomo può dare al mondo ciò che nessun altro potrà mai dargli, ogni uomo per la sua irripetibilità è degno dell'amore degli altri perché potranno ricevere da lui ciò che nessun altro potrà mai dare loro. Sbagliano coloro per i quali l'embrione sarebbe qualcosa di 'indifferenziato' nei suoi primi giorni di vita, e sarebbe 'indifferenziato' perché, messo in ambienti diversi, potrebbe diventare molte cose diverse dall'esser uomo. È come se dicessero: un uomo vivente è indifferenziato perché se invece di lasciarlo a casa sua lo mettiamo sul fuoco egli diventa cenere, o se, vivo come si ritrova, lo mettiamo sotto terra diventa polvere…;

- è un essere umano in sviluppo secondo un progetto fissato già nel concepimento: tale sviluppo è da intendersi non nel senso di una trasformazione ontologica, qualitativa, ma nel senso di una evoluzione omogenea, di sviluppo armonico. Si tratta di presenza di un essere umano con una capacità attiva ed intrinseca di sviluppo, e non di una mera possibilità di vita. Cioè tutto ciò che l'embrione da quel momento in poi è, tutta la sua storia biologica è già tutta presente in codice. Tutto ciò che si formerà successivamente è già presente nel genoma dell'embrione, sin dal primo istante. Per questo non si potrà mai accettare che l'embrione è un essere umano « in potenza », perché in potenza non è l'embrione in quanto l'embrione è già tutto ciò che è: ma in potenza è soltanto il suo sviluppo. Cioè ci troviamo di fronte non a un essere umano in potenza, che in atto ancora non lo è, ma di fronte a un essere umano che ha già in sé tutte le future potenzialità di sviluppo;

- è un *terminus a quo* già destinato ex natura sua a tradursi nel *terminus ad quem* del dinamismo intrinseco; e non in un qualsiasi *terminus ad quem*, ma soltanto in quello che corrisponde alle indicazioni ontologiche della sua natura;

- è un essere differente dall'adulto, ma tali differenze vanno viste all'interno di una concezione della vita umana che riconosce diverse tappe dall'infanzia alla vecchiaia;

- esso, anche dal punto di vista strettamente biologico, non è solo recettore passivo, ma interagisce con il suo ambiente vitale;

- è portatore di una dignità antropologica: in forza dell'unità sostanziale del corpo con lo spirito, l'embrione non ha soltanto un significato biologico; esso è portatore di una dignità antropologica, che ha il suo fondamento nell'anima spirituale che lo pervade e lo vivifica;

- è un essere umano che è figlio, fin dalle primissime fasi della sua esistenza, e cioè fin dal momento in cui i patrimoni genetici del padre e della madre si uniscono. Tutto questo segna e condiziona la sua appartenenza alla specie umana, il legame ereditario e le note biologiche e somatiche dell'individualità. La sua influenza nella struttura dell'essere corporeo è determinante dal primo albore del concepimento fino alla morte naturale;

- è il più debole di tutte le creature umane.

L'embrione è persona?

La scienza non può dire nulla al riguardo, essendo il concetto di persona una nozione che va al dà della competenza scientifica. Anche la Chiesa non dice espressamente che l'embrione è persona. Tuttavia occorre riaffermare che tale valore di persona non è riconosciuto al soggetto umano dai genitori, dalla società o dallo Stato, oppure perché egli l'acquisisce con l'età. Viceversa, l'essere persona è una prerogativa connaturale all'essere umano. Il « concetto », il « valore » di persona accompagna l'individuo dall'alba fino al tramonto naturale. Sussiste in lui sempre, anche quando non ha la facoltà di intendere e di volere; quando è nel grembo della madre, quando dorme, quando è in coma.

La Chiesa Cattolica non esclude certo *a priori* che l'embrione sia persona, ma non lo afferma definitoriamente. Dice che va trattato COME una persona. L'istruzione *Donum vitae* della CONGREGAZIONE

PER LA DOTTRINA DELLA FEDE afferma che « l'essere umano è da rispettare – come una persona – fin dal primo istante della sua esistenza » (Parte I, n. 1).

« La realtà dell'essere umano, infatti, per tutto il corso della sua vita, prima e dopo la nascita, non consente di affermare né un cambiamento di natura né una gradualità di valore morale, poiché possiede *una piena qualificazione antropologica ed etica*. L'embrione umano, quindi, ha fin dall'inizio la dignità propria della persona » (CONGREGAZIONE PER LA DOTTRINA DELLA FEDE, *Dignitas personae*, n. 5).

Che cosa afferma la Fede cristiana circa l'embrione?

■ La Fede cristiana accoglie la concezione scientifica, sopradescritta.

Le conclusioni di natura scientifica sono assunte dal Magistero della Chiesa non come prove incontrovertibili, ma come un'indicazione preziosa per discernere razionalmente una presenza umana fin dal primo comparire di una vita umana. La prospettiva teologica, a partire dalla luce che la rivelazione proietta sul senso della vita umana e sulla dignità della persona, conforta e sostiene la ragione umana nelle sue conclusioni scientifiche, senza pregiudicare la validità delle acquisizioni raggiunte mediante l'evidenza razionale.

■ La Fede cristiana va oltre, completa le suddette positive acquisizioni scientifiche. Infatti essa afferma che:

• l'uomo fin dal grembo materno, appartiene a Dio che tutto scruta e conosce, che lo forma e lo plasma con le sue mani, che lo vede mentre è ancora un piccolo embrione informe e che in lui intravede l'adulto di domani, i cui giorni sono contati e la cui vocazione è già scritta nel «libro della vita» (cfr. *Sal* 139, 1.13-16). Anche quando è ancora nel grembo materno, – come testimoniano numerosi testi biblici (cfr. *Ger* 1, 4-5; *Ps* 71, 6; *Is* 46, 3; *Gb* 10, 8-12; *Ps* 22, 10-11, oltre ai testi di Luca)–, l'uomo è il termine personalissimo dell'amorosa e paterna provvidenza di Dio;

• l'essere umano ha la dignità di una creatura che Dio ha voluto per se stessa;

• l'embrione umano, in quanto essere umano, è in una speciale relazione con Dio. L'embrione è così relazionato non solo a coloro da cui provengono le componenti originarie che lo costituiscono (i suoi genitori), ma anche alla sorgente ultima di ogni vita, che il cristiano riconosce in Dio.

■ L'unicità e irripetibilità dell'embrione ha anche un valore teologico: come Dio nella sua identità più profonda è assolutamente unico e irripetibile, così ha talmente amato l'uomo da iscrivere nella nostra carne – nella nostra struttura genetica – la Sua immagine.

■ D'altra parte nella fecondazione umana si tratta della generazione di un essere umano. I suoi genitori non sono vegetali o animali. Dunque sin dall'inizio l'embrione è ordinato per natura sua a ricevere da Dio l'anima spirituale.

■ Il fatto che l'embrione ha una sua individualità somatica, ha anche un valore teologico: Dio ha talmente amato la nostra corporeità, da scegliere di incarnarsi nel Suo Figlio Gesù Cristo, di farsi corpo come noi, perché noi potessimo conoscere Lui.

Quali effetti produce questa speciale relazione che Dio ha con l'embrione?

■ Dio, donando la vita all'embrione, lo crea a propria immagine e somiglianza.

■ In che senso l'uomo è creato a « immagine di Dio »?

• « L'uomo è creato a immagine di Dio nel senso che è capace di conoscere e di amare, nella libertà, il proprio Creatore. È la sola creatura, su questa terra, che Dio ha voluto per se stessa e che ha chiamato a condividere, nella conoscenza e nell'amore, la sua vita divina. Egli, in quanto creato a immagine di Dio, ha la dignità di persona: non è qualcosa, ma qualcuno, capace di conoscersi, di donarsi liberamente e di entrare in comunione con Dio e con le altre persone » (*Compendio* del *CCC*, n. 66).

• « Dio stesso, creando l'uomo a propria immagine, ha iscritto nel suo cuore il desiderio di vederlo. Anche se tale desiderio è spesso ignorato, Dio non cessa di attirare l'uomo a sé, perché viva e trovi in lui quella pienezza di verità e di felicità, che cerca senza posa. Per natura e per vocazione, l'uomo è pertanto un essere religioso, capace di entrare in comunione con Dio. Questo intimo e vitale legame con Dio conferisce all'uomo la sua fondamentale dignità » (*Compendio* del *CCC*, n. 2).

■ Dio dona all'embrione umano l'anima spirituale, la quale non viene dai genitori, ma è creata direttamente da Dio ed è immortale.

■ Il frutto della generazione umana, dal primo momento della sua esistenza, esige il rispetto incondizionato che è moralmente dovuto all'essere umano nella sua totalità corporale e spirituale.

■ La vita fisica umana è un bene morale primario e fondamentale, che reclama di essere promosso, difeso e rispettato, pur attendendo il compimento della sua perfezione che si realizzerà nella condizione soprannaturale ed eterna.

■ Il riconoscimento della vita come dono creato da Dio orienta l'uomo a vivere la sua esistenza come un bene da donare al suo Creatore e ai fratelli.

■ I genitori – non escluso il *paterfamilias* – non hanno potere assoluto sui figli. La vita del nascituro è sotto il dominio di Dio, l'unico che può darla e che può toglierla.

Da dove deriva il dovere di rispettare l'embrione?

■ L'atteggiamento etico di rispetto e cura della vita, della dignità e della integrità dell'embrione:

• è richiesto dalla presenza di un essere umano che deve essere considerato come una persona;

• è motivato da una concezione unitaria dell'uomo (*Corpore et anima unus*) che va riconosciuta sin dal primo sorgere dell'essere umano;

• è giustificato dal fatto che ogni essere umano non può mai venire ridotto a un mezzo, ma è sempre un fine;

• è motivato dal fatto che l'embrione è essere umano e quindi sacro, essendo vita umana: la vita umana, bene inalienabile e indisponibile, è sacra perché fin dal suo inizio comporta «l'azione creatrice di Dio» e rimane per sempre in una relazione speciale con il Creatore, suo unico fine. Il nascituro è un qualcuno la cui dignità va sempre onorata e difesa in tutte le sue fasi che riguardano la sua crescita e sviluppo fino al raggiungimento della pienezza della condizione adulta.

■ Il dovere di rispettare l'embrione umano come persona umana deriva, pertanto, dalla realtà delle cose e dalla forza dell'argomentazione razionale e non esclusivamente da una posizione di Fede.

■ Va rilevato peraltro che la posizione della Chiesa non è un'imposizione fatta in nome della Fede che professa, contribuendo con tale comportamento – come si cerca di far credere – a impedire il progresso scientifico; ma è, al contrario, come afferma espressamente l'Istruzione *Donum vitae* della CDF, un intervento « ispirato all'amore che essa deve all'uomo aiutandolo a riconoscere e rispettare i suoi diritti e i suoi doveri ».

Riconoscimento dettato dalla ragione, cioè dall'uomo che riflette su se stesso e sulle sue azioni, derivandone le proprie responsabilità.

Che cosa bisogna rifiutare per proteggere l'embrione?

■ Va rifiutata la tesi di coloro che sostengono che l'embrione umano sarebbe:

- un « insieme di cellule » umane, il quale, tuttavia, non costituirebbe un reale individuo umano, ma lo sarebbe soltanto « in potenza » per diventare tale a un dato momento, da stabilire per convenzione, nel processo del suo sviluppo;
- un prezioso strumento tecnologico sotto l'egida di una « buona azione » medica, con i pretesti del progresso della scienza, della tecnologia e della medicina in particolare, in vista di importanti nuove vie terapeutiche a servizio dell'uomo. Si avrebbe così uno sfruttamento dell'embrione, sfruttamento tanto

più biasimevole perché spesso alimentato da mire commerciali;

• un puro « materiale biologico », senza una propria identità nel quadro della vita e senza la dignità propria dell'essere umano, e pertanto può essere trattato come un « oggetto »;

• non meritevole di alcuna particolare attenzione morale, né di uno statuto speciale in quanto potenziale essere umano, ma tutt'al più di un rispetto proporzionale al suo grado di sviluppo, rispetto controbilanciato, soprattutto negli stadi iniziali, dai benefici potenziali derivanti dalla ricerca.

■ Va rifiutato:

• ogni intervento sul genoma che non sia rivolto al bene della persona, intesa come unità di corpo e spirito, o che ne violi l'integrità e la dignità;

• ogni tipo di manipolazione che metta a grave rischio la vita dell'embrione: analisi, crioconservazione (« congelamento ») in alternativa al trasferimento in utero, sperimentazioni scientifiche sull'embrione in particolare quando si trova fuori dal corpo della madre (« in provetta »), selezione dei concepiti attraverso la diagnosi genetica prima del loro impianto in utero…;

• la distruzione volontaria dell'embrione, la quale è un aborto, un omicidio. E va notato che « la libertà di uccidere non è una vera libertà, ma è una tirannia che riduce l'essere umano in schiavitù » (BENEDETTO XVI).

Come la Chiesa considera la soppressione dell'embrione?

La Chiesa ha sempre considerato un delitto particolarmente crudele la soppressione deliberata del concepito. « Del resto, tale è la posta in gioco che, sotto il profilo dell'obbligo morale, basterebbe la sola probabilità di trovarsi di fronte a una persona per giustificare la più netta proibizione di ogni intervento volto a sopprimere l'embrione umano. [...] L'essere umano va rispettato e trattato come una persona fin dal suo concepimento » (*Evangelium vitae*, n. 60).

Che cosa pensa la Chiesa Cattolica dell'embrione, frutto di una fecondazione artificiale?

L'embrione, anche se concepito attraverso la fecondazione artificiale (non accettabile moralmente), ha tutti i diritti e doveri di qualsiasi altra persona, ha la stessa dignità, merita lo stesso rispetto di ogni altro essere umano.

Qual è il compito dello Stato?

■ Gli stati e le leggi positive hanno il compito di riconoscere, non di creare una definizione di essere umano, in quanto non è l'autorità, ma la verità che fa il diritto.

E la verità è che dal momento della fecondazione inizia un processo continuo di sviluppo di un nuovo individuo, che non può essere arbitrariamente diviso in fasi con un valore diverso, e quindi con un grado diverso di protezione, e che il suo patrimonio genetico è quello dell'individuo adulto che si svilupperà.

Non spetta al diritto positivo definire l'ontologia dell'essere umano.

■ Dal punto di vista giuridico, il nodo cardinale del dibattito sulla tutela dell'embrione umano non concerne la reperibilità di soglie di umanità più o meno tardive rispetto alla fecondazione, ma riguarda il riconoscimento dei diritti umani fondamentali in ragione del fatto di essere uomo ed esige anzitutto in nome del principio di uguaglianza il diritto alla vita e all'integrità fisica fin dal primo momento della sua esistenza. Esistono dei diritti del nascituro, che vanno tutelati anche dalla legislazione umana, tanto più che il nascituro appartiene alla categoria dei deboli e degli indifesi. Esiste ad esempio il diritto del nascituro ad avere un padre e una madre noti; il diritto a una identità biologica, anagrafica ed affettiva.

La Chiesa è contraria alla ricerca scientifica?

■ No certamente, e la storia lo dimostra. La Chiesa è contraria a un certo tipo di ricerca da parte della scienza, che degradi ad esempio l'embrione a strumento di laboratorio. La ricerca scientifica in campo genetico va incoraggiata e promossa, ma, come ogni altra attività umana, non può mai essere esente da imperativi morali.

■ Le buone e autentiche conquiste della scienza svelano sempre più la grandezza del Creatore, perché consentono all'uomo di constatare l'ordine insito nel creato e di apprezzare le meraviglie del suo corpo, oltre che del suo intelletto, nel quale, in qualche misura, si riflette la luce del Verbo « per mezzo del quale tutte le cose sono state create » (*Gv* 1,3).

■ La scienza, e in particolare lo scienziato, deve rispettare le norme morali, quali ad esempio:

- non tutto ciò che è scientificamente, tecnicamente fattibile è anche moralmente accettabile;
- non è giusto ottenere un bene attraverso il male;
- il fine non giustifica i mezzi: pertanto il servizio alla vita va realizzato con mezzi leciti;
- quanto alla vita (sia del nascere, sia del vivere, sia del morire) non siamo nè padroni, nè creatori, ma amministratori;
- occorre salvaguardare il contesto sacro della vita (soprattutto nel suo nascere e morire).

■ È incisivo il ricordo che GIOVANNI PAOLO II lasciava ai membri della Pontificia Accademia delle Scienze il 29 ottobre 1994: « Non bisogna lasciarsi affascinare dal mito del progresso, come se la possibilità di realizzare una ricerca o mettere in opera una tecnica permettesse di qualificarle immediatamente come moralmente buone. La bontà morale si misura dal bene autentico che procura all'uomo considerato secondo la duplice dimensione corporale e spirituale ».

NB: Per approfondire l'argomento, ecco alcuni documenti pontifici:

CATECHISMO DELLA CHIESA CATTOLICA (*CCC*), nn. 355-384; 2258-2330;

Compendio del CCC, nn. 2-5; 466-486; 499-501;

CONGREGAZIONE PER LA DOTTRINA DELLA FEDE, *Donum vitae*, 1987.

XXXIX
PERSONA UMANA: QUALE DIGNITÀ?

QUESTIONI ATTUALI DI BIOETICA

NB

Si propone qui una sintesi di alcuni punti importanti dell'Istruzione «***Dignitas personae*****. Su alcune questioni di bioetica**» (abbr. *Istruz.*), pubblicata il 12 dicembre 2008 dalla Congregazione per la Dottrina della Fede. Tale Istruzione è stata approvata espressamente dal Santo Padre Benedetto XVI. Quindi, appartiene ai documenti che «partecipano al Magistero ordinario del Successore di Pietro» (Istruzione *Donum veritatis*, n. 18), da accogliere dai fedeli con «l'assenso religioso del loro spirito» (Istruzione *Dignitas personae*, n. 37).

Perché questo documento?

■ Negli ultimi anni le scienze biomediche hanno fatto enormi progressi, che aprono nuove prospettive terapeutiche, ma suscitano anche seri interrogativi.

■ La suddetta *Istruzione* cerca di:

proporre risposte ad alcune nuove questioni di bioetica, che provocano attese e perplessità in vasti settori della società.

«promuovere la formazione delle coscienze» (*Istruz*, n. 10) incoraggiare una ricerca biomedica rispettosa della dignità di ogni essere umano e della procreazione dare voce a chi non ha voce, è totalmente indifeso, quale è appunto l'embrione umano.

■ Nel procedere all'esame di tali nuove questioni, « si è inteso sempre tenere presenti gli aspetti scientifici, giovandosi dell'analisi della Pontificia Accademia per la Vita e di un gran numero di esperti, per confrontarli con i principi dell'antropologia cristiana. Le Encicliche *Veritatis splendor* ed *Evangelium vitae* di Giovanni Paolo II ed altri interventi del Magistero offrono chiare indicazioni di metodo e di contenuto per l'esame dei problemi considerati » (*Istruz*, n. 2).

■ Nel proporre principi e valutazioni morali per la ricerca biomedica sulla vita umana, la Chiesa « attinge alla luce sia della ragione sia della Fede, contribuendo ad elaborare una visione integrale dell'uomo e della sua vocazione, capace di accogliere tutto ciò che di buono emerge dalle opere degli uomini e dalle varie tradizioni culturali e religiose, che non raramente mostrano una grande riverenza per la vita » (*Istruz*, n. 3).

Su quale principio fondamentale si basa l'Istruzione?

■ Si basa sulla dignità della persona, che va riconosciuta ad ogni essere umano, dal concepimento alla morte naturale. Questo principio fondamentale « esprime un grande « sì » alla vita umana », che « deve essere posto al centro della riflessione etica sulla ricerca biomedica » (*Istruz*, n. 1).

■ In particolare:

«L'essere umano va rispettato e trattato come una persona fin dal suo concepimento e, pertanto, da quello stesso momento gli si devono riconoscere i diritti della persona, tra i quali anzitutto il diritto inviolabile di ogni essere umano innocente alla vita» (*Istruz*, n. 4).

«È convinzione della Chiesa che ciò che è umano non solamente è accolto e rispettato dalla fede, ma da essa è anche purificato, innalzato e perfezionato» (n. 7). Dio ha creato ogni uomo a sua immagine; nel suo Figlio incarnato ha rivelato pienamente il mistero dell'uomo; il Figlio fa sì che noi possiamo diventare figli di Dio. «A partire dall'insieme di queste due dimensioni, l'umana e la divina, si comprende meglio il perché del valore inviolabile dell'uomo: egli possiede una vocazione eterna ed è chiamato a condividere l'amore trinitario del Dio vivente» (*Istruz*, n. 8).

«L'origine della vita umana... ha il suo autentico contesto nel matrimonio e nella famiglia, in cui viene generata attraverso un atto che esprime l'amore reciproco tra l'uomo e la donna. Una procreazione veramente responsabile nei confronti del nascituro deve essere il frutto del matrimonio» (*Istruz*, n. 6). «Queste due dimensioni di vita, quella naturale e quella soprannaturale, permettono anche di comprendere meglio in quale senso gli atti che consentono all'essere umano di venire all'esistenza, nei quali l'uomo e la donna si donano mutuamente l'uno all'altra, sono un riflesso dell'amore trinitario. Dio, che è amore e vita, ha inscritto nell'uomo e nella donna la vocazione a una partecipazione speciale al suo mistero di comunione personale e alla sua opera di Creatore e di Padre… Lo Spirito Santo effuso nella celebrazione sacramentale (del matrimonio) offre agli sposi cristiani il dono di una comunione nuova d'amore che è immagine viva e reale di quella singolarissima unità, che fa della Chiesa l'indivisibile Corpo mistico del Signore Gesù » (*Istruz*, n. 9).

Occorre ribadire che:

- « l'uomo sarà sempre più grande di tutto ciò che forma il suo corpo; egli, infatti, porta con sé la forza del pensiero, che è sempre tesa alla verità su di sé e sul mondo;
- egli è molto di più di una singolare combinazione di informazioni genetiche che gli vengono trasmesse dai genitori;
- la generazione di uomo non potrà mai essere ridotta a una mera riproduzione di un nuovo individuo della specie umana, così come avviene con un qualunque animale » (Benedetto XVI, *Discorso alla Pontificia Accademia per la Vita*, 21-2-09).

■ Pertanto, il SI' detto alla dignità dell'essere umano comporta necessariamente dei NO a tutto quanto va contro il rispetto di tale dignità. I « no », che la Chiesa dice, sono pertanto il risvolto di una visione positiva, di « SÌ», che la Chiesa proclama a favore della verità e della dignità della persona.

Qual è il rapporto tra il Magistero ecclesiastico e l'autonomia della scienza?

«La Chiesa, giudicando della valenza etica di taluni risultati delle recenti ricerche della medicina concernenti l'uomo e le sue origini, non interviene nell'ambito proprio della scienza medica come tale, ma richiama tutti gli interessati alla responsabilità etica e sociale del loro operato. Ricorda loro che il valore etico della scienza biomedica si misura con il riferimento sia al rispetto incondizionato dovuto ad ogni essere umano, in tutti i momenti della sua esistenza, sia alla tutela della specificità degli atti personali che trasmettono la vita» (*Istruz*, n. 10).

Che cosa dice la Chiesa circa le tecniche di aiuto alla fertilità umana?

■ Circa le tecniche volte a superare l'infertilità, quali:

- «tecniche di fecondazione artificiale eterologa» (*Istruz*, n. 12): «volte a ottenere artificialmente un concepimento umano a partire da gameti provenienti almeno da un donatore diverso dagli sposi, che sono uniti in matrimonio» (*Istruz*, nota 22);
- «tecniche di fecondazione artificiale omologa» (*Istruz*, n. 12): volte a ottenere artificialmente «un concepimento umano a partire dai gameti di due sposi uniti in matrimonio» (*Istruz*, nota 23);

- «tecniche che si configurano come un aiuto all'atto coniugale e alla sua fecondità» (*Istruz*, n. 12);
- «interventi che mirano a rimuovere gli ostacoli che si oppongono alla fertilità naturale» (*Istruz*, n. 13);
- «la procedura dell'adozione» (*Istruz*, n. 13).
- la Chiesa afferma che sono lecite tutte le tecniche che rispettano:
- «il diritto alla vita e all'integrità fisica di ogni essere umano»;
- «l'unità del matrimonio, che comporta il reciproco rispetto del diritto dei coniugi a diventare padre e madre soltanto l'uno attraverso l'altro»;
- «i valori specificamente umani della sessualità, che esigono che la procreazione di una persona umana debba essere perseguita come il frutto dell'atto coniugale specifico dell'amore tra gli sposi» (*Istruz*, n. 12).

■ Sono quindi «ammissibili le tecniche che si configurano come un aiuto all'atto coniugale e alla sua fecondità... L'intervento medico è in questo ambito rispettoso della dignità delle persone, quando mira ad aiutare l'atto coniugale sia per facilitarne il compimento sia per consentirgli di raggiungere il suo fine, una volta che sia stato normalmente compiuto» (*Istruz*, n. 12).

■ Sono «certamente leciti gli interventi che mirano a rimuovere gli ostacoli che si oppongono alla fertilità naturale» (*Istruz*, n. 13).

■ È « auspicabile incoraggiare, promuovere e facilitare... la procedura dell'adozione dei numerosi bambini orfani ». È importante incoraggiare « le ricerche e gli investimenti dedicati alla prevenzione della sterilità » (*Istruz*, n. 13).

Che dire circa la fecondazione in vitro?

■ L'esperienza degli ultimi anni ha dimostrato che nel contesto delle tecniche di fecondazione *in vitro* « il numero di embrioni sacrificati è altissimo » (n. 14): al di sopra dell'80% nei centri più sviluppati (cfr. *Istruz*, nota 27).

- « Gli embrioni prodotti *in vitro* che presentano difetti vengono direttamente scartati »;
- molte coppie « ricorrono alle tecniche di procreazione artificiale con l'unico scopo di poter operare una selezione genetica dei loro figli »;
- tra gli embrioni prodotti *in vitro* « un certo numero è trasferito nel grembo materno, e gli altri vengono congelati »;
- la tecnica del trasferimento multiplo, cioè « di un numero maggiore di embrioni rispetto al figlio desiderato, nella previsione che alcuni vengano perduti..., comporta di fatto un trattamento puramente strumentale degli embrioni » (*Istruz*, n. 15).

■ « La pacifica accettazione dell'altissimo tasso di abortività delle tecniche di fecondazione *in vitro* dimostra eloquentemente che la sostituzione dell'atto coniugale con una procedura tecnica... contribuisce ad indebolire la consapevolezza del rispetto dovuto ad ogni essere umano. Il riconoscimento di tale rispetto viene invece favorito dall'intimità degli sposi animata dall'amore coniugale... Di fronte alla strumentalizzazione dell'essere umano allo stadio embrionale, occorre ripetere che l'amore di Dio non fa differenza fra il neoconcepito ancora nel grembo di sua madre, e il bambino, o il giovane, o l'uomo maturo o l'anziano. Non fa differenza perché in ognuno di essi vede l'impronta della propria immagine e somiglianza... Per questo il Magistero della Chiesa ha costantemente proclamato il carattere sacro e inviolabile di ogni vita umana, dal suo concepimento sino alla sua fine naturale» (*Istruz*, n. 16).

Che dire circa: Il congelamento di ovociti?

«Per evitare i gravi problemi etici posti dalla crioconservazione di embrioni, è stata avanzata nell'ambito delle tecniche di fecondazione *in vitro* la proposta di congelare gli ovociti» (*Istruz*, n. 20).

Al riguardo, la crioconservazione di ovociti, non di per sé immorale e prospettata anche in altri contesti che qui non vengono considerati, «in ordine al processo di procreazione artificiale è da considerare moralmente inaccettabile» (*Istruz*, n. 20).

La riduzione embrionale?

« Alcune tecniche usate nella procreazione artificiale, soprattutto il trasferimento di più embrioni al grembo materno, hanno dato luogo ad un aumento significativo della percentuale di gravidanze multiple. Perciò si è fatta strada l'idea di procedere alla cosiddetta riduzione embrionale. Essa consiste in un intervento per ridurre il numero di embrioni o feti presenti nel seno materno mediante la loro diretta soppressione » (n. 21). « Dal punto di vista etico, la riduzione embrionale è un aborto intenzionale selettivo. Si tratta, infatti, di eliminazione deliberata e diretta di uno o più esseri umani innocenti nella fase iniziale della loro esistenza, e come tale costituisce sempre un disordine morale grave » (*Istruz*, n. 21).

La diagnosi pre-impiantatoria?

« La diagnosi pre-impiantatoria è una forma di diagnosi prenatale, legata alle tecniche di fecondazione artificiale, che prevede la diagnosi genetica degli embrioni formati *in vitro*, prima del loro trasferimento nel grembo materno. Essa viene effettuata allo scopo di avere la sicurezza di trasferire nella madre solo embrioni privi di difetti o con un sesso determinato o con certe qualità particolari » (*Istruz*, n. 22).

« Diversamente da altre forme di diagnosi prenatale..., alla diagnosi pre-impiantatoria segue ordinariamente l'eliminazione dell'embrione designato come « sospetto » di difetti genetici o cromosomici, o portatore di un sesso non voluto o di qualità non desiderate. La diagnosi pre-impiantatoria... è finalizzata di fatto ad una selezione qualitativa con la conseguente distruzione di embrioni, la quale si configura come una pratica abortiva precoce... Trattando l'embrione umano come semplice « materiale di laboratorio », si opera un'alterazione e una discriminazione grave, anche per quanto riguarda il concetto stesso di dignità umana... Tale discriminazione è immorale e perciò dovrebbe essere considerata giuridicamente inaccettabile » (*Istruz*, n. 22).

Nuove forme di intercezione e contragestazione

Esistono mezzi tecnici che agiscono dopo la fecondazione, quando l'embrione è già costituito.

■ « Queste tecniche sono intercettive, se intercettano l'embrione prima del suo impianto nell'utero materno » (n. 23), ad esempio attraverso « la spirale... e la cosiddetta "pillola del giorno dopo" » (*Istruz*, nota 42). Esse sono « contragestative, se provocano l'eliminazione dell'embrione appena impiantato » (n. 23), ad esempio attraverso « la pillola RU 486 » (*Istruz*, nota 43).

■ Sebbene gli intercettivi non provochino un aborto ogni volta che vengono assunti, anche perché non sempre dopo il rapporto sessuale avviene la fecondazione, si deve notare «che in colui che vuol impedire l'impianto di un embrione eventualmente concepito, e pertanto chiede o prescrive tali farmaci, l'intenzionalità abortiva è generalmente presente». Nel caso della contragestazione «si tratta dell'aborto di un embrione appena annidato... L'uso dei mezzi di intercezione e di contragestazione rientra nel peccato di aborto ed è gravemente immorale» (*Istruz*, n. 23).

Quale il giudizio della Chiesa circa la terapia genica?

■ Per terapia genica si intende «l'applicazione all'uomo delle tecniche di ingegneria genetica con una finalità terapeutica, vale a dire, con lo scopo di curare malattie su base genetica». La terapia genica somatica, dal canto suo, «si propone di eliminare o ridurre difetti genetici presenti a livello delle cellule somatiche». La terapia genica germinale mira «a correggere difetti genetici presenti in cellule della linea germinale, al fine di trasmettere gli effetti terapeutici ottenuti sul soggetto all'eventuale discendenza del medesimo» (*Istruz*, n. 25).

■ Dal punto di vista etico vale quanto segue:

• Quanto agli interventi di terapia genica somatica, essi «sono in linea di principio moralmente leciti... Dato che la terapia genica può comportare rischi significativi per il paziente, bisogna osservare il principio deontologico generale secondo cui, per attuare un intervento terapeutico, è necessario assicurare previamente che il soggetto trattato non sia esposto a rischi per la sua salute o per l'integrità fisica, che siano eccessivi o sproporzionati rispetto alla gravità della patologia che si vuole curare. È anche richiesto il consenso informato del paziente o di un suo legittimo rappresentante » (*Istruz*, n. 26).

• Quanto alla terapia genica germinale, « i rischi legati ad ogni manipolazione genetica sono significativi e ancora poco controllabili » e, pertanto, « allo stato attuale della ricerca non è moralmente ammissibile agire in modo che i potenziali danni derivanti si diffondano nella progenie » (*Istruz*, n. 26).

• Quanto all'ipotesi di applicare l'ingegneria genetica per presunti fini di miglioramento e potenziamento della dotazione genetica, si deve osservare che tali manipolazioni favorirebbero « una mentalità eugenetica » e introdurrebbero « un indiretto stigma sociale nei confronti di coloro che non possiedono particolari doti e enfatizzano doti apprezzate da determinate culture e società, che non costituiscono di per sé lo specifico umano. Ciò contrasterebbe con la verità fondamentale dell'uguaglianza tra tutti gli esseri umani, che si traduce nel principio di giustizia, la cui violazione, alla lunga, finirebbe per attentare alla convivenza pacifica tra gli individui... Si deve rilevare infine che nel tentativo di creare un nuovo tipo di uomo si ravvisa una dimensione ideologica, secondo cui l'uomo pretende di sostituirsi al Creatore» (*Istruz*, n. 27).

È accettabile moralmente la clonazione umana?

■ Per clonazione umana si intende «la riproduzione asessuale e agamica dell'intero organismo umano, allo scopo di produrre una o più «copie» dal punto di vista genetico sostanzialmente identiche all'unico progenitore» (*Istruz*, n. 28). Le tecniche proposte per la clonazione umana sono la fissione gemellare, che consiste «nella separazione artificiale di singole cellule o gruppi di cellule dall'embrione, nelle prime fasi dello sviluppo, e nel successivo trasferimento in utero di queste cellule, allo scopo di ottenere, in modo artificiale, embrioni identici» (*Istruz*, nota 47), e il trasferimento di nucleo, che consiste «nell'introduzione di un nucleo prelevato da una cellula embrionaria o somatica in un ovocita precedentemente denucleato, seguita dall'attivazione di questo ovocita che, di conseguenza, dovrebbe svilupparsi come embrione» (*Istruz*, nota 47). La clonazione viene proposta con due scopi: riproduttivo, cioè per ottenere la nascita di un bambino clonato, e terapeutico o di ricerca.

■ La clonazione è «intrinsecamente illecita, in quanto... intende dare origine ad un nuovo essere umano senza connessione con l'atto di reciproca donazione tra due coniugi e, più radicalmente, senza legame alcuno con la sessualità. Tale circostanza dà luogo ad abusi e a manipolazioni gravemente lesive della dignità umana» (*Istruz*, n. 28).

• Quanto alla clonazione riproduttiva, essa «imporrebbe al soggetto clonato un patrimonio genetico preordinato, sottoponendolo di fatto – come è stato affermato – ad una forma di schiavitù biologica dalla quale difficilmente potrebbe affrancarsi. Il fatto che una persona si arroghi il diritto di determinare arbitrariamente le caratteristiche genetiche di un'altra persona, rappresenta una grave offesa alla dignità di quest'ultima e all'uguaglianza fondamentale tra gli uomini… Ognuno di noi incontra nell'altro un essere umano che deve la propria esistenza e le proprie caratteristiche all'amore di Dio, del quale solo l'amore tra i coniugi costituisce una mediazione conforme al disegno del Creatore e Padre celeste» (*Istruz*, n. 29).

• Quanto alla clonazione terapeutica, occorre precisare che «creare embrioni con il proposito di distruggerli, anche se con l'intenzione di aiutare i malati, è del tutto incompatibile con la dignità umana, perché fa dell'esistenza di un essere umano, pur allo stadio embrionale, niente di più che uno strumento da usare e distruggere. È gravemente immorale sacrificare una vita umana per una finalità terapeutica» (*Istruz*, n. 30).

• Come alternativa alla clonazione terapeutica, alcuni hanno proposto nuove tecniche, che sarebbero capaci di produrre cellule staminali di tipo embrionale senza presupporre la distruzione di veri embrioni umani, ad esempio, attraverso il trasferimento di un nucleo alterato (ANT) o la riprogrammazione assistita dell'ovocita (OAR). Al riguardo sono però ancora da chiarire i dubbi «riguardanti soprattutto lo statuto ontologico del «prodotto» così ottenuto» (*Istruz*, n. 30).

Sono consentiti:

1. l'uso terapeutico delle cellule staminali?

■ «Le cellule staminali sono cellule indifferenziate che possiedono due caratteristiche fondamentali:

a) la capacità prolungata di moltiplicarsi senza differenziarsi;

b) la capacità di dare origine a cellule progenitrici di transito, dalle quali discendono cellule altamente differenziate, per esempio, nervose, muscolari, ematiche. Da quando si è verificato sperimentalmente che le cellule staminali, se trapiantate in un tessuto danneggiato, tendono a favorire la ripopolazione di cellule e la rigenerazione di tale tessuto, si sono aperte nuove prospettive per la medicina rigenerativa, che hanno suscitato grande interesse tra i ricercatori di tutto il mondo» (*Istruz*, n. 31).

■ Per la valutazione etica occorre considerare soprattutto i metodi impiegati per la raccolta delle cellule staminali.

■ «Sono da considerarsi lecite quelle metodiche che non procurano un grave danno al soggetto da cui si estraggono le cellule staminali. Tale condizione si verifica, generalmente, nel caso di prelievo a) dai tessuti di un organismo adulto; b) dal sangue del cordone ombelicale, al momento del parto; c) dai tessuti di feti morti di morte naturale» (*Istruz*, n. 32). «Il prelievo di cellule staminali dall'embrione umano vivente... causa inevitabilmente la sua distruzione, risultando di conseguenza gravemente illecito. In questo caso la ricerca... non si pone veramente a servizio dell'umanità. Passa infatti attraverso la soppressione di vite umane che hanno uguale dignità rispetto agli altri individui umani e agli stessi ricercatori» (*Istruz*, n. 32). «L'utilizzo di cellule staminali embrionali, o cellule differenziate da esse derivate, eventualmente fornite da altri ricercatori, sopprimendo embrioni, o reperibili in commercio, pone seri problemi dal punto di vista della cooperazione al male e dello scandalo» (*Istruz*, n. 32).

■ Si rileva comunque che numerosi studi tendono ad accreditare alle cellule staminali adulte dei risultati più positivi se confrontati con quelle embrionali.

I tentativi di ibridazione?

«Recentemente sono stati utilizzati ovociti animali per la riprogrammazione di nuclei di cellule somatiche umane..., al fine di estrarre cellule staminali embrionali dai risultanti embrioni, senza dover ricorrere all'uso di ovociti umani» (n. 33). «Dal punto di vista etico simili procedure rappresentano una offesa alla dignità dell'essere umano, a causa della mescolanza di elementi genetici umani ed animali capaci di turbare l'identità specifica dell'uomo» (*Istruz*, n. 33).

NB: Per approfondire l'argomento si legga l'Istruzione «*Dignitas personae.* Su alcune questioni di bioetica» (abbr. *Istruz*), pubblicata il 12 dicembre 2008 dalla Congregazione per la Dottrina della Fede.

XL
L'INSEMINAZIONE E LA FECONDAZIONE ARTIFICIALI: SONO ACCETTABILI MORALMENTE?

Quando si ha l'inseminazione e la fecondazione artificiali omologhe?

Quando lo spermatozoo e l'ovulo provengono dalla stessa coppia (un uomo e una donna uniti in matrimonio).

E quelle eterologhe?

Quando lo spermatozoo e/o l'ovulo provengono non dalla stessa coppia unita in matrimonio.

Quali sono i principi morali che sono coinvolti da queste tecniche?

■ Ecco alcuni principi morali di carattere generale che vanno tenuti presenti nell'esprimere la valutazione morale riguardo a tali tecniche:

• non tutto ciò che è scientificamente, tecnicamente fattibile è anche moralmente accettabile;

• non è giusto ottenere un bene attraverso il male;

• il fine non giustifica i mezzi. Pertanto il servizio alla vita (che si attua con le fecondazioni artificiali) va realizzato con mezzi leciti;

- quanto alla vita (sia del nascere, sia del vivere, sia del morire) non siamo nè padroni, nè creatori, ma amministratori;
- occorre salvaguardare il contesto sacro della vita (soprattutto nel suo nascere e morire);
- bisogna rispettare alcuni diritti fondamentali, quali : il diritto dell'embrione ad essere rispettato e non oggetto di selezioni o manipolazioni scientifiche; il diritto del nuovo nato di sapere che sono i suoi genitori biologici (diritto a una identità biologica, anagrafica ed affettiva; esistono ottime ragioni per difendere tale diritto dei figli a conoscere il loro padre e a porre fine alla paternità anonima); il diritto delle donne a non essere considerate macchine produttrici di ovuli e ventri in affitto...
- è necessario attuare politiche familiari e sanitarie che rappresentino una vera e propria prevenzione della sterilità;
- bisogna rispettare il principio che non è nei poteri dell'uomo di stabilire arbitrariamente ciò che è bene o male; e occorre rifiutare il principio dell'esaltazione del libero arbitrio, del proprio io, senza alcuna attenzione alla legge di Dio e ai diritti del concepito;
- esistono dei diritti del nascituro, che vanno tutelati anche dalla legislazione umana, tanto più che il nascituro appartiene alla categoria dei deboli e degli indifesi;
- quando esiste una differenza tra la legge divina e una legge fatta dagli uomini, il cristiano segue la legge divina.

■ Le tecniche di fecondazione artificiali coinvolgono anche un certo modo di intendere la natura umana, e cioè, con tali tecniche, la natura umana viene intesa come un dato di proprietà del soggetto, un mero postulato culturale, e quindi diviene soggetta a libera contrattazione, ad arbitraria manipolazione. Secondo la concezione cristiana invece la natura è normativa nei suoi elementi essenziali e fondamentali, in quanto donata da Dio Creatore e pertanto essa dà fondamento ad etica e diritto.

Per quali motivi l'inseminazione/fecondazione artificiali, omologa ed eterologa, sono moralmente inaccettabili?

La fecondazione/inseminazione artificiali sono moralmente inaccettabili, in quanto sia quella omologa che eterologa:

■ dissociano, nell'atto coniugale, il significato procreativo (l'apertura alla trasmissione della vita) da quello unitivo (la mutua donazione dei coniugi). La persona non deve rompere la connessione inscindibile che Dio ha voluto tra le due finalità dell'atto coniugale, unitiva e procreativa:

• la procreazione dev'essere frutto dell'atto coniugale, mediante il quale l'uomo e la donna collaborano con la potenza del Creatore;

• la fedeltà degli sposi, nell'unità del matrimonio, comporta il reciproco rispetto del loro diritto a diventare padre e madre soltanto l'uno attraverso l'altro;

• il figlio è e deve essere il frutto e il segno della mutua donazione personale degli sposi, attuata nel rapporto coniugale.

Egli ha diritto ad essere concepito, portato in grembo, messo al mondo ed educato nel matrimonio: è attraverso il riferimento sicuro e riconosciuto ai propri genitori che egli può scoprire la propria identità e maturare la propria formazione umana;

• Pio XII esprimeva tutto questo, già nel 1956, così:

«Il figlio è il frutto dell'unione coniugale, alla cui pienezza concorrono le funzioni organiche e le emozioni sensibili che vi sono connesse. Anche nella modalità con cui un nuovo soggetto viene chiamato alla vita deve essere salvaguardata la sua dignità di persona umana. Una persona umana non può essere prodotta come una «cosa», ma ha il diritto di essere generata come frutto di un gesto d'amore tra due persone che hanno costituito una stabile comunità. Nell'atto coniugale, espressione specificamente propria e completa del loro amore, il figlio diventa il dono, che non solo esprime il loro amore ma lo incarna; nell'unità di questo atto devono essere inserite le condizioni biologiche della generazione»;

■ instaurano un dominio della tecnica sull'origine e sul destino della persona umana. Appena la procreazione viene inserita in un contesto tecnico-strumentale ne scaturisce, malgrado ogni buona volontà soggettiva, il trattamento tecnico-strumentale del concepito stesso.

Tale tecnica di manipolazione:

- snatura il matrimonio, mortifica la procreazione, lede la dignità e i diritti del bambino, che peraltro è la persona più debole e inerme; instaura una fabbrica di bambini; favorisce il rischio di manipolazione grave della vita, della persona;
- causa uno spreco di embrioni (i cosiddetti embrioni soprannumerari): ora è illecita tanto la produzione di embrioni quanto il loro congelamento. A maggior ragione la loro distruzione. L'embrione è un essere umano con tutti i diritti costitutivi di una persona;
- fa sì che vengano maggiormente garantiti i diritti degli adulti (che desiderano a tutti i costi un figlio) piuttosto che quelli del figlio (che ha il diritto ad essere concepito da un atto di comunione d'amore coniugale): ora il più bisognoso di garanzie da parte della società dovrebbe essere il figlio che è il più indifeso. È necessario tutelare il minore!
- richiede in molti casi che gli spermatozoi siano ottenuti mediante masturbazione, che è un atto immorale;
- causa almeno sei problemi pratici:

1. l'insuccesso di questa metodica (successo soltanto del 18-20%);
2. l'enorme spreco di embrioni (la perdita almeno dell'80% degli embrioni prodotti in provetta);

3. l'alta abortività (la stragrande maggioranza di embrioni prodotti in provetta e trasferiti nell'utero vanno in aborto spontaneo in tempi diversi);

4. la frantumazione antropologica e affettiva del legame sessualità-procreazione (la procreazione: frutto dell'essere una sola carne);

5. i rischi di malattie e malformazioni (danni devastanti, danni seri, danni sostanziali);

6. gli effetti economici degradanti (compravendita/commercio di ovuli e spermatozoi, affitto di uteri...– liberismo selvaggio–); creano il rischio di uno sfruttamento economico del nascere.

Oltre ai problemi già indicati anche per quella omologa, quali ulteriori problemi crea la fecondazione eterologa?

L'inseminazione/fecondazione eterologa crea altri problemi, che aggravano la sua immoralità.

Essa infatti:

- lede il diritto del figlio a nascere da un padre e da una madre conosciuti da lui, legati tra loro dal matrimonio e aventi il diritto esclusivo a diventare genitori soltanto l'uno attraverso l'altro;

- non rispetta il diritto (oggettivo e soggettivo) del nascituro di:
  - nascere in una famiglia stabile;
  - conoscere l'identità dei genitori e la conformità al proprio patrimonio genetico;

- avere una identità non solo biologica, ma anche affettiva ed educativa, e una corrispondenza fra queste;

- rende impossibile il controllo della diffusione delle malattie genetiche, essendo anonimi i donatori;

- crea il pericolo d'incesto, a causa della fecondazione di donne diverse con lo stesso tipo di seme esterno alle coppie;

- favorisce la maternità surrogata o sostitutiva, che sono illecite. La tecnica dell'utero in affitto sconvolge l'ordine naturale della procreazione, che postula l'unità del soggetto delle due operazioni fondamentali che avvengono nella generazione umana: il concepimento e la simultanea gestazione. L'unità è reclamata soprattutto dalla dignità dell'essere umano chiamato alla vita. Inoltre non consente l'identificabilità del neonato. Causa la presenza di terze persone (è quanto avviene nella maternità surrogata o nelle nonne madri; tre genitori biologici...);

- favorisce il rischio: di una retribuzione in vil denaro; di una ennesima mercificazione del corpo femminile; una possibile sopraffazione e uno sfruttamento dei più forti (aspiranti genitori economicamente, culturalmente ben dotati) verso donne deboli e sole.

Quali sono le possibili conseguenze per i bambini concepiti con la fecondazione in vitro (Fiv)?

È questo un argomento importante, perché troppo spesso il figlio viene sentito come un diritto, provocando in tal modo anche conseguenze psicologiche e culturali di non poco conto; mentre bisogna sempre ricordare che nessuna persona è un diritto per un'altra.

Ci possono essere tre livelli di rischio:

• quello legato alle documentate possibilità di certi pericoli per la salute, che nei bambini nati da queste tecniche sono maggiori che negli altri;

• il rischio legato all'essere destinati a non conoscere mai l'identità del proprio genitore in caso di fecondazione eterologa;

• e il rischio di una possibilità di essere « selezionati su misura », talvolta addirittura selezionando la nascita di un bambino con anomalie.

Quando l'inseminazione/fecondazione artificiale è accettabile moralmente?

■ È accettabile moralmente a tre condizioni:

1. deve svolgersi all'interno della coppia legata da un vincolo stabile matrimoniale;

2. deve essere effettuata con un coniugale rapporto sessuale, e non raccogliendo il seme attraverso la masturbazione o evitando il rapporto coniugale;

3. non deve comportare interventi invasivi o rischi rilevanti a danno dell'embrione o del feto.

■ Il bene comune esige pertanto che vengano garantiti, completamente e per ogni singolo embrione umano, i tre diritti seguenti:

- il diritto ad essere trattato come soggetto e non come oggetto;
- il diritto inviolabile alla vita;
- il diritto di nascere da e in una stessa coppia eterosessuale unita in matrimonio.

Esiste un diritto ad avere figli?

Non esiste un diritto ad avere figli ('il figlio dovuto, ad ogni costo'), perché essi sono un dono di Dio, il dono più grande del matrimonio. Con la pretesa di averlo comunque, l'avere prevale sull'essere. Il figlio è ridotto a un oggetto di una tecnologia scientifica.

Ormai si sta arrivando al fondo nel rispetto dei valori umani, quando un figlio viene di fatto 'ordinato e acquistato', come si può fare in un negozio di bambole, scavalcando i limiti che la natura ha imposto, arrivando a un vero e proprio arbitrio sulla vita degli altri.

Che cosa possono fare gli sposi, quando non hanno figli?

Coloro che sono affetti da problemi di infertilità devono essere aiutati mediante ricerche, terapie e tecniche mediche, eticamente lecite.

Qualora il dono del figlio non fosse loro concesso, gli sposi, dopo aver esaurito i legittimi ricorsi alla medicina, possono mostrare la loro generosità mediante l'affido o l'adozione, oppure compiendo servizi significativi a favore del prossimo. Realizzano così una preziosa fecondità spirituale, che supera il limite dell'infertilità biologica.

Che cosa pensa la Chiesa Cattolica del bimbo nato da una fecondazione artificiale?

Una volta concepito, il bimbo ha tutti i diritti e doveri di qualsiasi altra persona, ha la stessa dignità, merita lo stesso rispetto di ogni altro essere umano.

Che pensare della legge italiana circa la fecondazione artificiale?

■ Nella sua impostazione di fondo è inaccettabile, per i motivi detti sopra. In particolare essa, ad esempio, ammette la fecondazione omologa, la quale viene per di più consentita anche alle coppie di fatto: tutto questo non può essere accettato dalla Fede cristiana.

■ Ha tuttavia alcuni aspetti positivi:

• intanto c'è finalmente una legge, che regolamenta tale materia. Ciò è senz'altro meglio rispetto al 'far-west' di prima, ove, in assenza di qualunque legislazione, ognuno riteneva di fare ciò che voleva e gli piaceva, con sperimentazioni anche selvagge, senza rispetto di nessuno;

• è vietata la fecondazione eterologa;

• vengono maggiormente riconosciuti nella loro dignità gli embrioni, e vengono maggiormente protetti (sia limitandone il numero sia evitando le sperimentazioni selvagge).

■ Il cristiano, con tutti i mezzi democratici disponibili, deve cercare di fare leggi in sintonia con la sua visione dell'uomo e del mondo, anche perché le leggi creano una mentalità, una cultura.

Dicono alcuni: la legge che consente la fecondazione omologa/eterologa non obbliga nessuno a fare ciò che non vuole. È vero questo?

No, in quanto qualcuno viene obbligato: il nascituro! Il quale, secondo tale legge, è obbligato a venire al mondo non in modo naturale, e addirittura, nel caso della fecondazione eterologa, senza padre e madre noti.

NB: Per approfondire l'argomento, si leggano i seguenti documenti pontifici:

PAOLO VI, *Humanae vitae*, 1968;

GIOVANNI PAOLO II, *Familiaris consortio*, 1982;

CATECHISMO DELLA CHIESA CATTOLICA (*CCC*), nn. 2370-2379;

Compendio del CCC, nn. 498-501;

CONGREGAZIONE PER LA DOTTRINA DELLA FEDE, *Donum vitae*, 1987.

XLI
SITUAZIONI AFFETTIVE IRREGOLARI:
COME LE CONSIDERA LA CHIESA CATTOLICA?

Chi è in una situazione affettiva irregolare?

■ È:
- il convivente, o
- lo sposato solo civilmente, o
- il divorziato:
  - convivente, o
  - risposato civilmente.

■ In questa scheda, tali persone saranno indicate più brevemente come coloro che vivono in situazioni irregolari.

■ Va precisato che qui non si vuol prendere in considerazione la valutazione morale soggettiva del comportamento della singola persona (*de internis Ecclesia non iudicat*), ma solo la situazione morale oggettiva di peccato grave, di chi vive in una delle situazioni sopra descritte.

■ Chi vive da separato, mantenendosi fedele al proprio matrimonio religioso, non rientra nella situazione affettiva irregolare.

Perché la separazione non va considerata come situazione irregolare?

Perché, nella separazione, viene mantenuta la fedeltà e l'indissolubilità del matrimonio-Sacramento.

■ Possono esserci « situazioni in cui la coabitazione matrimoniale diventa praticamente impossibile per le più varie ragioni. In tali casi la Chiesa ammette la separazione fisica degli sposi e la fine della coabitazione. I coniugi non cessano di essere marito e moglie davanti a Dio; non sono liberi di contrarre una nuova unione. In questa difficile situazione, la soluzione migliore sarebbe, se possibile, la riconciliazione. La comunità cristiana è chiamata ad aiutare queste persone a vivere cristianamente la loro situazione, nella fedeltà al vincolo del loro matrimonio che resta indissolubile » (*CCC*, 1649).

■ Anche in caso di separazione dei coniugi, questi devono sempre provvedere opportunamente al debito sostentamento e educazione dei figli.

■ La Chiesa accetta, in alcuni casi, la separazione, come mezzo per superare le difficoltà della coppia, e quindi come *modus vivendi* provvisorio, in vista di una ricomposizione dell'unione coniugale-familiare.

Quanti vivono in situazione irregolare possono ricevere l'assoluzione nel Sacramento della Confessione o fare la Santa Comunione?

No.

■ Essi non possono accedere alla S. Comunione, in quanto lo impedisce la loro stessa oggettiva situazione irregolare, essendo gravemente contraria all'insegnamento di Cristo. Non si tratta di nessuna punizione o discriminazione, e neppure di indebita imposizione dell'autorità ecclesiastica. Si tratta unicamente di:

- di fedeltà assoluta alla volontà di Cristo, che ci ha ridato e nuovamente affidato l'indissolubilità deal matrimonio come dono del Creatore;
- di rispetto verso la Comunione eucaristica, la quale richiede coerenza nelle scelte di vita in coloro che la ricevono. Non esiste un *diritto* alla Comunione, la quale è principalmente un dono di Dio, che richiede di essere ricevuto da chi è almeno senza peccato mortale;
- del limite oggettivo e reale dell'appartenenza di tali persone alla comunità ecclesiale: esse si trovano in una situazione ecclesialmente ed eucaristicamente dissonante.

La Chiesa prende atto di una situazione irregolare oggettiva, che non permette di accostarsi all'Eucaristia, e lascia a Dio il giudizio sulla eventuale colpevolezza delle persone. «Sono essi a non poter esservi ammessi, dal momento che il loro stato e la loro condizione di vita contraddicono oggettivamente a quell'unione di amore tra Cristo e la Chiesa, significata e attuata dall'Eucaristia» (*Familiaris consortio*, 84).

«Perciò essi non possono accedere alla Comunione eucaristica, per tutto il tempo che perdura tale situazione. Per lo stesso motivo non possono esercitare certe responsabilità ecclesiali» (*CCC*, 1650), ad esempio l'essere padrini-madrine nella celebrazione dei sacramenti del Battesimo e della Cresima.

■ C'è inoltre un altro peculiare motivo pastorale; se si ammettessero queste persone alla Comunione eucaristica, i fedeli rimarrebbero indotti in errore e confusione circa la dottrina della Chiesa sulla sacramentalità e l'indissolubilità del matrimonio.

In nessun caso è consentita la Santa Comunione?

■ L'accesso alla S. Comunione Eucaristica è aperto unicamente dall'assoluzione sacramentale, che può essere data solo a quelli che, pentiti di aver violato l'insegnamento di Cristo, sono sinceramente disposti ad una forma di vita non più in contraddizione con le caratteristiche essenziali del Sacramento del matrimonio.

■ Qualora l'uomo e la donna non possono separarsi per seri motivi – quali, ad esempio, l'educazione dei figli –, possono assumere l'impegno di vivere in piena continenza, come fratello e sorella, astenendosi dagli atti sessuali coniugali: in tal caso essi possono accedere alla S. Comunione Eucaristica, fermo restando tuttavia l'obbligo di evitare lo scandalo (ad esempio ricevendo la S. Comunione in una chiesa, ove non sono conosciuti).

Non potendo accedere alla Santa Comunione, sono forse anche esclusi dall'amore di Cristo e dall'amore della Chiesa?

No certamente!

■ Quanti vivono in una situazione irregolare continuano ad essere amati da Cristo, sono sempre membri della Chiesa, possono e devono partecipare alla sua vita, pur non potendo accedere alla Comunione Eucaristica e al Sacramento della Penitenza.

■ Un'Eucaristia senza la Comunione sacramentale immediata non è certamente completa, manca di una cosa essenziale. Tuttavia è anche vero che partecipare all'Eucaristia senza Comunione Eucaristica non è uguale a niente, è sempre essere coinvolti nel mistero.

■ In quanto essi percepiscono come un dolore e una sofferenza l'aver infranto la richiesta di Cristo circa la sacramentalità dell'amore fra un uomo e una donna e/o l'indissolubilità di tale vincolo, e quindi il non poter avere la comunione piena nei sacramenti della Chiesa:

• essi possono sentirsi abbracciati dal Signore crocifisso, essere più vicini al Signore che ha sofferto per noi e soffre con noi. Il loro carico non è dolce e leggero in quanto piccolo o insignificante, ma diventa leggero perché il Signore - e insieme con Lui tutta la Chiesa - lo condivide;

• possono confidare nella misericordia di Dio;

• trovano « nel desiderio di comunione e nella partecipazione all'Eucaristia una forza e una efficacia salvatrice » (BENEDETTO XVI, *Videomessaggio indirizzato al Congresso eucaristico mondiale nel Quebec, in Canada*, 22-6-08);

• offrono una testimonianza positiva anche agli altri fedeli: con tale loro sofferenza, ci aiutano a comprendere che la sofferenza può essere una realtà molto positiva, che ci sollecita a maturare, a divenire più noi stessi, più vicini al Signore (cfr. scheda sulla sofferenza). Non va infatti dimenticato che ogni matrimonio che va a pezzi porta tensione, stress, dolore, smarrimento interiore, problemi emotivi e pratici, lacerazioni...

■ Essi possono partecipare in vario modo alla vita della comunità ecclesiale.

Quanti vivono in situazione irregolare, come possono partecipare ancora alla vita della Chiesa?

■ Essi, non solo possono, ma hanno il diritto-dovere, in quanto battezzati, di partecipare a diversi momenti della vita della Chiesa, quali:

• il perseverare nella preghiera, personale, coniugale, familiare;

- l'ascoltare la Parola di Dio;
- il frequentare il Sacrificio della Messa, facendo anche la cosiddetta Comunione spirituale;
- il coltivare lo spirito e le opere di penitenza, per implorare così, di giorno in giorno, la grazia di Dio;
- l'impegnarsi nelle opere di carità e nelle iniziative della comunità in favore della giustizia;
- l'educare i figli nella Fede cristiana...

■ In tal modo essi comprendono e manifestano che la loro partecipazione alla vita della Chiesa non può essere esclusivamente ridotta alla questione della ricezione dell'Eucaristia.

Che cosa s'intende per nullità del matrimonio-Sacramento?

■ Anzitutto, nel linguaggio comune si parla erroneamente di annullamento del vincolo matrimoniale sacramentale. Il termine esatto è nullità: la Chiesa può soltanto dichiarare quel Sacramento nullo, ovvero mai nato, in quanto viziato, all'origine, da elementi così importanti da considerarsi fondamentali per la validità del matrimonio stesso. Se mancano tali elementi, il matrimonio è nullo *ab origine* e con effetti retroattivi. Pertanto un matrimonio valido, celebrato in chiesa, *dura per sempre*: o c'è o non c'è.

■ Nelle cause che si concludono con la dichiarazione di nullità, non viene diviso ciò che Dio ha unito.

La Chiesa sostiene, per fedeltà alla parola di Gesù Cristo (« Chi ripudia la propria moglie e ne sposa un'altra, commette adulterio contro di lei; se la donna ripudia il marito e ne sposa un altro, commette adulterio », *Mc* 10,11-12), che non può riconoscere come valida una nuova unione, se era valido il primo matrimonio. Per la Chiesa, il matrimonio, quando è celebrato validamente, è indissolubile (cfr. scheda: matrimonio e famiglia nella Fede Cristiana).

■ La dichiarazione di nullità sancisce che il matrimonio non è mai esistito, e pertanto è ben diversa dal divorzio, il quale dichiara semplicemente che il matrimonio, a livello civile, è finito. Nella dichiarazione di nullità, invece non si tratta di annullare un vincolo, ma solo stabilire se tale vincolo esisteva, come valido, dall'inizio.

■ Il processo canonico di nullità matrimoniale costituisce « uno strumento per accertare la verità sul vincolo coniugale (...) Il suo scopo costitutivo non è quindi di complicare inutilmente la vita ai fedeli né tanto meno di esacerbarne la litigiosità, ma solo di rendere un servizio alla verità » (BENEDETTO XVI, *Discorso ai membri della Rota Romana*, 28 gennaio del 2006).

Quali possono essere le cause di tale nullità?

■ Gli elementi essenziali per la validità di un matrimonio tra un uomo e una donna sono l'unità, la fedeltà, l'indissolubilità, l'apertura alla fecondità, il bene dei coniugi. Se una delle due parti esclude con un atto positivo della volontà, in occasione della celebrazione del matrimonio (e non dopo), anche uno solo dei suddetti elementi essenziali, il consenso è da considerarsi viziato, quindi il matrimonio non ha mai avuto origine.

■ Le cause di nullità di un matrimonio, celebrato in chiesa, possono essere dunque varie (cfr. CIC, cann.1093-1102) e in alcuni casi complementari, e devono essere presenti al momento della celebrazione del matrimonio. Le principali sono:

• la mancanza di adeguato uso della ragione;

• la grave mancanza di valutazione critica circa i diritti e doveri matrimoniali;

• l'impossibilità di assumere gli obblighi essenziali del matrimonio per motivi psichici;

• l'ignoranza dell'essenza del matrimonio;

• l'errore sulla persona o su una qualità essenziale del coniuge;

• l'aver nascosto con l'inganno (dolo) all'altra parte, allo scopo di estorcere il suo consenso, un vizio o una malattia grave (ad es. Aids, omosessualità, sterilità, tumore...), che per sua natura può turbare in modo grave la comunione della vita coniugale;

• l'esclusione della natura sacramentale del matrimonio oppure di una delle sue proprietà essenziali (la fedeltà, l'indissolubilità del vincolo) o di una delle sue finalità (il bene dei coniugi, la generazione ed educazione dei figli);

- l'esistenza di una condizione futura;
- la violenza o il timore grave provocato dall'esterno (per liberarsi dal quale uno sia costretto a sposarsi).

A queste cause di nullità, si aggiungono gli impedimenti dirimenti (CIC, cann. 1068-1076), come:

- l'impotenza;
- la mancanza dell'età adatta, ovvero sedici anni per l'uomo e quattordici per la donna;
- la consanguineità;
- gli Ordini sacri maggiori o i voti religiosi perpetui;
- la disparità di culto.

Per alcuni di questi impedimenti si puo' ottenere una dispensa.

La sterilità non proibisce né dirime il matrimonio.

Prima della celebrazione di un matrimonio, tutti i fedeli sono obbligati a rivelare al parroco o all'Ordinario del luogo, gli eventuali impedimenti, di cui siano a conoscenza e che riguardino i nubendi (cfr. CIC, can 1067).

Qual è l'iter da seguire per le cause di nullità?

Anzitutto è quanto mai opportuno verificare con un sacerdote la fondatezza dell'ipotesi di nullità, per il proprio matrimonio.

■ Accertata tale ipotesi, occorre rivolgersi al Tribunale ecclesiastico diocesano, presentando la documentazione necessaria.

■ Per introdurre una causa di nullità, è necessario che:

• i coniugi non vivano più sotto lo stesso tetto, ma che ci sia almeno la separazione di fatto;

• ci si avvalga, oltre che di alcuni testimoni ben informati sui fatti, anche di un avvocato. Non può essere un semplice avvocato, ma deve trattarsi di un Avvocato Rotale o di un Avvocato adeguatamente abilitato, che potrà:

– o essere scelto dall'albo degli avvocati rotali (Patrono di fiducia), e in tal caso dovrà essere pagato dalla persona interessata;

– oppure essere richiesto al Tribunale (Patrono Stabile, o d'ufficio), e, in tal caso, sarà gratuito in tutto o in parte, se la persona, che promuove la causa, si trova in difficoltà economiche (gratuito o semigratuito patrocinio).

■ Circa i gradi di giudizio: Per la dichiarazione di nullità sono necessari due gradi di giudizio: Tribunale di prima istanza e Tribunale di seconda istanza (Appello).

■ Circa l'iter del giudizio: Dopo la sentenza di primo grado, la causa pertanto andrà in Appello, dove altri tre giudici esamineranno gli atti processuali. Se sarà confermata la sentenza affermativa di primo grado, il matrimonio è dichiarato nullo e le parti potranno sposarsi anche in chiesa. Se ci fosse una sentenza negativa, allora ci sarà bisogno di un terzo grado di giudizio che si svolgerà presso il Tribunale della « Sacra Rota » - oggi denominato « Tribunale Apostolico della Rota Romana » –, che si trova a Roma.

■ Circa il tempo di durata della causa: per il primo e il secondo grado di giudizio, ci vogliono in genere almeno circa tre anni.

■ Circa i costi economici: innanzitutto c'è un contributo obbligatorio, imposto dalla CEI, nella misura (nel 2007) di 500 euro per il coniuge che inizia il processo; se però anche l'altro coniuge vuole costituirsi in giudizio con un proprio avvocato, dovrà pagare 250 euro, altrimenti nulla. Chi abbia scelto di avvalersi di un Patrono Stabile, nulla deve pagare.

Chi invece abbia scelto un Patrono di fiducia, dovrà dare all'avvocato un onorario stabilito dai Giudici nella sentenza e che sempre dalla CEI è fissato (nel 2007) da un minimo di 1.500 euro ad un massimo di 2.850 euro (più IVA).

■ Circa il segreto: il processo è segreto. Ciò comporta che nessuno può avere accesso agli atti di causa, se non le parti interessate tramite gli avvocati. All'udienza non può assistere nessuno se non l'avvocato. Tutti gli operatori del Tribunale hanno l'obbligo di segretezza sulle cause matrimoniali.

■ Circa gli eventuali figli: la sentenza di nullità non modifica affatto lo stato giuridico dei figli già nati, i quali non perderanno alcun diritto (ereditario o altro). È come se, per essi, il matrimonio dei loro genitori sia comunque sempre valido.

■ Circa gli effetti civili: la sentenza di nullità pronunciata dal tribunale ecclesiastico deve essere riconosciuta valida nell'ambito dell'ordinamento civile. Se viene riconosciuta valida, il matrimonio è nullo anche per lo Stato e gli ex-coniugi tornano nubili e celibi.

Chi vive in situazione irregolare può avere il funerale in chiesa?

A questo riguardo va tenuto presente che:

■ Esiste anzitutto un diritto al funerale in chiesa per tutti i fedeli defunti (cfr. CIC, can. 1176 §1), purché non siano stati privati legittimamente di tale diritto (legittimamente significa in base alle disposizioni del CIC, can. 1184).

■ Ora, applicando alle situazioni irregolari quanto afferma il can. 1184, non si può concedere a un defunto il funerale religioso, quando si verificano contemporaneamente queste tre condizioni:

1. a sua situazione irregolare è manifesta pubblicamente (in foro esterno);
2. tale peccatore, prima della morte, non ha dato alcun segno di pentimento;
3. la celebrazione del funerale in chiesa è fonte di scandalo pubblico per i fedeli (e cioè li spinge a

compiere il peccato, in questo caso ad accettare, anche loro, la situazione irregolare).

- Qualora ci sia stato un segno di pentimento:
  - si concede sempre il funerale in chiesa;
  - sarebbe opportuno che il sacerdote, durante il funerale, accenni in qualche modo a tale pentimento, al fine di rimuovere il pericolo di scandalo tra i fedeli, e inviti ad implorare la misericordia di Dio nei confronti del defunto, oltre che invocare la consolazione cristiana a favore dei parenti addolorati.

- Segno di pentimento può essere, ad esempio:
  - durante la sua vita: l'aver perseverato nella pratica religiosa, l'essersi preoccupato della formazione cristiana degli eventuali figli...
  - prima di morire: l'accogliere un sacerdote, il chiedere il Sacramento della Confessione e/o il Sacramento dell'Unzione dei malati, l'accettare di pregare, il baciare il Crocifisso, il chiedere perdono a Dio in modo manifesto ...

- In caso di dubbio, sia circa il segno di pentimento, sia circa il fatto che ricorra o meno lo scandalo, il giudizio ultimo spetta all'Ordinario del luogo: il Vescovo (cfr. CIC, can. 1184 §2).

- Quando la Chiesa non concede, in alcuni casi, il funerale religioso, è perché vuole:
  - rispettare la volontà della persona che, per una sua scelta consapevole o a seguito del suo comporta-

mento gravemente immorale, si è staccata dalla Chiesa, dalla comunione con essa. Per questo la Chiesa non impone un rito che la persona non vuole. La libera decisione della persona di non appartenere alla Chiesa, manifestata o espressamente o implicitamente con la propria condotta di vita chiaramente contraria alla Fede cristiana, deve essere rispettata anche contro il desiderio dei famigliari;

• stigmatizzare l'oggettiva immoralità di alcuni stati di vita, in cui può trovarsi un fedele al momento della morte, come appunto è il caso di chi si trova in situazione irregolare;

• evitare un grave e diffuso pericolo di scandalo, di relativismo, di indifferentismo tra la gente.

NB: Per approfondire l'argomento, si possono leggere i seguenti documenti pontifici:

Catechismo della Chiesa Cattolica (*CCC*), nn. 1601-1666; 1680-1690; 2331-2400;

Compendio del CCC, nn. 337-350; 354-356; 487-502;

Codice di Diritto Canonico (*CIC*), cann. 1068-1076; 1093-1102;

Giovanni Paolo II, Esort. Ap. *Familiaris consortio*, 1982;

Congregazione per la Dottrina della Fede (CDF), *Lettera ai vescovi della Chiesa cattolica circa la ricezione della comunione eucaristica da parte di* fedeli *divorziati risposati*, 1994.

XLII
RELAZIONI OMOSESSUALI: COME LE VALUTA LA CHIESA CATTOLICA?

Secondo la morale cristiana, qual è la differenza, nell'omosessualità, tra orientamento e atto?

■ Un orientamento (tendenza/inclinazione) omosessuale, pur essendo oggettivamente un disordine morale, non va considerato peccaminoso in se stesso: lo è solo nel senso che può condurre a un atto sessuale.

■ L'atto omosessuale è invece peccato gravemente contrario alla castità. Esso, infatti, esclude il dono della vita. Non è il frutto di una vera complementarità affettiva e sessuale. In nessun modo può essere approvato.

■ Gli atti omosessuali « sono espressione del vizio della lussuria. Commessi su minori, tali atti sono un attentato ancora più grave contro la loro integrità fisica e morale » (Compendio del CCC, 492).

Qual è l'atteggiamento della Chiesa Cattolica nei confronti delle relazioni omosessuali?

■ **La Chiesa dice SI:**

• al rispetto della persona omosessuale, alla quale, proprio in quanto persona, si deve dignità, accoglienza, aiuto. Non si può infatti dimenticare che la persona umana, in quanto creata a immagine e somiglianza di Dio, precede e trascende la propria sessualità, il proprio orientamento sessuale;

• alla depenalizzazione dell'omosessualità nell'ordinamento giuridico statale;

• alla distinzione:

– tra peccatore e peccato;

– tra reato (aspetto giuridico) e peccato (aspetto morale);

– tra orientamento e atto omosessuale;

• al rispetto degli specifici diritti delle singole persone, diritti che anche gli omosessuali hanno in quanto persone e in quanto cittadini né più né meno delle altre persone umane, e non in quanto omosessuali;

• all'educazione e, per quanto possibile, alla guarigione della persona omosessuale;

• all'avvio di iniziative pastorali concrete a favore dell'omosessuale;

• alla chiamata alla castità e alla santità dell'omosessuale (questo del resto vale anche per l'eterosessuale);

• alla preghiera e alla vita sacramentale, quali luce e aiuto perché l'omosessuale possa vivere nella castità.

La Chiesa dice NO:

• all'approvazione del comportamento omosessuale o della relazione omosessuale;

• alla concezione dell'omosessualità come una dimensione del tutto al di fuori o al di sopra delle norme morali;

• alla legalizzazione o all'equiparazione della relazione omosessuale al matrimonio;

• all'affidamento di un bimbo a una coppia omosessuale: il bambino, come riconosce ogni psicologo o pedagogista, ha bisogno di un papà e di una mamma per una sana maturazione umana, per una corretta visione della famiglia e un equilibrato inserimento nella vita;

• ad ogni marchio di ingiusta discriminazione, a ogni eventuale forma di rifiuto, di emarginazione o di disprezzo nei confronti della persona omosessuale.

Gli omosessuali possono diventare sacerdoti?

■ Non possono essere ammessi agli Ordini Sacri quanti:

• compiono atti omosessuali (negli ultimi tre anni prima dell'Ordinazione sacerdotale), oppure;

• presentano tendenze omosessuali profondamente radicate, oppure;

• sostengono la cultura gay.

■ Quanti hanno tendenze omosessuali di natura transitoria possono essere ammessi agli Ordini Sacri, purché tali tendenze siano state chiaramente superate almeno tre anni prima dell'Ordinazione diaconale (cfr. CONGREGAZIONE PER L'EDUCAZIONE CATTOLICA, *Istruzione circa i criteri di discernimento vocazionale*, 4 novembre 2005).

Quali frutti generano l'amore eterosessuale e la relazione omosessuale?

■ L'amore tra l'uomo e la donna ha il potere di generare vari e complementari « amori »: l'amore coniugale, quello parentale, quello fraterno e quello filiale.

La relazione omosessuale non ha questa ampiezza di vita. Si esaurisce nella relazione tra due persone.

■ La ricchezza di vita che la relazione eterosessuale produce nelle persone e i benefici che dona alla società non sono equiparabili alla vita e ai benefici di una relazione omosessuale.

Si può stabilire un'analogia tra il matrimonio e le unioni omosessuali ?

Non esiste fondamento alcuno per assimilare o stabilire analogie, neppure remote, tra le unioni omosessuali e il disegno di Dio sul matrimonio e la famiglia. Il matrimonio è santo, mentre le relazioni omosessuali contrastano con la legge morale naturale. Nella Sacra Scrittura le relazioni omosessuali sono condannate come gravi depravazioni (cfr. *Rm* 1, 24-27; *1 Cor* 6, 10; *1 Tm* 1, 10).

Per quali motivi le unioni omosessuali non devono essere legalizzate?

Per vari e complementari motivi:

■ Motivo naturale: la legge civile non può entrare in contraddizione con la retta ragione senza perdere la forza di obbligare la coscienza. Ogni legge, fatta dagli uomini, ha ragione di legge solo in quanto è conforme alla legge morale naturale, riconosciuta dalla retta ragione, e in quanto rispetta in particolare i diritti inalienabili di ogni persona. Le legislazioni favorevoli alle unioni omosessuali sono contrarie alla retta ragione perché conferiscono all'unione tra due persone dello stesso sesso garanzie giuridiche analoghe a quelle dell'istituzione matrimoniale.

■ Motivo biologico-antropologico: Nelle unioni omosessuali sono del tutto assenti quegli elementi biologici e antropologici propri del matrimonio e della famiglia.

Infatti nell'unione omosessuale:

• manca la differenziazione genitale-sessuale, che è il dato oggettivo di realtà con cui veniamo al mondo: maschio o femmina. Questo dato originario è scritto nel corpo, nel cervello, nel cuore;

• è del tutto assente la dimensione coniugale, che rappresenta la forma umana ed ordinata delle relazioni sessuali. Esse infatti sono umane quando e in quanto esprimono e promuovono il mutuo aiuto dei due diversi sessi nel matrimonio;

• non vengono attuate la procreazione e la sopravvivenza della specie umana;

• l'assenza della bipolarità sessuale crea ostacoli allo sviluppo normale dei bambini eventualmente inseriti all'interno di queste unioni omosessuali. Ad essi manca l'esperienza della maternità o della paternità. Inserire dei bambini nelle unioni omosessuali per mezzo dell'adozione significa di fatto fare violenza a questi bambini, nel senso che ci si approfitta del loro stato di debolezza per introdurli in ambienti che non favoriscono il loro pieno sviluppo umano. Certamente una tale pratica sarebbe gravemente immorale e si porrebbe in aperta contraddizione con il principio, riconosciuto anche dalla Convenzione internazionale dell'ONU sui diritti dei bambini, secondo il quale l'interesse superiore da tutelare in ogni caso è quello del bambino, la parte più debole e indifesa.

■ Motivo sociale:

• Se le unioni omosessuali venissero legalizzate, ciò significherebbe:

- approvare un comportamento deviante;
- farlo diventare un modello nella società;
- approvare l'indeterminatezza sessuale;
- offuscare valori fondamentali, quali il matrimonio e la famiglia. Infatti il concetto di matrimonio subirebbe un cambiamento radicale, con grave detrimento del bene comune: perderebbe l'essenziale riferimento ai fattori collegati alla eterosessualità, come ad esempio il compito procreativo ed educativo.

• Ci sono inoltre buone ragioni per affermare che tali unioni omosessuali sono nocive per il retto sviluppo della società umana, soprattutto se aumentasse la loro incidenza effettiva sul tessuto sociale.

• Alla base della storia dell'umanità, non ci sono due individui, sessualmente indifferenziati, ma una coppia: un uomo e una donna, una comunità-comunione di due persone che così si integrano vicendevolmente e, aperti alla vita nascente, generano la comunità: comunità da comunità.

• Sussiste anche sempre il pericolo che una legislazione che faccia dell'omosessualità una base per avere dei diritti possa di fatto incoraggiare una persona con tendenza omosessuale a dichiarare la sua omosessualità o addirittura a cercare un partner allo scopo di sfruttare le disposizioni della legge.

■ Motivo giuridico:

Poiché le coppie matrimoniali svolgono il ruolo di garantire l'ordine delle generazioni e sono quindi di eminente interesse pubblico, il diritto civile conferisce loro un riconoscimento istituzionale. Le unioni omosessuali invece non esigono una specifica attenzione da parte dell'ordinamento giuridico, perché non rivestono il suddetto ruolo per il bene comune. Gli omosessuali, in quanto persone e in quanto cittadini, possono sempre ricorrere – come tutti i cittadini e a partire dalla loro autonomia privata – al diritto comune per tutelare situazioni giuridiche di reciproco interesse.

Che cosa la Chiesa Cattolica chiede allo Stato di fare nei confronti delle relazioni omosessuali?

■ La Chiesa Cattolica chiede allo Stato di:

• affermare chiaramente il carattere immorale di questo tipo di unione;

• contenere il fenomeno entro limiti che non mettano in pericolo il tessuto della moralità pubblica;

• ricordare che la tolleranza del male è qualcosa di molto diverso dall'approvazione o dalla legalizzazione del male;

• smascherare l'uso strumentale o ideologico che si può fare della giusta tolleranza verso le persone omosessuali;

• non procedere alla legalizzazione delle unioni omosessuali o alla loro equiparazione legale al matrimonio con accesso ai diritti che sono propri di quest'ultimo;

• rispettare il principio di uguaglianza, in forza del quale non si possono attribuire gli stessi benefici e vantaggi a soggetti che non sono nella stessa situazione giuridica. Infatti mentre i soggetti legati da matrimonio sono impegnati ad osservare una somma di doveri e di obblighi previsti dal diritto di famiglia, i soggetti di unioni di fatto si sottraggono, per libera scelta, a questi impegni. Pertanto lo Stato violerebbe il principio di uguaglianza conferendo ai soggetti di unioni di fatto, i benefici che la legge prevede per le unioni coniugali familiari.

■ Impegno comune dello Stato e della Chiesa, seppure su piani diversi e con mezzi diversi, è soprattutto quello di non esporre le giovani generazioni ad una concezione erronea della sessualità e del matrimonio, che le priverebbe delle necessarie difese e contribuirebbe, inoltre, al dilagare del fenomeno stesso.

Qualcuno *dice: l'eventuale legalizzazione dell'unione omosessuale non obbliga nessuno ad usufruire di tale legge. E quindi perché non venire incontro a chi vuole usufruirne?*

■ A questo proposito occorre riflettere sulla differenza esistente tra il comportamento omosessuale come fenomeno privato, e lo stesso comportamento quale relazione sociale legalmente prevista e approvata, fino a diventare una delle istituzioni dell'ordinamento giuridico. Il secondo fenomeno non solo è più grave, ma acquista una portata assai più vasta e profonda, e finirebbe per comportare modificazioni dell'intera organizzazione sociale che risulterebbero contrarie al bene comune.

■ Le leggi civili sono principi strutturanti della vita dell'uomo in seno alla società, per il bene o per il male. Esse svolgono un ruolo molto importante e talvolta determinante nel promuovere una mentalità e un costume. Le forme di vita e i modelli in esse espresse non solo configurano esternamente la vita sociale, bensì tendono a modificare nelle nuove generazioni la comprensione e la valutazione dei comportamenti. La legalizzazione delle unioni omosessuali sarebbe destinata perciò a causare l'oscuramento della percezione di alcuni valori morali fondamentali e la svalutazione dell'istituzione matrimoniale.

Come devono comportarsi i politici cattolici nei confronti di legislazioni favorevoli alle unioni omosessuali?

■ Nel caso in cui si proponga per la prima volta all'Assemblea legislativa un progetto di legge favorevole al riconoscimento legale delle unioni omosessuali, il parlamentare cattolico ha il dovere morale di esprimere chiaramente e pubblicamente il suo disaccordo e votare contro il progetto di legge. Concedere il suffragio del proprio voto ad un testo legislativo così nocivo per il bene comune della società è un atto gravemente immorale.

■ Nel caso sia già in vigore una legge favorevole alle unioni omosessuali, egli deve opporsi nei modi a lui possibili e rendere nota la sua opposizione. Se non fosse possibile abrogare completamente una legge di questo genere, egli potrebbe lecitamente offrire il proprio sostegno a proposte mirate a limitare i danni di una tale legge e a diminuirne gli effetti negativi sul piano della cultura e della moralità pubblica, a condizione che sia chiara e a tutti nota la sua personale assoluta opposizione a leggi siffatte e che sia evitato il pericolo di scandalo.

NB: Per approfondire tale argomento, si leggano i seguenti documenti:

CONGREGAZIONE PER LA DOTTRINA DELLA FEDE:

- *Considerazioni circa i progetti di ricnoscimento legale delle unioni tra persone omosessuali*, 3 giugno 2003;
- Dichiarazione *Persona humana*, 29 dicembre 1975, n. 8;
- *Lettera sulla cura pastorale delle persone omosessuali*, 1° ottobre 1986;
- *Alcune considerazioni concernenti la Risposta a proposte di legge sulla non discriminazione delle persone omosessuali*, 24 luglio 1992.

CATECHISMO DELLA CHIESA CATTOLICA (*CCC*), nn. 2357-2359, 2396;

CONGREGAZIONE PER L'EDUCAZIONE CATTOLICA, *Istruzione circa i criteri di discernimento vocazionale...*, 4 novembre 2005.

XLIII
IL SACERDOTE:
CHI È E COSA FA?

Chi è il sacerdote?

È colui che ha ricevuto il Sacramento dell'Ordine, dalle mani di un Vescovo, validamente consacrato.

Che cos'è il Sacramento dell'Ordine?

È uno dei sette sacramenti istituiti da Cristo, grazie al quale viene donata, a chi lo riceve, « una speciale consacrazione (Ordinazione), che, per un particolare dono dello Spirito Santo, permette di esercitare una *sacra potestà* a nome e con l'autorità di Cristo a servizio del Popolo di Dio » (*Compendio del CCC,* 323).

Quali sono gli effetti del Sacramento dell'Ordine?

« Questo Sacramento dona una speciale effusione dello Spirito Santo, che configura l'ordinato a Cristo nella sua triplice funzione di Sacerdote, Profeta e Re, secondo i rispettivi gradi del Sacramento. L'ordinazione conferisce un carattere spirituale indelebile: perciò non può essere ripetuta né conferita per un tempo limitato.

Con quale autorità viene esercitato il sacerdozio ministeriale?

I sacerdoti ordinati, nell'esercizio del ministero sacro, parlano e agiscono non per autorità propria e neppure per mandato o per delega della comunità, ma in Persona di Cristo Capo e a nome della Chiesa. Pertanto il sacerdozio ministeriale si differenzia essenzialmente, e non solo per grado, dal sacerdozio comune dei fedeli, a servizio del quale Cristo l'ha istituito » (*Compendio del CCC,* 335-336).

Perché è necessario il sacerdote?

Perché così ha voluto Gesù Cristo, istituendo la Sua Chiesa. La volontà di Cristo è pertanto il motivo fondamentale e determinante. È lo stesso Cristo che ha voluto che senza il sacerdote non ci possa essere la celebrazione di due essenziali Sacramenti: l'Eucaristia e la Penitenza.

« Il carattere sacramentale che distingue i sacerdoti, in virtù dell'Ordine ricevuto, fa sì che la loro presenza e il loro ministero siano unici, necessari e insostituibili » (GIOVANNI PAOLO II, *Lettera ai sacerdoti*, giovedì santo 2000).

Qual è la missione del sacerdote?

- La sua missione è peculiare:

- egli agisce nel nome e nella persona di Cristo Capo (*in persona Christi capitis*), per il bene delle anime. « Solo Cristo è il vero sacerdote, gli altri sono i suoi ministri» (San Tommaso d'Aquino, *Commentarium in epistolam ad Hebraeos*, c. 7, lect. 4);
- è collaboratore del Vescovo, in una Chiesa particolare: egli riceve « dal Vescovo la responsabilità di una comunità parrocchiale o di una determinata funzione ecclesiale » (*CCC* 1595);
- forma con gli altri presbiteri un 'unico presbiterio diocesano', in comunione e sotto l'autorità del Vescovo, a cui deve obbedienza (cfr. Concilio Vaticano II, *Presbyterorum ordinis*, 8);
- è « consacrato per:
  - predicare il Vangelo,
  - celebrare il culto divino, soprattutto l'Eucaristia da cui trae forza il suo ministero,
  - e essere il Pastore dei fedeli » (*Compendio del CCC,* 328).

■ « In virtù del sacramento dell'Ordine i sacerdoti partecipano alla dimensione universale della missione affidata da Cristo agli Apostoli. Il dono spirituale che hanno ricevuto nell'Ordinazione non li prepara ad una missione limitata e ristretta, bensì a una vastissima e universale missione di salvezza, « fino agli ultimi confini della terra » (*At* 1,8), pronti nel loro animo a predicare dovunque il Vangelo » (*CCC*, 1565).

Quali caratteristiche ha la missione del sacerdote?

La sua missione è:

• « ecclesiale perché nessuno annuncia o porta se stesso, ma dentro ed attraverso la propria umanità ogni sacerdote deve essere ben consapevole di portare un Altro, Dio stesso, al mondo. Dio è la sola ricchezza che, in definitiva, gli uomini desiderano trovare in un sacerdote;

• comunionale, perché si svolge in un'unità e comunione che solo secondariamente ha anche aspetti rilevanti di visibilità sociale. Questi, d'altra parte, derivano essenzialmente da quell'intimità divina della quale il sacerdote è chiamato ad essere esperto, per poter condurre, con umiltà e fiducia, le anime a lui affidate al medesimo incontro con il Signore;

• gerarchica e dottrinale: (tali aspetti) suggeriscono di ribadire l'importanza della disciplina (il termine si collega con *discepolo*) ecclesiastica e della formazione dottrinale, e non solo teologica, iniziale e permanente » (BENEDETTO XVI, *Discorso ai partecipanti alla Plenaria della Congregazione per il Clero*, 16-3-09).

Che cosa comporta lo speciale legame del sacerdote con Cristo?

■ Il sacerdote è intimamente unito a Cristo a tal punto da essere e da agire « nel nome di Cristo »,

Sommo ed eterno Sacerdote, in forza dell'unzione dello Spirito Santo.

■ Questo significa e comporta:

• il suo essere sacerdote non è merito suo, né viene da una *elezione* di una comunità o di un gruppo, ma è frutto della chiamata gratuita di Dio: «Non voi avete scelto me, ma io ho scelto voi e vi ho costituiti perché andiate e portiate frutto e il vostro frutto rimanga» (*Gv* 15, 16). Tale chiamata viene riconosciuta e accolta nella libertà da parte del singolo, ed è confermata e autenticata dal Vescovo ordinante;

• il sacerdote è segnato da uno speciale *carattere* spirituale indelebile, che lo configura a Cristo sacerdote, profeta e re. Partecipa in tal modo «dell'autorità con cui Cristo stesso fa crescere, santifica e governa il proprio corpo» (CONCILIO VATICANO II, *Presbyterorum ordinis*, 2);

• il suo agire è un vero servizio. «Esso è interamente riferito a Cristo e agli uomini. Dipende interamente da Cristo e dal suo unico sacerdozio ed è stato istituito in favore degli uomini e della comunità della Chiesa. Il sacramento dell'Ordine comunica « una potestà sacra », che è precisamente quella di Cristo. L'esercizio di tale autorità deve dunque misurarsi sul modello di Cristo, che per amore si è fatto l'ultimo e il servo di tutti» (*CCC*, 1551);

• la missione ricevuta va dal sacerdote esercitata non a suo piacimento, ma *nel nome di Cristo*, di cui egli è ministro, segno, trasparenza soprattutto con la testimonianza della sua vita conforme sempre più a quella di Cristo. È il ripetitore, il portavoce della Parola di un Altro: Cristo. «Ricevi il Vangelo di Cristo, di cui ora diventi araldo. Credi ciò che leggi, insegna ciò che credi, vivi ciò che insegni» (*Rito dell'Ordinazione*);

- «Comporta che (noi sacerdoti) non vogliamo imporre la nostra strada e la nostra volontà; che non desideriamo diventare questo o quest'altro, ma ci abbandoniamo a Lui, ovunque e in qualunque modo Egli voglia servirsi di noi» (BENEDETTO XVI, *Omelia*, giovedì santo 2009);
- «È Cristo stesso che agisce in coloro che Egli sceglie come suoi ministri; li sostiene perché la loro risposta si sviluppi in una dimensione di fiducia e di gratitudine che dirada ogni paura, anche quando si fa più forte l'esperienza della propria debolezza (cfr. *Rm* 8, 26-30), o si fa più aspro il contesto di incomprensione o addirittura di persecuzione» (BENEDETTO XVI, *Messaggio per la Giornata mondiale di preghiera per le vocazioni*, 20-1-09).

■ Lo stesso indossare il paramento liturgico, in particolare celebrando l'Eucarestia, indica visivamente che il sacerdote è e agisce «nel nome di Cristo». In questo segno esterno, l'abito liturgico, si rende «evidente l'evento interiore e il compito che da esso ci viene: rivestire Cristo; donarsi a Lui come Egli si è donato a noi (...). Il fatto che stiamo all'altare, vestiti con i paramenti liturgici, deve rendere chiaramente visibile ai presenti e a noi stessi che stiamo lì *in persona di un Altro*» (Benedetto XVI, *Omelia,* giovedì santo 2007).

In che senso il sacerdote agisce «a nome di tutta la Chiesa»?

■ «Il sacerdozio ministeriale non ha solamente il compito di rappresentare Cristo – Capo della Chiesa – di fronte all'assemblea dei fedeli; esso agisce anche a nome di tutta la Chiesa allorché presenta a Dio la preghiera della Chiesa e soprattutto quando offre il sacrificio eucaristico.

■ « A nome di *tutta* la Chiesa ». Ciò non significa che i sacerdoti siano i delegati della comunità. La preghiera e l'offerta della Chiesa sono inseparabili dalla preghiera e dall'offerta di Cristo, suo Capo. È sempre il culto di Cristo nella sua Chiesa e per mezzo di essa. È tutta la Chiesa, corpo di Cristo, che prega e si offre, « *per ipsum et cum ipso et in ipso* » – per lui, con lui e in lui – nell'unità dello Spirito Santo, a Dio Padre. Tutto il corpo, « *Caput et membra* » – *Capo e membra* – prega e si offre; per questo coloro che, nel corpo, sono suoi ministri in senso proprio, vengono chiamati ministri non solo di Cristo, ma anche della Chiesa. Proprio perché rappresenta Cristo, il sacerdozio ministeriale può rappresentare la Chiesa» (*CCC*, 1552-1553).

Che cosa s'aspetta la gente dal sacerdote?

«Dai sacerdoti i fedeli attendono soltanto una cosa: che siano degli specialisti nel promuovere l'incontro dell'uomo con Dio. Al sacerdote non si chiede di essere esperto in economia, in edilizia o in politica. Da lui ci si attende che sia esperto nella vita spirituale (...). Ciò che i fedeli si attendono da lui è che sia testimone dell'eterna Sapienza, contenuta nella Parola rivelata» (BENEDETTO XVI, *Discorso al clero*, Cattedrale di Varsavia, 25 maggio 2006).

Per questo è quanto mai importante assicurare l'idoneità dei candidati al sacerdozio e garantire un'adeguata e integrale formazione sacerdotale a quanti stanno studiando per il sacro ministero.

Chi può essere sacerdote?

■ Può esserlo soltanto il battezzato di sesso maschile. «La Chiesa si riconosce vincolata da questa scelta fatta dal Signore stesso. Per questo motivo, l'ordinazione delle donne non è possibile» (GIOVANNI PAOLO II, Lett. Ap. *Mulieris dignitatem*, 26-27).

■ «Nessuno ha un *diritto* a ricevere il sacramento dell'Ordine. Infatti nessuno può attribuire a se stesso questo ufficio. Ad esso si è chiamati da Dio. Chi crede di riconoscere i segni della chiamata di Dio al ministero ordinato, deve sottomettere umilmente il proprio desiderio all'autorità della Chiesa, alla quale spetta la responsabilità e il diritto di chiamare qualcuno a ricevere gli Ordini. Come ogni grazia, questo sacramento non può essere *ricevuto* che come dono immeritato» (*CCC*, 1578).

■ Ai sacerdoti nella Chiesa latina è richiesto il celibato (cfr. scheda: *Celibato dei preti: perché esiste nella Chiesa latina?*).

■ «Pregate dunque il Signore della messe, perché mandi operai nella sua messe!» (*Mt* 9, 38). «Nostro primo dovere è pertanto di mantenere viva, con preghiera incessante, questa invocazione dell'iniziativa divina nelle famiglie e nelle parrocchie, nei movimenti e nelle associazioni impegnati nell'apostolato, nelle comunità religiose e in tutte le articolazioni della vita diocesana» (BENEDETTO XVI, *Messaggio per la Giornata mondiale di preghiera per le vocazioni*, 20-1-09).

NB Per approfondire l'argomento, si leggano:

CATECHISMO DELLA CHIESA CATTOLICA *(CCC),* nn. 1562-1592;

Compendio del CCC, nn. 328-336.

XLIV
CELIBATO DEI SACERDOTI:
PERCHÉ ESISTE NELLA CHIESA LATINA?

Il celibato dei sacerdoti è un dogma nella Chiesa?

■ L'obbligo del celibato per i sacerdoti non è un dogma, ma una legge disciplinare della Chiesa. Tale legge è tuttavia molto antica, poggia su una tradizione consolidata e su forti motivazioni.

■ Certamente la verginità non è richiesta dalla natura stessa del sacerdozio. La riprova è che il celibato vale per la Chiesa latina, ma non per i riti orientali, dove, anche nelle comunità unite alla Chiesa Cattolica, è norma che vi siano sacerdoti sposati. Questi peraltro si possono sposare prima e non dopo di essere ordinati sacerdoti.

■ Tuttavia anche nella Chiesa Orientale vige il celibato per i Vescovi, oltre che per i monaci. E inoltre si consente che uomini già sposati siano ordinati preti; il prete poi, rimasto vedovo, non può risposarsi.

■ La Chiesa è fermamente convinta che la vigente legge del sacro celibato debba ancor oggi, per i sacerdoti latini, accompagnarsi al ministero ecclesiastico. Essa, pertanto, ritiene tutt'ora che la via della donazione nel celibato sia la scelta esemplare per il sacerdozio ministeriale latino. Il celibato, pur non richiesto dalla « natura stessa del sacerdozio », ha con esso « un rapporto di intima convenienza » (*Presbyterorum ordinis*, 16).

■ D'altra parte, non va sottaciuto che i giovani, che chiedono ed accettano liberamente di essere consacrati sacerdoti nella Chiesa latina, ben sanno di doversi impegnare anche nel celibato, e assumono questo impegno liberamente e solennemente davanti a Dio e alla Chiesa.

Da quando il celibato è stato introdotto nella Chiesa?

■ Fra gli Apostoli, scelti da Cristo stesso, alcuni erano sposati, altri no, come ad esempio l'Apostolo Giovanni.

■ Risulta che l'obbligo del celibato sacerdotale è in vigore fin dal IV secolo. Ma nello stesso tempo va rilevato che i legislatori del IV sec. sostenevano che questa legge ecclesiastica era fondata su una tradizione Apostolica. Diceva per esempio il Concilio di Cartagine (del 390): « Conviene che quelli che sono al servizio dei divini misteri siano perfettamente continenti (*continentes esse in omnibus*), affinché ciò che hanno insegnato gli Apostoli e ha mantenuto l'antichità stessa, lo osserviamo anche noi ».

■ Successivamente il Magistero della Chiesa, attraverso Concili e documenti, ha sempre ribadito ininterrottamente le disposizioni sul celibato ecclesiastico. Lo stesso Concilio Ecumenico Vaticano II ha riaffermato, nella dichiarazione *Presbyterorum ordinis* (n. 16), lo stretto legame tra celibato e Regno di Dio, vedendo nel primo un segno che annuncia in modo radioso il secondo.

In quali brani evangelici si parla di celibato?

Ne parlano Marco 10,29, Matteo 19,12 («eunuchi per il regno dei cieli») e Luca 18,28-30. «Pietro allora disse: "Noi abbiamo lasciato tutte le nostre cose e ti abbiamo seguito". Gesù rispose: "In verità vi dico, non c'è nessuno che abbia lasciato casa o moglie o fratelli o genitori o figli per il regno di Dio che non riceva molto di più nel tempo presente e la vita eterna nel tempo che verrà"» (*Lc* 18,28-30).

In che senso il celibato è un dono?

■ È anzitutto un dono inestimabile di Dio, «un dono particolare di Dio, mediante il quale i ministri sacri possono aderire più facilmente a Cristo con cuore indiviso e sono messi in grado di dedicarsi più liberamente al servizio di Dio e degli uomini» (CIC, Can. 277, § 1). In tal senso presuppone una vocazione particolare, una chiamata speciale da parte di Dio, e pertanto è un carisma.

■ È anche un dono prezioso della persona a Dio e al prossimo. Il radicale amore del sacerdote celibe verso Dio si manifesta e si attua nel generoso amore verso i fratelli, nel servizio disponibile verso di essi.

■ Questo dono, se accolto e vissuto con amore, gioia e gratitudine, è sorgente di felicità e di santità, per il sacerdote stesso e per tutta la Chiesa.

Quali sono i motivi a favore del celibato?

■ Va subito detto che le ragioni solamente pragmatiche, funzionali, come ad esempio il riferimento alla maggiore disponibilità, non bastano. Tanto più sono inaccettabili motivazioni collegate in qualche modo sia a elementi di prestigio, di potere, di promozione sociale, o di benefici economici, sia al rifiuto o alla paura o al disprezzo del matrimonio.

■ Occorre nello stesso tempo ricordare che, come disse Cristo stesso, il celibato, con le sue autentiche motivazioni, « non tutti possono capirlo, ma solo coloro ai quali è stato concesso » (*Mt* 19,11).

■ I motivi veri, profondi sono principalmente tre: teocentrico-cristologico, ecclesiologico, escatologico. Essi motivano la *convenienza* profonda che esiste tra sacerdozio e celibato.

1. Motivo teocentrico-cristologico:

■ Il celibato poggia sulla Fede in Dio e sull'amore di Dio e per Dio: è accogliere Dio come terra su cui si fonda la propria esistenza. Illuminanti, a questo proposito, sono le parole del Santo Padre BENEDETTO XVI: « Il vero fondamento del celibato può essere racchiuso solo nella frase: *Dominus pars (mea)* – Tu, Signore, sei la mia terra. Può essere solo teocentrico. Non può significare il rimanere privi di amore, ma deve significare il lasciarsi prendere dalla passione per Dio, ed imparare poi, grazie ad un più intimo stare con Lui, a servire pure gli uomini. Il celibato deve essere una testimonianza di Fede: la Fede in Dio diventa concreta in quella forma di vita che solo a partire da Dio ha un senso. Poggiare la vita su di Lui, rinunciando al matrimonio ed alla famiglia, significa che io accolgo e sperimento Dio come realtà e perciò posso portarlo agli uomini » (BENEDETTO XVI, *Discorso in occasione dell'udienza alla Curia Romana per la presentazione degli auguri natalizi*, 22 dicembre 2006).

■ Il sacerdote non è dunque una persona priva di amore, anzi egli vive di passione per Dio. Il suo vivere non è da scapolo, ma da sposato in maniera indissolubile a Dio e alla Sua Chiesa. Il celibato è una via all'amore e dell'amore; favorisce lo stile di una speciale vita sponsale da parte del sacerdote. Il sacerdote è uomo di Dio perché di Lui vive, a Lui parla, con Lui discerne e decide, di Lui è sempre più innamorato. L'inadirimento della vita spirituale molto spesso precede la crisi del celibato.

■ Ma Dio si è reso visibile e si è fatto presente in Gesù, il Figlio unigenito del Padre, inviato nel mondo: Egli « si fece uomo affinché l'umanità, soggetta al peccato e alla morte, venisse rigenerata e, mediante una nascita nuova, entrasse nel Regno dei cieli. Gesù compì mediante il suo mistero pasquale questa nuova creazione » (*CS* 19). Gesù Cristo è dunque la novità di Dio. Egli realizza una nuova creazione. Il suo sacerdozio è nuovo. Egli rinnova tutte le cose. Un aspetto importante di questa novità è la vita nella verginità, che Gesù stesso ha vissuto. Egli infatti rimase per tutta la vita nello stato di verginità, dedicandosi totalmente al servizio di Dio e degli uomini. Il celibato consente pertanto una totale dedizione al Signore, una configurazione più piena con il Signore Gesù Cristo Capo e Sposo della Chiesa, una imitazione del Suo stato di vita, una immedesimazione con il cuore di Cristo Sposo che dà la vita per la sua Sposa, una maggiore disponibilità all'ascolto della Sua Parola e al dialogo con Lui nella preghiera.

Spiega ancora l'Enciclica *Sacerdotalis celibatus*: « Cristo rimase per tutta la sua vita nello stato di verginità, il che significa la sua totale dedizione al servizio di Dio e degli uomini. Questa profonda connessione tra la verginità e il sacerdozio di Cristo si riflette in quelli che hanno la sorte di partecipare alla dignità e alla missione del Mediatore e Sacerdote eterno, e tale partecipazione sarà tanto più perfetta, quanto più il sacro ministero sarà libero da vincoli di carne e di sangue» (*CS*, 21).

La verginità per il Regno di Dio esiste pertanto nella Chiesa, perché esiste Cristo che la rende possibile, con il dono del Suo Spirito. «In questo legame tra il Signore Gesù e il sacerdote, legame ontologico e psicologico, sacramentale e morale, sta il fondamento e nello stesso tempo la forza per quella «vita secondo lo Spirito» e per quel «radicalismo evangelico» al quale è chiamato ogni sacerdote e che viene favorito dalla formazione permanente nel suo aspetto spirituale» (GIOVANNI PAOLO II, *Pastores dabo vobis*, n. 72).

■ BENEDETTO XVI, il 10 giugno 2010, nella veglia di chiusura dell'Anno Sacerdotale, ha detto che il celibato è un'anticipazione «del mondo della risurrezione». È il segno «che Dio c'è, che Dio c'entra nella mia vita, che posso fondare la mia vita su Cristo, sulla vita futura». Per questo il celibato «è un grande scandalo», non solo per il mondo di oggi «in cui Dio non c'entra», ma per la stessa cristianità, nella quale «non si pensa più al futuro di Dio e sembra sufficiente solo il presente di questo mondo».

2. Motivo ecclesiologico

■ Simile a Cristo e in Cristo, il sacerdote si unisce con amore esclusivo alla Chiesa, sposandosi misticamente con essa. « La verginità consacrata dei sacri ministri manifesta infatti l'amore verginale di Cristo per la Chiesa, e la verginale e soprannaturale fecondità di questo connubio » (*CS* 26). La nuzialità del celibato ecclesiastico esprime ed incarna proprio questo rapporto tra Cristo e la Chiesa.

■ In virtù di questo esclusivo legame sponsale, il sacerdote celibe si dedica totalmente al servizio generoso e disinteressato di Cristo e della Sua Chiesa, con una ampia libertà spirituale e verso tutti gli uomini, senza alcuna distinzione o discriminazione.

Nella *Presbyterorum ordinis* leggiamo che i sacerdoti « si dedicano più liberamente a Lui e per Lui al servizio di Dio e degli uomini, servono con maggiore efficacia il suo Regno e la sua opera di rigenerazione divina e in tal modo si dispongono meglio a ricevere una più ampia paternità in Cristo » (n.16).

■ L'esperienza comune insegna e conferma come sia più semplice, per chi non è legato da altri affetti, aprire il cuore ai fratelli pienamente e senza riserve.

3. Motivo escatologico

Il celibato sacerdotale è segno e profezia della nuova creazione, ossia, del Regno definitivo di Dio nella Parusia, quando, alla fine di questo mondo, tutti risorgeremo dalla morte. Di questi tempi ultimi, la verginità, vissuta per amore del Regno di Dio, costituisce un segno particolare, poiché il Signore ha annunziato che: « Alla risurrezione non si prende né moglie né marito, ma si è come angeli nel cielo » (*Mt* 22,30).

Nella Chiesa, fin d'ora è presente il Regno futuro: essa non solo lo annuncia, ma lo realizza sacramentalmente contribuendo alla « creazione nuova ». Di questo Regno, la Chiesa costituisce quaggiù il germe e l'inizio, come ci insegna il Concilio Vaticano II (cfr. *LG* 5). Il celibato sacerdotale è uno dei modi, con cui la Chiesa annuncia e contribuisce a realizzare tale novità del Regno di Dio.

L'abolizione del celibato aumenterebbe il numero dei sacerdoti?

Come ha anche affermato il Sinodo dei Vescovi del 2005, un allargamento della regola del celibato non sarebbe una soluzione neppure per il problema della scarsità delle vocazioni, come dimostra l'esperienza anche delle altre confessioni cristiane che hanno sacerdoti o pastori sposati. La scarsità numerica dei sacerdoti è da collegarsi piuttosto ad altre cause, a cominciare dalla cultura secolarizzata moderna.

Qual è il rapporto tra il celibato sacerdotale e il sacramento del matrimonio?

È un rapporto complementare: l'uno integra, completa l'altro.

■ Ecco al riguardo tre autorevoli testimonianze:

1. «L'amore sponsale del Risorto per la sua Chiesa, sacramentalmente elargito nel matrimonio cristiano, alimenta, nello stesso tempo, il dono della verginità per il Regno. Questa, a sua volta, indica il destino ultimo dello stesso amore coniugale» (GIOVANNI PAOLO II, *Discorso al Pontificio Istituto GIOVANNI PAOLO II per Studi su Matrimonio e Famiglia*, 31 maggio 2001).

2. «La scelta della verginità per amore di Dio e dei fratelli, che è richiesta per il sacerdozio e la vita consacrata, sta infatti insieme con la valorizzazione del matrimonio cristiano: l'uno e l'altra, in due maniere differenti e complementari, rendono in qualche modo visibile il mistero dell'alleanza tra Dio e il suo popolo» (BENEDETTO XVI, *Discorso alla diocesi di Roma*, 6 giugno 2005).

3. «Entrambi, il sacramento del Matrimonio e la verginità per il regno di Dio, provengono dal Signore stesso. È Lui che dà loro senso e concede la grazia indispensabile per viverli conformemente alla sua volontà. La stima della verginità per il Regno e il senso cristiano del Matrimonio sono inseparabili e si favoriscono reciprocamente» (*CCC*, 1620).

■ Il celibe rende consapevoli gli sposati del fatto che essi non sono solamente in funzione di un rapporto, bensì hanno un loro valore proprio. E gli sposati testimoniano al celibe la necessità di dare alla propria vita una dimensione d'amore incarnato.

Il sacerdote è un uomo solo?

« È vero: il sacerdote, per il suo celibato, è un uomo solo; ma la sua solitudine non è il vuoto, perché è riempita da Dio e dall'esuberante ricchezza del suo Regno. Inoltre, a questa solitudine, che dev'essere pienezza interiore ed esteriore di carità, egli si è preparato, se l'ha scelta consapevolmente e non per l'orgoglio di essere differente dagli altri, non per sottrarsi alle comuni responsabilità, non per estraniarsi dai suoi fratelli o per disistima del mondo. Segregato dal mondo, il sacerdote non è separato dal popolo di Dio, perché è costituito a vantaggio degli uomini, consacrato interamente alla carità e all'opera per la quale lo ha assunto il Signore. A volte la solitudine peserà dolorosamente sul sacerdote, ma non per questo egli si pentirà di averla generosamente scelta. Anche Cristo, nelle ore più tragiche della sua vita, restò solo » (*CS* 58-59).

Che cosa occorre al sacerdote per mantenersi celibe?

■ Occorre:

• una preparazione accurata durante il cammino verso questo obiettivo; e dunque una adeguata formazione:

– sia remota, vissuta in famiglia;

– sia soprattutto prossima, negli anni del Seminario;

• l'esigenza di una solida formazione umana e cristiana, sostenuta da una buona direzione spirituale, sia per i seminaristi sia per i sacerdoti;

• un'esperienza sempre più profonda di Cristo: dalla qualità e profondità di tale relazione con il Signore dipende la tipologia dell'intera esistenza sacerdotale;

• una condivisione sempre più ampia e radicale dei sentimenti e degli atteggiamenti di Gesù Cristo;

• una preghiera costante, che invoca senza tregua Dio come il Dio vivente e si appoggia a Lui nelle ore di confusione come nelle ore della gioia. La celebrazione Eucaristica quotidiana, l'Ufficio divino, la Confessione frequente, l'adorazione del SS.mo Sacramento, il rapporto affettuoso con Maria Santissima, gli Esercizi Spirituali, la recita possibilmente quotidiana del Santo Rosario… sono alcune forme di questa preghiera che non deve mai mancare nella vita sacerdotale;

• disponibilità a seguire Cristo anche sulla via del Calvario: l'esistenza sacerdotale comporta anche l'accettazione dell'ottica del Crocifisso. La sofferenza, talvolta la fatica, lo sconforto, le delusioni, la noia, perfino lo scacco…hanno il loro posto nell'esistenza di un sacerdote, che tuttavia sa e deve reagire a tutto questo con l'aiuto di Dio;

• un'osservanza puntuale dei «diversi consigli evangelici, che Gesù propone nel Discorso della Montagna e tra questi i consigli, intimamente coordinati tra loro, d'obbedienza, castità e povertà: il sacerdote è chiamato a viverli secondo quelle modalità, e più profondamente secondo quelle finalità e quel significato originale, che derivano dall'identità propria del presbitero e la esprimono» (GIOVANNI PAOLO II, *Pastores dabo vobis*, n. 27);

- un accompagnamento persistente da parte del Vescovo, di amici sacerdoti e di laici, che sostengano insieme questa testimonianza sacerdotale, con la stima, l'amicizia, il consiglio e la preghiera;
- una vigilanza continua e una prudente cautela nelle sue relazioni con le altre persone;
- una permanente capacità di lavorare senza risparmiarsi perché Cristo sia conosciuto, amato e seguito;
- una vita comunitaria con altri sacerdoti: Sant'Agostino riteneva consigliabile che i sacerdoti celibi vivessero insieme in una stessa casa.

■ Il sacerdote deve utilizzare, in modo continuo e complementare, questi mezzi e modalità, per vivere con serenità e gioia il proprio celibato.

■ Alla luce di quanto esposto sopra, non sarà perciò difficile condividere quanto scrive il Papa BENEDETTO XVI, nell'Esortazione Apostolica post-sinodale *Sacramentum caritatis* sull'Eucarestia fonte e culmine della vita e della missione della Chiesa (22 febbraio 2007), n. 24: «In unità con la grande tradizione ecclesiale, con il Concilio Vaticano II e con i

Sommi Pontefici miei predecessori, ribadisco la bellezza e l'importanza di una vita sacerdotale vissuta nel celibato come segno espressivo della dedizione totale ed esclusiva a Cristo, alla Chiesa e al Regno di Dio, e ne confermo quindi l'obbligatorietà per la tradizione latina. Il celibato sacerdotale vissuto con maturità, letizia e dedizione è una grandissima benedizione per la Chiesa e per la stessa società».

NB: Per approfondire l'argomento, ecco alcuni documenti pontifici:

Concilio Vaticano II, Decr. *Presbyterorum ordinis*; *Lumen gentium* (LG);

Codice di Diritto Canonico (CIC);

Paolo VI, Enciclica *Sacerdotalis caelibatus* (*CS*), 1967;

Giovanni Paolo II, *Pastores dabo vobis*, n. 27, 1992;

Catechismo della Chiesa Cattolica (*CCC*), nn. 922, 1579, 1599, 1618-1620.

XLV
LA MALATTIA:
COME AFFRONTARLA CRISTIANAMENTE?

Da dove ha origine la malattia?

■ La Fede cristiana afferma che Dio non ha creato la malattia. Essa è entrata nel mondo a causa del primo peccato, commesso dall'uomo Adamo e dalla donna Eva, allorquando, tentati dal Diavolo, abusando della loro libertà, hanno disobbedito a Dio: volevano essere superiori allo stesso Dio e bramavano di conseguire il loro fine al di fuori di Dio. In seguito i peccati di ogni singola persona non faranno che accrescere il mondo delle sofferenze umane.

■ Dio quindi non vuole la malattia; non ha creato il male e la morte. Ma, dal momento in cui queste, a causa del peccato, sono entrate nel mondo, il suo amore è tutto proteso a risanare l'uomo, a guarirlo dal peccato e da ogni male e a colmarlo di vita, di pace e di gioia. Per questo ha inviato il Suo Figlio Gesù, che è morto e risorto per liberare l'uomo dal peccato e dalle sue conseguenze.

Qual è il senso della malattia?

■ La malattia, che tocca prima o poi tutti e coinvolge la persona a tutti i livelli (da quello fisico a quello psicologico, spirituale, morale), è e rimane pur sempre un mistero, un enigma.

■ La scienza e la tecnica possono aiutare a trovare una risposta alla malattia. Esse possono curarla, alleviarla, eliminarla almeno in parte, ma non potranno mai eliminarla del tutto, e soprattutto non potranno mai dare una risposta soddisfacente agli interrogativi fondamentali che la sofferenza, la malattia, la stessa morte suscitano nel cuore dell'uomo.

■ Occorre approfondire il senso della malattia, del dolore, della sofferenza tenendo presenti anche i loro fondamenti medico-scientifici, storici, filosofici, biblici, teologici.

■ È importante in particolare approfondire i testi della Sacra Scrittura sulla visione della sofferenza, sul senso della morte.

■ Il senso ultimo di tali realtà lo si può scoprire soltanto alla luce della Fede cristiana: «Per Cristo e in Cristo riceve luce quell'enigma del dolore e della morte, che al di fuori del Vangelo ci opprime» (*Gaudium et spes*, n.22).

■ Dio infatti non ha risparmiato la sofferenza e perfino la morte al Suo stesso divin Figlio Gesù, il quale vince il peccato e gli effetti di questo (la malattia, la sofferenza, la violenza e la morte) con la Sua morte in croce e soprattutto con la Sua Risurrezione.

■ E questa vittoria Cristo la riporta anzitutto per se stesso, distruggendo la morte con la Sua Risurrezione, e poi anche per noi. Infatti, mediante il Battesimo da Lui istituito, ci viene perdonato il peccato originale e risorgiamo alla vita dei figli di Dio. Durante poi tutto il corso della nostra vita quaggiù sulla terra, lottando contro il peccato e le sue conseguenze, riportiamo con Cristo la nostra vittoria, che per ora è parziale, in attesa di quella definitiva che Cristo attuerà per noi alla fine di questo mondo, allorquando ogni sofferenza, malattia, morte saranno da Lui definitivamente distrutte.

■ Pertanto, la sofferenza può diventare sereno abbandono alla volontà divina e partecipazione al sacrificio di Cristo.

Perché continuano ad esistere la malattia e la sofferenza, nonostante Dio sia buono, onnipotente, provvidente?

■ «Sono frequenti e talora inquietanti tali interrogativi, che in verità sul piano semplicemente umano non trovano adeguate risposte, poiché il dolore, la malattia e la morte restano, nel loro significato, insondabili per la nostra mente. Ci viene però in aiuto la luce della fede. La Parola di Dio ci svela che anche questi mali sono misteriosamente «abbracciati» dal disegno divino di salvezza; la fede ci aiuta a ritenere la vita umana bella e degna di essere vissuta in pienezza pur quando è fiaccata dal male. Dio ha creato l'uomo per la felicità e per la vita, mentre la malattia e la morte sono entrate nel mondo come conseguenza del peccato. Ma il Signore non ci ha abbandonati a noi stessi; Lui, il Padre della vita, è il medico per eccellenza dell'uomo e non cessa di chinarsi amorevolmente sull'umanità sofferente» (BENEDETTO XVI, *Omelia*, XVII Giornata mondiale del malato, 11-2-09).

■ Il CATECHISMO DELLA CHIESA CATTOLICA così scrive a questo riguardo:

« A questo interrogativo tanto pressante quanto inevitabile, tanto doloroso quanto misterioso, nessuna risposta immediata potrà bastare. È l'insieme della Fede cristiana che costituisce la risposta a tale questione: la bontà della creazione, il dramma del peccato, l'amore paziente di Dio che viene incontro all'uomo con le sue alleanze, con l'incarnazione redentrice del suo Figlio, con il dono dello Spirito, con la convocazione della Chiesa, con la forza dei Sacramenti, con la vocazione ad una vita felice, alla quale le creature libere sono invitate a dare il loro consenso, ma alla quale, per un mistero terribile, possono anche sottrarsi. Non c'è un punto del messaggio cristiano che non sia, per un certo aspetto, una risposta al problema del male.

Nella sua sapienza e nella sua bontà infinite, Dio ha liberamente voluto creare un mondo in stato di via verso la sua perfezione ultima. Questo divenire, nel disegno di Dio, comporta, con la comparsa di certi esseri, la scomparsa di altri, con il più perfetto anche il meno perfetto, con le costruzioni della natura anche le distruzioni. Quindi, insieme con il bene fisico, esiste anche il male fisico, finché la creazione non avrà raggiunto la sua perfezione.

Così, col tempo, si può scoprire che Dio, nella sua provvidenza onnipotente, può trarre un bene dalle conseguenze di un male, anche morale, causato dalle sue creature. Dal più grande male morale che mai sia stato commesso, il rifiuto e l'uccisione del Figlio di Dio, causati dal peccato di tutti gli uomini, Dio, con la sovrabbondanza della sua grazia, ha tratto i più grandi beni: la glorificazione di Cristo e la nostra redenzione. Con ciò, però, il male non diventa un bene.

Noi crediamo fermamente che Dio è Signore del mondo e della storia. Ma le vie della sua provvidenza spesso ci rimangono sconosciute. Solo alla fine, quando avrà termine la nostra conoscenza imperfetta e vedremo Dio «faccia a faccia» (*1 Cor* 13,12), conosceremo pienamente le vie lungo le quali, anche attraverso i drammi del male e del peccato, Dio avrà condotto la sua creazione fino al riposo di quel Sabato definitivo, in vista del quale ha creato il cielo e la terra» (*CCC*, nn. 309-314).

■ Non va dimenticato che Dio non ha risparmiato nemmeno a Suo Figlio, Gesù Cristo, la sofferenza. Eppure Cristo era ed è, in modo assoluto, il più innocente e il più meritevole.

Come si è comportato Cristo nei confronti dei malati?

■ Cristo, nella sua vita terrena, ha avuto una particolare predilezione verso i malati e i sofferenti. Infatti:

• ha prediletto coloro che soffrono;

• ha guarito molti ammalati, che a Lui ricorrevano con fiducia: tali guarigioni mostrano che Gesù è veramente 'Dio che salva';

• non è venuto tuttavia per eliminare tutti i mali quaggiù, ma per liberare gli uomini dalla più grave delle schiavitù: quella del peccato, che è la causa di tutti i mali e sofferenze;

• si è identificato con il malato: « Ero malato e mi avete visitato » (*Mt* 25,36); « Egli ha preso le nostre infermità e si è addossato le nostre malattie » (*Mt* 8,17);

• ha affidato ai suoi discepoli il ministero della guarigione, dicendo loro: « Guarite gli infermi » (*Mt* 10,8);

• ha istituito in particolare due Sacramenti per i malati: l'Eucaristia (in quanto Viatico) e il Sacramento dell'Unzione dei malati;

• ha insegnato a quelli che lo seguivano a trascendere la sofferenza e a darle un significato salvifico;

• ha invitato tutti i suoi seguaci ad essere disposti a soffrire con lui e come lui: « Se qualcuno vuol venire dietro a me rinneghi se stesso, prenda la sua croce e mi segua » (*Mt* 16,24);

• ha assicurato il suo aiuto: « Ti basta la mia grazia: la mia potenza infatti si manifesta pienamente nella debolezza » (2 *Cor* 12,9);

• continua a essere con noi e per noi, soprattutto nei nostri momenti di sofferenza.

■ Ma Gesù Cristo ha fatto anche molto di più:

• ha vissuto, Lui stesso, la sofferenza, fino alla morte e alla morte di croce;

• non solo ha dato un *senso* al dolore, ma anche gli ha conferito un *potere* nuovo, una misteriosa fecondità;

• ha vinto, risorgendo, la sofferenza e la morte, per sé e per noi.

Qual è il comportamento della Chiesa nei confronti dei malati?

La Chiesa, nella sua costante sollecitudine per i malati:

• proclama e testimonia il Vangelo della sofferenza illuminata dalla Fede;

• ha sempre accompagnato e continuerà ad accompagnare la predicazione del Vangelo, con iniziative di assistenza e di cura a favore di schiere innumerevoli di sofferenti;

• offre il proprio contributo specifico attraverso l'accompagnamento umano e spirituale degli infermi;

• invita ad aprirsi al messaggio dell'amore di Dio, sempre attento alle lacrime di chi si rivolge a Lui;

• sostiene l'importanza della pastorale sanitaria, nella quale ricoprono un ruolo di speciale rilievo le cappelle ospedaliere, che tanto contribuiscono al bene spirituale di quanti soggiornano nelle strutture sanitarie;

• favorisce lo sviluppo di quel contributo prezioso che è dato dai volontari, che con il loro servizio danno vita a quella fantasia della carità, che infonde speranza anche all'umana esperienza della sofferenza. È anche per mezzo di tali volontari che Gesù può continuare oggi a passare tra gli uomini, per beneficarli e sanarli.

Qual è il compito della medicina?

La medicina ha come compito quello di:

■ Servire sempre la vita: promuovendola e difendendola dal suo concepimento fino al suo tramonto naturale. Anche quando sa di non poter debellare una grave patologia, dedica le proprie capacità a lenirne le sofferenze.

■ Riconoscere e rispettare (o almeno non escludere) la dimensione trascendente, morale e spirituale della vita umana.

■ Attuare e accrescere la ricerca e il progresso scientifico:

• come strumento formidabile per migliorare le condizioni di vita e di benessere;

• nel rispetto dell'intangibilità di ogni singolo essere umano;

• evitando ogni volontà di sopraffazione e di dominio.

■ Fare continuamente un'attenta riflessione sulla natura stessa dell'uomo, sulla sua dignità di essere umano creato da Dio a sua immagine e somiglianza. Tale dignità inviolabile dell'uomo:

• pone l'uomo al centro e al vertice di tutto ciò che esiste sulla terra;

• trova il suo fondamento:

– nel mistero della Creazione, e in quello della Redenzione, operata da Gesù Cristo, il Figlio eterno di Dio, Verbo della Vita;

– nella destinazione dell'uomo, il quale è chiamato ad essere figlio di Dio nel Figlio (Gesù Cristo) e tempio vivo dello Spirito Santo, nella prospettiva dell'eterna vita di comunione beatificante con Dio;

• va rispettata in qualunque circostanza o condizione l'uomo si trovi e a qualunque stadio della sua crescita esso si trovi (embrione, feto, bambino, adulto, anziano o morente). Neppure la sofferenza, lo stato di incoscienza, l'imminenza della morte diminuiscono l'intrinseca dignità della persona.

■ Ricordare che il servizio della medicina alla vita e alla salute è sempre e comunque un servizio che rimanda al senso della sofferenza e della morte.

Lasciarsi vivificare dall'ispirazione cristiana, la quale non toglie nulla all'uomo e alla ricerca scientifica, ma anzi la sostiene, la illumina e la indirizza al vero e integrale benessere di ogni persona e di tutta la persona.

Non dimenticare mai che « la misura dell'umanità si determina essenzialmente nel rapporto con la sofferenza e col sofferente. Questo vale per il singolo come per la società. Una società che non riesce ad accettare i sofferenti e non è capace di contribuire mediante la compassione a far sì che la sofferenza venga condivisa e portata anche interiormente è una società crudele e disumana » (BENEDETTO XVI, *Spe salvi*, n. 38).

Qual è il compito dei medici?

I medici hanno il compito di:

- Essere i servitori della vita, che è sempre un bene in se stessa e per se stessa, rispettandola in qualunque tappa si trovi, ma soprattutto in quelle in cui è più debole, come quelle iniziali e terminali.
- Rispettare i principi etici che hanno le loro radici nello stesso *Giuramento di Ippocrate*, il quale afferma che:
  - non vi sono vite indegne di essere vissute;
  - non vi sono sofferenze, per quanto penose, che possano giustificare la soppressione di un'esistenza;
  - non vi sono ragioni, per quanto alte, che rendano plausibile la creazione di essere umani destinati ad essere utilizzati e distrutti.

■ Contribuire fattivamente ad eliminare i motivi di sofferenza che umiliano e rattristano l'uomo, e ad edificare un mondo sempre più rispondente alla dignità dell'essere umano.

■ Porsi in ascolto di ogni uomo, senza distinzione né discriminazione alcuna, ed accogliere tutti per alleviare le sofferenze di ciascuno.

■ Vedere nel malato non un numero clinico, ma una persona alla quale avvicinarsi con umanità e partecipazione: nonostante tutto, il malato resta più grande della sua malattia e la sua vita più grande di ciò che la minaccia. La medicina dunque come servizio alla persona e non come potere sulla persona.

■ Curare sì la malattia, ma soprattutto il malato, tenendo presente la complementarietà e l'interdipendenza di tutte le dimensioni della persona (fisiche, affettive, morali, spirituali, familiari, sociali...).

■ Tener presente che la salute è una realtà che abbraccia la totalità dell'essere, includendo tutti i suoi dinamismi psicospirituali: perciò la persona sana non è solo quella in buona salute fisica o psicologica, ma anche quella in buona salute spirituale.

■ Raggiungere un giusto equilibrio tra insistenza e desistenza terapeutica, evitando l'accanimento terapeutico e lo sperimentalismo.

■ Andare incontro alle necessità di tutta la persona, ricordando che l'unica risposta veramente umana, di fronte alla sofferenza altrui, è l'amore che si prodiga nell'accompagnamento e nella condivisione.

■ Aggiungere all'apporto insostituibile della propria professionalità, il 'cuore', che solo è in grado di arrivare al 'cuore' dell'ammalato e di umanizzare le strutture.

■ Il medico deve operare le sue scelte tenendo conto anche di un triplice livello di valutazione: giuridico, deontologico, morale.

■ Vivere la propria professione come dono di sé all'ammalato (carità professionale). «La specifica missione che qualifica la vostra professione medica e chirurgica è costituita dal perseguimento di alcuni obiettivi:

- guarire la persona malata o almeno cercare di incidere in maniera efficace sull'evoluzione della malattia;
- alleviare i sintomi dolorosi che la accompagnano, soprattutto quando è in fase avanzata;
- prendersi cura della persona malata in tutte le sue umane aspettative (...);
- mirare è una vera alleanza terapeutica col paziente, facendo leva su quella specifica razionalità clinica che consente al medico di scorgere le modalità di comunicazione più adeguate al singolo paziente;
- promuovere un approccio al malato che giustamente lo consideri non antagonista, ma collaboratore attivo e responsabile del trattamento terapeutico;

• rispettare da una parte l'autodeterminazione del paziente, senza dimenticare però che l'esaltazione individualistica dell'autonomia finisce per portare ad una lettura non realistica, e certamente impoverita, della realtà umana. Dall'altra, la responsabilità professionale del medico deve portarlo a proporre un trattamento che miri al vero bene del paziente, nella consapevolezza che la sua specifica competenza lo mette in grado in genere di valutare la situazione meglio che non il paziente stesso (...);

• non estromettere dalla relazione terapeutica il contesto esistenziale del paziente, in particolare la sua famiglia. Per questo occorre promuovere il senso di responsabilità dei familiari nei confronti del loro congiunto» (BENEDETTO XVI, *Discorso ai partecipanti a un congresso della Società Italiana di Chirurgia*, 20 ottobre 2008).

■ Ricordarsi che esiste una relazione direttamente proporzionale tra la capacità di soffrire e la capacità di aiutare chi soffre: chi è disposto ad accettare e sopportare con forza interiore e con serenità le proprie sofferenze è anche la persona più sensibile al dolore altrui e più dedita a lenire i dolori degli altri.

■ Attuare la vera compassione, la quale:

• promuove ogni ragionevole sforzo per favorire la guarigione del paziente;

• accompagna il paziente con amorevole rispetto e dedizione durante l'intero decorso della sua malattia, ponendo in atto tutte le azioni e le attenzioni possibili per diminuirne le sofferenze e favorirne un vissuto per quanto possibile sereno;

- ascolta le richieste del malato, il quale ha sì il diritto di chiedere ad esempio la sospensione di una cura: non è detto però che il medico debba accogliere tale richiesta soprattutto quando questa comporterebbe un atto di eutanasia;
- stimola la solidarietà e la condivisione non solo accanto e per chi soffre senza più speranze, ma anche accanto e per chi vive l'esperienza del dolore di una persona cara;
- nello stesso tempo aiuta a fermarsi quando nessuna azione risulta ormai utile alla guarigione.

Qual è il compito dei medici cattolici?

Il medico cattolico ha la missione di:

- Attuare gli stessi impegni sopradescritti comuni a tutti i medici, con maggiore dedizione e spirito di abnegazione, testimoniando l'amore di Cristo per i malati.
- Prestare attenzione alla dimensione spirituale dell'uomo, avendo ben presente il senso cristiano della vita e della morte, e la funzione del dolore nella vicenda umana.
- Rispettare sempre e Fedelmente la legge di Dio, attuando se necessario anche l'obiezione di coscien-

za nei confronti di leggi fatte dagli uomini che contraddicono la legge divina.

■ Saper riconoscere in ogni ammalato lo stesso Cristo, i lineamenti del Suo Volto divino: prendendosi cura dell'ammalato, il cristiano sa di prendersi cura di Cristo stesso (cfr. *Mt* 25,35-40).

■ Attingere dalla Fede cristiana il conforto nella propria sofferenza e la capacità di lenire la sofferenza altrui.

■ Essere:

- lo strumento dell'amore misericordioso di Dio;
- la trasparenza di Cristo, che, quale buon Samaritano per eccellenza, si prende cura degli ammalati.

■ Collaborare con quanti sono impegnati nella pastorale della sofferenza.

■ Vivificare il proprio servizio medico con la preghiera costante a Dio, « amante della vita » (*Sap* 11,26), ricordando sempre che la guarigione, in ultima istanza, viene dall'Altissimo, per l'intercessione particolare anche della Vergine Maria invocata come *Salus infirmorum* et *Mater Scientiae.*

■ Mettere in atto non solo le cure mediche, ma anche le cure spirituali, le quali costituiscono non solo un bisogno sentito, ma addirittura un diritto fondamentale di ogni malato, con la conseguente responsabilità di coloro che lo assistono.

■ Interrogarsi sulla propria spiritualità, sul sistema di valori che guida la propria esistenza, sulle risposte che nascono nel cuore agli interrogativi concernenti il significato della sofferenza e della morte.

Portare il conforto cristiano ai malati e ai loro familiari.

■ Favorire da parte del malato la richiesta e l'accoglienza nella Fede, dei Sacramenti che Cristo ha istituito anche per aiutare spiritualmente l'ammalato: i Sacramenti della Confessione, dell'Eucaristia (in particolare come Viatico) e dell'Unzione dei malati.

Quali aspetti positivi provengono dalla malattia?

La malattia può:

■ Aiutare a prendere coscienza del nostro limite, della nostra umana fragilità, della provvisorietà del nostro cammino qui sulla terra.

■ Dare origine a una fitta e larga rete di solidarietà a livello familiare e sociale (volontariato). Solo una concezione prettamente utilitaristica induce a pensare che la malattia di una persona sia sempre e comunque un deficit a livello personale, familiare e sociale.

■ Offrire la possibilità di saper leggere il disegno di Dio nella propria vita. La « chiave » di tale lettura è costituita dalla Croce di Cristo. Il Verbo incarnato si è fatto incontro alla nostra debolezza assumendola su di sé nel mistero della Croce. Chi sa accoglierla nella sua vita sperimenta come il dolore, illuminato dalla Fede, diventi fonte di speranza e di salvezza.

■ Costituire una concreta possibilità, offerta alla nostra libertà, per decidere quale compimento scegliere per la nostra esistenza.

■ Dare l'opportunità ad ognuno di soffrire con l'altro, unendo la nostra e altrui sofferenza a quella di Cristo, e offrendola a vantaggio di altri.

Avere anche un valore redentivo per sé e per gli altri. Se la sofferenza è unita a quella di Cristo, diviene partecipazione all'opera salvifica di Gesù Cristo, diventa mezzo e offerta vivente per la salvezza del mondo, può recare benefici morali e spirituali al paziente e all'umanità. «Io completo nella mia carne ciò che manca ai patimenti di Cristo, a favore del suo corpo che è la Chiesa» (*Col* 1,24).

■ Invitarci a fare nostra l'affermazione di Giobbe: «Se da Dio accettiamo il bene, perché non dovremo accettare il male? (...) Il Signore ha dato, il Signore ha tolto; sia benedetto il nome del Signore» (*Gb* 2,10; 1,21);

Aiutarci a scoprire il vero volto di Dio: la realtà del male, delle sofferenze, delle guerre, non induce a negare Dio, piuttosto «ci aiuta a purificare ogni falsa concezione di Dio e ci conduce a scoprirne il volto autentico: il volto di un Dio che, in Cristo, si è caricato delle piaghe dell'umanità ferita. Il Signore non ha tolto la sofferenza e il male dal mondo, ma li ha vinti alla radice con la sovrabbondanza della sua Grazia» (BENEDETTO XVI, *Messaggio «Urbi et Orbi»*, Pasqua 2007).

Quali benefici arreca il Sacramento dell'Unzione ai malati?

Tale Sacramento, istituito da Cristo non per i morti, ma per i vivi, e cioè per il cristiano che è gravemente ammalato:

- Conferisce un dono particolare dello Spirito Santo: una grazia di conforto, di pace e di coraggio:
  - per affrontare le difficoltà della malattia;
  - per unirsi più intimamente alla passione di Cristo;
  - per contribuire al bene del Popolo di Dio.
- Perdona tutti i peccati, se non è stato possibile celebrare prima il sacramento della Confessione.
- Favorisce talvolta la guarigione, se ciò giova alla salvezza spirituale del malato.
- Prepara al passaggio alla vita eterna.
- Consente di usufruire della preghiera di tutta la Chiesa:
  - che intercede per il bene del malato;
  - che soffre insieme a lui;
  - che si offre, per mezzo di Cristo, a Dio Padre.

Che cosa fare nei confronti di un malato terminale?

■ Tener presente che il Signore della vita è presente accanto al malato come Colui che vive e dona la vita, Colui che ha detto: « Sono venuto perché abbiamo la vita e l'abbiamo in abbondanza » (*Gv* 10, 10), « Io sono la Resurrezione e la Vita: chi crede in me, anche se muore vivrà » (*Gv* 10, 25) e « Io lo resusciterò nell'ultimo giorno » (*Gv* 6, 54).

■ Vedere in una vita che si spegne una nuova nascita e un'esistenza rinnovata, offerta dal Risorto a chi non si è volutamente opposto al suo Amore. Con la morte si conclude l'esperienza terrena, ma attraverso la morte si apre anche, per ciascuno di noi, al di là del tempo, la vita piena e definitiva.

Assicurare ad ogni persona il sostegno necessario attraverso terapie e interventi medici adeguati, individuati e gestiti secondo i criteri della proporzionalità medica, sempre tenendo conto del dovere morale di somministrare (da parte del medico) e di accogliere (da parte del paziente) quei mezzi di preservazione della vita che, nella situazione concreta, risultino « ordinari ». Per quanto riguarda, invece, le terapie significativamente rischiose o che fossero prudentemente da giudicare « straordinarie », il ricorso ad esse sarà da considerare moralmente lecito ma facoltativo.

Preparare il malato inguaribile alla morte, dicendogli la verità seppure con gradualità, scegliendo il momento e il linguaggio adatto, evitando qualsiasi congiura del silenzio, e soprattutto annunciandogli dove è possibile la « vita che non muore ».

Assicurare ad ogni persona le cure mediche necessarie e dovute, e soprattutto il sostegno psicologico e affettivo. « Se anche la guarigione non è più prospettabile, si può ancora fare molto per il malato: se ne può alleviare la sofferenza, soprattutto lo si può accompagnare nel suo cammino, migliorandone in quanto possibile la qualità di vita. Non è cosa da sottovalutare, perché ogni singolo paziente, anche quello inguaribile, porta con sé un valore incondizionato, una dignità da onorare, che costituisce il fondamento ineludibile di ogni agire medico » (BENEDETTO XVI, *Discorso ai partecipanti a un congresso della Società Italiana di Chirurgia*, 20 ottobre 2008).

Garantire il debito sostegno alle famiglie che intendono impegnarsi ad accudire in casa, per periodi talora lunghi, malati afflitti da patologie degenerative (tumorali, neurodegenerative, ecc.) o bisognosi di un'assistenza particolarmente impegnativa.

Riconoscere, anche sul versante della regolamentazione del lavoro, ai parenti stretti del malato terminale, quei medesimi diritti che solitamente si riconoscono ai familiari al momento di una nascita.

Evitare ogni forma di eutanasia diretta (cfr. BENEDETTO XVI, *Discorso all'assemblea della Pontificia Accademia per la Vita*, 25 febbraio 2008).

Qual è la concezione cristiana circa le cure palliative?

La Fede cristiana:

- Riconosce la liceità e la necessità in taluni casi delle cure palliative, le quali sono «destinate a rendere più sopportabile la sofferenza nella fase finale della malattia e di assicurare al tempo stesso al paziente un adeguato accompagnamento» (GIOVANNI PAOLO II, *Evangelium vitae,* n. 65). Esse infatti mirano a lenire, specialmente nel paziente terminale, una vasta gamma di sintomi di sofferenza fisica, psichica e mentale, e richiedono perciò l'intervento di un'équipe di specialisti con competenza medica, psicologica e religiosa, tra loro affiatati per sostenere il paziente nella fase critica.

  Afferma nello stesso tempo la necessità di rispettare la libertà dei pazienti, i quali devono essere posti in grado, nella misura del possibile, «di soddisfare ai loro obblighi morali e familiari e soprattutto devono potersi preparare con piena coscienza all'incontro definitivo con Dio» (op. cit., n. 65).

- Raccomanda che la somministrazione degli analgesici sia effettivamente proporzionata all'intensità e alla cura del dolore, evitando ogni forma di eutanasia quale si avrebbe somministrando ingenti dosi di analgesici proprio con lo scopo di provocare la morte.

- Ricorda la teoria del cosiddetto duplice effetto legato all'uso di tali farmaci: essi infatti se da una parte sicuramente attenuano il dolore, dall'altra possono indurre dipendenza o addirittura accelerare l'effetto letale della malattia.

■ Incoraggia la formazione di specialisti delle cure palliative, in particolare con la creazione sia di strutture didattiche alle quali possono essere interessati anche psicologi e operatori della pastorale, sia di case di accoglienza per i malati terminali, ricordando che già nel primo secolo, al tempo del Papa San Cleto – terzo successore di S. Pietro – la Chiesa aveva provveduto alla loro costruzione.

Che cosa dice la Fede *cristiana circa l'accanimento terapeutico?*

■ La Fede cristiana afferma che:

• Il rifiuto dell'accanimento terapeutico non è un rifiuto del paziente e della sua vita.

• L'oggetto della deliberazione sull'opportunità di iniziare o continuare una pratica terapeutica non è il valore della vita del paziente, ma il valore dell'intervento medico sul paziente.

• L'eventuale decisione di non intraprendere o di interrompere una terapia è da ritenersi eticamente corretta quando questa risulti inefficace o chiaramente sproporzionata ai fini del sostegno della vita o del recupero della salute del paziente.

• Il rifiuto dell'accanimento terapeutico pertanto è espressione del rispetto che in ogni istante si deve al paziente.

• Non è accanimento terapeutico assicurare all'ammalato, se disponibili, alcune cure quali: il ricambio metabolico, l'alimentazione e l'idratazione, la terapia del dolore

Il sì detto alla vita richiede pertanto anche il rifiuto sia dell'accanimento terapeutico e sia della eutanasia. E questo vale per tutte e due le dimensioni:

• Questo vale per l'accanimento terapeutico, che vuole dire: ho il potere di allontanare la morte;

• vale per l'eutanasia che vuol dire: ho il potere di anticipare la morte.

Nessuno di questi due entra in una logica corretta, perché tutti e due entrano nella prospettiva del « io possiedo la vita e sono io che decido quando comincia, quanto dura, quando finisce... ».

■ Pertanto ogni persona di buona volontà dovrebbe dire:

• TRE SI':

– alla vita

– alle cure palliative

– all'adeguata assistenza agli ammalati e agli anziani.

• TRE NO:

– all'eutanasia

– all'accanimento terapeutico

– all'abbandono di chi è più fragile.

L'alimentazione e l'idratazione artificiali sono da considerarsi accanimento terapeutico?

No.

■ «La somministrazione di cibo e acqua, anche per vie artificiali, è in linea di principio un mezzo ordinario e proporzionato di conservazione della vita. Essa è quindi obbligatoria, nella misura in cui e fino a quando dimostra di raggiungere la sua finalità propria, che consiste nel procurare l'idratazione e il nutrimento del paziente. In tal modo si evitano le sofferenze e la morte dovute all'inanizione e alla disidratazione». Tali «cure ordinarie e proporzionate» sono dovute anche a un paziente in «stato vegetativo permanente» (e cioè anche quando medici competenti giudicano con certezza morale che il paziente non recupererà mai la coscienza) (CDF, *Risposte a quesiti della Conferenza Episcopale Statunitense circa l'alimentazione e l'idratazione artificiali*).

■ Non va inoltre dimenticato che:

Nessun esperto potrebbe, allo stato attuale, dichiarare l'irreversibilità della condizione di stato vegetativo, se non in base ad una scelta puramente soggettiva;

La dichiarazione di un momento non può evidentemente essere presa a parametro per presumere la volontà di una persona riguardo a scelte come quelle che riguardano la contrarietà o meno ad un trattamento che fra l'altro si pone al limite fra terapia e nutrizione.

Quando avranno fine la malattia, la sofferenza e la morte?

Esse avranno fine allorquando Cristo Signore ritornerà alla fine dei tempi, per liberare l'universo dalla corruzione e dalla morte e per rinnovarlo con « i nuovi cieli e una terra nuova » (*2 Pt* 3,13).

NB: Per approfondire l'argomento, si leggano i seguenti documenti pontifici:

CATECHISMO DELLA CHIESA CATTOLICA (*CCC*), nn. 309-314; 1499-1525;

Compendio del CCC, nn. 57-58; 313-320;

GIOVANNI PAOLO II:

- *Salvifici doloris*, 1984
- *Evangelium vitae*, 1995;

CONGREGAZIONE PER LA DOTTRINA DELLA FEDE (CDF):

- *Donum vitae*, 1987
- *Risposte a quesiti della Conferenza Episcopale Statunitense circa l'alimentazione e l'idratazione artificiali*, 1 agosto 2007.

XLVI
IL DENARO:
È UN BENE O UN MALE?

Come va considerato il denaro, la ricchezza?

■ Il denaro non è né un bene né un male, da un punto di vista morale. Anzi il denaro in se stesso è una realtà materiale, che, in quanto creata da Dio, di per sé è buona. Esso è un mezzo di scambio, il cui valore è determinato convenzionalmente in una società.

■ È in riferimento alla persona che il denaro può diventare un bene o un male. E ciò dipende da:

• come la persona lo acquisisce: onestamente o rubando o ingannando?;

• come ci si relaziona verso di esso. Esso è un valore e ha un peso grande nella vita umana, ma non è e non deve diventare il valore principale né unico né sommo dell'uomo, che deve evitare in ogni modo di farsi schiavo di esso;

• come lo si usa.

Quando l'uso del denaro è morale?

Quando la persona lo usa:

■ con la consapevolezza di essere un amministratore e usufruttuario, dandogli il giusto peso e valore: i beni materiali sono mezzi, non sono il fine del vivere dell'uomo;

- per il proprio bene, per quello della propria famiglia, per far del bene al prossimo;

- tenendo conto di vari criteri, quali: le spese obbligate per ciò che è indispensabile, necessario; le esigenze discrezionali; la necessità del risparmio in vista di necessità future (pur confidando nella Provvidenza); i bisogni degli altri, soprattutto di quanti sono addirittura privi del necessario e indispensabile per vivere...;

- rispettando la sua «destinazione universale»: nel senso che i beni di questo mondo devono servire a non far mancare il necessario a ogni persona.

Quando l'uso del denaro è immorale?

È immorale:

- ogni forma di indebita accumulazione dei beni materiali;

- ogni attaccamento ad essi: «L'attaccamento al denaro infatti è la radice di tutti i mali» (*1 Tm* 6,10). «La dov'è il tuo tesoro, sarà anche il tuo cuore» (*Mt* 6,21);

- la teoria che fa del profitto la regola esclusiva e il fine ultimo dell'attività economica;

- ogni pratica che riduce le persone a non essere altro che puri strumenti in funzione del profitto: tutto ciò asservisce l'uomo, conduce all'idolatria del denaro e contribuisce alla diffusione dell'ateismo. « Non potete servire a Dio e a mammona » (*Mt* 6,24); «È più facile che un cammello passi per la cruna di un ago, che un ricco entri nel regno di Dio » (*Mc* 10,25).

Quali danni può provocare il denaro?

Può provocare gravi danni:

- All'interno della persona stessa, il denaro può diventare:
  - un modo che schiavizza la persona, e ciò avviene quando diventa fine e padrone, anziché essere mezzo e servo;
  - uno strumento della volontà di potenza che può far perdere la testa;
  - un modo per dare la prevalenza all'avere, prima e più che all'essere della persona;
  - un criterio decisivo, o addirittura esclusivo, per determinare il valore di sé e dell'altro: un individuo vale tanto quanto possiede;
  - *condicio sine qua non* per la realizzazione della persona in quanto persona;
  - una causa di continua insoddisfazione, infelicità, soprattutto quando nella persona prevale la logica dell'accumulo;
  - un motivo di molte costrizioni. Si perde la vera libertà quando si è ossessionati dalla sua acquisizio-

ne, dal suo possesso, dalla sua custodia, difesa ed amministrazione… tanto da esserne schiavi. Se invece è acquisito e usato onestamente, il denaro può essere fonte di libertà: dona rapidità ed efficacia, consente l'accesso alle cose migliori per sé e per gli altri.

■ Nella relazione con Dio, il denaro può:

• diventare un assoluto, che si sostituisce al vero Dio: si vive un vero e proprio culto del denaro;

• portare al rifiuto di Dio, o a vivere come se Dio non ci fosse.

■ Nel rapporto con gli altri, il denaro può:

• aumentare le distanze tra ricchi e poveri;

• spingere a commettere ingiustizie, furti, frodi;

• diventare uno *status symbol*, che fa ottenere un riconoscimento e vantaggi nella società;

• portare a rifiutare gli altri. La grande disgrazia del denaro trasformato in idolo è il fatto che separa dagli altri. Più si è ricchi, più si rischia di non vedere e non ascoltare più gli altri. I beni di questo mondo, che dovrebbero essere un segno di comunicazione, di comunione, diventano così un ostacolo, un muro tra noi e gli altri, muro fatto di prestigio, di consumi diversi, di possibilità maggiori…;

• causa di divisioni (anche all'interno della stessa famiglia) e di numerosi conflitti che turbano l'ordine sociale, nazionale e internazionale.

Che cosa proibisce il decimo Comandamento: non desiderare la roba d'altri?

■ «Il decimo Comandamento proibisce l'avidità e il desiderio di appropriarsi senza misura dei beni terreni; vieta la cupidigia sregolata, generata dalla smodata brama delle ricchezze e del potere in esse insito. Proibisce anche il desiderio di commettere un'ingiustizia, con la quale si danneggerebbe il prossimo nei suoi beni temporali.

■ La formula: Non desiderare è come un avvertimento generale che ci spinge a moderare il desiderio e l'avidità delle cose altrui. C'è infatti in noi una latente sete di cupidigia per tutto ciò che non è nostro; sete mai sazia, di cui la Sacra Scrittura scrive: «L'avaro non sarà mai sazio del suo denaro» (*Qo* 5,9).

■ Non si trasgredisce questo Comandamento desiderando ottenere cose che appartengono al prossimo, purché ciò avvenga con giusti mezzi. La catechesi tradizionale indica con realismo coloro che maggiormente devono lottare contro le cupidigie peccaminose e che, dunque, devono con più insistenza essere esortati ad osservare questo Comandamento. Sono, cioè ad esempio, quei commercianti e quegli approvvigionatori di mercati che aspettano la scarsità delle merci e la carestia per trarne un profitto con accaparramenti e speculazioni; quei medici che aspettano con ansia le malattie; quegli avvocati e magistrati desiderosi di cause e di liti...» *(CCC*, 2536-2537).

Come il cristiano deve comportarsi circa il denaro?

Il cristiano, oltre a osservare quanto fin qui già detto circa l'acquisizione onesta, l'uso morale e l'atteggiamento corretto che si deve avere verso il denaro, deve:

- combattere la cupidigia, essendo questa la radice di tutti i mali. Scrive SANT'AMBROGIO AUTPERTO: « Dal suolo della terra diverse spine acute spuntano da varie radici; nel cuore dell'uomo, invece, le punture di tutti i vizi provengono da un'unica radice, la cupidigia » (*De cupiditate* 1: cccm 27b, p. 963);
- avere la consapevolezza che dare del denaro senza donare se stessi è una menzogna. Condividere vuol dire dare il proprio tempo, il proprio potere, le proprie competenze, i doni ricevuti, nella misura dei propri mezzi;
- tener conto di quanto Gesù dice circa l'obolo (due spiccioli) donato al tempio da quella vedova evangelica: « In verità vi dico: questa vedova, povera, ha messo più di tutti. Tutti costoro, infatti, hanno deposto come offerta del loro superfluo: questa invece nella sua miseria ha dato tutto quanto aveva per vivere » (*Lc* 21,3-4);
- attuare un amore preferenziale per i poveri.

Perché e come amare i poveri?

Il Catechismo della Chiesa Cattolica così risponde a questa domanda (nn. 2443-2449):

■ «Dio benedice coloro che soccorrono i poveri e disapprova coloro che se ne disinteressano: «Dà a chi ti domanda e a chi desidera da te un prestito non volgere le spalle» (*Mt* 5,42). «Gratuitamente avete ricevuto, gratuitamente date» (*Mt* 10,8). Gesù Cristo riconoscerà i suoi eletti proprio da quanto avranno fatto per i poveri.

■ L'amore per i poveri:

• si ispira al Vangelo delle beatitudini, alla povertà di Gesù e alla sua attenzione per i poveri;

• è anche una delle motivazioni del dovere di lavorare, per far parte dei beni a chi si trova in necessità;

• non riguarda soltanto la povertà materiale, ma anche le numerose forme di povertà culturale e religiosa;

• è inconciliabile con lo smodato amore per le ricchezze o con il loro uso egoistico:

«E ora a voi, ricchi: piangete e gridate per le sciagure che vi sovrastano! Le vostre ricchezze sono imputridite, le vostre vesti sono state divorate dalle tarme; il vostro oro e il vostro argento sono consumati dalla ruggine, la loro ruggine si leverà a testimonianza contro di voi e divorerà le vostre carni come un fuoco. Avete accumulato tesori per gli ultimi giorni!» (*Gc* 5,1-6).

■ Le opere di misericordia sono azioni caritatevoli con le quali soccorriamo il nostro prossimo nelle sue necessità corporali e spirituali. Istruire, consigliare, consolare, confortare sono opere di misericordia spirituale, come pure perdonare e sopportare con pazienza. Le opere di misericordia corporale consistono segnatamente nel dare da mangiare a chi ha fame, nell'ospitare i senza tetto, nel vestire chi ha bisogno di indumenti, nel visitare gli ammalati e i prigionieri, nel seppellire i morti. Tra queste opere, fare l'elemosina ai poveri è una delle principali testimonianze della carità fraterna. È pure una pratica di giustizia che piace a Dio:

«Chi ha due tuniche, ne dia una a chi non ne ha; e chi ha da mangiare faccia altrettanto» (*Lc* 3,11). «Piuttosto date in elemosina quel che c'è dentro, e tutto sarà puro per voi» (*Lc* 11,41). «Se un fratello o una sorella sono senza vestiti e sprovvisti del cibo quotidiano e uno di voi dice loro: Andatevene in pace, riscaldatevi e saziatevi, ma non date loro il necessario per il corpo, che giova?» (*Gc* 2,15-16).

■ «Ogni volta che avete fatto queste cose a uno solo di questi miei fratelli più piccoli, l'avete fatto a me» (*Mt* 25,40). Pertanto «quando serviamo i poveri e i malati, serviamo Gesù. Non dobbiamo lasciar mancare l'aiuto al nostro prossimo, perché nei nostri fratelli serviamo Gesù» (Santa Rosa da Lima).

Che cosa chiede Gesù Cristo dicendo: «Beati i poveri in spirito» (Mt 5,3)?

■ «Ai suoi discepoli Gesù chiede di preferire lui a tutto e a tutti, e propone di rinunziare a tutti i loro averi per lui e per il Vangelo. Poco prima della sua passione ha additato loro come esempio la povera vedova di Gerusalemme, la quale, nella sua miseria, ha dato tutto quanto aveva per vivere. Il precetto del distacco dalle ricchezze è vincolante per entrare nel regno dei cieli.

■ Tutti i fedeli devono sforzarsi di guidare rettamente i propri affetti, affinché dall'uso delle cose di questo mondo e dall'attaccamento alle ricchezze, contrario allo spirito della povertà evangelica, non siano impediti di tendere alla carità perfetta.

■ Le beatitudini rivelano un ordine di felicità e di grazia, di bellezza e di pace. Gesù esalta la gioia dei poveri, ai quali già appartiene il Regno. Il Verbo chiama povertà di spirito l'umiltà volontaria dell'animo umano, e l'Apostolo ci addita come esempio la povertà di Dio quando dice: «Da ricco che era, si è fatto povero per noi» (*2 Cor* 8,9).

■ Il Signore apostrofa i ricchi perché trovano la loro consolazione nell'abbondanza dei beni. Il superbo cerca la potenza terrena, mentre il povero in spirito cerca il regno dei cieli. L'abbandono alla provvidenza del Padre del cielo libera dall'apprensione per il domani. La fiducia in Dio prepara alla beatitudine dei poveri. Essi vedranno Dio» (*CCC*, 2544-2547).

Qual è il rapporto tra morale ed economia?

■ Esiste tra le due una necessaria distinzione: l'economia ha proprie leggi nella produzione, distribuzione e consumo di beni materiali e servizi.

■ Nello stesso tempo l'economia non prescinde dalla morale, in quanto l'economia ha la sua ragione d'essere nell'uomo, è a servizio di tutta la persona e di tutte le persone. Realizzata secondo i propri metodi, l'attività economica deve essere esercitata nell'ambito dell'ordine morale, nel rispetto della giustizia sociale, in modo che risponda al disegno di Dio sull'uomo.

■ La Chiesa dà un giudizio morale, in materia economica e sociale, quando ciò sia richiesto dai diritti fondamentali della persona o dalla salvezza delle anime. Essa cerca di inculcare le giuste disposizioni nel rapporto con i beni terreni e nelle relazioni socio-economiche.

Quali sono i compiti dell'economia secondo l'etica cristiana?

Essi sono molteplici e complementari:

■ Nei confronti della persona, l'economia deve:

• promuovere la dignità della persona umana e il bene di tutta l'umanità;

• tutelare la libertà della persona in campo economico, quale valore fondamentale e diritto inalienabile: il vero capitale da valorizzare, tutelare e su cui investire è l'uomo;

• favorire l'armonizzazione della capacità creativa professionale sia del singolo, sia dell'impresa, con i principi morali.

■ Nei confronti della società, l'economia deve:

• realizzare la propria crescita non però a discapito degli esseri umani, di interi popoli e gruppi sociali, condannati all'indigenza e all'esclusione;

• favorire un'equa disponibilità e distribuzione di beni e di servizi nella trasparenza e nella legalità, anche sviluppando un commercio più equo e solidale;

• praticare la solidarietà all'interno delle famiglie e della società, e fra gli stati;

• avere come soggetti tutti gli uomini e tutti i popoli, in quanto tutti sono responsabili di tutti;

• ricercare l'incremento progressivo della ricchezza in modo non solo quantitativo ma qualitativo, finalizzando tale progresso alla sviluppo globale e solidale dell'uomo e della società. La legittima ricerca di un equo profitto, i criteri dell'efficienza economica vanno armonizzati con la tutela della dignità della persona. Si ha il dovere di considerare il bene delle persone e non soltanto l'aumento dei profitti. Questi, comunque, sono necessari: permettono di realizzare gli investimenti che assicurano l'avvenire delle imprese e garantiscono l'occupazione;

• cercare di eliminare le disuguaglianze e gli squilibri, che causano gravissime situazioni di povertà. A livello internazionale, la disuguaglianza delle risorse e dei mezzi economici è tale da provocare un vero « fossato » tra le nazioni. Da una parte vi sono coloro che possiedono e incrementano i mezzi dello sviluppo, e, dall'altra, quelli che accumulano i debiti (cfr. GIOVANNI PAOLO II, Lett. enc. *Sollicitudo rei socialis*, 14);

• favorire una ragionevole regolazione del mercato e delle iniziative economiche, secondo una giusta gerarchia dei valori e in vista del bene comune. La sua regolazione mediante la sola legge del mercato non può attuare la giustizia sociale, perché esistono numerosi bisogni umani che non hanno accesso al mercato.

Che cosa c'è alla base di ogni autentica crescita economica della società?

■ Alla base di ogni sviluppo autentico e completo della società umana sta la crescita del senso di Dio e della conoscenza di sé.

■ In tal caso lo sviluppo:

• moltiplica i beni materiali e li mette al servizio della persona e della sua libertà;

• riduce la miseria e lo sfruttamento economico;

• fa crescere il rispetto delle identità culturali e l'apertura alla trascendenza.

Qual è il ruolo dello Stato nei confronti dell'economia, secondo la concezione cristiana?

La responsabilità dello Stato è grande e insieme limitata e finalizzata. «L'attività economica, in particolare quella dell'economia di mercato, non può svolgersi in un vuoto istituzionale, giuridico e politico. Essa suppone, al contrario, sicurezza circa le garanzie delle libertà individuali e della proprietà, oltre che una moneta stabile e servizi pubblici efficienti. Il principale compito dello Stato, pertanto, è quello di garantire tale sicurezza, di modo che chi lavora possa godere i frutti del proprio lavoro e, quindi, si senta stimolato a compierlo con efficienza e onestà. [...] Compito dello Stato è quello di sorvegliare e guidare l'esercizio dei diritti umani nel settore economico; in questo campo, tuttavia, la prima responsabilità non è dello Stato, bensì dei singoli e dei diversi gruppi e associazioni di cui si compone la società» (GIOVANNI PAOLO II, Lett. enc. *Centesimus annus*, 48).

Come gli uni possono aiutare gli altri?

■ «Le nazioni ricche hanno una grave responsabilità morale nei confronti di quelle che da se stesse non possono assicurarsi i mezzi del proprio sviluppo o ne sono state impedite in conseguenza di tragiche vicende storiche. Si tratta di un dovere di solidarietà e di carità; ed anche di un obbligo di giustizia, se il benessere delle nazioni ricche proviene da risorse che non sono state equamente pagate.

■ L'aiuto diretto costituisce una risposta adeguata a necessità immediate, eccezionali, causate, per esempio, da catastrofi naturali, da epidemie, ecc. Ma esso non basta a risanare i gravi mali che derivano da situazioni di miseria, né a far fronte in modo duraturo ai bisogni. Occorre anche riformare le istituzioni economiche e finanziarie le internazionali perché possano promuovere rapporti equi con i paesi meno sviluppati. È necessario sostenere lo sforzo dei paesi poveri che sono alla ricerca del loro sviluppo e della loro liberazione. Questi principi vanno applicati in una maniera tutta particolare nell'ambito del lavoro agricolo. I contadini, specialmente nel terzo mondo, costituiscono la massa preponderante dei poveri» (CATECHISMO DELLA CHIESA CATTOLICA, nn. 2439-2440).

NB: Per approfondire l'argomento si leggano i seguenti documenti pontifici:

CATECHISMO DELLA CHIESA CATTOLICA (*CCC*), Terza parte;
Compendio del CCC, Terza parte;
GIOVANNI PAOLO II, Lett. enc. *Sollicitudo rei socialis; Centesimus annus;*
PONTIFICIO CONSIGLIO DELLA GIUSTIZIA E DELLA PACE, *Compendio della dottrina sociale della Chiesa*.

XLVII
IL LAVORO:
QUANDO È PER L'UOMO?

Quali sono gli aspetti positivi del lavoro?

Il lavoro ha molteplici e complementari dimensioni:

■ Dimensione umana: il lavoro è una delle forme più alte di:

- crescita umana;
- espressione e affermazione di sé e delle proprie qualità;
- esercizio delle responsabilità sociali;
- riqualificazione e aggiornamento personale e comunitario;
- apertura e solidarietà con il mondo.

■ Dimensione familiare: costituisce un mezzo essenziale che rende possibile la fondazione di una famiglia, i cui mezzi di sussistenza si acquistano proprio mediante il lavoro.

■ Dimensione sociale: migliora la società, favorendo migliori condizioni economiche e sociali, a vantaggio soprattutto dei più bisognosi.

■ Dimensione cosmica: è fonte di arricchimento e di trasformazione del creato. Mediante il lavoro l'uomo governa con Dio il mondo, insieme a Lui ne è signore, e compie cose buone per sé e per gli altri, valorizzando le risorse naturali.

Qual è il rapporto tra la persona umana e il lavoro?

La persona umana lavorando:

- Si perfeziona nella sua umanità.
  Esprime il libero e fecondo dono di sè.
- Esercita le sue facoltà fisiche, intellettuali e spirituali:
  - creando opere d'arte e di pensiero;
  - scoprendo cose nuove;
  - producendo beni e servizi;
- Si rende utile agli altri.
- Trae i mezzi di sostentamento per la propria vita, per quella dei suoi familiari e per la comunità umana.
- Ha diritto a un giusto salario.
- Trasforma la natura, rispettandola.

In che modo il lavoro è per la persona?

- Il lavoro è un diritto e non un privilegio: l'accesso al lavoro deve essere aperto a tutti senza ingiusta discriminazione. Ogni persona ha diritto a un onesto e sicuro lavoro, pur non essendo l'unica e neppure la principale ragione di vita. Il lavoro va considerato come un bene di tutti, che deve essere disponibile per tutti coloro che ne sono capaci. La « piena occupazione » deve essere un obiettivo doveroso per ogni ordinamento economico orientato alla giustizia e al bene comune.

■ Il lavoro è anche un dovere per ogni persona: « Chi non vuole lavorare neppure mangi » (*2 Ts* 3,10).

■ Ogni lavoro, se onesto, è degno di stima.

■ La persona è il soggetto e il destinatario del lavoro: il lavoro è *actus personae*, è per l'uomo, e non l'uomo per il lavoro. La persona è il metro della dignità del lavoro: il lavoro procede dalla persona ed è anche essenzialmente ordinato e finalizzato ad essa.

■ La persona nel lavoro:

considera l'altro come 'un altro se stesso', e non come un concorrente o uno schiavo. Il lavorare è e dev'essere con gli altri e per gli altri, e non contro gli altri;

utilizza i frutti del lavoro anche come occasione di scambi, di relazioni e d'incontro;

apprezza, collabora e rispetta il talento e l'esperienza che solo i più anziani possono portare nel lavoro.

■ Occorre dunque riconoscere la dignità del lavoro umano, come dovere e perfezionamento dell'uomo, esercizio benefico della sua custodia del creato, servizio della comunità, prolungamento dell'opera del Creatore, contributo al piano della salvezza (cfr CONCILIO VATICANO II, *Gaudium et spes*, 34).

Quali sono le condizioni per un buon lavoro?

■ Ecco le principali condizioni per un buon lavoro:

• rispetto e promozione della dignità della persona e dei diritti inalienabili del lavoratore;

• libertà di creare e partecipare a pubbliche associazioni per promuovere e difendere i propri valori e diritti;

• accesso e partecipazione adeguata al progresso economico, alla gestione e agli utili del proprio lavoro;

• versamento dei contributi (stabiliti dalle legittime autorità) agli organismi di sicurezza sociale;

• equa retribuzione, che:

tenga conto anche dell'età, del sesso, delle personali capacità del lavoratore, nonché delle esigenze dell'eventuale sua famiglia, in particolare dei suoi figli;

ricerchi un giusto equilibrio tra merito e bisogno;

• piena occupazione;

• limitazione delle ore di lavoro: orari umani di lavoro;

• una maggiore conciliazione tra i tempi del lavoro e quelli dedicati alle relazioni umane e familiari;

• legittimo riposo;

• promozione della sicurezza e della salute dei lavoratori;

• permanente formazione umana e tecnica;

• rispetto della gerarchia dei valori, che mette al primo posto la persona che lavora;

• idoneo stato igienico-sanitario dei locali di lavoro;

• rispetto dell'ambiente naturale.

■ Ognuno, secondo le proprie possibilità e competenze, deve adoperarsi per creare e/o incrementare, per sé e per gli altri, tali condizioni positive che favoriscono un buon lavoro.

Quali sono, nel lavoro, gli aspetti negativi da evitare o da eliminare?

■ Ecco i principali:

• la mortificazione della dignità della persona;

• lo sfruttamento di sé, degli altri, della natura;

• la disoccupazione, che offende la dignità della persona e minaccia l'equilibrio della vita e la possibilità di creare e di far crescere la propria famiglia;

• l'ingiustificato ricorso al doppio lavoro e/o al lavoro straordinario, soprattutto quando è per ottenere il 'superfluo': essi fanno diminuire i posti di lavoro per gli altri, ed inoltre tolgono la possibilità di energie e di tempo da dedicare allo sviluppo delle dimensioni personali (soprattutto religioso-spirituali), alla propria famiglia, ad iniziative di volontariato;

- l'assenteismo, il disimpegno;
- la crescita indiscriminata del lavoro festivo;
- il degrado ambientale;
- lo spreco di tempo, di risorse, le fughe di capitali, le frodi;
- i sistemi finanziari abusivi se non addirittura usurai, le relazioni commerciali inique;
- l'eccessivo accaparramento e accentramento dei beni di produzione, di distribuzione e di consumo;
- l'uso disonesto dei mezzi di comunicazione;
- l'ingiustificato licenziamento;
- la precarietà del lavoro, in particolare dei giovani: « Quando la precarietà del lavoro non permette ai giovani di costruire una loro famiglia, lo sviluppo autentico e completo della società risulta seriamente compromesso » (BENEDETTO XVI, *Messaggio* alla 45° Settimana Sociale dei Cattolici Italiani, 18-10-2007);
- la lotta di classe;
- lo sciopero indiscriminato.

■ Occorre anche riconoscere che, nonostante l'impegno di ciascuno e di tutti, sarà impossibile eliminare completamente e tutti tali aspetti negativi. Il cristiano sa che la loro eliminazione totale e definitiva si realizzerà quando, alla fine di questo mondo, Dio farà « nuovi cieli e una nuova terra » (*2 Pt* 3,13).

Che cosa si intende per bene comune, a cui è finalizzato anche il lavoro?

■ Si intende l'insieme di quelle condizioni della vita sociale che permettono ai gruppi, come ai singoli membri, di raggiungere la propria perfezione più pienamente e speditamente. Esso comporta tre elementi essenziali:

• il rispetto della persona, dei suoi diritti fondamentali e inalienabili, quali ad esempio: la possibilità di agire secondo il retto dettato della sua coscienza, la salvaguardia della vita privata, la giusta libertà anche in campo religioso;

• il benessere sociale e lo sviluppo dei beni spirituali e materiali del singolo, della famiglia e della società;

• la pace, cioè la stabilità e la sicurezza di un ordine giusto.

■ Nello stesso tempo va tenuto presente che il benessere economico di un popolo non si misura esclusivamente sulla quantità di beni prodotti, ma anche tenendo conto:

• del modo in cui essi vengono prodotti;

• del grado di equità nella distribuzione del reddito;

• del raggiungimento dello sviluppo integrale di ogni persona.

Come si comporta il cristiano nel lavoro?

Lavorando, il cristiano, oltre che attuare e completare i già citati aspetti positivi, validi per ogni persona:

■ Realizza la propria identità di essere umano creato ad immagine di Dio. Il lavoro appartiene alla condizione originaria dell'uomo, costituito da Dio custode del creato, e precede il peccato originale: non è perciò né punizione né maledizione.

■ Collabora con il disegno provvidenziale di Dio Creatore e Redentore: Dio chiama l'uomo a «coltivare e custodire» (*Gen* 2,15) i beni da Lui creati. L'uomo non è il padrone, ma l'amministratore, l'usufruttuario, il fiduciario, chiamato a riflettere, nel proprio lavorare, l'impronta di Colui del quale egli è immagine.

■ Imita Gesù Cristo, l'artigiano di Nazareth, che dedicò al lavoro manuale la maggior parte degli anni della sua vita sulla terra.

■ Coopera con Lui nella sua opera redentrice: seguendo gli insegnamenti di Cristo e della Chiesa sul lavoro, e lavorando con impegno e sofferenza, il cristiano si mostra come discepolo di Cristo portando la Croce ogni giorno.

■ Riconosce che il lavoro, nella sua fatica e sofferenza, è segno e frutto del peccato originale: da allora il suolo si fa avaro, ingrato, sordamente ostile (cfr. *Gen* 4,12), comporta il sudore della fronte dell'uomo (cfr. *Gen* 3,17.19).

■ S'impegna con gli altri a eliminare o almeno a far diminuire gli aspetti negativi del lavoro.

■ Partecipa dell'arte e della saggezza divina, e rende più bello il creato, il cosmo già ordinato da Dio Padre.

■ Aiuta i più deboli e bisognosi.

■ Santifica se stesso e gli altri.

■ Riconosce che il lavoro è essenziale, ma che è Dio, e non il lavoro, la fonte della vita e il fine dell'uomo.

■ Rende gloria a Dio.

■ Ritrova un'occasione di contemplazione e di preghiera: *Ora et labora* ('Prega e lavora').

■ Serve la comunità familiare e sociale secondo i disegni di Dio.

■ Costruisce il Regno di Dio.

Quale rapporto esiste tra il lavoro dell'uomo e l'integrità della creazione?

«Il settimo comandamento esige il rispetto dell'integrità della creazione. Gli animali, come anche le piante e gli esseri inanimati, sono naturalmente destinati al bene comune dell'umanità passata, presente e futura. L'uso delle risorse minerali, vegetali e animali dell'universo non può essere separato dal rispetto delle esigenze morali. La signoria sugli esseri inanimati e sugli altri viventi, accordata dal Creatore all'uomo, non è assoluta; deve misurarsi con la sollecitudine per la qualità della vita del prossimo, compresa quella delle generazioni future; esige un religioso rispetto dell'integrità della creazione» (CATECHISMO DELLA CHIESA CATTOLICA, n. 2415).

Che cosa esige la solidarietà nel lavoro?

La solidarietà esige:

- L'impegno di ciascuno a collaborare con gli altri nel realizzare e migliorare le condizioni di lavoro e della società.
- L'equa ripartizione dei beni e dei frutti del lavoro.
- L'impegno per un ordine sociale più giusto, nel quale le tensioni e i conflitti siano risolti con il negoziato e il dialogo.
- La collaborazione fra tutti: fra ricchi e poveri, fra imprenditori e dipendenti, fra nazioni e fra popoli, rigettando l'odio e la lotta di classe degli uni contro gli altri.
- La possibilità di libere associazioni (ad es. sindacali, imprenditoriali...), evitando eccessive rivendicazioni corporativistiche.

- L'impegno a favore dei più poveri.
- La valorizzazione degli aspetti positivi della globalizzazione, al fine di raggiungere un umanesimo del lavoro a livello planetario.
- La virtù della solidarietà, la quale attua la condivisione dei beni spirituali ancor più di quelli materiali.

Quali virtù vanno attuate nel lavoro?

Nel lavoro, «il rispetto della dignità umana esige la pratica della virtù della *temperanza*, per moderare l'attaccamento ai beni di questo mondo; della virtù della *giustizia*, per rispettare i diritti del prossimo e dargli ciò che gli è dovuto; e della *solidarietà*, seguendo la regola aurea e secondo la liberalità del Signore il quale, da ricco che era, si è fatto povero per noi, perché noi diventassimo ricchi per mezzo della sua povertà» (CATECHISMO DELLA CHIESA CATTOLICA, n. 2407).

Quali tipi di primato sono da rispettare nel campo del lavoro?

Va rispettato il primato:

- Dell'uomo sul lavoro e sulle cose.
- Dello spirito sulla materia.
- Dell'etica sulla tecnica: non tutto ciò che è tecnicamente fattibile è anche moralmente accettabile.

■ Del lavoro sul capitale, il quale rimane solo uno strumento o la causa strumentale del lavoro. Nello stesso tempo esiste tra lavoro e capitale una certa complementarietà: né il capitale può stare senza lavoro, né il lavoro senza il capitale.

■ Della destinazione universale dei beni sulla pur legittima libertà sia di iniziativa economica, sia di proprietà privata.

Dove si fonda e che cosa comporta la destinazione universale dei beni?

La destinazione universale dei beni:

■ Si fonda sul fatto che Dio, creando, ha dato la terra, con tutti i suoi beni, a tutto il genere umano.

■ Comporta:

- l'equa distribuzione dei beni all'interno di ogni paese e tra i paesi;
- la corresponsabilità di tutti verso il creato e verso le generazioni passate, presenti e future;
- il fatto che l'autorità statale si ponga a servizio di ciascuno e di tutti.

Quali caratteristiche ha il diritto della persona alla proprietà privata?

■ Esiste un diritto alla proprietà privata, acquisita o ricevuta in modo giusto. Esso si esplica nel possesso dei beni materiali, dei mezzi di produzione, dei beni di consumo, del libero accesso alle conoscenze e applicazioni della scienza e della tecnica.

■ Tale diritto ha queste caratteristiche:

- è valido per tutti;
- deve essere garantito e regolamentato con adeguate leggi civili, onde evitare anche eventuali abusi (ad es. il latifondismo);
- è a servizio della crescita integrale della persona.

Il diritto alla proprietà privata va attuato in modo giusto, praticando le virtù della:

- temperanza, per moderare l'attaccamento ai beni di questo mondo;
- giustizia, per rispettare i diritti del prossimo e dargli ciò che gli è dovuto;
- solidarietà, per condividere generosamente con chi ha meno di noi.

■ Tale diritto non è assoluto: deve misurarsi con la sollecitudine per i bisogni degli altri, la qualità della vita del prossimo e con il rispetto dell'integrità della creazione.

■ È subordinato al diritto dell'uso comune e alla destinazione universale dei beni. «L'uomo, usando dei beni creati, deve considerare le cose esteriori che legittimamente possiede, non solo come proprie, ma anche come comuni, nel senso che possano giovare non unicamente a lui, ma anche agli altri» (CONCILIO VATICANO II, *Gaudium et spes*, n. 69).

Quali sono gli aspetti positivi del diritto alla proprietà privata?

La proprietà privata ha una sua liceità naturale, in quanto può favorire i seguenti aspetti positivi:

- luogo necessario per l'autonomia personale e familiare;
- espressione e prolungamento della libertà umana;
- contributo alla personale sicurezza esistenziale;
- mezzo di soddisfacimento dei bisogni della vita, per sé e per i propri familiari;
- legittimo frutto del proprio risparmio;
- occasione per il personale contributo alla società e all'economia;
- incentivo per una maggiore laboriosità;
- mezzo per creare nuovi posti di lavoro.

Quali sono i criteri per stabilire il giusto salario?

«Il lavoro va remunerato in modo tale da garantire i mezzi sufficienti per permettere al singolo e alla sua famiglia una vita dignitosa su un piano materiale, sociale, culturale e spirituale, corrispondentemente al tipo di attività e grado di rendimento economico di ciascuno, nonché alle condizioni dell'impresa e del bene comune» (CONCILIO VATICANO II, *Gaudium et spes*, n. 67).

Quando è legittimo il ricorso allo sciopero?

Ecco alcune condizioni per la legittimità del ricorso allo sciopero:

- mezzo estremo, straordinario, o quanto meno necessario in vista di un vantaggio proporzionato;
- sua attuazione dopo che si sono rivelate inefficaci tutte le altre modalità di superamento dei conflitti;
- suo svolgimento con metodi pacifici, evitando ogni violenza;
- rispetto della libertà altrui: rifiuto del picchettaggio e del boicottaggio della produzione;
- rispetto dei diritti fondamentali della comunità (soprattutto dei più deboli e indifesi);
- assicurazione dei servizi fondamentali della società;
- perseguimento di obiettivi connessi con le condizioni di lavoro e rispettosi del bene comune.

NB: Per approfondire l'argomento, si leggano anche i seguenti documenti pontifici:

LEONE XIII, *Rerum novarum*, 1892;
GIOVANNI PAOLO II, *Laborem exercens*, 1981;
CATECHISMO DELLA CHIESA CATTOLICA (*CCC*), nn. 531-533; 2184-2188; 2427-2435;
Compendio del CCC, nn. 503-520;
PONTIFICIO CONSIGLIO DELLA GIUSTIZIA E DELLA PACE, *Compendio della dottrina sociale della Chiesa*, 2004, pp. 144-177.

XLVIII
POLITICA:
COME I CRISTIANI VI SI IMPEGNANO?

Come sono state, lungo i secoli, le relazioni tra cristiani e politica?

■ Le relazioni tra politica e cristiani, tra Stato e Chiesa hanno conosciuto, lungo i secoli e nei diversi paesi, una complessa evoluzione sia a livello dei principi sia a livello delle attuazioni pratiche.

■ Il modo di concepire e di realizzare tali relazioni tiene conto dei diversi contesti storici, sociali ed ecclesiali.

■ La mia riflessione, qui di seguito esplicitata, si fonda in particolare sui documenti ecclesiali di questi ultimi 50 anni, e soprattutto su: *Gaudium et Spes* del Concilio Vaticano II, il Catechismo della Chiesa Cattolica, il Codice di Diritto Canonico, il Compendio della dottrina sociale della Chiesa.

Secondo la Fede *cristiana, quale scopo ha la politica?*

La politica, intesa come molteplice e varia azione economica-sociale-legislativa-amministrativa-culturale, deve:

■ Nei confronti della persona e della società civile:

• tutelare e promuovere i diritti fondamentali e inalienabili della persona, la dignità e l'uguaglianza di tutti i cittadini;

• svolgere i suoi compiti come servizio alle persone e alla società;

• promuovere i valori fondamentali e utilizzare i mezzi giusti e idonei per realizzare il bene comune, la giustizia e la pace;

• utilizzare le virtù naturali, così bene descritte dall'antichità greca, e cioè le quattro virtù cardinali: la prudenza, la giustizia, la fortezza, la temperanza.

■ Nei confronti del potere pubblico:

• usare mezzi onesti per conquistare, mantenere e aumentare tale potere;

• esercitare con imparzialità e democrazia il mandato ricevuto dai cittadini;

• favorire l'informazione e la partecipazione democratica dei cittadini rispettando il principio della solidarietà soprattutto verso i più poveri;

• attuare una limpida trasparenza nella personale e pubblica amministrazione, con uso onesto del pubblico denaro;

• salvaguardare in giusto modo i diritti dell'opposizione.

■ Nei confronti dell'umanità:

• promuovere la solidarietà, il benessere e la pace di tutti i popoli;

- comporre gli eventuali conflitti col dialogo;
- realizzare e consolidare un ordine internazionale, nel rispetto di quei principi che ispirano un ordinamento giuridico in armonia con l'ordine morale;
- realizzare il bene comune.

Quali sono le esigenze del bene comune?

■ Il bene comune:

- « si concretizza nell'insieme di quelle condizioni sociali che consentono e favoriscono negli esseri umani, nelle famiglie e nelle associazioni il conseguimento più pieno e più rapido della loro perfezione » (*GS* 26);
- « Essendo di tutti e di ciascuno è e rimane comune, perché indivisibile e perché soltanto insieme è possibile raggiungerlo, accrescerlo e custodirlo, anche in vista del futuro » (*GS* 164).

■ Il bene comune:

- è « bene di tutti gli uomini e di tutto l'uomo » (*Christifideles laici*, n. 42);
- esige « che siano rese accessibili all'uomo tutte quelle cose che sono necessarie a condurre una vita veramente umana » (*GS* 26);
- ha a che fare con una concezione integrale dell'uomo e del suo sviluppo, secondo tutta la ricchezza delle sue articolazioni;
- comporta l'impegno di tutti e ciascuno, seppure con diversità e complementarietà di forme, di com-

piti e di responsabilità. Ricerca «il bene di tutti e di ciascuno, perché tutti siano veramente responsabili di tutti» (*Sollecitudo rei socialis*, n.38). Il bene comune delle persone non si può realizzare indipendentemente dal bene comune delle comunità alle quali le persone appartengono;

• comprende anche la dimensione economica, pur non esaurendosi in essa. Il bene comune comporta l'intreccio ordinato dei tre profili irrinunciabili dello sviluppo: economico, sociale ed umano.

Quando una società è autenticamente democratica, secondo la concezione cristiana?

■ Quando la società è fondata su uno Stato legittimamente costituito, ove sovrana è la legge e non la volontà arbitraria degli uomini. Tale Stato richiede:

• libere e universali elezioni;

• retta concezione della dignità della persona umana e una tutela dei suoi diritti;

• coerente visione e attuazione del bene comune, come fine e criterio regolatore della vita politica;

• partecipazione diffusa e corresponsabilità, a vari livelli e secondo le rispettive capacità, di tutti i cittadini;

• rispetto per la propria e altrui autonomia politica, culturale, economica, religiosa.

■ In una società democratica, il soggetto dell'autorità politica è il popolo, considerato nella sua totalità di detentore della sovranità. La comunità politica è costituita per essere al servizio della società civile e, in ultima analisi, quindi delle persone e dei gruppi che la compongono. L'autorità politica deve pertanto:

• garantire la vita ordinata e retta della comunità, promovendo il bene comune;

• rispettare il principio di sussidiarietà, e cioè non deve sostituirsi alla libera attività dei singoli e dei gruppi, ma piuttosto disciplinarli e sostenerli in caso di necessità;

• lasciarsi guidare dall'ordine morale, « il quale si fonda in Dio, che ne è il primo principio e l'ultimo fine » (GIOVANNI XXIII, *Pacem in terris*, n. 270). Proprio da questo ordine trae la virtù di obbligare e la propria legittimità morale, non dall'arbitrio o dalla volontà di potenza;

• riconoscere, rispettare e promuovere i valori umani e morali essenziali;

• educare le persone alla tolleranza e all'accettazione reciproca, nel dialogo e nella collaborazione per il bene comune;

• emanare leggi giuste, cioè conformi alla dignità della persona umana e ai dettami della retta ragione. Pertanto il cittadino non è obbligato in coscienza a seguire le prescrizioni delle autorità civili se sono contrarie alle esigenze dell'ordine morale, ai diritti fondamentali delle persone o agli insegnamenti del Vangelo;

• comminare pene proporzionate alla gravità dei delitti, e finalizzate a riparare il disordine introdotto dalla colpa, garantire l'ordine pubblico e la sicurezza delle persone, contribuire alla correzione e al recupero personale e sociale del colpevole.

Come va attuata una sana, positiva laicità dello stato?

■ Cristo stesso ha dato il criterio di fondo per una giusta concezione dei rapporti tra sfera politica e sfera religiosa: «*Rendete a Cesare ciò che è di Cesare e a Dio ciò che è di Dio*» (*Mc* 12, 17).

«È fondamentale, da una parte, insistere sulla distinzione tra l'ambito politico e quello religioso al fine di tutelare sia la libertà religiosa dei cittadini che la responsabilità dello Stato verso di essi e, dall'altra parte, prendere una più chiara coscienza della funzione insostituibile della religione per la formazione delle coscienze e del contributo che essa può apportare, insieme ad altre istanze, alla creazione di un consenso etico di fondo nella società» (BENEDETTO XVI, *Discorso a Parigi-Eliseo,* 12-09-2008).

■ La laicità è realtà ben diversa dal laicismo. Infatti, la laicità dello Stato significa che:

- da una parte, lo Stato non sposa nessuna religione particolare, sia perché è incompetente in campo religioso e sia perché non persegue finalità religiose;
- dall'altra:
- riconosce e rispetta il fatto religioso;

- promuove, favorisce la più ampia libertà religiosa;
- facilita l'esercizio della loro religione a coloro che lo desiderano, nel rispetto dell'ordine pubblico, della pubblica moralità e della legalità;
- considera la religione non come un semplice sentimento individuale, che va confinato nel solo ambito privato, bensì come presenza comunitaria pubblica, che arricchisce la vita sociale.

Così facendo, lo Stato laico riconosce e favorisce il diritto dei cittadini a praticare la propria religione.

■ «Non è certo espressione di laicità, ma sua degenerazione in laicismo, l'ostilità a ogni forma di rilevanza politica e culturale della religione; alla presenza, in particolare, di ogni simbolo religioso nelle istituzioni pubbliche. Come pure non è segno di sana laicità il rifiuto alla comunità cristiana, e a coloro che legittimamente la rappresentano, del diritto di pronunziarsi sui problemi morali che oggi interpellano la coscienza di tutti gli esseri umani, in particolare dei legislatori e dei giuristi. Non si tratta, infatti, di indebita ingerenza della Chiesa nell'attività legislativa, propria ed esclusiva dello Stato, ma dell'affermazione e della difesa dei grandi valori che danno senso alla vita della persona e ne salvaguardano la dignità. Questi valori, prima di essere cristiani, sono umani, tali perciò da non lasciare indifferente e silenziosa la Chiesa, la quale ha il dovere di proclamare con fermezza la verità sull'uomo e sul suo destino» (BENEDETTO XVI, *Discorso all'Unione Giuristi Cattolici Italiani,* 9 dicembre 2006).

In quale modo la Chiesa è impegnata in politica?

■ La Chiesa, in quanto tale, non s'impegna, non si identifica, non si confonde, non è legata a nessun sistema o partito politico: rispetta e promuove la sana e giusta laicità dello Stato.

La Chiesa non è un agente politico, non è un partito, non fa politica. Non è suo compito dire ai cattolici per chi o contro chi votare, ma suo scopo è aiutare i cattolici a formare la propria coscienza conformemente alla verità di Dio.

■ La Chiesa non propone concrete decisioni da prendere, programmi da attuare, campagne politiche da condurre, persone da votare. Tutte queste realtà sono «cose tecniche per le quali il Magistero non possiede i mezzi proporzionati nè missione alcuna» (PIO XI, *Quadragesimo anno*). «La Chiesa rispetta la legittima autonomia dell'ordine democratico e non ha titolo per esprimere preferenze per l'una o l'altra soluzione istituzionale o costituzionale» (GIOVANNI PAOLO II, *Centesimus annus*, 47).

■ La Chiesa e la comunità politica, pur esprimendosi ambedue con strutture organizzative visibili, sono di natura diversa sia per la loro configurazione sia per le finalità che perseguono. La Chiesa non persegue finalità economiche, sociali, politiche.

■ È ben vero che le finalità della Chiesa e dello Stato sono di ordine diverso e che ambedue sono società perfette, dotate quindi di mezzi propri, e sono indipendenti nella rispettiva sfera di azione. Ma è anche vero che l'una e l'altra agiscono a beneficio di un soggetto comune: l'uomo. La loro separazione non esclude la loro collaborazione. «La comunità politica e la Chiesa sono indipendenti e autonome l'una dall'altra nel proprio campo. Tutte e due, anche se a titolo diverso, sono a servizio della vocazione personale e sociale delle stesse persone umane» (*GS* 76). Distinzione di ruoli, rispetto reciproco, collaborazione a servizio del bene integrale della persona: ecco alcuni capisaldi del rapporto tra Stato e Chiesa.

■ «Vengono così riaffermate sia l'indipendenza e la sovranità dello Stato e della Chiesa, sia la reciproca collaborazione per la promozione dell'uomo e del bene dell'intera comunità nazionale. Nel perseguire tale obbiettivo, la Chiesa non si propone mire di potere, né pretende privilegi o aspira a posizioni di vantaggio economico e sociale. Suo solo scopo è servire l'uomo, ispirandosi, come norma suprema di condotta, alle parole e all'esempio di Gesù Cristo che «passò beneficando e risanando tutti» (*At* 10,38). Pertanto, la Chiesa cattolica chiede di essere considerata per la sua specifica natura e di poter svolgere liberamente la sua peculiare missione» (Benedetto XVI, *Discorso all'Ambasciatore italiano*, 4-10-07).

■ La Chiesa è « ben consapevole che « alla struttura fondamentale del cristianesimo appartiene la distinzione tra ciò che è di Cesare e ciò che è di Dio (cfr. *Mt* 22, 21), cioè la distinzione tra Stato e Chiesa» (Enc. *Deus caritas est*, 28). Tale distinzione e tale autonomia non solo la Chiesa le riconosce e rispetta, ma di esse si rallegra, come di un grande progresso dell'umanità e di una condizione fondamentale per la sua stessa libertà e l'adempimento della sua universale missione di salvezza tra tutti i popoli. In pari tempo la Chiesa sente come suo compito, seguendo i dettami della propria dottrina sociale, argomentata « a partire da ciò che è conforme alla natura di ogni essere umano» (*ibid.*), di risvegliare nella società le forze morali e spirituali, contribuendo ad aprire le volontà alle autentiche esigenze del bene. Perciò, richiamando il valore che hanno per la vita non solo privata ma anche e soprattutto pubblica alcuni fondamentali principi etici, di fatto la Chiesa contribuisce a garantire e promuovere la dignità della persona e il bene comune della società, ed in questo senso si realizza l'auspicata vera e propria cooperazione tra Stato e Chiesa» (Benedetto XVI, *Discorso all'ambasciata d'Italia presso la Santa Sede,* 13-12-08).

■ La Chiesa, proprio perché a servizio di ogni persona e della crescita integrale della persona, può e deve:

• evangelizzare l'ordine politico (politico qui inteso nel suo più alto valore sapienziale), rispettandone le finalità e l'autonomia;

• avere il riconoscimento giuridico della propria identità e realizzare forme stabili di rapporti e strumenti (ad es. concordati) idonei a garantire relazioni armoniche;

• giudicare i comportamenti politici in quanto hanno una dimensione etica. Essa dunque rivendica la libertà di esprimere il suo giudizio morale su ogni realtà umana ogniqualvolta ciò sia richiesto dalla difesa dei diritti fondamentali della persona o dalla salvezza delle anime;

• aiutare i laici, attraverso i Pastori:

– a formarsi una retta coscienza cristiana;

– a riconoscere l'importanza e il valore della politica, intesa 'come la più alta forma di carità sociale' (Paolo VI);

– ad animare cristianamente le realtà temporali (compito questo che scaturisce nativamente, per i laici, dal loro essere battezzati e cresimati);

– a partecipare alla costruzione della cosa pubblica con tutta la propria ricchezza, il proprio bagaglio umano e cristiano, evitando tra l'altro l'*antipolitica*, la disaffezione alla politica;

• istruire e illuminare, come è suo proprio compito, la coscienza dei fedeli, soprattutto di quanti si dedicano all'impegno nella vita politica, perché il loro agire sia sempre al servizio della promozione integrale della persona e del bene comune;

- servire, esprimendo la verità rivelata, «tutti i membri della società gettando luce sulla base della moralità e dell'etica e purificando la ragione, assicurando che rimanga aperta alla considerazione delle verità ultime e che derivi dalla saggezza» (BENEDETTO XVI, *Discorso ad alcuni Ambasciatori*, 15-9-07).

■ «In politica si deve spesso scegliere la strada possibile, anziché quella migliore (...) Occorre tuttavia il coraggio di non imboccare ogni sentiero solo perché teoricamente e tecnicamente percorribile» (CARD. TARCISIO BERTONE, *Discorso* a Cracovia in Polonia, 16-9-07).

■ «Agire in ambito politico per costruire un ordine giusto nella società italiana non è compito immediato della Chiesa come tale, ma dei fedeli laici» (BENEDETTO XVI, *Messaggio* alla 45° Settimana Sociale dei Cattolici Italiani, 18-10-2007), secondo le competenze di ognuno e sotto la propria autonoma responsabilità.

■ «La politica è un ambito molto importante dell'esercizio della carità. Essa richiama i cristiani a un forte impegno per la cittadinanza, per la costruzione di una vita buona nelle nazioni, come pure ad una presenza efficace nelle sedi e nei programmi della comunità internazionale. C'è bisogno di politici autenticamente cristiani, ma prima ancora di fedeli laici che siano testimoni di Cristo e del Vangelo nella comunità civile e politica» (BENEDETTO XVI, *Discorso* al Pontificio Consiglio per i laici, 21-5-2010).

Quali doveri ha il cristiano nei riguardi della politica?

Ogni cristiano:

- Ha il dovere-diritto di interessarsi e di impegnarsi, secondo le proprie possibilità e capacità, nella politica per promuovere una società a servizio della persona, principio-centro-fine di ogni sua azione nella luce del Vangelo. Tale diritto di prendere parte attiva alla vita pubblica, al fine di attuare il bene comune, scaturisce sia dalla persona umana, che ha una natura sociale, sia dalla Fede, che non è da nascondere ma da condividere, sia dalla società, che richiede l'apporto di tutti.

- Non disprezza o non considera irrilevante l'attività politica, ma invece la ritiene fondamentale per il perseguimento del bene comune, e sostiene pertanto l'attenzione e la convinta partecipazione di ogni cittadino, compreso l'esercizio del voto.

- Può e deve «configurare rettamente la vita sociale, rispettandone la legittima autonomia e cooperando con gli altri cittadini, secondo le rispettive competenze, e sotto la propria responsabilità» (BENEDETTO XVI, *Deus caritas est*, n. 29).

■ Agisce a nome proprio (e non della Chiesa in quanto tale) nelle sue opzioni politiche, e nello stesso tempo:

- offre una coerente testimonianza cristiana;
- rispetta la legittima molteplicità delle opzioni temporali;
- ricerca e promuove, in determinate situazioni, l'unità politica dei cristiani, a salvaguardia di particolari valori e per il bene comune.

■ Sa distinguere tra impegno politico e scelta partitica. Se i principi etici sono assoluti e immutabili, l'azione partitica, che pure deve ispirarsi ai principi etici, non consiste di per sé nella realizzazione immediata dei principi etici assoluti, ma nella realizzazione del bene comune concretamente possibile nel quadro di un ordinamento democratico. Nel fare ciò non è mai possibile ammettere un male morale. In concreto, tuttavia, può accadere che, quando non sia possibile ottenere di più, proprio in forza del principio della ricerca del miglior bene comune concretamente possibile, si debba o sia opportuno accettare un bene minore o tollerare un male minore rispetto a un male maggiore.

■ Non aderisce né appoggia forze politiche e sociali che si oppongano o non prestino sufficiente attenzione ai principi e ai contenuti qualificanti della dottrina sociale della Chiesa.

■ Riconosce che una diversità di opzioni partitiche sarà sempre legittima, purché si tratti di partiti o scelte che non contraddicano la Fede o i valori cristiani.

■ Ricorda che ogni legge ha una valenza pedagogica nel bene e nel male: genera cultura, crea mentalità, indica sociologicamente i comportamenti, costruisce l'immagine di un Paese...

■ Evita l'astensionismo indifferentista, il rifugio nel privato, la delega in bianco.

Secondo quali criteri il cristiano sceglie un partito?

■ I cattolici sono liberi di appoggiare o militare in qualsiasi partito, ma questo non significa che tutti i programmi siano ugualmente compatibili con la Fede e le esigenze della vita cristiana.

■ Nello scegliere e nel votare un partito e il suo rispettivo programma, il cristiano compie una seria valutazione morale:

• Circa la comunità nazionale e internazionale: valuta il complesso dei beni materiali, morali, spirituali che le animano e le dirigono;

• Circa il partito: esamina se i programmi-fini-mezzi-scelte operative di quel partito sono coerenti con il Vangelo, in particolare nei seguenti settori: la vita, la famiglia, la gioventù, la scuola, la solidarietà. Non tutto infatti è compatibile con la Fede. Nello stesso tempo, occorre ricordare che il cristianesimo è un messaggio religioso e, in quanto tale, rivolto a tutti gli uomini indistintamente. È capace pertanto di ispirare programmi diversi, scelte concrete, che possono essere diverse eppure tutte ugualmente coerenti con la medesima ispirazione ideale;

• Circa i candidati da votare: valuta la loro onestà, competenza politica e professionale, capacità di dialogare con tutti, la loro testimonianza cristiana nella vita personale, familiare, professionale, sociale.

Quali sono, nel programma politico, i contenuti irrinunciabili per un cristiano?

■ Sono quei principi fondati sul primato e sulla centralità della persona umana, quali ad esempio: la tutela di tutti i diritti inalienabili della persona, e in particolare la difesa del diritto alla vita in tutte le sue fasi (dal primo momento del suo concepimento fino alla morte naturale; « no » quindi all'aborto e all'eutanasia) e la salvaguardia dei diritti dell'embrione umano ((« no » quindi alla manipolazione genetica che implichi il sacrificio dell'embrione umano e « no » alla clonazione umana); la protezione della famiglia fondata sul matrimonio monogamico e indissolubile tra uomo e donna, la libertà di educazione e quindi il diritto dei genitori ad educare i loro figli; la tutela sociale dei minori; l'emancipazione dalle forme moderne di schiavitù (sfruttamento della prostituzione, liberalizzazione delle droghe); il diritto alla libertà religiosa; il rispetto della giustizia sociale, della sussidiarietà e della solidarietà; la difesa della pace (da non confondersi con il pacifismo ideologico) contro ogni forma di violenza e di terrorismo; la costruzione di un mondo solidale; il rispetto del creato; il dialogo interculturale e interreligioso (cfr. CDF, *Nota dottrinale circa alcune questioni riguardanti l'impegno e il comportamento dei cattolici nella vita politica*).

■ Da notare che questi principi, anche se sono illuminati e confermati dalla Fede, sono insiti nella natura umana, e pertanto sono comuni a tutta l'umanità e sono fondamentali per il bene della società (cfr. Benedetto XVI, *Discorso,* 30 marzo 2006).

Quali sono i requisiti per il cristiano eletto in un partito?

■ Un cristiano, eletto in un partito, deve avere i seguenti requisiti:

• Rispetto e promozione dei cardini dottrinali cristiani, in particolare dei principi della dottrina sociale cristiana.

• Esercizio del mandato, ricevuto democraticamente, come servizio alla società, come servizio di tutto l'uomo e di ogni uomo, e come esercizio della carità: la carità, come virtù teologale, può e deve investire anche la politica con la propria forza di illuminazione, con la propria energia di dedicazione, con la propria capacità di servire e amare tutto l'uomo e tutti gli uomini.

- Corretta concezione della vita sociale e politica, che egli è chiamato a servire.
- Deontologia professionale e competenza specifica nella gestione degli affari pubblici.
- Formazione ed educazione civile e politica permanente.
- Esercizio delle virtù che favoriscono l'impegno politico come servizio (integrità morale, lealtà, sincerità, competenza, pazienza, modestia, moderazione…).
- Probità nella vita pubblica, come via alla fiducia da parte di tutti e a una sana gestione degli affari.
- Distacco dall'interesse e dal prestigio personale: il cristiano che fa politica deve agire con disinteresse, cercando non l'utilità propria, né del proprio gruppo o partito, ma il bene di tutti e di ciascuno.
- Ascolto delle sane e giuste esigenze del popolo prima, durante e dopo le elezioni.
- Onestà cristiana nella sua vita personale, familiare, sociale: tra « vita buona » e « buon governo » c'è un nesso inscindibile.

■ « Ribadisco – ha detto BENEDETTO XVI – la necessità e l'urgenza della formazione evangelica e dell'accompagnamento pastorale di una nuova generazione di cattolici impegnati nella politica, che siano coerenti con la fede professata, che abbiano rigore morale, capacità di giudizio culturale, competenza professionale e passione di servizio per il bene comune» (*Discorso* all'assemblea plenaria del Pontificio consiglio per i laici, 15-11-08).

Come devono comportarsi i politici cattolici nei confronti di una legge intrinsecamente ingiusta?

Nel caso in cui si proponga per la prima volta all'Assemblea legislativa una legge intrinsecamente ingiusta, non è mai lecito conformarsi ad essa, né partecipare ad una campagna di opinione in favore di una legge siffatta, né dare ad essa il suffragio del proprio voto. Chi partecipa attivamente a una legislazione intrinsecamente ingiusta (come ad esempio a una legge favorevole all'aborto) si autoesclude pertanto dalla possibilità di partecipare pienamente anche all'Eucaristia, come è scritto anche nella *Sacramentum Caritatis* di BENEDETTO XVI.

Nel caso sia già in vigore una legge intrinsecamente ingiusta, il politico cattolico deve opporsi ad essa nei modi a lui possibili e rendere nota la sua opposizione. Se non fosse possibile abrogare completamente una legge di questo genere, egli potrebbe lecitamente offrire il proprio sostegno a proposte di legge più restrittive, mirate cioè a limitare i danni di una tale legge e a diminuirne gli effetti negativi sul piano della cultura e della moralità pubblica, a condizione che sia chiara e a tutti nota la sua personale assoluta opposizione a leggi siffatte e che sia evitato il pericolo di scandalo. Così facendo, non si attua una collaborazione illecita a una legge ingiusta; piuttosto si compie un legittimo e doveroso tentativo di limitarne gli aspetti iniqui. (Cfr. GIOVANNI PAOLO II, *Evangelium vitae*, n. 73).

Non si può mai dimenticare che ogni legge ha anche una *valenza segnaletica*, e cioè svolge una funzione educativa verso le persone, in particolare verso le nuove generazioni, costituendo *segnali*, che indicano la direttrice di marcia. Le leggi civili sono infatti principi strutturanti della vita dell'uomo in seno alla società, per il bene o per il male. Esse svolgono un ruolo molto importante e talvolta determinante nel promuovere una mentalità e un costume. Le forme di vita e i modelli, in esse espresse, non solo configurano esternamente la vita sociale, bensì tendono a modificare nelle nuove generazioni la comprensione e la valutazione dei comportamenti

Quale deve essere il comportamento del clero nei riguardi della politica?

I sacerdoti:

■ Non devono utilizzare la loro posizione e la loro missione nella Chiesa per appoggiare un qualunque partito, essendo *super partes:* «è tutto di tutti, per salvare tutti », a servizio di tutti e per il bene di ciascuno e di tutti.

■ Non possono essere eletti in alcun partito, a meno che 'in circostanze concrete ed eccezionali, lo esiga il bene della comunità' (CODICE DI DIRITTO CANONICO, n. 280).

■ Offrono il proprio contributo costruttivo e coerente nel campo 'pre-politico' e politico (non partitico), annunciando i valori fondamentali della persona e del Vangelo e offrendo indirizzi e orientamenti riguardanti i valori ai quali si deve ispirare l'attività socio-politica.

■ Promuovono buoni rapporti con le amministrazioni politiche in aperta e cordiale collaborazione per il bene dei cittadini, nella chiarezza dei ruoli e nel rispetto delle competenze specifiche, evitando posizioni di compromesso e accordi dai quali non risulta chiara la posizione autonoma della Chiesa.

■ Si impegnano:

• a non mettere, durante il periodo elettorale, sedi e strutture (le parrocchie, gli istituti religiosi, le scuole cattoliche e le altre realtà ecclesiali) a disposizione delle iniziative di singoli partiti o formazioni politiche;

• a non programmare, in vicinanza delle votazioni, iniziative di formazione, di riflessione, di preghiera e accompagnamento spirituale che coinvolgano persone già impegnate a livello sociale e politico e candidate in partiti;

• a non indicare quale parte politica ritengano, a loro giudizio, dia maggior sicurezza in ordine alla difesa e promozione dei beni umani in questione: questa indicazione sarebbe in realtà un'indicazione per chi votare;

• a vigilare affinché all'interno dei locali parrocchiali non si facciano volantinaggio, affissione di manifesti o comunque altre forme di propaganda elettorale, né si utilizzino a questo scopo i bollettini parrocchiali.

■ Pertanto clero ed organismi ecclesiali devono rimanere completamente fuori dal dibattito e dall'impegno politico pre-elettorale, mantenendosi assolutamente estranei a qualsiasi partito o schieramento politico. Per i sacerdoti questa esigenza è fondata sulla natura stessa del loro ministero (cfr. Congregazione per il Clero, *Direttorio per il ministero e la vita dei Presbiteri* 33, cpv. 1°: EV 14/798).

NB: Per approfondire l'argomento, si leggano i seguenti documenti pontifici:

GIOVANNI XXIII, *Mater et magistra*, 1961; *Pacem in terris*, 1963;

CONCILIO VATICANO II, *Gaudium et spes* (*GS*), 1966, nn. 74-76;

GIOVANNI PAOLO II, *Sollecitudo rei socialis*, 1988; *Evangelium vitae*, 1995; *Centesimus annus*, 1991;

CATECHISMO DELLA CHIESA CATTOLICA (*CCC*), nn. 1897-1901; 2212-2213; 2244-2246;

Compendio del CCC, nn. 405-406, 463-465;

CONGREGAZIONE PER LA DOTTRINA DELLA FEDE (CDF), *Nota dottrinale circa alcune questioni riguardanti l'impegno e il comportamento dei cattolici nella vita politica*, 2002;

PONTIFICIO CONSIGLIO DELLA GIUSTIZIA E DELLA PACE, *Compendio della dottrina sociale della Chiesa*, 2004, pp. 206-232.

XLIX
SCIENZA E FEDE CRISTIANA:
COME SI CONCILIANO?

Quali sono stati i rapporti tra Fede *e scienza lungo la storia della Chiesa?*

■ Lungo i secoli, ci sono stati e ci sono tutt'ora persone che hanno ricercato un dialogo e una collaborazione tra Fede e scienza, a vantaggio e a servizio della crescita della persona e dell'intera umanità.

■ È anche vero che non sono mancati, anche tra i cristiani, atteggiamenti che non hanno sufficientemente percepito e riconosciuto la legittima autonomia della scienza, suscitando contese e controversie, al punto da ritenere che scienza e Fede si oppongano tra loro. Altre volte c'è stata tra loro indifferenza, che le ha portate a camminare su binari paralleli, nella completa ignoranza l'una dell'altra.

■ Va pure in ogni caso affermato che la Chiesa, fedele alla propria missione, può entrare in dialogo con ogni tipo di scienza e utilizzare efficacemente i risultati scientifici per adempiere meglio la sua missione. Inviata a tutti i popoli di qualsiasi tempo e di qualsiasi luogo, la Chiesa non è legata in modo esclusivo e indissolubile a nessun tipo di scienza, come pure ad alcuna conquista scientifica.

Quale dialogo ci può essere tra Fede *e scienza?*

■ Un dialogo nella distinzione: un dialogo cioè che riconosca le caratteristiche specifiche di ognuna delle due. Infatti, ognuna:

- ha propri metodi, ambiti e oggetti di ricerca, limiti, finalità (ad es. in molti casi: la scienza spiega il come; la Fede spiega il perché…);
- deve rispettare l'altra e riconoscere all'altra la legittima possibilità di esercizio autonomo secondo i propri principi.

■ « Esistono due ordini di conoscenza » distinti, cioè quello della Fede e quello della ragione, e la Chiesa riconosce che « le arti e le discipline umane […] si servono, nell'ambito proprio a ciascuna, di propri principi e di un proprio metodo; perciò, « riconoscendo questa giusta libertà », la Chiesa afferma la legittima autonomia delle scienze » (*GS* 36).

« La Fede e la ragione sono come le due ali, con le quali lo spirito umano s'innalza verso la contemplazione della verità » (*Fides et ratio*, Proemio). La Fede non solo non è contraria alla ragione, ma apre gli occhi della ragione, allarga il nostro orizzonte e ci permette di trovare le risposte necessarie alle sfide dei diversi tempi. « Oggi un compito particolarmente urgente della religione è di rendere manifesto il vasto potenziale della ragione umana, che è essa stessa un dono di Dio ed è elevata mediante la Rivelazione e la Fede. Credere in Dio, lungi dal pregiudicare la nostra capacità di comprendere noi stessi e il mondo, la dilata» (BENEDETTO XVI, *Discorso ai Mussulmani*, Yaoundé-Camerun, 19 marzo 2009).

In merito al rapporto tra scienza e Fede, San Tommaso d'Aquino ha affermato che «tutte le verità partono dallo stesso sole, i diversi raggi sia quello della natura come quello della Fede non si possono contraddire».

Ci sono diversi livelli di verità, la verità della Fede non si contraddice con la verità della scienza: questo però non vuol dire che non ci sia una certa dialettica, perché non sempre è facile capire né la verità della Fede né la verità della scienza. Nonostante la necessaria circolarità tra Fede e ragione, esse non sono la stessa cosa; Fede e ragione non coincidono, conoscono diversamente e possiedono contenuti non del tutto coincidenti.

■ Nello stesso tempo, entrambe sono chiamate a servire l'uomo e l'umanità, favorendo lo sviluppo e la crescita integrale di ciascuno e di tutti.

Come è da intendere l'autonomia della scienza?

■ «Se per autonomia delle realtà terrene si vuol dire che le cose create e le stesse società hanno leggi e valori propri, che l'uomo gradatamente deve scoprire, usare e ordinare, allora si tratta di una esigenza d'autonomia legittima: non solamente essa è rivendicata dagli uomini del nostro tempo, ma è anche conforme al volere del Creatore.

Infatti è dalla stessa loro condizione di creature che le cose tutte ricevono la loro propria consistenza, verità, bontà, le loro leggi proprie e il loro ordine; e tutto ciò l'uomo è tenuto a rispettare, riconoscendo le esigenze di metodo proprie di ogni singola scienza o tecnica [...].

■ Se invece con l'espressione « autonomia delle realtà temporali » si intende dire che le cose create non dipendono da Dio e che l'uomo può adoperarle senza riferirle al Creatore, allora a nessuno che creda in Dio sfugge quanto false siano tali opinioni. La creatura, infatti, senza il Creatore svanisce » (*GS* 36).

■ « È illusorio rivendicare la neutralità morale della ricerca scientifica e delle sue applicazioni. D'altra parte, i criteri orientativi non possono essere dedotti né dalla semplice efficacia tecnica, né dall'utilità che può derivarne per gli uni a scapito degli altri, né, peggio ancora, dalle ideologie dominanti. La scienza e la tecnica richiedono, per il loro stesso significato intrinseco, l'incondizionato rispetto dei criteri fondamentali della moralità; devono essere al servizio della persona umana, dei suoi inalienabili diritti, del suo bene vero e integrale, in conformità al progetto e alla volontà di Dio » (*CCC*, 2294).

■ L'autonomia della scienza finisce pertanto là dove la retta coscienza dello scienziato riconosce il male del metodo, dell'esito o dell'effetto.

Ci può essere vero contrasto tra le scoperte della scienza e le Verità della Fede?

■ Occorre superare la contrapposizione che qualche volta è stata fatta tra la scoperta scientifica, raggiunta dalla ragione e la verità conosciuta mediante la Fede. Non ci può essere vera contraddizione, purché si tratti di una positiva scoperta scientifica e di una autentica verità di Fede. In tal caso si tratta della stessa verità, che gli uomini raggiungono seguendo strade complementari. Infatti, *omnis veritas* a Deo: ogni verità viene da Dio. Ambedue, scienza e Fede, pur essendo distinte, sono unite nella verità: convergono nell'ammettere la capacità di conoscere le verità e la Verità, trovano nella verità il loro fondamento, il motivo del loro esistere, la finalità del loro operare.

■ Scienza e Fede sono entrambi dono di Dio. « Anche se la Fede è sopra la ragione, non vi potrà mai essere vera divergenza tra Fede e ragione: poiché lo stesso Dio che rivela i misteri e comunica la Fede, ha anche deposto nello spirito umano il lume della ragione, questo Dio non potrebbe negare se stesso, né il vero contraddire il vero » (*DF* 4).

■ « Perciò la ricerca metodica di ogni disciplina, se procede in maniera veramente scientifica e secondo le norme morali, non sarà mai in reale contrasto con la Fede, perché le realtà profane e le realtà della Fede hanno origine dal medesimo Dio. Anzi, chi si sforza con umiltà e perseveranza di scandagliare i segreti della realtà, anche senza che egli se ne avveda, viene come condotto dalla mano di Dio, il quale, mantenendo in esistenza tutte le cose, fa che siano quello che sono» (*GS* 36). Pertanto in alcuni casi la fede può essere al di sopra della ragione, ma mai contraria ad essa.

■ Entrambe sono a servizio dell'uomo, di tutto l'uomo e di tutto ciò che è autenticamente umano. Esse sono ordinate all'uomo, dal quale traggono origine e sviluppo e del quale promuovono lo sviluppo integrale a beneficio di tutti. Trovano nella persona l'indicazione del loro fine e la coscienza dei rispettivi loro limiti.

■ Non esiste pertanto una scelta fra la scienza e la morale, ma piuttosto un uso morale della scienza.

In che cosa consiste il valore antropologico, umanistico della scienza?

■ Consiste nel fatto che la scienza:

- è fatta dall'uomo;
- è per il bene dell'uomo singolo e dell'umanità;
- è per il bene della stessa persona dello scienziato. Infatti, ogni scienziato, attraverso lo studio e la ricerca personali:

  – perfeziona se stesso e la propria umanità, costruisce la propria personalità, modella se stesso;

– percorre la via per il personale incontro con la verità, nella libertà e nella responsabilità;

– può incontrarsi con Dio stesso, Creatore del cielo e della terra.

■ La scienza attua un prezioso servizio agli altri, alla società e alla stessa Chiesa.

Quale contributo positivo offre la scienza alla società e alla Chiesa?

■ Numerosi sono gli aspetti positivi che la scienza può offrire, come ad esempio:

- la rigorosa fedeltà al vero nella indagine scientifica;
- la collaborazione con gli altri nei gruppi tecnici specializzati;
- il senso della solidarietà internazionale;
- la coscienza sempre più viva della responsabilità degli esperti nell'aiutare e proteggere gli uomini;
- la volontà di rendere più felici le condizioni di vita per tutti, specialmente per coloro che soffrono per varie cause;
- il grande contributo che essa offre nell'elevare l'umana famiglia ai più alti concetti del vero, del bene e del bello, e a una visione delle cose di universale valore;
- l'aiuto alla Fede nel purificarsi da elementi sbagliati;
- l'espressione e l'attuazione della signoria dell'uomo sulla creazione. La scienza attua il disegno

di Dio, manifestato all'inizio dei tempi, di assoggettare la terra e di perfezionare la creazione;

- l'attuazione del grande comandamento di Cristo di prodigarsi al servizio dei fratelli: « Ogni volta che avete fatto queste cose a uno solo di questi miei fratelli più piccoli, l'avete fatto a me » (*Mt* 25,40).

■ Tutti questi aspetti positivi, che la scienza presenta, sono:

- un prodotto meraviglioso della creatività umana, e dell'insaziabile appetito di ricerca e di approfondimento, presente nell'uomo;
- un segno della grandezza di Dio;
- un frutto del divino ineffabile progetto, che Dio ha affidato all'uomo circa la creazione;
- una preparazione a ricevere l'annunzio del Vangelo.

Quale contributo può dare la Fede *alla scienza?*

La Fede cristiana:

■ Offre alla scienza eccellenti stimoli e aiuti per assolvere con maggiore impegno il suo compito e specialmente per scoprire il pieno significato delle sue attività, all'interno e a servizio della vocazione integrale dell'uomo.

■ Aiuta la scienza a prendere maggiormente coscienza dei propri limiti:

• essa non è il valore più alto, al quale tutti gli altri devono sottomettersi;

• non può spiegare tutto, e soprattutto non può spiegare tutto sull'uomo. La scienza può dare una risposta parziale e non esauriente al problema della verità sull'uomo, considerato in tutte le sue dimensioni, sulle sue domande esistenziali ultime e sul senso ultimo della nostra storia e di quella dell'universo;

• non può dare risposte a problemi teologici, filosofici..., limitandosi essa alle conoscenze sperimentali.

■ Mette in guardia anche da gravi rischi in cui può incorrere la scienza. Ad esempio «l'odierno progresso delle scienze e della tecnica, che in forza del loro metodo non possono penetrare nelle intime ragioni delle cose, può favorire un certo fenomenismo e agnosticismo, quando il metodo di investigazione di cui fanno uso queste scienze viene a torto innalzato a norma suprema di ricerca della verità totale. Anzi, vi è il pericolo che l'uomo, fidandosi troppo delle odierne scoperte, pensi di bastare a se stesso e non cerchi più valori superiori» (*GS* 36).

■ Valorizza in sommo grado le autentiche conquiste della scienza. Infatti la Fede afferma che, benché si debba accuratamente distinguere il progresso terreno dallo sviluppo del regno di Cristo, tuttavia, il progresso scientifico, nella misura in cui può contribuire a meglio ordinare l'umana società, contribuisce a realizzare il Regno di Dio, a costruire « nuovi cieli » e « terra nuova » (*2 Pt* 3,13). « Il dialogo fra fede e ragione, religione e scienza, offre non solo la possibilità di mostrare all'uomo di oggi, in modo più efficace e convincente, la ragionevolezza della fede in Dio, ma altresì di mostrare che in Gesù Cristo risiede il compimento definitivo di ogni autentica aspirazione umana. In questo senso, un serio sforzo evangelizzatore non può ignorare gli interrogativi che sorgono anche dalle odierne scoperte scientifiche » (BENEDETTO XVI, *Discorso alla plenaria della Congregazione per la Dottrina della Fede*, 10 febbraio 2006).

■ Offre le priorità e i principi morali che la scienza deve rispettare. « La scienza non è in grado di elaborare principi etici; essa può solo accoglierli in sé e riconoscerli come necessari per debellare le sue eventuali patologie. La filosofia e la teologia diventano, in questo contesto, degli aiuti indispensabili con cui occorre confrontarsi per evitare che la scienza proceda da sola in un sentiero tortuoso, colmo di imprevisti e non privo di rischi. Ciò non significa affatto limitare la ricerca scientifica o impedire alla tecnica di produrre strumenti di sviluppo; consiste, piuttosto, nel mantenere vigile il senso di responsabilità che la ragione e la Fede possiedono nei confronti della scienza, perché permanga nel solco del suo servizio all'uomo » (BENEDETTO XVI, *Discorso ai partecipanti al convegno promosso dalla Pontificia Università Lateranense in occasione del decimo anniversario dell'enciclica di Giovanni Paolo II Fides et ratio,* 16 ottobre 08).

Quali priorità deve seguire la scienza?

La scienza:

- Deve lasciarsi guidare dal primato:
  - della persona sulle cose;
  - dell'etica sulla tecnica;
  - dello spirito sulla materia;
  - dell'essere sull'avere e sul fare;
  - della ricerca della verità;
  - delle esigenze della giustizia e della pace.

- Deve pertanto evitare di seguire priorità fissate prevalentemente:
  - dal movente economico (ricerca indiscriminata del profitto economico personale o di gruppi);
  - dagli interessi di gruppi politici;
  - dalla ricerca del prestigio personale.

Quali sono i principi morali che la scienza deve rispettare?

- Ecco alcuni principi morali fondamentali:
  - non tutto ciò che è scientificamente, tecnicamente fattibile è anche moralmente accettabile;

• non è giusto ottenere un bene attraverso il male;
• il fine non giustifica i mezzi.

■ Vanno pertanto rispettati:

• il bene integrale dell'uomo e dell'umanità;
• la dimensione trascendente della persona e della stessa creazione;
• la vita e la dignità dell'uomo, la qualità della sua vita, i diritti delle generazioni umane attuali e future;
• il creato e l'ambiente.

I principi morali sono un freno per la scienza?

I principi morali non sono un freno o un ostacolo al progresso, ma «il letto del ruscello, nel quale deve scorrere la corrente impetuosa del pensiero e dell'agire umano.

L'etica pone limiti alla scienza per incrementare la sua forza, la sua utilità e la sua efficacia, per evitare che esca dai margini, inondi e distrugga. L'etica è un elemento che ha contribuito a tutto ciò che di meglio e di più bello l'uomo abbia prodotto» (Pio XII).

Qual è il compito della scienza?

■ Scoprire le meraviglie della natura, con quell'atteggiamento che è proprio di colui che non allunga le mani sul mondo dicendo: è mio, ma di chi, stupito, se lo vede porgere da un altro, e riconosce che: è dono di un Altro per te e per tutti.

■ Rispettare la differenza ontologica e assiologica che esiste tra l'uomo e gli altri esseri viventi.

■ Rispettare la natura di ciascun essere e della sua mutua connessione con gli altri esseri in un sistema ordinato ed equilibrato (l'ecosistema).

■ Promuovere l'ambiente come casa e come risorsa a favore dell'uomo e di tutti gli uomini.

■ Ricercare il vero bene dell'umanità secondo il disegno di Dio e la sua volontà, e permettere all'uomo, considerato come individuo o come membro della società, di coltivare e di attuare la sua integrale vocazione.

■ Attuare un servizio:

• alla verità;

• alla dignità della persona e alla qualità della sua vita;

• all'umanità e ai suoi valori;

• al soddisfacimento soprattutto dei bisogni primari dell'uomo, cercando di debellare sempre più in particolare la fame e la malattia.

■ Mantenere nell'uomo le facoltà della contemplazione e dell'ammirazione che conducono alla sapienza.

■ Attuare un progresso scientifico che sia vero progresso umano.

■ Evitare di:

- ritenere di poter dare soluzione a tutto;
- assolutizzare il proprio metodo e i propri risultati;
- escludere altre vie di ricerca;
- disporre arbitrariamente della terra, assoggettandola senza riserve alla sua volontà, sfruttando in modo sconsiderato le risorse del creato;
- effettuare sperimentazioni sull'essere umano senza il consenso esplicito del soggetto o dei suoi aventi diritto, e quando si fan correre rischi sproporzionati o evitabili per la vita o l'integrità fisica e psichica dei soggetti.

■ Guardare con interesse alla Fede cristiana, la quale svela il senso ultimo della dignità dell'uomo e fa incontrare Cristo, l'uomo perfetto, seguendo il quale, l'uomo diventa anch'egli più uomo, e trova in lui pienezza e compimento.

Qual è il compito dello scienziato?

Egli, in quanto uomo, ha il compito di:

■ Tener conto del ruolo della scienza, delle sue finalità, dei suoi limiti.

■ Rispettare i principi morali sopradetti, attuando la sua responsabilità etica, ricordandosi di essere un uomo prima che uno scienziato.

■ Evitare il rischio dell'abbruttimento nel trattare con gli altri esseri umani.

- Ricordarsi che egli non è il padrone assoluto di se stesso, della sua vita.
- Rispettare la propria e l'altrui integrità psico-fisica.
- Interrogarsi:
  - sul senso generale del proprio lavoro conoscitivo;
  - sul metodo seguito (il fine non giustifica il mezzo);
  - sull'esito finale e sulle conseguenze che possono avere sul piano applicativo le conoscenze raggiunte;
  - sulla validità morale del suo impegno;
  - sul creato come traccia di Dio, luogo nel quale si disvela la grandezza, la bontà, la provvidenza di Dio.
- Evitare la 'parcellizzazione specialistica', ma ricercare la sintesi:
  - connettendo la pluralità delle acquisizioni;
  - integrandole nel senso generale della vita;
  - armonizzandole con la visione etica-morale.

«La settorialità del sapere comporta un approccio parziale alla verità con la conseguente frammentazione del senso, e impedisce l'unità interiore dell'uomo contemporaneo» (*Fides et ratio*, n. 85).

Qual è il compito delle autorità pubbliche nei confronti della scienza?

Le autorità pubbliche, quali custodi del bene comune devono:

- Assicurare che la ricerca sia diretta al bene delle persone e della società e alla salvaguardia dell'ambiente.

- Moderare e conciliare le pressioni di interessi divergenti.

- Fare leggi giuste che salvaguardino il bene della persona e della società, nel rispetto dei principi morali.

- Controllare gli effetti delle scoperte tecnologiche o scientifiche.

- Pubblicare linee guida, anche per rispettare l'integrità e i ritmi della natura, poiché le risorse naturali sono limitate e alcune non sono rinnovabili.

- Sostenere attivamente quei campi della ricerca, che non vengono finanziati dagli interessi privati, destinando fondi pubblici in conformità ai principi della sussidiarietà.

- Impedire la ricerca che lede la vita e la dignità umana o che ignora i bisogni dei popoli più poveri del mondo, che in genere sono meno bene attrezzati per la ricerca scientifica.

Qual è il ruolo della Chiesa nei confronti della scienza?

- Annunciare il contributo che la Fede dà alla scienza.

- Formare consulenti qualificati, sia nel campo delle scienze fisiche o della vita, sia in teologia o filosofia delle scienze, in grado di intervenire tanto su

Internet quanto alla radio o alla televisione, e capaci di trattare punti d'attrito, che possono sorgere tra la scienza e la Fede.

■ Creare reti di comunicazione tra gli studiosi cattolici, apprezzati per le loro capacità professionali e la loro fedeltà al Magistero, come pure tra accademie scientifiche, associazioni d'esperti in tecnologia e Conferenze episcopali.

■ Favorire pubblicazioni cattoliche a grande diffusione, che beneficino del contributo di persone veramente qualificate in questi campi.

■ Attuare una pastorale atta a suscitare e ad alimentare una profonda vita spirituale negli scienziati.

NB: Per approfondire l'argomento, ecco alcuni documenti pontifici:

CONCILIO VATICANO I, Cost. dogm. *Dei Filius* (*DF*);

CONCILIO VATICANO II, Cost. past. *Gaudium et spes* (*GS*);

GIOVANNI PAOLO II, Enciclica *Fides et ratio*, 1998;

CATECHISMO DELLA CHIESA CATTOLICA (*CCC*), nn. 159; 2293-2294;

Compendio del CCC, nn. 475-477;

PONTIFICIO CONSIGLIO DELLA GIUSTIZIA E DELLA PACE, *Compendio della dottrina sociale della Chiesa*, 2004, nn. 331-363; 456-473.

L
LA MORTE:
CHE COSA SUCCEDE CON E DOPO DI ESSA?

Da dove ha origine la morte?

«Dio non ha creato la morte» (*Sap.* 1,13) così come noi la subiamo oggi. Essa è entrata nel mondo come conseguenza del primo peccato dei nostri progenitori, Adamo ed Eva. Essa è dunque il «salario del peccato» (*Rm* 6,23). «La morte è entrata nel mondo per invidia del diavolo» (*Sap* 2,24).

Qual è il senso della morte?

■ Oggi si tende a censurare e a rimuovere tale realtà della vita umana. Il solo pensiero della morte procura angoscia. Non pensandoci, si ritiene di allontanarla o vincerla. In realtà essa, inesorabile, viene, e può venire in ogni momento, a qualunque età della persona, in qualunque condizione ci si trovi.

■ Per ogni essere umano, la morte è:

• segno del nostro essere uomini; essa appartiene alla condizione umana;

• il termine della vita terrena;

• una porta che chiude un modo di vivere per aprirne un altro: non è la fine di tutto;

• un richiamo alla saggezza del vivere bene il tempo a nostra disposizione;

• un modo di attuare una fondamentale uguaglianza fra tutti, al di là di appartenenze sociali, condizioni economiche, capacità culturali.

■ Per il cristiano, la morte è illuminata dalla Parola di Dio che ci offre una luce che rischiara e consola. La morte diventa così:

• un porre fine alla vita dell'uomo come tempo aperto per accogliere o rifiutare l'amore di Dio in Cristo;

• un iniziare la vita eterna, e cioè quel vivere nuovo e per sempre che ha inizio dopo questa vita terrena;

• un incontrare Dio, Padre e anche Giudice;

• un possibile modo per esprimere un atto di obbedienza e di amore verso il Padre, sull'esempio di Cristo.

■ È proprio per questa visione cristiana della morte che San Francesco d'Assisi poteva esclamare nel Cantico delle Creature: «Laudato sii, mi Signore, per sora nostra morte corporale» (Fonti Francescane, 263).

Che cosa succede con la morte?

■ Con la morte, si verifica la separazione dell'anima e del corpo. Il corpo dell'uomo cade nella corruzione, mentre la sua anima, che è immortale, va incontro a Dio per essere giudicata. Essa sarà riunita al suo corpo alla fine dei tempi.

■ « Con la morte, la scelta di vita fatta dall'uomo diventa definitiva: questa sua vita sta davanti al Giudice » (BENEDETTO XVI, *Spe salvi*, 45).

Che cosa significa morire in grazia di Dio?

Significa morire con la consapevolezza di non avere il peccato mortale sull'anima. Significa morire in pace con Dio e con il prossimo. « Certa è questa parola: se moriamo con Lui, vivremo anche con Lui » (*2 Tim* 2,11).

Come è possibile morire con Cristo?

È possibile:

- vivendo da figli di Dio durante la nostra vita terrena;
- chiedendo frequentemente perdono a Dio dei nostri peccati mediante il Sacramento della Riconciliazione (Confessione);
- usufruendo, se possibile, dei due Sacramenti istituiti da Cristo per gli ammalati gravi e per quanti stanno per passare da questa vita all'altra: il Sacramento dell'Eucaristia come Viatico e il Sacramento dell'Unzione dei malati.

Come Cristo ha vinto la morte?

Distruggendo la causa della morte, cioè il peccato, con la Sua Morte in croce e con la Sua Risurrezione.

Come descrivere le condizioni dell'uomo dopo la morte?

« Bisogna evitare rappresentazioni immaginarie e arbitrarie che invece di aiutare approfondiscono le difficoltà della Fede cristiana. Le immagini impiegate dalla S. Scrittura meritano tuttavia rispetto. Bisogna ricercarne il senso profondo, evitando il rischio di attenuarle troppo, svuotando della loro sostanza le realtà che esse manifestano » (CONGREGAZIONE PER LA DOTTRINA DELLA FEDE, *Lettera su alcune questioni riguardanti l'Escatologia*).

Che cosa avviene dopo la morte?

L'anima, separata dal corpo, viene giudicata da Dio in rapporto alla Fede e alle opere compiute. È questo il giudizio particolare, con il quale viene data a ciascuno l'immediata retribuzione per la sua vita terrena.

■ Tale retribuzione consiste nell'accedere:
- o alla gioia eterna del Paradiso:
  - subito dopo la morte;

– oppure dopo un'adeguata purificazione (Purgatorio);

• o alla dannazione eterna dell'Inferno.

Che cos'è il Paradiso?

Il Paradiso è lo stato di felicità piena e definitiva. Tale felicità consiste nel vedere Dio «così come Egli è» (*1 Gv* 3,2), «a faccia a faccia» (*1 Cor* 13,12). Dio sarà allora conosciuto e amato come la massima, suprema felicità dell'uomo, il fine ultimo e la realizzazione piena delle aspirazioni più profonde dell'uomo. Il paradiso dunque consiste nel vivere la vita trinitaria: l'essere, per tutta l'eternità, con Dio, per mezzo di Cristo, nello Spirito Santo.

Questo mistero di visione beatifica, di comunione beata con Dio e con tutti coloro che sono in Cristo, supera ogni possibilità di comprensione e descrizione. Non si può localizzare, come non si può localizzare Dio. La S. Scrittura ce ne parla con alcune immagini: vita, luce, pace, banchetto di nozze, casa del Padre, Gerusalemme celeste…

Che cos'è il Purgatorio?

Il Purgatorio è la purificazione di coloro che muoiono in grazia di Dio, e quindi sono ormai sicuri di poter accedere al Paradiso, ma hanno bisogno di ulteriore purificazione al fine di ottenere la santità necessaria per entrare nella gioia del Paradiso.

Come noi possiamo aiutare tale purificazione?

■ Dio purifica, con i meriti di Cristo morto e risorto, quanti sono nel Purgatorio, grazie anche alla collaborazione che noi possiamo dare loro.

■ Noi, che siamo ancora pellegrini qui sulla terra, possiamo infatti aiutare i nostri defunti, che sono in Purgatorio:

- con le nostre preghiere di suffragio, in particolare partecipando alla celebrazione della S. Messa e anche facendo celebrare S. Messe per loro;
- con opere di penitenza e di carità;
- con le Indulgenze, che sono la remissione, concessa da Dio, della pena temporale per i peccati già rimessi quanto alla colpa. Ogni cristiano, pellegrino qui sulla terra, può acquisire, per intervento della Chiesa, tali Indulgenze, se debitamente disposto e a determinate condizioni, e può applicarle ai defunti, in modo tale che questi possano essere sgravati dalle pene temporali dovute per i loro peccati.

Che cos'è l'Inferno?

■ L'Inferno è la dannazione eterna di quanti, per loro libera scelta, muoiono in peccato mortale senza esserne pentiti e senza accogliere l'amore misericordioso di Dio. Gesù esprime tale realtà con alcune immagini: geenna, fuoco inestinguibile, fornace ardente... Sono immagini per descrivere lo stato di sofferenza estrema, di dannazione eterna che colpisce quanti sono nell'Inferno.

■ La pena principale dell'Inferno consiste nella separazione eterna da Dio: soltanto in Lui infatti l'uomo può avere la vita e la felicità, per le quali è stato creato e alle quali aspira.

■ Dio non predestina nessuno ad andare all'Inferno. Anzi Lui, da buon Padre, vuole che tutti si salvino e giungano nella Sua Casa: il Paradiso. Per questo ha inviato il Suo Figlio morto e risorto. Egli non vuole « che alcuno perisca, ma che tutti abbiano modo di pentirsi » (*2 Pt* 3,9). Per questo Egli richiama ogni singola persona, durante la sua vita terrena, sia benevolmente sia, qualche volta, anche in maniera forte (come fa ogni buon padre col proprio figlio). E tuttavia, avendo creato l'uomo libero, Dio rispetta le decisioni della persona, e questo soprattutto nel momento cruciale della sua morte. Pertanto è l'uomo stesso che, in piena libertà e responsabilità, si autoesclude dal Paradiso e, persistendo nel suo rifiuto radicale di Dio, merita l'Inferno.

Che cos'è il Giudizio finale, universale?

È il Giudizio che Dio emetterà alla fine dei tempi, alla fine del mondo, quando Cristo « verrà nella gloria con tutti i suoi angeli [...]. E saranno riunite davanti a lui tutte le genti, ed Egli separerà gli uni dagli altri [...]. E se ne andranno questi al supplizio eterno, e i giusti alla vita eterna» (*Mt* 25,31-46).

Con tale Giudizio:

- risorgeranno tutti i corpi degli uomini. Ogni corpo, trasformato da corruttibile e mortale in incorruttibile ed eterno, si unirà alla propria anima, condividendo con essa la condizione del Paradiso oppure dell'Inferno: condizione che essa ha dal momento della morte del corpo.

- Tra tutti i Santi del Cielo si vivrà una fraterna comunione «estremamente deliziosa, perché ognuno avrà tutti i beni di tutti gli altri Beati. Ognuno amerà l'altro come se stesso e perciò godrà del bene altrui come del proprio. Così il gaudio di uno solo sarà tanto maggiore quanto più grande sarà la gioia di tutti gli altri Beati» (SAN TOMMASO D'AQUINO, *Conferenza sul Credo*).

- Ci saranno «nuovi cieli e una terra nuova» (*2 Pt* 3,13). L'universo attuale, liberato da ogni schiavitù, sarà un nuovo universo, in cui «non ci sarà più la morte, né lutto, né lamento, né affanno perché le cose di prima sono passate» (*Ap* 21,4).

- Si realizzerà compiutamente e definitivamente il disegno di Dio di «ricapitolare in Cristo tutte le cose, quelle del cielo come quelle della terra» (*Ef* 1,10). Dio sarà «tutto in tutti» (*1 Cor* 15,28).

Quando avverrà il Giudizio finale?

Soltanto Dio conosce il giorno e l'ora di tale avvenimento definitivo. Noi sappiamo solo che avverrà « nell'ultimo giorno » (*Gv* 6,39), alla fine di questo mondo.

Dove si fonda la nostra Fede *circa la risurrezione del nostro corpo?*

Si fonda:

- sulla Fede in Dio che « non è un Dio dei morti, ma dei viventi » (*Mc* 12,27);
- su Gesù Cristo, il quale:
  - ha detto « Io sono la Risurrezione e la Vita » (*Gv* 11,25);
  - ha operato alcune 'risurrezioni' durante la sua vita terrena: di Lazzaro, del figlio della vedova di Nain, e della figlia di Giairo. Tali 'risurrezioni', che erano un ritornare alla vita precedente, erano segno del suo essere « la Risurrezione », e prefigurazione del suo risorgere;
  - ha fatto questa solenne promessa prima di morire: « Io vado a prepararvi un posto; quando sarò andato e vi avrò preparato un posto, ritornerò e vi prenderò con me, perché siate anche voi dove sono io » (*Gv* 14, 2-3);

• ha liberamente subito la morte, e la morte di croce, per la nostra salvezza: con la sua morte ha vinto la morte, per sé e per tutti noi;

• è risorto Lui stesso con il suo proprio corpo, trasformato e glorificato: « Se Cristo non è risuscitato [...] è vana anche la vostra Fede » (*1 Cor* 15,14);

• è principio, fondamento e certezza anche della nostra risurrezione: Lui è « il primogenito di coloro che risuscitano dai morti » (*Col* 1, 18); « Dio, che ha risuscitato il Signore, risusciterà anche noi con la sua potenza » (*1 Cor* 6,13).

Come avverrà la risurrezione dei nostri corpi?

Conoscere il modo come avviene la risurrezione supera le possibilità del nostro intelletto. È accessibile solo nella Fede. « Perché gli uomini stentano a credere che un giorno vivranno con Dio, quando già si è verificato un fatto molto più incredibile, quello di un Dio morto per gli uomini? » (SANT'AGOSTINO, *Disc. Guelf.*, 3).

Qual è la differenza tra la risurrezione del corpo e la reincarnazione?

Esiste fra le due un'enorme differenza, in quanto:

• la risurrezione non è un ritornare alla vita precedente, ma è un vivere nuovo con un corpo completamente trasformato;

• ogni vita è unica e irripetibile;

• «è stabilito che gli uomini muoiano una sola volta» (*Eb* 9,27).

In che senso il cristiano muore e risorge ogni giorno?

Ogni giorno della vita qui sulla terra è per il cristiano un partecipare alla Morte e alla Risurrezione di Cristo, da un punto di vista:

• sacramentale: col Sacramento del Battesimo noi moriamo con Cristo al peccato (veniamo da Lui liberati dal peccato) e risorgiamo a nuova vita, alla vita dei figli adottivi di Dio, membri di Cristo e della sua Chiesa, tempio dello Spirito Santo;

• morale: ogni giorno siamo chiamati a fuggire il peccato, a evitarlo, a pentirci e a risorgere da esso, per vivere con gioia ogni momento, da figli di Dio, cercando « le cose di lassù, dove si trova Cristo assiso alla destra di Dio » (*Col* 3,1).

NB: Per approfondire l'argomento, si leggano anche i seguenti documenti pontifici:

CATECHISMO DELLA CHIESA CATTOLICA (*CCC*), 1992, nn. 988-1060;

Compedio del CCC, nn. 202-216;

CONGREGAZIONE PER LA DOTTRINA DELLA FEDE, *Lettera riguardante alcune questioni di Escatologia*, 1979.

LI
QUALE SPERANZA?

NB: Vengono qui presentati alcuni aspetti dell'Enciclica del Santo Padre BENEDETTO XVI, *«Spe salvi facti sumus»* – « nella Speranza siamo stati salvati » (*Rm* 8,24).

Che cos'è la Speranza cristiana?

La Speranza è la Virtù per la quale attendiamo di godere, quando moriamo in grazia di Dio, la felicità piena ed eterna, che è lo stesso Dio (cfr. *Compendio*, 207-216; 387).

La vera Speranza, pertanto, non è qualcosa ma Qualcuno: non è fondata su cose che passano e ci possono essere tolte, ma su Dio che si dona per sempre. « La vera, grande Speranza dell'uomo, che resiste nonostante tutte le delusioni, può essere solo Dio (…), che abbraccia l'universo e che può proporci e donarci ciò che, da soli, non possiamo raggiungere (…) Dio è il fondamento della Speranza - non un qualsiasi dio -, ma quel Dio che possiede un volto umano e che ci ha amati sino alla fine: ogni singolo e l'umanità nel suo insieme » *(Spe*, 31).

A quali domande risponde la Speranza?

■ Alle domande fondamentali ed esistenziali, che scaturiscono dal cuore di ogni uomo, quali: Come si può vivere? Come è possibile « affrontare il nostro presente » (*Spe*, 1), spesso segnato dallo smarrimento e dal dolore? Come sopportare ogni giorno la fatica del vivere? Che cosa rimane mentre tutto passa?

■ L'uomo coltiva molte speranze durante la sua vita. Quando alcune o tutte si realizzano, s'accorge di desiderare ancora altro, in quanto non è ancora pienamente soddisfatto: intuisce che « può bastargli solo qualcosa di infinito, qualcosa che sarà sempre più di ciò che egli possa mai raggiungere » (*Spe*, 30).

Quali caratteristiche ha la Speranza?

La Speranza cristiana:

■ È un elemento distintivo dei cristiani: grazie alla Speranza « essi hanno un futuro (...) non sanno nei particolari ciò che li attende, ma sanno nell'insieme che la loro vita non finisce nel vuoto » (*Spe*, 2);

■ « è preceduta dall'attesa che Dio coltiva nei nostri confronti! Sì, Dio ci ama e proprio per questo attende che noi torniamo a Lui, che apriamo il cuore al suo amore, che mettiamo la nostra mano nella Sua e ci ricordiamo di essere suoi figli. Questa attesa di Dio precede sempre la nostra Speranza, esattamente come il suo amore ci raggiunge sempre per primo» (Benedetto XVI, *Omelia*, Primi Vespri della Domenica I di Avvento, 1-12-2007);

- è detta teologale, nel senso che Dio ne è la fonte, il sostegno e il termine;

- non è solo informativa, ma anche performativa, vale a dire la Speranza cristiana «non è soltanto una comunicazione di cose che si possono sapere, ma è una comunicazione che produce fatti e cambia la vita» (*Spe*, 3);

- è più forte delle sofferenze, della schiavitù e per questo trasforma dal di dentro la vita e il mondo (cfr. *Spe*, 4);

- «è sempre essenzialmente anche Speranza per gli altri; solo così essa è veramente Speranza anche per me (...). Da cristiani non dovremmo mai domandarci solamente: come posso salvare me stesso?, ma «che cosa posso fare perché altri vengano salvati?» (*Spe*, 48). La salvezza «è sempre stata considerata come una realtà comunitaria» (*Spe*, 14). «Vivere per Lui (Cristo) significa lasciarsi coinvolgere nel suo «essere per»» *(Spe*, 28) gli altri.

Qual è la fonte della Speranza?

La Speranza proviene dall'incontro con Gesù Cristo, che:

- ci consente di «conoscere Dio, il vero Dio: questo significa ricevere Speranza» (*Spe*,3), scoprire Dio quale Padre buono e misericordioso, quel Dio-Amore che Gesù ci ha rivelato con la sua incarnazione, con la sua vita terrena e la sua predicazione, e soprattutto con la sua morte e risurrezione. La vera e sicura Speranza è fondata sulla Fede in Dio Amore, quale Padre misericordioso, che «ha tanto amato il mondo da dare il suo Figlio unigenito» (*Gv* 3,16). La Speranza cristiana è dunque l'equivalente della Fede, nel senso che:
  - «La Fede è fondamento (sostanza-hypostasis) delle cose che si sperano; prova delle cose che non si vedono» (*Eb* 11,1) «Fede è sostanza della Speranza» (*Spe*, 10);
  - «l'attuale crisi della Fede è soprattutto una crisi della Speranza cristiana» (*Spe*, 17);

- ci rende veramente liberi: Cristo «ci dice chi in realtà è l'uomo e che cosa egli deve fare per essere veramente uomo (…). Egli indica anche la via oltre la morte» (*Spe*, 6);

- ha a noi «comunicato la sostanza delle cose future, e così l'attesa di Dio ottiene una nuova certezza. È attesa delle cose future a partire da un presente già donato. È attesa, alla presenza di Cristo, col Cristo presente, del completarsi del suo Corpo, in vista della sua venuta definitiva» (*Spe*, 9);

- ci dona la vita eterna.

Che cos'è la vita eterna?

«Questa è la vita eterna: che conoscano Te, l'unico vero Dio, e colui che hai mandato, Gesù Cristo» (*Gv* 17,3). «Se siamo in relazione con Colui che non muore, che è la Vita stessa e lo stesso Amore, allora siamo nella vita. Allora "viviamo"» (*Spe*, 27), e viviamo per sempre.

A che cosa si oppone la Speranza cristiana?

Essa si oppone:

- all'ateismo del XIX e del XX secolo, che ha comportato «una protesta contro le ingiustizie del mondo», ma che è diventata «protesta contro Dio». Tuttavia «se di fronte alla sofferenza di questo mondo la protesta contro Dio è comprensibile, la pretesa che l'umanità possa e debba fare ciò che nessun Dio fa né è in grado di fare, è presuntuosa ed intrinsecamente non vera. Che da tale premessa siano conseguite le più grandi crudeltà e violazioni della giustizia non è un caso, ma è fondato nella falsità intrinseca di questa pretesa» (*Spe*, 42);
- al marxismo, i cui insegnamenti sulla dittatura del proletariato hanno lasciato «dietro di sé una distruzione desolante», in quanto «ha dimenticato l'uomo e ha dimenticato la sua libertà (...). Credeva che una volta messa a posto l'economia tutto sarebbe stato a posto. Il suo vero errore è il materialismo:

l'uomo, infatti, non è solo il prodotto di condizioni economiche e non è possibile risanarlo solamente dall'esterno, creando condizioni economiche favorevoli » (*Spe*, 20-21);

- al mito del progresso, inteso « come nuova forma della Speranza umana » (*Spe*, 20), come « una padronanza sempre più grande sulla natura », che fa credere illusoriamente che l'uomo possa essere redento mediante la scienza, e che ha confinato sempre più la Fede e la Speranza nella sfera privata e individuale.

Per eliminare « l'ambiguità del progresso » - ambiguità dovuta al fatto che « esso offre nuove possibilità per il bene, ma apre anche possibilità abissali di male » (*Spe*, 22) -, è necessario che:

- Ci sia una crescita dell'uomo interiore, una crescita morale dell'umanità: « Se al progresso tecnico non corrisponde un progresso nella formazione etica dell'uomo, nella crescita dell'uomo interiore (cfr. *Ef* 3,16; *2 Cor* 4,16), allora esso non è un progresso, ma una minaccia per l'uomo e per il mondo » (*Spe*, 22);
- la ragione, « grande dono di Dio all'uomo », si apra alla Fede. Non si può infatti dimenticare che « la vittoria della ragione sull'irrazionale è anche uno scopo della Fede cristiana » (*Spe*, 22-23).

« La scienza può contribuire molto all'umanizzazione del mondo e dell'umanità. Essa però può anche distruggere l'uomo e il mondo, se non viene orientata da forze che si trovano al di fuori di essa (…). Non è la scienza che redime l'uomo. L'uomo viene redento mediante l'amore (...). L'essere umano ha bisogno dell'amore incondizionato. Ha bisogno di quella certezza che gli fa dire: «Né morte né vita, né angeli né principati, né presente né avvenire, né potenze, né altezze né profondità, né alcun'altra creatura potrà mai separarci dall'amore di Dio, che è in Cristo Gesù, nostro Si-gnore» (*Rm* 8,38-39). Se esiste questo amore assoluto con la sua certezza assoluta, allora – soltanto allora – l'uomo è «redento», qualunque cosa gli accada nel caso particolare. È questo che si intende, quando diciamo: Gesù Cristo ci ha «redenti»» (*Spe*, 24-26);

■ al materialismo: «Non sono gli elementi del cosmo, le leggi della materia che in definitiva governano il mondo e l'uomo, ma un Dio personale governa le stelle, cioè l'universo; non le leggi della materia e dell'evoluzione sono l'ultima istanza, ma ragione, volontà, amore: una Persona (...). La vita non è un semplice prodotto delle leggi e della casualità della materia» (*Spe*, 5);

■ al «nichilismo contemporaneo, che corrode la Speranza nel cuore dell'uomo, inducendolo a pensare che dentro di lui e intorno a lui regni il nulla: nulla prima della nascita, nulla dopo la morte. In realtà, se manca Dio, viene meno la Speranza. Tutto perde di spessore. È come se venisse a mancare la dimensione della profondità ed ogni cosa si appiattisse, privata del suo rilievo simbolico, della sua sporgenza rispetto alla mera materialità » (Benedetto XVI, *Omelia* ai primi vespri della Domenica I di Avvento, 1-12-2007).

■ alla disperazione e all'angoscia di oggi, che si può riassumere nelle parole di un epitaffio antico dei primi secoli del cristianesimo: *in nihil ab nihilo quam cito recidimus* (« nel nulla dal nulla quanto presto ricadiamo ») (*Spe*, 2);

■ a un certo tipo di cristianesimo moderno, quello che è « in gran parte concentrato soltanto sull'individuo e sulla sua salvezza »; quello in cui « la Speranza biblica del regno di Dio è stata rimpiazzata dalla speranza del regno dell'uomo, dalla speranza di un mondo migliore che sarebbe il vero "regno di Dio" ». Ma a questo proposito, anche se occorre riconoscere che resta grande ciò che questo tipo di cristianesimo ha fatto per l'educazione dell'uomo e la cura dei deboli e dei sofferenti, « si pone la domanda: Quando è "migliore" il mondo? Che cosa lo rende buono? Secondo quale criterio si può valutare il suo essere buono? E per quali vie si può raggiungere questa "bontà"? » (*Spe*, 30).

Quali sono i luoghi di apprendimento e di esercizio della Speranza?

Sono principalmente quattro:

1. la preghiera:

• « Se non mi ascolta più nessuno, Dio mi ascolta ancora. Se non posso più parlare con nessuno, più nessuno invocare, a Dio posso sempre parlare. Se non c'è più nessuno che possa aiutarmi – dove si tratta di una necessità o di un'attesa che supera l'umana capacità di sperare – Egli può aiutarmi» (Spe, 32).

• La preghiera «deve, da una parte, essere molto personale, un confronto del mio io con Dio, con il Dio vivente. Dall'altra, tuttavia, essa deve essere sempre di nuovo guidata ed illuminata dalle grandi preghiere della Chiesa e dei santi, dalla preghiera liturgica (...) Nel pregare deve sempre esserci questo intreccio tra preghiera pubblica e preghiera personale» (Spe, 34).

2. L'agire: La Speranza in senso cristiano «è Speranza attiva, nella quale lottiamo» affinché «il mondo diventi un po' più luminoso e umano (...). Certo, non possiamo "costruire" il regno di Dio con le nostre forze: ciò che costruiamo rimane sempre regno dell'uomo con tutti i limiti che sono propri della natura umana. Il regno di Dio è un dono, e proprio per questo è grande e bello e costituisce la risposta alla Speranza (...). Tuttavia, con tutta la nostra consapevolezza del "plusvalore" del cielo, rimane anche sempre vero che il nostro agire non è indifferente davanti a Dio e quindi non è neppure indifferente per lo svolgimento della storia. Possiamo aprire noi stessi e il mondo all'ingresso di Dio: della verità, dell'amore, del bene (...). Così, per un verso, dal nostro operare scaturisce Speranza per noi e per

gli altri; allo stesso tempo, però, è la grande Speranza poggiante sulle promesse di Dio che, nei momenti buoni come in quelli cattivi, ci dà coraggio e orienta il nostro agire» (*Spe*, 35).

3. La sofferenza: è l'altro luogo di apprendimento della Speranza: «Certamente bisogna fare tutto il possibile per diminuire la sofferenza», tuttavia «non è la fuga davanti al dolore che guarisce l'uomo, ma la capacità di accettare la tribolazione e in essa maturare, di trovare senso mediante l'unione con Cristo, che ha sofferto con infinito amore» (*Spe*, 36-39) (cfr. l'altra scheda: *La malattia, come affrontarla cristianamente*?).

4. il Giudizio di Dio: «La Fede nel Giudizio finale è innanzitutto e soprattutto Speranza (...). L'immagine del Giudizio finale è in primo luogo non un'immagine terrificante, ma un'immagine di Speranza; per noi forse addirittura l'immagine decisiva della Speranza (...). Il Giudizio di Dio è Speranza sia perché è giustizia, sia perché è grazia. Se fosse soltanto grazia che rende irrilevante tutto ciò che è terreno, Dio resterebbe a noi debitore della risposta alla domanda circa la giustizia: domanda per noi decisiva davanti alla storia e a Dio stesso. Se fosse pura giustizia, potrebbe essere alla fine per tutti noi solo motivo di paura» (*Spe*, 47). «Ambedue – giustizia e grazia – devono essere viste nel loro giusto collegamento interiore. La grazia non esclude la giustizia. Non cambia il torto in diritto. Non è una spugna che cancella tutto

così che quanto s'è fatto sulla terra finisca per avere sempre lo stesso valore» (*Spe*, 44).

Che cosa dice la Speranza circa le ultime realtà?

I cristiani attendono le realtà ultime, dette un tempo i novissimi: morte, giudizio, inferno, paradiso (si veda a questo riguardo la scheda: Che cosa succede con e dopo la morte?).

Con quali immagini si esprime la Speranza?

■ Le immagini della Speranza, più care alla tradizione cristiana, sono quelle evangeliche, e in particolare tre:

• l'attesa umile e silenziosa di Israele con il vecchio Simeone e la profetessa Anna (cfr. *Lc* 2, 22 - 40);

• la figura del buon pastore, che era molto cara alla Chiesa primitiva: «Lì il pastore era in genere espressione del sogno di una vita serena e semplice, di cui la gente nella confusione della grande città aveva nostalgia. Ora l'immagine veniva letta all'interno di uno scenario nuovo che le conferiva un contenuto più profondo: "Il Signore è il mio pastore: non manco di nulla … Se dovessi camminare in una valle oscura, non temerei alcun male, perché tu sei con me …" (*Sal* 23 [22], 1.4). Il vero pastore è Colui che conosce anche la via che passa per la valle della morte; Colui che anche sulla strada dell'ultima solitudine, nella quale nessuno può accompagnarmi, cammina con me guidandomi per attraversarla: Egli stesso ha percorso questa strada, è disceso nel regno della morte, l'ha vinta ed è tornato per accompagnare noi ora e darci la certezza che, insieme con Lui, un passaggio lo si trova. La consapevolezza che esiste Colui che anche nella morte mi accompagna e con il suo "bastone e il suo vincastro mi dà sicurezza", cosicché "non devo temere alcun male" (cfr. *Sal* 23 [22],4): era questa la nuova "Speranza"» (*Spe*, 6);

- l'attesa di Maria, in viaggio per recarsi da Elisabetta e che si affretta sui monti della Giudea: «immagine della futura Chiesa che, nel suo seno, porta la Speranza del mondo attraverso i monti della storia» (*Spe*, 50).

■ «Verso la fine del terzo secolo incontriamo per la prima volta a Roma, sul sarcofago di un bambino, nel contesto della risurrezione di Lazzaro, la figura di Cristo come del vero filosofo che in una mano tiene il Vangelo e nell'altra il bastone da viandante, proprio del filosofo. Con questo suo bastone Egli vince la morte; il Vangelo porta la verità che i filosofi peregrinanti avevano cercato invano. In questa immagine, che poi per un lungo periodo permaneva nell'arte dei sarcofaghi, si rende evidente ciò che le persone colte come le semplici trovavano in Cristo: Egli ci dice chi in realtà è l'uomo e che cosa egli deve fare per essere veramente uomo. Egli ci indica la via e questa via è la verità. Egli stesso è tanto l'una quanto l'altra, e perciò è anche la vita della quale siamo tutti alla ricerca. Egli indica anche la via oltre la morte; solo chi è in grado di fare questo, è un vero maestro di vita» (*Spe*, 6).

Quali santi cita il Papa come modelli di Speranza?

Tra le miriadi di donne e di uomini che hanno saputo testimoniare il nome del Signore fino all'estremo, ma anche nella pena e nella gioia di ogni giorno, nelle «piccole fatiche del quotidiano, il Papa BENEDETTO XVI ricorda in particolare:

- la vicenda di una piccola schiava africana, santa Giuseppina Bakhita, nata nel 1869 in Darfur in Sudan, che riconobbe finalmente in Dio un "padrone" non più terribile, ma davvero "totalmente diverso" e che le cambiò la vita. Essa diceva: Io sono definitivamente amata e qualunque cosa accada; io sono attesa da questo Amore» (*Spe*, 3);
- la testimonianza sconvolgente, conservata in una vera e propria «lettera dall'inferno», del martire vietnamita Paolo Le-Bao-Thin († 1857): pure nell'abisso del carcere e dell'odio scatenato nelle stesse vittime, anche questo «prigioniero per il nome di Cristo» sperimentò la salvezza nella Speranza (cfr. *Spe*, 37);

Prayer

O Most Holy Trinity, Father, Son and Holy Spirit in your providential love you chose that Sr. Carmelina Tarantino of the Cross may be intimately united to the suffering of your beloved Son on the Cross and that filled with apostolic zeal she might offer with joy her life as an holocaust for your glory and the salvation of souls.
We humbly ask you to glorify her in your Church on earth. We implore you through her intercession to grant us the grace we ask in faith.

Our Father, Hail Mary, Glory to the Father.

(With ecclesiastical approval)

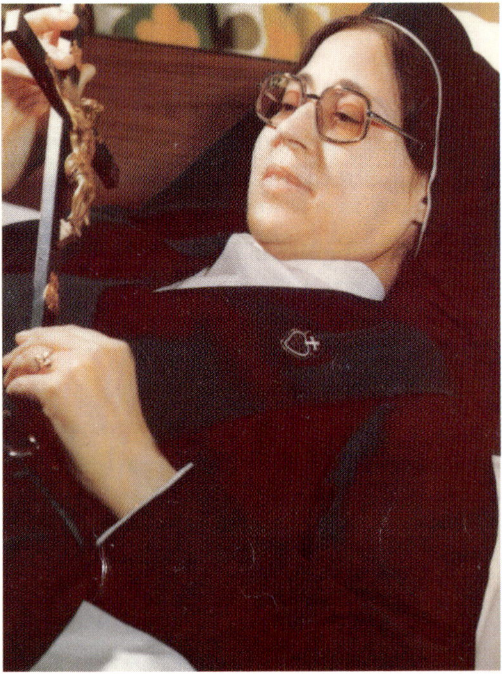

Sr. Carmelina Tarantino
della Croce, C.P.
The Congregation of the Passionist Sisters
of St. Paul of the Cross

- il Cardinale vietnamita François Xavier Nguyen van Thuân († 2002), per 13 anni in carcere, di cui 9 in isolamento, il quale ebbe a dire che in una situazione di disperazione apparentemente totale, l'ascolto di Dio, il poter parlargli, era per lui una crescente forza di Speranza (cfr. *Spe*, 32).

Chi è la stella della Speranza?

Maria SS.ma!

«Con un inno dell'VIII/IX secolo, quindi da più di mille anni, la Chiesa saluta Maria, la Madre di Dio, come "stella del mare": Ave maris stella. La vita umana è un cammino. Verso quale meta? Come ne troviamo la strada? La vita è come un viaggio sul mare della storia, spesso oscuro ed in burrasca, un viaggio nel quale scrutiamo gli astri che ci indicano la rotta. Le vere stelle della nostra vita sono le persone che hanno saputo vivere rettamente. Esse sono luci di Speranza. Certo, Gesù Cristo è la luce per antonomasia, il sole sorto sopra tutte le tenebre della storia. Ma per giungere fino a Lui abbiamo bisogno anche di luci vicine – di persone che donano luce traendola dalla sua luce ed offrono così orientamento per la nostra traversata. E quale persona potrebbe più di Maria essere per noi stella di Speranza – lei che con il suo "sì" aprì a Dio stesso la porta del nostro mondo; lei che diventò la vivente Arca dell'Alleanza, in cui Dio si fece carne, divenne uno di noi, piantò la sua tenda in mezzo a noi (cfr. *Gv* 1,14). (…) Madre di Dio, Madre nostra, insegnaci a credere, sperare ed amare con te. Indicaci la via verso il suo regno! Stella del mare, brilla su di noi e guidaci nel nostro cammino! » (*Spe*, 49-50).

NB: Per approfondire l'argomento, si leggano: l'Enciclica, pubblicata il 30 novembre 2007, di BENEDETTO XVI, *« Spe salvi facti sumus » – « Nella Speranza siamo stati salvati »* (abbrev. *Spe*); e:

CATECHISMO DELLA CHIESA CATTOLICA (*CCC*), 1020-1060; 1817-1821;

Compendio del CCC, nn. 207-216; 387.

LII
LA PENA DI MORTE:
CHE NE PENSA LA CHIESA?

In quale documento recente,
la chiesa cattolica parla della pena di morte?

Ne parla nel Catechismo della Chiesa Cattolica ai nn. 2266-2267, e nel *Compendio* del suddetto Catechismo al nn. 468-469.

Come ne parla nei suddetti documenti?

Ecco il testo integrale di tali numeri:

■ CATECHISMO DELLA CHIESA CATTOLICA (*CCC*):

n. 2266. Corrisponde ad un'esigenza di tutela del bene comune lo sforzo dello Stato inteso a contenere il diffondersi di comportamenti lesivi dei diritti dell'uomo e delle regole fondamentali della convivenza civile. La legittima autorità pubblica ha il diritto ed il dovere di infliggere pene proporzionate alla gravità del delitto. La pena ha innanzi tutto lo scopo di riparare il disordine introdotto dalla colpa. Quando è volontariamente accettata dal colpevole, essa assume valore di espiazione. La pena poi, oltre che a difendere l'ordine pubblico e a tutelare la sicurezza delle persone, mira ad uno scopo medicinale:

nella misura del possibile, essa deve contribuire alla correzione del colpevole.

n. 2267. L'insegnamento tradizionale della Chiesa non esclude, supposto il pieno accertamento dell'identità e della responsabilità del colpevole, il ricorso alla pena di morte, quando questa fosse l'unica via praticabile per difendere efficacemente dall'aggressore ingiusto la vita di esseri umani.

Se, invece, i mezzi incruenti sono sufficienti per difendere dall'aggressore e per proteggere la sicurezza delle persone, l'autorità si limiterà a questi mezzi, poiché essi sono meglio rispondenti alle condizioni concrete del bene comune e sono più conformi alla dignità della persona umana.

Oggi, infatti, a seguito delle possibilità di cui lo Stato dispone per reprimere efficacemente il crimine rendendo inoffensivo colui che l'ha commesso, senza togliergli definitivamente la possibilità di redimersi, i casi di assoluta necessità di soppressione del reo sono ormai molto rari, se non addirittura praticamente inesistenti.

■ *Compendio* del *CCC*:

n. 468. A che serve una pena?

Una pena, inflitta da una legittima autorità pubblica, ha lo scopo di riparare il disordine introdotto dalla colpa, di difendere l'ordine pubblico e la sicurezza delle persone, di contribuire alla correzione del colpevole.

n. 469. Quale pena si può infliggere?

La pena inflitta deve essere proporzionata alla gravità del delitto. Oggi, a seguito delle possibilità di cui lo Stato dispone per reprimere il crimine rendendo inoffensivo il colpevole, i casi di assoluta necessità di pena di morte « sono ormai molto rari, se non addirittura praticamente inesistenti » *(Evangelium vitae)*. Quando i mezzi incruenti sono sufficienti, l'autorità si limiterà a questi mezzi, perché questi corrispondono meglio alle condizioni concrete del bene comune, sono più conformi alla dignità della persona e non tolgono definitivamente al colpevole la possibilità di redimersi.

Quali rilievi si possono fare circa la presentazione della pena di morte, in tali documenti?

■ Per comprendere quanto il *CCC* afferma circa la pena di morte, occorre tener presente in una maniera unitaria e complementare, i seguenti fondamentali elementi, affermati dal *CCC*, anzitutto circa la pena in generale.

La pena, infatti:

- deve essere proporzionata alla gravità del delitto;
- se accettata volontariamente dal colpevole, essa assume valore di espiazione;
- ha lo scopo di:
  - riparare il disordine introdotto dalla colpa;
  - reprimere il crimine;
  - contribuire alla correzione del colpevole;
  - difendere l'ordine pubblico e tutelare la sicurezza delle persone;
- va inflitta dalla legittima autorità pubblica.

E in particolare circa la pena di morte?

Circa la pena di morte, in particolare, il *CCC* afferma che:

- essa è inflitta come una pena, e quindi come una punizione, una repressione del crimine e una espiazione (infatti la chiama *pena*, e parla di essa immediatamente nel paragrafo successivo – n. 2267- a quello dedicato alla pena in generale);
- nello stesso tempo il *CCC* allarga il discorso e il contesto: inserisce infatti la pena di morte nel contesto più ampio e positivo del *Rispetto della vita umana* (e perciò nel quinto Comandamento: *Non uccidere*!). E giustifica tale inserimento, presentando il ricorso alla pena di morte come un'applicazione del principio morale della *legittima difesa*, che spetta come un grave dovere anche all'autorità, responsabile della vita d'altri;

• circa la legittima difesa delle persone e delle società occorre rilevare che essa «non costituisce un'eccezione alla proibizione di uccidere l'innocente, uccisione in cui consiste l'omicidio volontario. Dalla difesa personale possono seguire due effetti, il primo dei quali è la conservazione della propria vita; mentre l'altro è l'uccisione dell'attentatore. Nulla impedisce che vi siano due effetti di uno stesso atto, dei quali uno sia intenzionale e l'altro preterintenzionale.

La legittima difesa, oltre che un diritto, può essere anche un grave dovere, per chi è responsabile della vita di altri. La difesa del bene comune esige che si ponga l'ingiusto aggressore in stato di non nuocere. A questo titolo, i legittimi detentori dell'autorità hanno il diritto di usare anche le armi per respingere gli aggressori della comunità civile affidata alla loro responsabilità» (*CCC*, n.2263, 2265).

■ Il *CCC* inoltre detta anche le condizioni per l'applicazione della pena di morte. In particolare, essa:

1. appartiene all'*insegnamento tradizionale* della Chiesa (*CCC*, n. 2267), il quale ha ritenuto la legittimità morale e giuridica della pena di morte basandosi su tre sue finalità: la *deterrenza* (intimidazione o prevenzione): in quanto scoraggia dal commettere determinati crimini; la *compensazione* (o retribuzione): in quanto ristabilisce un equilibrio sociale infranto, ripristinando l'equilibrio tra delitto e castigo); la *difesa* o sicurezza sociale da persone socialmente pericolose;

2. richiede il pieno accertamento:
- dell'identità;
- della responsabilità del colpevole;

3. deve essere l'unica via praticabile per difendere efficacemente dall'aggressore ingiusto, la vita di esseri umani;

4. va inflitta dalla legittima autorità pubblica (si esclude pertanto ogni forma di linciaggio e di farsi giustizia da sé);

5. va inflitta solo se il delitto è proporzionato ad essa.

■ Infine il *CCC* afferma che la sua necessità è oggi molto rara, se non addirittura praticamente inesistente, e dà anche una duplice motivazione:

a) le migliori possibilità di cui lo Stato oggi dispone per reprimere efficacemente il crimine rendendo inoffensivo colui che l'ha commesso;

b) la migliore qualità ed efficacia dei mezzi incruenti, quando questi sono sufficienti per difendere dall'aggressore e per proteggere la sicurezza delle persone. E presenta al riguardo anche una triplice motivazione: questi corrispondono meglio alle condizioni concrete del bene comune, sono più conformi alla dignità della persona e non tolgono definitivamente al colpevole la possibilità di redimersi.

■ Pertanto il *CCC*, affermando che in tal caso l'autorità si limiterà a tali mezzi incruenti, sollecita così il rifiuto della pena di morte, la quale viene sì affermata a livello di principio, ma viene rifiutata a livello pratico. In tal senso il *CCC* riprende quanto affermato dall'enciclica *Evangelium vitae* (1995), nella quale GIOVANNI PAOLO II scrive: « Nel medesimo orizzonte (di speranza) si pone altresì la sempre più diffusa avversione dell'opinione pubblica alla pena di morte anche solo come strumento di legittima difesa sociale, in considerazione delle possibilità di cui dispone una moderna società di reprimere efficacemente il crimine in modi che, mentre rendono inoffensivo colui che l'ha commesso, non gli tolgono definitivamente la possibilità di redimersi » (n. 27).

■ Nello stesso tempo, il *CCC* incita i poteri politici ad attenersi alle *minime coercizioni* per « difendere le vite umane dall'aggressore e proteggere la sicurezza delle persone » (2267). Secondo S. Tommaso « se uno usa maggior violenza del necessario, il suo atto è illecito » (2264).

Quali conclusioni si possono trarre da questa presentazione della pena di morte, da parte della Chiesa?

Dal momento che il *CCC* ha inserito la pena di morte nel contesto più ampio sopra descritto, si possono trarre le seguenti conclusioni:

1. nei confronti del colpevole:

• Occorre prefiggersi di recuperare il colpevole, mentre lo si punisce: il che si ottiene meglio non ricorrendo alla pena di morte, ma offrendogli la possibilità di rimanere ancora in vita per redimersi, espiando il suo delitto con una migliore condotta di vita o almeno con la sofferenza del carcere.

• È necessario riparare in tal modo anche il disordine introdotto dalla colpa. Ma tale riparazione va effettuata non versando altro sangue - la morte del colpevole (il che farebbe pensare tra l'altro al ritorno della cosiddetta *legge del taglione*: occhio per occhio, dente per dente...), ma facendo il bene (la condotta di vita migliore del colpevole, o almeno la sua vita di sofferenza in carcere, in vista di un suo auspicabile recupero). D'altra parte non può forse essere considerata più dura (e quindi una punizione più grave per il colpevole, e anche una pena più proporzionata alla gravità del delitto) una lunga vita di sofferenza in carcere, piuttosto che una morte avuta in pochi istanti e in uno stato di semi o totale incoscienza?

• Bisogna reprimere il crimine. Il che è ottenuto meglio, non uccidendo il colpevole, ma mettendolo nelle condizioni di non poter nuovamente nuocere (perché resta in carcere e/o perché si è redento).

• Occorre ricordare che solo Dio è padrone della vita e della morte. La vita umana è sacra, perché è posta sotto la sovranità di Dio e, quindi, sottratta a ogni potere umano. Non solo la vita dell'innocente, ma anche quella del delinquente, gode della protezione di Dio, come ha mostrato Dio stesso allorquando è intervenuto a favore di Caino evitando che fosse ucciso (cfr. *Gen* 4,14-15). Dio non vuole la morte del peccatore, ma che si converta e viva.

2. nei confronti della società:

• È indispensabile educare tutti a considerare e a valutare la pena inflitta alla persona nel contesto più ampio della dignità della persona (oggi tema particolarmente importante). In tal senso ogni pena va maggiormente finalizzata al recupero del colpevole. Come pure l'eventuale stessa pena di morte va inserita anche nel contesto più ampio della legittima difesa (che la legittima autorità pubblica può e deve attuare in certi casi per difendere la vita delle persone ad essa affidate) e perciò in ultima analisi nel rispetto della vita umana altrui.

• Occorre creare sempre di più le condizioni per superare il ricorso alla pena di morte, evidenziando e valorizzando:

– sia l'importanza della dignità della persona umana, la quale può e deve essere meglio difesa e perseguita con i mezzi incruenti;

– sia le maggiori possibilità di cui lo Stato oggi dispone per reprimere efficacemente il crimine, rendendo inoffensivo colui che l'ha commesso.

• È necessario altresì impegnarsi per affermare il valore di ogni vita umana, in tutte le sue fasi, in tutti i suoi momenti, dal concepimento fino alla sua conclusione naturale. C'è purtroppo spesso un individualismo e un relativismo che conducono a ritenere, in modo schizofrenico, che, in talune circostanze, la vita di alcuni deve essere mantenuta e salvaguardata e, in altre circostanze (ad esempio come nel caso dell'aborto e dell'eutanasia...), la vita di altri può essere legittimamente soppressa e nessuno deve obiettare alcunché.

LIII
L'EUTANASIA:
PERCHÉ È INACCETTABILE?

Che cosa significa «eutanasia»?

■ È una parola con notevole variabilità storica, con significati diversi a seconda dell'uso che se ne fa. Può significare:

• 'morte buona' o 'senza sofferenze' gestita dal medico per ridurre il dolore;

• azione od omissione che procura la morte allo scopo di eliminare il dolore in un assistito senza più speranze di guarigione;

• 'suicidio su richiesta' del paziente (suicidio assistito).

■ E, comunque la si vuol chiamare e intendere, l'eutanasia comporta il dare la morte a chi è ancora vivo, magari talvolta mascherandola sotto un velo di umana pietà. Una morte per di più programmata dal medico che, per vocazione e professione, è ministro della vita.

Quale valutazione morale va data sull'eutanasia?

Vari principi morali sono coinvolti nella pratica dell'eutanasia.

■ L'eutanasia contraddice il principio fondamentale di indisponibilità del diritto alla vita, diritto che spetta solo a Dio. La vita è un bene inalienabile e indisponibile, in quanto è un dono di Dio, non soggetto alla determinazione e alla decisione di alcuno, inclusa la stessa persona malata, la quale mantiene tutta la sua piena dignità per tutto il corso della sua vita, fino alla sua naturale conclusione.

■ «La vita nel tempo può essere considerata un bene relativo solo in riferimento alla vita eterna; e solo in questa prospettiva e non rispetto ad altri beni può diventare strumento di un bene più alto, che è Dio stesso. Non può essere invece considerata un bene relativo rispetto ad altri beni umani, di cui costituisce al contrario il fondamento, perché non ci può essere alcun bene per l'uomo se egli anzitutto non è un essere vivente. Tanto meno si può pensare di creare delle gradualità all'interno della vita, per cui, in specie nei suoi momenti iniziali e finali, essa possa essere considerata in alcune condizioni meno degna, e al limite un bene disponibile e quindi anche sopprimibile» (S.E. BETORI, *Omelia,* Firenze, 20-11-08).

■ Condividere l'intenzione suicida di un altro e aiutarlo a realizzarla mediante il cosiddetto «suicidio assistito», significa farsi collaboratori, e qualche volta attori in prima persona, di una cultura di morte, di un'ingiustizia, che non può mai essere giustificata, neppure quando fosse richiesta.

■ Il suicidio assistito autodeciso e praticato da personale sanitario, benché consentito dalla legge dello Stato, è, a tutti gli effetti:

- un crimine contro la vita della persona umana;
- una abdicazione della scienza medica;
- un'aberrazione giuridica.

■ «La richiesta che viene dal cuore dell'uomo nel suo supremo confronto con la sofferenza e la morte, specialmente quando è tentato di cedere allo sconforto ed è sconvolto al punto di voler scomparire, è soprattutto una richiesta di assistenza e un appello a una solidarietà e a un sostegno maggiori nella prova» (BENEDETTO XVI, *Discorso,* 18-12-08).

■ La logica effettiva dell'eutanasia è essenzialmente egoistica e individualistica e, in quanto tale, contraddice la logica solidale e la fiducia reciproca su cui poggia ogni forma di convivenza.

■ Non esiste nell'individuo il diritto a decidere della propria morte: non esiste il diritto a una scelta tra la vita e la morte.

■ Si deve parlare invece di un diritto di morire bene, serenamente, evitando cioè sofferenze inutili. Esso coincide con il diritto di essere curato e assistito con tutti i mezzi ordinari disponibili (ad esempio: ricambio metabolico, alimentazione e idratazione, terapia del dolore...), senza ricorrere a cure pericolose o troppo onerose e con l'esclusione di ogni accanimento terapeutico. Il diritto di morire con dignità non coincide affatto con il supposto diritto all'eutanasia, la quale è invece un comportamento essenzialmente individualistico e di ribellione. Il sì detto alla vita richiede il rifiuto sia dell'accanimento terapeutico e sia della eutanasia. E questo vale per tutte e due le dimensioni:

- questo vale per l'accanimento terapeutico, che vuole dire: « ho il potere di allontanare la morte »
- e vale per l'eutanasia che vuol dire: « ho il potere di anticipare la morte ».

Nessuno di questi due entra in una logica corretta, perché tutti e due entrano nella prospettiva del: « io possiedo la vita, e sono io che decido quando deve continuare o quando finisce… ».

■ Bisogna anche tener presente che da un punto di vista morale una cosa è l'omettere di iniziare delle cure, e un'altra è il compiere un'azione positiva per interromperle.

■ L'eutanasia nasce da un'ideologia che rivendica all'uomo pieno potere sulla vita e quindi sulla morte; un'ideologia che affida assurdamente a un essere umano il potere di decidere chi e fino a quando deve vivere e chi no (eugenetica).

■ Essa è estrema via di fuga di fronte all'angoscia della morte (vista come inutile, un non-senso…); è una scorciatoia che non dà senso alcuno al morire, nè conferisce dignità al morente; è una strategia di rimozione; l'uomo è caduto vittima della paura ed invoca la morte pur sapendo che è una sconfitta ed un atto di estrema debolezza.

■ È vista talvolta anche come un modo per contenere i costi, soprattutto nei confronti di malati terminali, dementi, anziani macilenti e improduttivi... peso morto per se stessi, per i familiari, per gli ospedali, per la società... Spesso l'eutanasia è voluta non per l'interesse del paziente, ma « di terzi ».

■ Chi vuole morire lascia una macchia su di noi, perché la sua rinuncia a vivere è anche colpa nostra.

■ « C'è da temere che un giorno possa essere esercitata una pressione non dichiarata o anche esplicita sulle persone gravemente malate o anziane, perché chiedano la morte o se la diano da sé » (Benedetto XVI, *Discorso* del 7-9-07).

■ Alcuni invocano l'eutanasia ricorrendo al principio della *qualità della vita*. Ma tale principio pone vari problemi: con quale criterio di misura e da chi viene stabilità la *qualità*? Tale criterio è poi valido e uguale per tutti?

■ Quanto al pensiero, tutto cattolico, che anche un minuto in più sia importante, si pensi a quante volte l'ultimo minuto ha capovolto il senso di tutta l'esistenza. Succede alla vita dei re come a quella dei contadini. Può perfino capitare che sia l'unico momento dotato di un senso. Per questo vivere in una società dove tutti fanno di tutto per aiutarti a vivere è meglio che vivere in una società dove sai che a un certo punto ti lasci andare e tutti ti lasciano andare.

■ L'eutanasia suscita poi una serie di interrogativi angosciosi, ai quali nessuno riuscirebbe mai a dare risposta, qualora l'eutanasia fosse legalizzata. Eccone alcuni:

- In base a quale criterio un soggetto può essere ritenuto 'distrutto dal dolore'?
- Come può lo Stato determinare l'intensità della sofferenza che si richiede per legittimare l'eutanasia?
- E chi è autorizzato a decidere per il sì o per il no: il medico o anche un amico o un familiare?
- Come valutare l'eventuale atto deliberato di un medico intervenuto per assecondare la volontà di morire di un paziente?
- Chi garantisce che la 'morte dolce' venga decisa effettivamente per porre fine a una sofferenza ritenuta intollerabile e non per qualche altra ragione, magari per interessi (anche economici) inconfessabili?
- Escluso il caso di accanimento terapeutico, esiste poi veramente un diritto umano a rifiutare o a sospendere le cure o a non curare affatto un malato? La stessa Costituzione Italiana all'art. 32 garantisce un diritto alla cura…

Qual è il ruolo dello Stato, della legge?

■ Nell'eutanasia, lo Stato, da garante e promotore di diritti fondamentali, assume la veste di «decisore» di morte, anche se poi l'esecuzione vera e propria è rimessa ad altri.

■ Lo Stato non può limitarsi a prendere atto di quello che è già nella mentalità e nella prassi sociale: lo Stato moderno deve confrontarsi con la cultura dei cittadini e con le loro istanze. Ma è altrettanto vero che non è tenuto a recepirle quando sono lesive di diritti fondamentali.

■ Da rilevare che un fattore significativo è l'effetto sanzionatorio e l'influenza etica che la legislazione civile ha sulla moralità pubblica. Qualcuno pensa: «È la legge, quindi è permesso».

■ Qualora venisse approvata una legge a favore dell'eutanasia, queste potrebbero essere alcune delle conseguenze:

- un numero maggiore di persone nella nostra società accetterà l'eutanasia come una cosa normale;
- il rispetto per la vita umana continuerà a diminuire;
- i medici saranno sottoposti a una pressione sociale sempre più forte affinché pratichino l'eutanasia e il suicidio assistito, come se fosse parte della loro responsabilità di medici e parte della loro normale attività professionale. Inoltre diminuirà la fiducia nei medici;

• ci sarà meno disponibilità emotiva ad assistere malati allo stadio terminale, ad affrontare la loro sofferenza, ad alleviarla e condividerla. È semplicemente assurdo che si elimini il malato, perché non si riesce ad eliminare la malattia!;

• intorno al malato potrà crearsi un clima che lo farà sentire obbligato a sollevare gli altri dal fardello che egli è diventato a causa delle terapie intensive a lungo termine;

• sarebbe assurdo che il permesso di ricorrere all'eutanasia dovesse nel tempo portare a situazioni nelle quali i pazienti terminali, le loro famiglie e i loro medici si sentano in dovere di giustificare il loro essere contrari all'eutanasia e al suicidio assistito.

Che cosa fare contro la cultura della morte?

■ È necessario:

• unire gli sforzi di tutti coloro che credono alla inviolabilità della vita umana, anche di quella terminale;

• resistere a ogni tentazione di porre fine alla vita di un paziente mediante un atto di omissione deliberato o attraverso un intervento attivo;

• potenziare le strutture di accoglienza;

• rendere più efficienti le forme di assistenza e solidarietà familiare, civile e religiosa;

• assicurare un'assistenza che includa forme di trattamento efficaci e accessibili, sollievo dal dolore e forme di sostegno comuni. Occorre evitare un trattamento inefficace o che aggravi la sofferenza, ma anche l'imposizione di metodi terapeutici insoliti e non ordinari;

- è di fondamentale importanza il sostegno umano, di cui può disporre la persona morente, poiché la domanda che sgorga dal cuore dell'uomo nel confronto supremo con la sofferenza e la morte, specialmente quando è tentato di ripiegarsi nella disperazione e quasi di annientarsi in essa, è soprattutto domanda di compagnia, di solidarietà e di sostegno nella prova;
- occorre destinare più risorse alla cura di malati incurabili;
- promuovere una formazione etica, psicologica, sociale e tecnica degli operatori sanitari;
- morire con dignità umana richiede in particolare una « buona assistenza palliativa e una buona ospedalizzazione »;
- è necessario promuovere, in tutti i modi, il principio secondo cui la morte non è né può essere nella disponibilità dello Stato o della scienza e neppure dell'individuo. Il tentativo di eliminare la malattia e la sofferenza estrema dall'orizzonte della nostra vita con la scorciatoia dell'eutanasia è un rischio dalle conseguenze imprevedibili;
- occorre tener presente il pronunciamento della S. Sede, attraverso la Congregazione per la Dottrina della Fede, secondo il quale « nell'imminenza di una

morte inevitabile nonostante i mezzi usati, è lecito in coscienza prendere la decisione di rinunciare a trattamenti che procurerebbero soltanto un prolungamento precario e penoso della vita, senza tuttavia interrompere le cure normali dovute all'ammalato in simili casi ».

■ Occorre soprattutto presentare la concezione cristiana del soffrire-morire.

Qual è la concezione cristiana del soffrire-morire?

■ La vita è un dono di Dio: l'uomo non è il padrone della propria vita, in quanto non è lui il creatore di se stesso. Egli la riceve in dono, come un dono prezioso è ogni istante della sua vita. L'uomo amministra la propria vita e deve risponderne responsabilmente a Colui che gli ha donato l'esistere.

Il porre fine pertanto alla propria vita non spetta all'uomo. Ogni istante della sua vita, anche quando è segnato dalla sofferenza, dalla malattia, ha un senso, è un valore da apprezzare e da far fruttificare per sè e per gli altri.

■ Certo, è giusto lottare contro la malattia, perché la salute è un dono di Dio. Ma è importante anche saper leggere il disegno di Dio quando la sofferenza bussa alla nostra porta. La « chiave » di tale lettura è costituita dalla Croce di Cristo. Il Verbo incarnato si è fatto incontro alla nostra debolezza assumendola su di sé nel mistero della Croce. Da allora ogni sofferenza ha acquistato una possibilità di senso, che la rende singolarmente preziosa, se unita alla sofferenza di Cristo.

■ La sofferenza, conseguenza del peccato originale, assume, grazie a Cristo, un nuovo significato: diviene partecipazione all'opera salvifica di Gesù Cristo. Unita a quella di Cristo, l'umana sofferenza diventa mezzo di salvezza per sé e per gli altri.

Attraverso la sofferenza sulla Croce, Cristo ha prevalso sul male e permette anche a noi di vincerlo.

■ Anche la concezione della stessa morte da un punto di vista cristiano è qualcosa di nuovo e consolante.

■ Una vita che sta terminando non è meno preziosa di una vita che sta iniziando. È per questa ragione che la persona che sta morendo merita il massimo rispetto e le cure più amorevoli.

■ La morte, nella Fede cristiana, è un esodo, un passaggio, non la fine di tutto. Con la morte, la vita non è tolta, ma trasformata. Per colui che muore senza peccato mortale, la morte è entrare nella comunione d'amore di Dio, la pienezza della Vita e della Felicità, è vedere il Suo volto, che è la sorgente della luce e dell'amore, proprio come un bambino, una volta nato, vede i volti dei propri genitori.

Per questa ragione la Chiesa parla della morte del santo come di una seconda nascita: quella definitiva ed eterna al paradiso.

■ La vittoria definitiva e completa di Cristo sul male, la sofferenza e la morte sarà attuata e manifestata alla fine del mondo, allorquando Dio creerà nuovi cieli e nuova terra, e sarà «tutto in tutti» (*1 Cor* 15,28).

NB: Per approfondire l'argomento, si leggano i seguenti documenti pontifici:

CATECHISMO DELLA CHIESA CATTOLICA (*CCC*), nn. 2276-2279;

Compendio del CCC, n. 470;

CONGREGAZIONE PER LA DOTTRINA DELLA FEDE, *Dichiarazione sull'eutanasia*, 1980.

DOCUMENTI PONTIFICI CITATI

CONCILIO VATICANO II (1962-1965):
- *Lumen gentium (LG)*
- *Gaudium et spes (GS)*
- *Dignitatis humanae (DH)*
- *Ad gentes (AG)*
- *Nostra aetate (NA)*
- *Sacrosanctum Concilium (SC)*
- *Dei Filius (DF)*
- *Optatam totius (OT)*

CATECHISMO DELLA CHIESA CATTOLICA (CCC), 1992

CODICE DI DIRITTO CANONICO, 1983

COMPENDIO DEL CCC, 2005

RITO DELLA PENITENZA, 1974

LEONE XIII :
- *Supremi apostolatus officio*, 1883
- *Rerum novarum*, 1892

PIO XI:
- *Quadragesimo anno*, 1931

GIOVANNI XXIII:
- *Mater et magistra*, 1961
- *Pacem in terris*, 1963

Paolo VI:

- *Mysterium fidei*, 1965
- *Populorum progressio*, 1967
- *Humanae vitae*, 1968

Giovanni Paolo II:

- *Dominicae Cenae*, 1980
- *Laborem exercens*, 1981
- *Familiaris consortio*, 1982
- *Salvifici Doloris*, 1984
- *Reconciliatio et paenitentia*, 1985
- *Slavorum Apostoli*,1985
- *Mulieris dignitatem*, 1988
- *Sollicitudo rei socialis*, 1988
- *Christifideles laici*, 1988
- *Redemptoris missio*, 1990
- *Centesimus annus*, 1991
- *Evangelium vitae*, 1995
- *Dies Domini*, 1998
- *Fides et ratio*, 1998
- *Rosarium Virginis Mariae*, 2002
- *Ecclesia de Eucaristia*, 2003

Benedetto XVI:

- Lettera enciclica *Deus caritas est*, 2005
- Esortazione apostolica postsinodale *Sacramentum caritatis*, 2007
- Lettera enciclica *Spe salvi*, 2007

CONGREGAZIONE PER LA DOTTRINA DELLA FEDE:

- *Mysterium ecclesiae*, 1973
- *Persona humana*, 1975
- *Alcune questioni di etica sessuale*, 1976
- *Lettera riguardante alcune questioni di escatologia*, 1979
- *Dichiarazione sull'eutanasia*, 1980
- *Lettera sulla cura pastorale delle persone omosessuali*, 1986
- *Donum vitae*, 1987
- *Lettera su alcuni aspetti della meditazione cristiana*, 1989
- *Alcune considerazioni concernenti la risposta a proposte di legge sulla non discriminazione delle persone omosessuali*, 1992
- *Dominus Iesus*, 2000
- *Istruzione circa le preghiere per ottenere da Dio la guarigione*, 2000
- *Nota dottrinale circa alcune questioni riguardanti l'impegno e il comportamento dei cattolici nella vita politica*, 2002
- *Lettera ai vescovi della Chiesa Cattolica sulla collaborazione dell'uomo e della donna nella Chiesa e nel mondo*, 2004
- *Considerazioni circa i progetti di riconoscimento legale delle unioni tra persone omosessuali*, 2004
- *Nota dottrinale su alcuni aspetti dell'Evangelizzazione*, 2007

Congregazione per la Dottrina della Fede

- *Risposte a quesiti della Conferenza Episcopale Statunitense circa l'alimentaziuone e l'idratazione artificiali*, 2007
- *Risposte a quesiti riguardanti alcuni aspetti circa la dottrina sulla Chiesa*, 2007
- *Risposte a quesiti proposti sulla validità del Battesimo*, 2008

Commissione Teologica Internazionale, *Comunione e servizio, la persona umana creata a immagine di Dio*, 2004

Congregazione per il Culto Divino e la disciplina dei Sacramenti, *Redemptionis Sacramentum*, 2004

Pontificio Consiglio per la Famiglia, *Sessualità umana: verità e significato* (VS), 1995

Pontificio Consiglio della Giustizia e della Pace, *Compendio della dottrina sociale della Chiesa*, 2004.

DIRITTI RISERVATI

* Per il presente libro:

Tutti i diritti di traduzione, riproduzione, adattamento, totale o parziale con qualsiasi mezzo (compreso microfilm e le copie fotostatiche) sono riservati. Ogni permesso deve essere dato per iscritto dall'autore.

* Per il Catechismo della Chiesa Cattolica e gli altri documenti della Santa Sede:

© Copyright 2005 – Libreria Editrice Vaticana
00120 Città del Vaticano.

* Per il Compendio del Catechismo della Chiesa Cattolica:

© Copyright 2005 – Libreria Editrice Vaticana
00120 Città del Vaticano
© Edizioni San Paolo s.r.l., 2005
Piazza Soncino, 5 - 20092 Cinisello Balsamo (Milano).

SI RINGRAZIA VIVAMENTE

– La Libreria Editrice Vaticana, per la concessione dei diritti di utilizzo di brani del Catechismo della Chiesa Cattolica, del suo Compendio e di altri documenti della Santa Sede.

INDICE

Presentazione 5

Abbreviazioni 9

I Annunciare Gesù Cristo: perché è necessario? 11
II Evangelizzare: perché e come? 23
III I Quattro Vangeli: perché sono il Cuore della Fede cristiana? 35
IV Gesù Cristo: come è vero Dio e vero Uomo? 62
V La Risurrezione di Cristo: perché è l'evento culminante della Fede cristiana? 76
VI Cristo sì, Chiesa no? 91
VII Primato a Pietro: quando e come Cristo glielo affida? 106
VIII Ecumenismo: quale relazione ha la Chiesa cattolica con le Chiese ortodosse e con le Comunità cristiane non cattoliche? . . . 116
IX Le religioni non cristiane: come la Chiesa Cattolica le considera? 130
X Sono ad immagine di Dio: che cosa significa e comporta?. 145
XI Diritti-doveri umani: quali il loro fondamento e le loro caratteristiche? 163
XII Come essere santi? 178
XIII Perché battezzo il mio bambino? 200
XIV Santa Messa: perché ci vado ogni domenica? 220
XV La domenica: come la santifico? 233
XVI Quando e come confessarmi?. 247

XVII	Esame di coscienza: come farlo prima di confessarmi?	258
XVIII	Quale coscienza morale?	270
XIX	Come pregare?	289
XX	Come meditare da cristiani?	300
XXI	La Quaresima	315
XXII	La Madonna: come la veneriamo?	323
XXIII	Santo Rosario: quale la sua importanza?	342
XXIV	Gli angeli: chi sono e cosa fanno?	354
XXV	Le Indulgenze: come aiutano i vivi e i defunti?	367
XXVI	Perché le immagini sacre?	376
XXVII	Gli abiti liturgici: qual é il loro significato religioso?	390
XXVIII	Fatti straordinari: come valutarli?	403
XXIX	Il diavolo: come lo si vince?	418
XXX	Magie, spiritismi: perché sono inaccettabili?	432
XXXI	Donna-uomo: qual è la loro relazione secondo la Chiesa Cattolica?	453
XXXII	Quale amore?	465
XXXIII	Sessualità umana: come viverla in castità?	484
XXXIV	Donna e uomo fidanzati: rapporti sessuali sì o no?	508
XXXV	Matrimonio e famiglia: quale la loro concezione nella Fede cristiana?	522
XXXVI	Convivenze, coppie - unioni di fatto: sono da legalizzare?	536
XXXVII	Paternità-maternità umane: come si attuano, in modo responsabile, nel matrimonio-famiglia?	555
XXXVIII	L'embrione umano: come va considerato?	572
XXXIX	Persona umana: Quale dignità?	590

XL L'inseminazione e la fecondazione artificiali: sono accettabili moralmente? 607
XLI Situazioni affettive irregolari: come le considera la Chiesa Cattolica 618
XLII Relazioni omosessuali: come le considera la Chiesa Cattolica? 633
XLIII Il sacerdote: chi è e cosa fa? 644
XLIV Celibato dei sacerdoti: perché esiste nella Chiesa latina? 653
XLV La malattia: come affrontarla cristianamente?. 667
XLVI Il denaro: è un bene o un male?. 692
XLVII Il lavoro: quando è per l'uomo? 706
XLVIII Come i cristiani si impegnano nella politica?. 721
XLIX Scienza e Fede cristiana: come si conciliano? 744
L La morte: che cosa succede con e dopo di essa? 761
LI Quale speranza?. 772
LII La pena di morte: che ne pensa la Chiesa?. . 787
LIII L'eutanasia: perché è inaccettabile? 797

Documenti Pontifici citati 809

Diritti riservati e ringraziamenti 813

Sito internet: www.sancarlo.pcn.net

e-mail: mrtraffaello@pcn.net